题赠《青年考古学家》

学问宜笃
青年贵新

李伯谦

# 青年考古学家

（第 2 辑）

北京大学考古文博学院
北京大学文物爱好者协会　编

科学出版社
北　京

## 内 容 简 介

《青年考古学家(第2辑)》是由北京大学考古文博学院研究生在全院教师的指导下自主编纂的学术年刊,收录青年学子的论文共计16篇,内容涵盖学理学史、考古研究、科技文保、博物珍藏、读书札记等方面。《青年考古学家(第2辑)》秉承严谨求实之学风,弘扬探索求真之精神,以期为业内青年学子提供一个发布新思路、开展学术交流的平台。

本书适合于考古工作者以及高等院校考古、文博、文化遗产、文物保护专业师生参考、阅读。

---

**图书在版编目(CIP)数据**

青年考古学家. 第2辑/北京大学考古文博学院,北京大学文物爱好者协会编. —北京:科学出版社,2021.12
ISBN 978-7-03-071266-0

Ⅰ.①青⋯ Ⅱ.①北⋯ ②北⋯ Ⅲ.①考古学-文集 Ⅳ.①K870.4-53

中国版本图书馆CIP数据核字(2021)第274490号

责任编辑:雷 英 王 蕾/责任校对:邹慧卿
责任印制:肖 兴/封面设计:成二萌

*科学出版社* 出版
北京东黄城根北街16号
邮政编码:100717
http://www.sciencep.com

中国科学院印刷厂 印刷
科学出版社发行 各地新华书店经销

\*

2021年12月第 一 版　开本:787×1092 1/16
2021年12月第一次印刷　印张:18 3/4
字数:440 000
**定价:180.00元**
(如有印装质量问题,我社负责调换)

# 编辑委员会

**本刊顾问**：李仰松　原思训　严文明　李伯谦

**指导教师**：北京大学考古文博学院全体教师

**主　　编**：雷兴山　张剑葳

**本期执行主编**：曹芳芳

**本期执行副主编**：盛晓娣

**本期编辑**：魏艳如　周栩屹　方　钰　贾会婧
　　　　　　李超颖　于清雅　胡好玥

**封面用图**：第九届北京高校研究生考古论坛海报

**海报设计**：北京大学考古文博学院 2020 级博士研究生戴伟

# 卷 首 语

春去秋来，寒来暑往，一路繁花相送，《青年考古学家》的第2辑又将付梓了。

《青年考古学家》作为北京大学文物爱好者协会会刊，是在北京大学考古文博学院全体教师的指导下，由青年学子组稿，供青年学子发声的平台。鲁迅先生曾在《无声的中国》中这样对青年说："大胆地说话，勇敢地进行，忘掉了一切利害，推开了古人，将自己的真心的话发表出来。"我们期待青年学子在尊重权威的前提下提出新知、在故纸堆中寻找新见、在新材料和新知识中更进一步，大胆地说话，勇敢地前行。

本辑《青年考古学家》刊载了学理学史、考古研究、科技文保、博物珍藏、读书札记等领域的16篇文章，皆由考古文博及艺术史等相关专业的在读青年学生撰写。其中有6篇文章来自参加第九届北京高校研究生考古论坛的青年学子，分别是北京师范大学支媛、西北大学杜超、复旦大学戴若伟、中国人民大学马晓艳、首都师范大学李奕周和台南艺术大学王政皓，他们的文章均获得了论坛优秀奖；7篇来自本院的在读研究生：杨月光、鞠荣坤、胡毅捷、马宁、曹芳芳、何静、何康；其余3篇来自中山大学丁曼玉、郑州大学许倬瑞和北京联合大学张嘉毅。

本辑《青年考古学家》的内容从考古学理论再思，到多项考古学具体研究，再到具体文物的保护和对具体研究的审视，还有博物馆领域的探究。既有对旧有考古主题和研究的重新解读，也有前人从未涉及的研究新域，更有对域外的探索，这些方方面面均体现了青年学子锐利的学术视野与思考。研究内容的年代从久远的旧石器时代到鲜活的当代，上下回溯百万年。这些作者中不仅有大陆各个高校的才俊，也有来自宝岛台湾的青年学子。以上种种，皆使本辑《青年考古学家》拥有了更宽广的视野和更包容的姿态。

在整理过往《青年考古学家》资料的过程中，我们又发现了一期独特的专刊——《青年考古学家·昌平园专刊》，内容非常多元、有趣。借第2辑付梓之际，我们将此期专刊目录整理出来，以便参阅。同时，第1辑中的几处错误在此一并勘误。

张光直先生在《要是有个青年考古工作者来问道》中说："我要向他道喜，因为他选择了一项前途无量的学科。我不能说考古比别的学科都有出息，但是我可以说这是一门比较年轻的学问，亟待解决的问题特多，人人有机会做突破性的贡献。"希冀已入考古之门的青年学子拥有朝气，为世界和中华文明，为人类历史，以青春之我，敢为人先，锐意进取，挥斥方遒。

在此，《青年考古学家》将与众多青年学子一路同行。

《青年考古学家》编辑部

# 目 录

## 学 理 学 史

生态位构建理论与考古学 …………………………………………………… 杨月光（1）
二里头遗址绿松石制作手工业研究述评 …………………………………… 胡毅捷（12）
先秦至两汉时期的玉石装饰品研究综述 …………………………………… 鞠荣坤（27）

## 考 古 研 究

中国旧石器时代发现的骨器 ………………………………………………… 支　媛（39）
泥河湾盆地 MIS 3 阶段以来的旧石器遗址年代序列与环境背景研究 …… 马　宁（54）
共存遗物视角下的东北亚系多纽几何纹铜镜研究 ………………………… 杜　超（63）
汉代玉圭的发现与研究 ……………………………………………………… 曹芳芳（86）
试论西汉南越王墓出土丝缕玉衣的相关问题 ……………………………… 许倬瑞（104）
汉长安城与北魏洛阳城的给排水工程研究 ………………………………… 张嘉毅（115）
浅论狮子山西晋墓出土堆塑罐及其象征意义 ……………………………… 戴若伟（133）
宋代买地券中"鬼母"考——兼论《太上元始天尊说北帝伏魔神咒妙经》
　成书年代 …………………………………………………………………… 丁曼玉（149）
辽代二次葬初探 ……………………………………………………………… 马晓艳（161）

## 科 技 文 保

洪江古建筑群石质文物现状调查及保护修复研究 ………………… 何　静　胡东波（192）

## 博 物 珍 藏

博物馆内儿童分区的北欧模式探析 ………………………………………… 李奕周（205）
台湾祭孔释奠礼器研究——以台南孔庙为核心 …………………………… 王政皓（225）

## 读 书 札 记

再评李碧妍《危机与重构——唐帝国及其地方诸侯》…………………… 何　康（270）

## 往期回顾

《青年考古学家·昌平园专刊》目录 …………………………………………（282）

征稿启事 …………………………………………………………………………（285）

# Contents

## Theories & Academic History

Niche Construction Theory and Archaeology ················ Yang Yueguang（10）
Review on the Turquoise Handicraft at Erlitou Site ················ Hu Yijie（26）
A Review of the Research on Jade-stone Ornaments from Pre-Qin to Han Dynasties ·········
················ Ju Rongkun（38）

## Archaeological Studies

Paleolithic Bone Tools Found in China ················ Zhi Yuan（52）
Paleolithic Site Dating Sequence and Environmental Background Study of the
　　Nihewan Basin Since MIS 3 Stage ················ Ma Ning（62）
Study on Multi-button Bronze Mirrors from Perspective of Coexisting Relics ···· Du Chao（84）
Studies on Yugui of Han Dynasty ················ Cao Fangfang（102）
On the Jade Shroud Sewn with Silk (Zhao Mo'S Jade Shroud) Unearthed from
　　the Tomb of the King of Nanyue in the Western Han Dynasty ············ Xu Zhuorui（113）
Study on Water Supply and Drainage Engineering in Chang'an City of Han
　　Dynasty and Luoyang City of Northern Wei Dynasty ············ Zhang Jiayi（131）
A Brief Discussion of Figured Jars Unearthed at Shizishan and Their Symbolic
　　Meanings ················ Dai Ruowei（148）
A Study of "the Ghost Mother" in the Ground Certificates of the Song Dynasty:
　　Also on the Date of the Book *Taishang Yuanshi Tianzun Shuo Beidi Fumo*
　　*Shenzhou Miaojing* ················ Ding Manyu（159）
A Preliminary Study on the Secondary Burial in Liao Dynasty ············ Ma Xiaoyan（190）

## Archaeological Science & Techniques of Relic Protection

A Study of Status Investigation and Protection of Stone Cultural Relics in
　　Ancient Architectural Complex in Hongjiang ············ He Jing　Hu Dongbo（203）

## Museum and Collections

Explore the Children's Section in the Museum Through the Nordic Model ····· Li Yizhou（223）
Taiwan Study of Ritual Vessels of the Confucius Worship Ceremony:the Cases
　of the Official Confucian Temples in Tainan ·················· Wang Zhenghao（268）

## Book Reviews

Review: *Crisis and Reconstruction: The Tang Empire and its Vassal States* by
　Li Biyan ·············································································· He Kang（279）

## Previous Contents

Catalogue of *Young Archaeologists*: Changping Park Special Issue ····················（282）

# 学理学史

# 生态位构建理论与考古学

杨月光

（北京大学考古文博学院 2018 级博士研究生）

**摘要**：生态位构建理论是对经典进化论的扩展，能为考古学提供一种新的解释框架。本文首先简要介绍了生态位概念的发展演变过程，然后对生态位构建理论的基本内涵进行了探讨。在此基础上，本文讨论了将生态位构建理论引入考古学的必要性，并对已有研究进行归纳总结，提出由于生态位构建理论更强调对人类行为模式的变化以及造成这种变化原因的探究，因此，特别适用于能反映人类行为变化的相关课题研究，如生业经济的变迁。

**关键词**：生态位；生态位构建理论；人类生态位构建；考古学

## 一、生 态 位

要理解生态位构建理论，我们有必要知道什么是生态位。生态位是生态学中的一个基本概念。最初，它主要用于研究生物群落或生态系统之间的关系。随着研究的深入，生态位在生态学中的应用范围不断扩展，涉及生物多样性、生物群落、生物间的相互关系、物种的进化和分化等，成为现代生态学的基础理论[1]。

生态位概念的提出和完善经历了一个较长的时期。

这一概念的源头或可追溯至达尔文，他认为："某一物种的后代越变异，就越能成功生存，因为他们在构造中越分异，就越能侵入其他生物所占据的位置。"[2]

19 世纪末 20 世纪初，美国学者斯蒂尔（J. B. Steere）和约翰松（R. H. Johnson）就已经开始使用生态位一词，但对其具体内涵没有说明[3]。

最早对生态位进行定义的是博物学家格里内尔（J. Grinnel），他将其定义为"最后的分布单位（ultimate distributional unit），在此单位中，每个物种都有其结构和功能上的局限"。这个定义虽然也注意到了物种在结构和功能上的作用，但空间分布上的意义更加明显。他认为，"没有两个生物物种能在同一研究区域形成准确的相同的生态位"，暗示生态位是由环境提供的，独立于"居住者"而存在，后人将他所提出的生态位称为"空间生态位"[4]。

与格里内尔的定义不同,动物生态学家埃尔顿(C. Elton)将生态位定义为"物种在生物群落中的地位和角色(functional role and position)",并认为"一个动物的生态位表明它在生物环境中的地位及其与食物和天敌的关系",即强调不同物种之间的营养关系(trophic relationships),将竞争引入生态位概念,被称为"功能生态位"[5]。在此基础上,高斯(G. F. Gause)提出了生态学上重要的"竞争排斥原理",即"由于竞争的结果,两个相似的物种不能占有相同的生态位,但可以通过某种方式彼此取代,使得两个物种拥有不同的食物和各自具有优势地位的生活方式"[6]。

同样强调生态位功能属性的学者还有奥德姆(E. P. Odum)。他在《生态学基础》(1953年、1959年)一书中,将生态位定义为"一个生物在群落和生态系统中的位置和状况,而这种位置和状况决定于该生物的形态适应、生理反应和特有行为",将生境比作生物的"住址",把生态位比作生物的"职业"[7]。

在生态位概念的发展过程中,哈钦森(G. E. Hutchinson)的贡献很大。特别是在1957年的冷泉港定量生物学(Cold Spring Harbor Symposia on Quantitative Biology)研讨会上所做的总结中[8],他提出任何一个物种的生态位都将表明该物种的生态特性,生态位可想象成一个多维资源空间的超体积(n-dimensional hypervolume)。环境变量对物种的影响可以通过建立n维坐标来表示,每个坐标都有一个阈值,在阈值内物种能够生存和繁殖,坐标上的阈值范围就是n维超体积,在超体积内的任何一点,所有环境条件都适合物种生存。在此基础上,他又提出了"基础生态位"和"现实生态位"两个概念。前者指一种假想的理想生态位,即某一物种生存所处的n维空间超体积包括了其生存和生活所需的全部条件,一切都是最适宜的,没有竞争者和捕食者;后者是指生物物种在现实中会面临其他生物的竞争和相互作用,其占据的只是基础生态位的一部分,即一个物种实际占有的空间和资源,就是其现实生态位[9]。Hutchinson的贡献在于,他将生态位的概念用数学语言表达出来,这就使得生态位大小的研究具有了可操作性,成为现代生态学的基础。

资源利用函数(resource utilization function)概念[10]的提出,再一次推进了生态位的研究。它是由麦克阿瑟(MacArthur)(1968年、1970年、1972年)、梅(R. M. May)(1972年)和莱文斯(R. Levins)(1964年、1967年)等多位学者共同发展形成的,简称RUF。他们将生态位定义为"一个物种或种群的资源利用函数",强调物种对资源的利用程度。这就"成功地为定量计测生态位数量指标提供了可能性,并且为现场取样提供了合理、可行的方法"。在此基础上发展出了生态位宽度(niche breadth)或资源利用谱(resources utilization spectra),用以测量生态位的大小,这是目前生态位研究中的主要方法之一。

综上,生态位可以反映出某种生物至少三方面的内容,一是在特定时间和环境中占据的空间位置,二是在生物群落和生态系统中发挥的功能作用,三是对环境中不同维度资源(如空气、水、土壤等)的利用程度。换言之,生态位是指"一定环境里的某种生物在其入侵、定居、繁衍、发展以至衰退、消亡历程的每个时段上的全部生态学过程中所具有的功能地位"[11]。

需要说明的是，在生态学研究中，还有一些学者致力于将生态位概念进行扩展，提出不同层次的生态元可以对应一种生态位，诸如温度生态位、湿度生态位、食物生态位、空间生态位、时间生态位等，这些可称为"扩展的生态位理论"（expanded niche theory）[12]。这种泛化概念超出了我们所要讨论的范围，不赘。

## 二、生态位构建理论

在生态位理论的基础上，发展出了诸多相关理论模型，诸如生态位构建理论、更新生态位理论、生态位适宜度理论、随机性生态位理论等[13]。其中，生态位构建理论被认为在很大程度上扩展了经典进化论，对许多学科都产生了重要影响，如进化生物学、进化心理学、人类学、考古学和哲学等。

生态位构建的理念，最早是由哈佛大学的进化生物学家陆文顿（R. Lewontin）于20世纪80年代初提出的。他认为经典进化理论忽视了这样一个事实——生物体并不只是单纯地适应环境，它们周围的环境，部分是由生态位构建活动建立的[14]。

真正将生态位构建上升到理论高度，要到20世纪90年代中期。标志性文章是《生态位构建》[15]。文章开宗明义，将生态位构建定义为"生物体通过新陈代谢、活动和选择，部分地创造和破坏它们自身的生态位，不同程度地改变周围甚至全球环境中生物和非生物的自然选择压力，最终影响其自身和其他生物的进化过程"。经典进化论的解释模型是，环境变化造成问题，生物体通过适应来解决问题。与此不同，生态位构建理论更强调生物体对环境的改变，以及由此对进化产生的影响。

关于生态位构建理论最系统的表述，见于《生态位构建——进化过程中被忽视的过程》[16]一书。该书提出，在进化生物学和相关学科中，经典进化论过分强调生物对环境的适应，忽视了生态位构建对环境的影响和由此引发的进化结果。虽然也有一些理论涉及了生态位构建的某些内容，如基因-文化协同进化理论、栖息地选择理论等，但它们都在强调生态位构建是进化的结果。实际上，所有活着的生物体都会在一定程度上改变周围的局部环境。生态位构建活动是普遍存在的客观事实，如常见的河狸筑坝、蜘蛛结网等。只是不同生物进行生态位构建的能力存在差异。

生物体的生态位构建活动体现出若干一般性特征。第一，生态位构建活动是建立在生物体生存需求之上的。生物体活动遵循热力学第二定律，需要通过获取资源和排出废渣两种方式，不断与周围环境相互作用。因此，生态位构建的主体必须是活着的生物体。第二，受先前自然选择的影响，生态位构建具有一定的方向性。第三，生态位构建是在语义信息指导下进行的。第四，对于活动主体而言，生态位构建活动在短期内一定是有利的，即从环境中换取的能量收益大于消耗的能量成本。

生物在进行生态位构建时，活动方式一般可分成四类，即主动扰动、被动扰动、主动迁徙和被动迁徙。这些活动极大地改变了生物体自身和其后代以及其他相关联的生物体的选择压力。总结起来，生态位构建活动主要产生四种结果：①构建出独立的生态系统工程，部分控制着系统内的能量和物质流通；②改变选择压力，产生重要的进化结果；③创造出一种可以改变后代生存环境的生态继承；④在生物体与环境之间，提供除自然选择之外的第二种适应动力。

生态位构建理论将基因-文化协同进化理论进行了扩展，提出在基因继承和文化继承之外，还存在第三类继承——生态继承。这是因为，基因和文化之间并非简单的直接影响关系，二者之间存在复杂的中间环节。简而言之，生态继承是指生物体周围的环境早已发生了变化，而这种选择压力的变化，是由其自身或其他相关生物体的祖先进行生态位构建活动的结果。生物体对周边环境的改变包括非生物与生物两个方面，前者会进入新的物理状态，而后者则会表现出抵抗性的生态位构建活动。此外，生物体还制作"产品"（artifact），可看作生态系统中的第三类物体，既非生物又非非生物，而是介于二者之间的中间物。这类"产品"需要生物体不断对它们进行维护。也就是说，生物体改变了环境中的生物、非生物，并制作了"产品"，且以不同方式影响后代的生态位构建，改变后代的自然选择压力，进而促成不同的进化结果。

生态位构建理论的提出，大大促进了相关学科的发展。首先，它扩展了经典进化论，将自然选择和生态位构建均看作进化发生的动力。其次，促进了生态学和进化论的整合。最后，为人文社会科学提供新的进化论框架。

## 三、考古学与生态位构建理论

之所以将生态位构建理论引入考古学，主要的原因可能有以下几点。首先，考古学的研究对象是人类活动遗留下的各种物质遗存。它们提供了人类在面临各种压力的情况下，做出权衡的独特信息，我们据此可以追溯成千上万年之前人们进行文化生态位构建的能力。其次，考古学可以提供基因、文化、生态三方面的内容，而这与生态位构建模型的三个主要方面相契合[17]。当前考古学可以越来越容易地获取古代人类的基因数据，绘制越来越精确的基因进化树。从形态万千的遗物到各式各样的聚落，那些包含了各种文化信息的物质遗存，既是人类文化行为的结果，也是生态继承的直接反映。最后，考古学的优势在于长程地考察人类社会的发展。生态位构建理论的引入，将考古学材料纳入扩展后的进化论解释框架中，有助于我们更好地理解人类的复杂行为。

运用生态位构建理论研究考古学问题，已有了诸多案例。总体而言，这些研究主要包括宏观和微观两个层次。前者主要是根据生业经济的差异，将人类社会区分为狩猎采集生态位、农业生态位和畜牧生态位三类；后者则主要围绕动植物资源的利用，进行微观生态位的研究。当然，还有一些其他角度的研究。

在旧石器时代，人类并非完全被动地接受所有的自然压力，而是在积极地进行生态位构建活动，且有可能遗留下来一些相关迹象。一项针对意大利旧石器时代中期向晚期过渡阶段的研究，运用生态位构建理论从行为、生物和生态三个维度进行讨论，展示了过渡时期的觅食者是如何积极地塑造他们的进化历史的[18]。

受制于材料的丰富度，关于旧石器时代人类生态位构建活动的研究相对有限。学者们的注意力更多地集中在狩猎-采集向农业的过渡方面，即农业起源的研究。以往的研究多是从生物性状的变化来讨论这一问题，生态位构建理论则强调要从人类行为变化入手，研究人类是如何从流动生活转变为定居生活的，是如何从根据季节变化追寻食物发展为利用不同时节的气候条件生产不同食物的。这一问题的解决需要结合民族学调查进行。一项在北美地区开展的民族考古学研究显示，土著人群主要通过六种生态位构建的方式干预野生植物，分别是：①通过火对植物群落进行一般性调整，创造出马赛克式的斑块和边缘区域，重新安排各类植物的生长顺序；②在高水位的河湖岸边，将一年生的野生植物种子进行广泛撒播，形成新的景观；③在聚落附近移植多年生的果树，形成果园景观；④对果树进行原地修剪，形成点状资源景观；⑤对多年生的块茎类植物进行移植或原地照看；⑥改变特定区域的微景观，以增加猎物的丰度[19]。这些不同的生态位构建方式，或可看作全新世早期人类对野生资源利用的一般模型。具体的考古研究案例可参见潘艳等对跨湖桥遗址人类生态位构建模式的研究[20]。此外，罗利-康威（Peter Rowley-Conwy）和莱顿（R. Layton）还从理论的角度讨论了狩猎-采集者生态位向农业生态位的转变模式。他们将狩猎-采集者生态位分成稳定和不稳定两类。稳定的狩猎-采集生态位构建活动包括四种，即有意将有用的野生植物集中到一起进行小规模的植物栽培、烧荒和狩猎。这些稳定的生态位是不会引发之后的人类文化变化的。相反，农业生态位则是由不稳定的狩猎-采集者生态位转变而来的。具体而言，正是由于某些谷物的收获行为（用镰刀收割谷物）引发了一系列正反馈循环，导致了驯化农作物的出现，促成了大规模的作物栽培。动物的驯化则是在谷物驯化之后很快发生的[21]。

在农业生态位构建中，讨论最多的一个案例是牛奶消费与乳糖耐受基因之间的关系（图一）。通过乳糖耐受基因的扩散研究，可以复原西亚农业生态位向欧洲扩张的过程，结果表明是人群的扩散而非思想的传播，造成了欧洲地区狩猎-采集者的消失[22]。在新石器时代，农民驯养动物的管理策略，也深刻地影响了农业生态位[23]。反过来，农业生态位的构建，也影响或造成了相关寄生生物的生态位。常见的寄生生物包括聚落周围耕地中的杂草和粮仓中的害虫与家鼠[24]。

长期以来，气候的变化与特定环境条件的出现被认为是游牧经济出现的主要驱动力。运用生态位构建理论，斯彭格勒Ⅲ（R. N. Spengler Ⅲ）认为游牧人群和环境之间不是一种单向的适应关系，和农民一样，游牧者也是生态位构建者[25]。公元前第三千纪的中亚南部发生过毁林行为，植物群落发生了重要变化，坚果类树木和野生植物增加。与此相对应的是，牧场面积扩大，燃料由使用木材向大型动物粪便转变，人们开始采用游动的

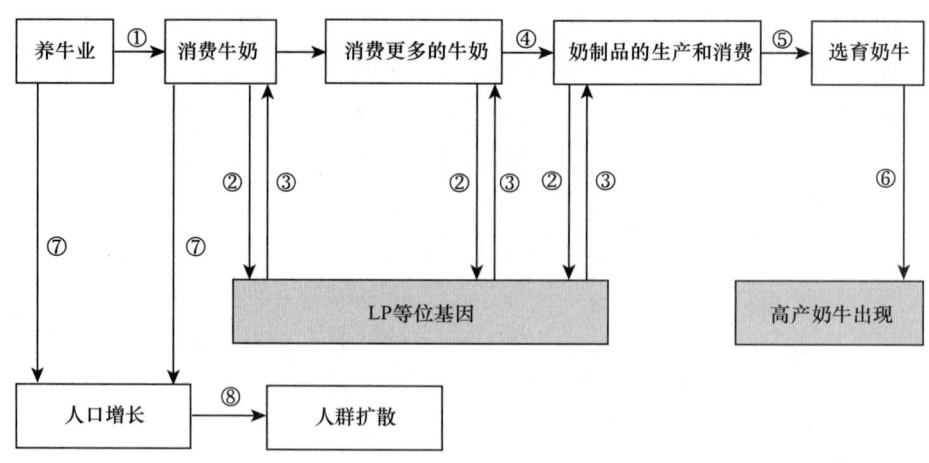

图一　牛奶消费、乳糖耐受基因和高产奶牛之间的文化生态位构建过程[26]

注：白色框内是文化过程，灰色框中为基因变化。黄牛的驯化引发了①人们对牛奶的消费，而牛奶消费有助于②乳糖耐受性[lactase persistence（LP）]的扩散，这就造成了③人们消费更多的牛奶，引发了④奶制品的生产和消费，进而促使⑤人们对奶牛进行选育，最终培育出了⑥高产的奶牛。此外，黄牛驯化①和牛奶消费②引发了⑦人口增长，人口增长进而成为⑧人群扩散

生活方式。

相比于宏观层次的研究，微观层次的案例更为具体，能更好地说明人们的文化继承和生态继承。目前的研究多集中于食物资源的利用方面，包括动植物资源的获取、强化利用、驯化以及加工和存储等。

史前时期，小型社会对野生动植物资源的利用，通常采用提高或扩大特定物种的生境条件，引导或限制猎物移动的策略。毕晓普（R. R. Bishop）等对苏格兰地区中石器时代的研究显示，狩猎-采集者可能已经在积极地进行生态位构建活动，通过维持或清理林地的管理策略，系统开发特定的林木资源，特别是榛树和橡树，被用作食物和燃料[27]。野生动物资源的利用以生活在高山草甸、冻土、草原和沙漠等地区的小型社会为例。他们通常利用特定的有利地形，设置捕杀有蹄类动物的设施（ungulate drive structures），进而获取食物资源[28]。

在动植物的驯化问题上，已有的研究主要集中于区域性和物种两个层面[29]。前者主要关注宏观进化变量，包括气候变化、人口增加、景观改变和族群边界强化等方面；后者则主要聚焦于不同物种驯化发生的地点、时间，以及基因和形态的变化等。生态位构建理论为理解二者之间的关系提供了连接点。考古学证据表明，对资源和环境的管理策略在人类早期发展过程中十分普遍。驯化正是发生于这种广泛的资源管理策略之中，特别是对土地的管理策略，目的在于提高某物种的产量。驯化并不局限于某一地区。在全球范围内不同时间不同地点，人们都驯化了各自的物种。换言之，驯化是人类不断强化生态位构建的结果[30]。驯化的发生，使人类进行生态位构建的能力得到了巨大提升。

无论是狩猎-采集者，还是农民，存储都是一种适应性策略。当然，这种行为并不为

人类所特有。但是，人类的存储行为可能更为复杂。除了一般所理解的窖穴、粮仓等存储设施之外，乳品存储的发展是说明复杂性的极好案例。黄牛的驯化最初很可能是为了获取肉食。进入新石器时代以来，人们逐渐强化对牛奶的利用。这样，人们就将更多的能量存储在家畜体内，强调对"利息"的利用，这样获得的能量是单纯获取肉食的 4~5 倍[31]。

食物资源从获取到被人们食用，关键的一步是对食物进行加工。食物加工不仅增加了饮食的多样性，而且使得食物营养更丰富，口感更好。它提高了人类的生活质量和健康状况，影响和增加了未成年人特别是婴儿的存活率，促进了人类身体的进化，如大脑的发育。食物加工技术的变化，也引发了与之相关的许多文化行为的变化，如土地的利用、资源的获取、剩余产品以及社会复杂化等。当然，食物加工也以各种积极或消极的方式影响或改变了其他生物的选择压力[32]。

上述讨论说明，生态位构建理论为考古学提供的是一般性的解释框架。具体的研究方法是由考古学研究对象的文化和自然属性所决定的，下文以几个案例进行说明。

从已有的研究看，定量分析方法运用得最为普遍，这反映了当前的一种研究取向。布罗克（W. A. Brock）等学者提出了一种专门针对生态位构建分析的研究方法——基于时间序列的路径分析法[33]。针对生态位构建分析的复杂性，该方法以图表的形式来表示不同变量之间的因果关系。它有效地使用了多元回归的分析方法，来评估假设的因果关系中不同变量的影响程度。同样运用统计学方法，科勒德（Mark Collard）等对 34 个狩猎－采集者群体和 45 个小规模食物生产群体的工具套结构进行分析，验证了三个重要假设：风险、人口规模和生态位构建理论。结果显示，生态位构建活动影响了小型社会的技术演进。在食物生产者和狩猎－采集者之间，技术演进的动力是不同的。狩猎－采集者的工具套受风险的影响更大，而食物生产者受人口规模的影响更大[34]。如果说科勒德（Mark Collard）等使用的是民族学的材料，那么里德（F. Riede）对斯堪的纳维亚半岛南部旧石器晚期（距今 1.47 万~1.15 万年）石镞的分析，则完全采用考古材料。通过采用包括岩性分析、贝叶斯统计和 K-S 检验等在内的统计方法，进行系统发生和对比分析研究，来验证狗的使用和驯鹿经济的出现是独立进化的结果还是共同进化的结果。研究表明，史前狩猎－采集者的生态位构建能力是有限的，对目标动物或景观的影响有限。狗的驯化在早期并没有能为获取食物提供重要帮助。与此同时，末次冰期之后最早出现在斯堪的纳维亚半岛南部的人类并没有开始专业化的驯鹿经济[35]。

植物考古的方法在分析人们对植物资源的开发利用方面有着天然的优势。一项针对苏格兰地区考古遗址出土植物遗存的分析，通过与孢粉数据的结合，探讨了中石器时代狩猎－采集者对野生林木资源的开发和管理策略[36]。

地理信息系统技术可以用来研究古代人类通过生态位构建对地貌景观造成的改变。将遥感技术与古代文献相结合，威尔金森（T. J. Wilkinson）等学者对美索不达米亚平原分布着的众多古代水利系统进行了研究，揭示了人类生态位构建活动在塑造和改变地表景观方面的作用[37]。

## 四、结　　论

　　生态位是现代生态学的基础理论，探讨的是不同物种在空间分布、生态群落和生态因子中所处的位置。进化生物学借用了生态位这个概念，发展出了生态位构建理论，目的在于强调生物自身的活动在进化过程中的作用，扩展和完善了经典进化论。由于人类具有超强的学习能力和改造环境的能力，被称为终极生态位构建者，因此，人类文化生态位构建活动在自身进化过程中的作用就显得格外显著。正因如此，生态位构建理论被认为适用于人文社会科学研究。

　　考古学作为一门研究人类自身及其发展过程的学科，其研究对象与生态位构建理论的主要研究内容相吻合，因此，生态位构建理论特别适用于考古学。作为扩展的进化论，生态位构建理论能为考古材料提供新的研究视角和更为复杂的解释框架。它强调的是人类行为模式的差异和变化以及造成这种变化的原因。因此，该理论有助于深化对农业和畜牧业的起源研究，以及与人类行为变化相关的课题研究，如对食物的获取、储藏和加工研究等。

　　最后需要强调的是，生态位构建理论本身并不提供具体的研究方法，相关的研究方法需要根据考古遗存的特点和需要解决的问题来设计。

## 注　　释

［1］ 梁士楚、李铭红主编：《生态学》，武汉：华中科技大学出版社，2015年。
［2］〔英〕达尔文著，谢蕴贞译：《物种起源》，北京：中华书局，2012年。
［3］ 张光明、谢寿昌：《生态位概念演变与展望》，《生态学杂志》1997年第6期，第46～51页。
［4］ Eric R Pianka：《竞争和生态位理论》，《理论生态学》，北京：科学出版社，1980年，第116～143页。
［5］ 同注［4］。
［6］ 郭树东：《研究型大学学科生态系统发展模型及仿真研究》，北京：北京交通大学出版社，2011年。
［7］ 同注［3］。
［8］ Hutchinson G Evelyn. Concluding Remarks. In Special Issue: Population Studies: Animal Ecology and Demography. Cold Spring Harbor Symposia on Quantitative Biology, 1957 (22): 415-427.
［9］ 同注［3］。
［10］ 任青山：《天然次生林群落生态位结构的研究》，哈尔滨：东北林业大学出版社，2002年。
［11］ 同注［3］。
［12］ 刘建国、马世俊：《扩展的生态位理论》，《现代生态学透视》，北京：科学出版社，1990年。
［13］ 同注［6］。
［14］ Lewontin R C. Gene, Organism, and Environment. In Evolution from Molecules to Men, New York: Wiley, 1983: 151-170.
［15］ F John Odling-Smee, Kevin N Laland, Marcus W Feldman. Niche Construction. The American Naturalist, 1996, 147 (4): 641-648.
［16］ F John Odling-Smee, Kevin N Laland, Marcus W Feldman. Niche Construction: The Neglected Process in Evolution. Princeton: Princeton University Press, 2003.

[17] Felix Riede. Adaptation and Niche Construction in Human Prehistory: A Case Study from the Southern Scandinavian Late Glacial. Philosophical Transactions: Biological Sciences, 2011, 366 (1566): 793-808.

[18] Julien Riel-Salvatore. A Niche Construction Perspective on the Middle-Upper Paleolithic Transition in Italy. Journal of Archaeological Method and Theory, 2010, 17 (4): 323-355.

[19] Bruce D Smith. General Patterns of Niche Construction and the Management of 'wild' Plant and Animal Resources by Small-scale Pre-industrial Societies. Philosophical Transactions: Biological Sciences, 2011, 366 (1566): 836-848.

[20] 潘艳、郑云飞、陈淳：《跨湖桥遗址的人类生态位构建模式》，《东南文物》2013 年第 6 期，第 54~65 页。

[21] Peter Rowley-Conwy, Robert Layton. Foraging and Farming as Niche Construction: Stable and Unstable Adaptations. Philosophical Transactions: Biological Sciences, 2011, 366 (1566): 849-862.

[22] a. Michael J O'Brien, Kevin N Laland. Genes, Culture, and Agriculture: An Example of Human Niche Construction. Current Anthropology, 2012, 53 (4): 434-470; b. Pascale Gerbault, Anke Liebert, Yuval Itan, et al. Evolution of Lactase Persistence: An Example of Human Niche Construction. Philosophical Transactions: Biological Sciences, 2011, 366 (1566): 863-877.

[23] Sarah B McClure. The Pastoral Effect: Niche Construction, Domestic Animal, and the Spread of Farming in Europe. Current Anthropology, 2015 (56): 901-910.

[24] Dorian Q Fuller, Chris J Stevens. Open for Competition: Domesticates, Parasitic Domesticoids and the Agricultural Niche. Archaeology International, 2017 (20): 110-121.

[25] Robert N. Spengler III, Niche Dwelling vs. Niche Construction: Landscape Modification in the Bronze and Iron Ages of Central Asia. Human Ecology, 2014 (6): 813-821.

[26] 引自注 [22] a，图 3，A。

[27] Rosie R Bishop, Mike J Church, Peter A Rowley-Conwy. Firewood, Food and Human Niche Construction: the Potential Role of Mesolithic Hunter-gatherers in Actively Structuring Scotland's Woodlands. Quaternary Science Reviews, 2015 (108): 51-75.

[28] Bruce D Smith. Modifying Landscapes and Mass Kills: Human Niche Construction and Communal Ungulate Harvests. Quaternary International, 2013 (297): 8-12.

[29] a. Bruce D Smith. The Ultimate Ecosystem Engineers. Science, New Series, 2007, 315 (5082): 1797, 1798; b. Bruce D Smith. Niche Construction and the Behavioral Context of Plant and Animal Domestication. Evolutionary Anthropology, 2007 (16): 188-199.

[30] 同注 [29] b。

[31] Michael J O'Brien, R Alexander Bentley. The Role of Food Storage in Human Niche Construction: An Example from Neolithic Europe. Environmental Archaeology, 2015 (20): 364-378.

[32] Michèle M Wollstonecroft. Investigating the Role of Food Processing in Human Evolution: A Niche Construction Approach. Archaeological and Anthropological Sciences, 2011 (3): 141-150.

[33] William A Brock, Michael J Obrien, R Alexander Bentley. Validating Nniche-construction Theory Through Path Analysis. Archaeological and Anthropological Science, 2016, 8 (4): 819-837.

[34] Mark Collard, Briggs Buchanan, April Ruttle, et al. Niche Construction and the Toolkits of Hunter-Gatherers and Food Producers. Biological Theory, 2011, 6 (3): 251-259.

[35] 同注 [17]。

[36] 同注 [27]。

[37] Wilkinson T J, Louise Rayne, Jaafar Jotheri. Hydraulic Landscapes in Mesopotamia: The Role of Human Niche Construction. Water History, 2015, 7 (4): 397-418.

# Niche Construction Theory and Archaeology

Yang Yueguang

(2018 PhD Student, the School of Archaeology and Museology, Peking University)

**Abstract:** The Niche Construction Theory, as extended from the Classical Evolution Theory, provides a new interpretation system for the archaeological research. By reviewing of the evolution of the "Niche" concept, this paper explores the definition of the Niche Construction Theory and discusses the necessity of introducing this theory to the Archaeology. With an analysis of present researches, this paper points out that, as the Niche Construction Theory emphasizes the exploration of the change of people's behavioral patterns and the driving forces behind, it could be applied to researches on the change of people's behavior, such as the transformation of people's living subsistence.

**Key Words:** Niche, Niche Construction Theory, Human Niche Construction, Archaeology

---

**教师评语：** 生态位构建理论（NCT）是进化生态学中非常重要的理论和方法，它不仅在生态学中得到广泛应用，在所有本质上涉及"进化论思想"的人文社会学科中都有很好的应用和发展潜力。

一般认为，生态位构建理论是20世纪80年代才提出并开始流行的，从学术史视角出发，有正反两个角度，可以帮助我们理解考古学接受和应用生态位构建理论的背景。

一方面，早在20世纪60年代，考古学就已经广泛进入了所谓过程主义"新考古学"阶段，并且新考古学的核心之一就是强调"文化生态"（cultural ecology）的概念，因此，从生态学维度来梳理和分析考古学资料对考古学家来说并不陌生，甚至已经是"套路"。

另一方面，后过程主义考古学也是20世纪80年代初开始逐步兴起的，后过程主义学派非常强调的一点就是所谓人的能动性（human agency），尽管在具体语境中这个agency大多是针对文化史和过程主义中"个体的丧失"而提出来的，但不可否认，这种对人的主动性和反作用力的强调，在很大程度上同强调"物种不单纯适应环境，而是创造环境"的"生态位构建理论"是不谋而合的。

由此可见，考古学对生态位构建理论的偏好既有研究方法上"实证主义"的传统基础，又有恰逢其时的学术思潮推动，可以说是一拍即合，顺理成章。因此，也不免见到很多未得原意就赋新曲的应时之作。

杨月光同学的这篇读书报告，层层递进、客观详尽地为读者介绍了"生态位"和

"生态位构建"等基本概念和代表性观点，难能可贵，也是有兴趣了解这一理论方法的同学可资利用的捷径。考古学从来就是一个提倡"拿来主义"的学科，但只有在确切理解某个理论方法产生的背景和具体内涵的前提下，"拿来主义"才是有效并且有意义的，才不会是装了旧酒的新瓶子。

尽管目前国内大多数对生态位构建理论的应用集中在农业起源研究方面，但实际上，生态位构建无论从理论还是实践上讲都有更为广阔的应用前景。杨月光同学在文章的最后就较为广泛地介绍了他阅读中值得推介或有心得的应用实例，虽然略显简要，但为不同旨趣的读者提供了基本的入门途径。

从当下最为热门的关于"人类世"（anthropocene）何时开始的讨论，到遗产学研究中日益强调的"生态遗产"概念；从最典型的后过程主义的"entanglement"理论和路径依赖，回到最传统的过程主义的"资源域"（catchment）分析和"最佳觅食模式"（optimal foraging model）——我随口举的这些例子，跨越了考古学的不同分支、学派和理论基础，但都可以在生态位构建理论的启发下酿出"新酒"。前提是，你能通过原典阅读真正读懂什么是"生态位构建"。

正如杨月光在文中总结的，"生态位构建理论……促进了生态学和进化论的整合"，我也想强调生态位构建理论这一"动态/变化"的特点：生态位构建理论中的关键词是"构建"，通过构建，我们便可以将周遭环境（社会）理解为既是进化的原因，又是进化的结果。这无疑为理解人类基因、文化、社会的复杂性提供了新的强有力的框架，拓展了我们面对繁复考古数据的分析角度，同时增强了对人类文化多样性的解释能力。

据上，推荐读者通过杨月光此文学习并了解"生态位构建"之理论。

（北京大学考古文博学院副教授　秦　岭）

# 二里头遗址绿松石制作手工业研究述评

胡毅捷

（北京大学考古文博学院2017级博士研究生）

**摘要**：绿松石自新石器时期以来就常被古人作为装饰品使用。二里头遗址内出土了大量的绿松石器，更发现有镶嵌绿松石铜牌饰、绿松石龙形器等大型绿松石器，并在围垣作坊区内发现绿松石作坊，表明二里头遗址已掌握大量珍贵的绿松石资源，并由贵族控制完成绿松石器的生产。本文基于玉石器手工业生产流程，结合已有的研究成果对二里头遗址绿松石制作业进行述评。关于二里头遗址的绿松石矿料来源、资源运输路线、作坊位置与性质、制作工艺及流通等方面的研究均取得了重要成果，但仍需要加强田野调查与发掘、科技分析方法评估以及分析数据的积累，以更为系统地揭示不同时期二里头遗址制绿松石手工业的面貌。

**关键词**：二里头遗址；制绿松石手工业；溯源研究；玉石器作坊

## 一、引　言

绿松石，化学式 $CuAl_6(PO_4)_4(OH)_8 \cdot 5H_2O$，硬度为5~6，与软玉接近，属于广义的玉石范畴。目前中国发现最早的绿松石器发现于中原地区的裴李岗文化，此后绿松石在各时期大多作为装饰品为古人所喜爱[1]。至二里头文化时期，在二里头遗址范围内发现了大量的绿松石器，其中以绿松石管、绿松石珠、绿松石片居多，多属于装饰品。此外，二里头遗址还出土了诸如镶嵌绿松石铜牌饰、绿松石龙形器等复杂的绿松石器，不仅反映了二里头遗址可使用具有高超技术内涵的珍贵器物，也对二里头文化起源、社会地位、文化交流等研究具有重大意义[2]。

有学者曾统计，二里头文化一期时共发现绿松石珠6件；二里头文化二期时墓葬中共出土绿松石器127件，在地层与灰坑中共出土绿松石器14件；二里头文化三期时墓葬中共出土绿松石器699件，地层与灰坑中出土29件；二里头文化四期时墓葬中共出土绿松石器6件，在地层与灰坑中亦有大量绿松石片出土[3]。不过在统计时，复杂的绿松石器往往只计算为1件，但实际上制作1件复杂绿松石器需要大量的绿松石片及高超的工艺水平。方辉将二里头文化不同时期绿松石器的使用情况概括为：一期至三期呈明显的上升趋势，三期是绿松石使用高峰，四期时略有下降。高规格的绿松石镶嵌器物始于二期，兴盛于三期，至四期仍保持了上升趋势[4]。

近年来，在二里头遗址宫殿区外的围垣作坊区内发现了与绿松石生产制作相关的遗存[5]，并在鄂豫陕交界的秦岭山区内发现了多处与二里头文化同时的绿松石采矿遗存[6]。通过对开采矿洞以及作坊区内遗存的研究，结合二里头遗址大量出土绿松石器的情况，可综合讨论二里头绿松石生产业的技术、规模与文化特征，并可结合铸铜、制陶、制骨等手工业的相关情况，对二里头遗址资源的掌控以及社会复杂化等问题进行综合探讨。

## 二、玉石器手工业的生产流程

在分析二里头制绿松石业之前，首先应对玉石器手工业的生产流程进行全面分析。

玉石器是人类对玉石原料进行生产加工后的产品。研究古代玉器，重点在于料、工、形、纹、文化五个方面[7]。以往学者对玉器的研究多关注玉石器的年代、分区、型式、纹饰等问题，进而关注玉石器的使用特征与文化内涵[8]；或利用元素分析、显微分析和矿物分析等方法研究玉器的成分与结构，推断玉器的产源与工艺[9]；通过玉石器的实验考古，可复原古代玉器生产的相关流程[10]。

古人不可能找到一块玉料便直接使用，玉石器的成型需要工匠利用技术将原料转化为成品，因此，制玉石业是我国古代手工业的重要门类之一[11]。白云翔提出手工业考古应包括原材料研究、生产工具和生产设施研究、工艺技术和生产流程研究、产品研究、产品流通和应用研究、生产者研究、生产经营方式研究、产业布局和产业结构研究、社会经济研究、社会文化研究十个研究内容[12]。对玉石器手工业考古的研究，不仅需要关注玉石器每一项生产环节的技术特征，还应透物见人，从手工业考古的视角对手工业从业者本身及其背后的社会特征进行讨论。

20世纪60年代，法国学者勒儒瓦·古尔汉（Andrè Leroi-Gourhan）提出了"操作链"（chaîne opératoire）理论，并在日后的发展中逐渐完善。塞莱特（Sellet）将"操作链"表述为：操作链是为了描述并了解一种特定原料所经历的所有文化改造的过程，是对一个史前群体技术系统中的器物制作和维修过程中所需要的动作和思维过程的有序排列，其最初阶段是原料采办，最终阶段是器物的废弃。操作链主要揭示一个特定技术系统的动态机制，以及这一体系在群体技术中的作用[13]。这一理论体系已在制石、制陶、冶炼等手工业研究中得到了广泛的关注与运用[14]。

玉石器手工业生产制作的流程主要包括：矿工利用采矿工具，从玉矿中开采出玉料；然后运输人员通过一定的交通方式，将玉料运输到加工地点；制玉工匠利用加工工具，在加工地点将玉料制成成品；成品在流通后被使用或是废弃。也有一部分玉器，会被重新进行改制，即存在再加工、再利用的过程。因此，玉石器生产与使用中至少应涉及三类地点，包括采矿地点、加工地点和使用地点。

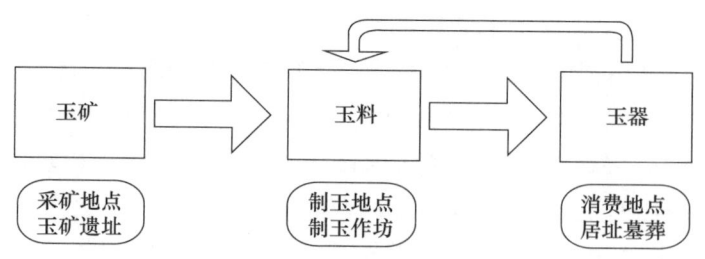

图一　玉石器生产与使用地点示意图

图一是最简单的玉石器生产流程，仅涉及单一的生产与使用链条，但实际社会是一个复杂体系，每一个环节中都存在若干个生产单位。若仅考虑每类地点有且仅有两个生产单位，那么在每一个玉器加工地点，都可以从两个采矿地点获得玉料资源进行加工，而每一个玉器使用地点，也都可以从两个玉器加工地点获得玉器成品。在同一性质的地点，还可以发生相互交换，如两个玉器的消费地点，可以通过赠送、赏赐、贸易等方式直接交换；而在玉料开采以及玉器加工地点，不仅可以存在资源的直接交换，还有可能进行技术的交流。技术的交流可以是直接的模仿学习，也可以通过工匠的流动间接带动（图二）。当然，在实际复杂社会中还存在诸如二里头遗址的都邑性单位，它有实力能够控制资源向一个方向流动。因此，玉石器手工业社会其实相当复杂，需要对具体问题进行具体分析。

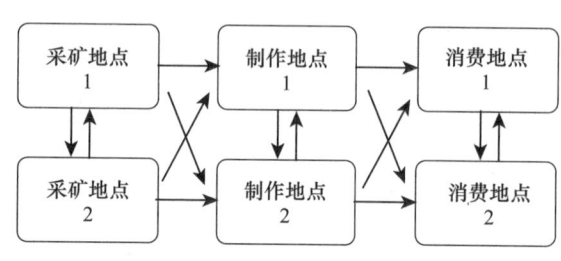

图二　玉石器手工业交流模型

在生产环节中，人与人之间可能存在分工。分工可以是上下式的，即管理者与被管理者（工匠）之间的分工；也可以是平等式的，如工匠在不同技术种类上的分工。分工的存在意味着在生产活动中拥有不同的生产模式。富兰克林（Franklin）将生产模式分为全面式生产流程和规定式生产流程两大类[15]：全面式生产流程是指连续的生产模式，对于一件产品而言，生产者需要一个人完成生产过程中所有的生产步骤，反映了工匠本人的技术水平；规定式生产模式类似于流水线式生产，是指生产活动被划分成预先设定的几个技术步骤，而生产者被划分为不同组群并分别承担不同的生产步骤，生产活动由每个生产单位内擅长某种技术的个人或群体担任。在规定式生产方式下，单个生产者并不需要掌握生产某类产品的所有技术，反而更专注于某个或者某几个生产步骤。在玉石器的生产中，全面式生产流程与规定式生产流程均有可能存在。如制作一件简单的玉石制品，可以由一个工匠独立制作完成，也可以由多个工匠分别完成其中的不同步骤。

在作坊内由于人的活动性质不同，作坊区域内会依照不同活动而统筹划分，形成不同的功能区，有生产制作玉器的场所，也有供工匠生活的非生产场所；在生产区域内，依据不同的工序也会存在一定的分区。但由于考古发掘面积有限，对作坊内功能区划分的研究目前较少。以桐庐方家洲制玉石器作坊为例,通过发掘确认在玉石器生产过程中存在功能区分化的特征(图三),其中玉石器原料从分水江直接获得,在遗址中部区域发现有房子、红烧土,可能是与手工业者居住以及生活有关的设施;遗址南部发现了石片堆,可能与石料存储有关;而另一个石头堆内的石头摆放极其整齐有规律,则可能与祭祀活动有关;在遗址中还发现了墓葬,这便与丧葬活动产生了联系[16]。

图三 桐庐方家洲发掘区功能示意图

(采自浙江省文物考古研究所、桐庐县博物馆:《桐庐方家洲新石器时代玉石器制造场遗址发掘的主要收获》,《浙北崧泽文化考古报告集(1996～2014)》,北京:文物出版社,2014年,第302～327页)

## 三、二里头遗址绿松石的矿料溯源

资源的获取与社会、政治、经济等因素密不可分。对珍贵资源的获取与掌控,不仅是器物生产的基础,更是复杂等级社会构建的重要因素。在世界范围内,绿松石的矿源非常有限,而二里头遗址大量发现的绿松石制品对应于有限的矿源,背后隐含着先民对绿松石开采与流通上所形成的资源策略与行为方式[17],因此,对矿源的寻找有利于了解早期先民获取珍惜矿产资源的范围及早期国家资源策略等重要问题。

寻找古代玉石器所对应的矿源目前主要有三种思路:一是对玉石器颜色、质地进行区分以推断玉料来源[18];二是通过早期玉石器的制品和现代玉矿产地样品进行地球化学数据的对接,进而判断产源[19];三是通过调查寻找古代开采玉矿的遗址,并将早期玉器与古代遗址中开采过的玉矿遗存进行比较，以确定玉料的来源[20]。从方法论上考虑，第三种方法优于前两种方法，因为我们无法保证现代的玉石矿在古代就已经被开采，找到与玉石器制作年代相对应的矿产资源，对确认玉矿来源及开采技术都有重要价值。因此，对早期玉石矿料资源的调查具有重要的意义。近年来在甘肃地区发现了多处玉矿遗存，对探讨玉料资源掌控情况及"玉石之路"等问题提供了重要的线索[21]。中国绿松石矿床主要分布在鄂豫陕交界的秦岭地区，在青海、新疆、安徽等地区亦有分布。近年来，北京科技大学科技史与文化遗产研究院联合多家单位对陕西洛南辣子崖[22]、新疆哈密黑山岭[23]、天湖东[24]等古代绿松石矿遗址进行了调查，丰富了对早期绿松石矿开采的相关认识。

为寻找二里头绿松石矿源，多家研究单位均开展了相应的探索，并取得了一定的成果。中国社会科学院考古研究所与中国地质大学（北京）合作，综合利用矿物学外观形貌分析、岩相显微观察、扫描电子显微镜、红外光谱、X射线粉晶衍射、电子探针、电感耦合等离子体质谱仪（ICP-MS）测微量元素以及铜同位素等方法，认为二里头遗址使用的绿松石矿源与湖北郧县（今十堰市郧阳区，后同）云盖寺地区绿松石矿匹配程度较好[25]。北京科技大学和陕西省考古研究院对陕西洛南县河口遗址周边进行了数次调查，发现了10处古代开采绿松石的洞穴遗址，其开采年代最早可追溯至新石器时代晚期至青铜时代，并通过矿物学外观、岩相观察、扫描电子显微镜、拉曼光谱、色差分析、便携式X射线荧光分析、电感耦合等离子体原子发射光谱（LA-ICP-AES）分析、铅同位素比值、锶同位素比值等方法构建了绿松石产源判断的标准。在此基础上，对二里头遗址出土的少量绿松石文物样品进行分析，基于PXRF，结合主成分分析与同位素分析的结果，认为二里头遗址出土绿松石与陕西洛南绿松石矿可能有较大的关联性[26]。

同样是二里头遗址出土的绿松石制品，不同学者得到的溯源结果却不尽相同。笔者认为，二里头作为当时中原地区文化与权力的中心，有实力控制大量的资源，完全可以将绿松石资源从各个不同的矿源运输至二里头。不过，以往研究在方法选择与数据解读方面仍有进一步优化的空间：第一，在研究中所选的矿洞遗址以及二里头遗址出土绿松石样品数量均较少。研究中根据绿松石矿颜色、风化程度等特征选择样品来代表矿源，其中部分类型样品仅有1件，代表性存疑；二里头遗址的样品数量亦很少，且部分样品缺乏相应的考古学背景信息。在没有考古学背景的情况下，很难较好地回答绿松石矿业背后的考古学问题。第二，利用不同方法所得的分析结果也未能完全解释矿源的问题。二里头发掘报告公布了中国社会科学院考古研究所与中国地质大学（北京）的测试结果，其中二里头出土部分绿松石稀土元素分配虽接近湖北郧县云盖寺矿，但也有部分样品与云盖寺矿存在明显差异（图四）；而二里头遗址出土绿松石的铜同位素分布各有不同，部分样品与云盖寺矿相近，另有部分样品的差异值与秦古矿区一致（图五），因此只能推断云盖寺矿是可能的矿源之一。此外，云盖寺矿的三个样品铜同位素组成变化值也不尽相同，这一方法能否有效地表征矿源还需进一步讨论。北京科技大学所用的锶同位素分析

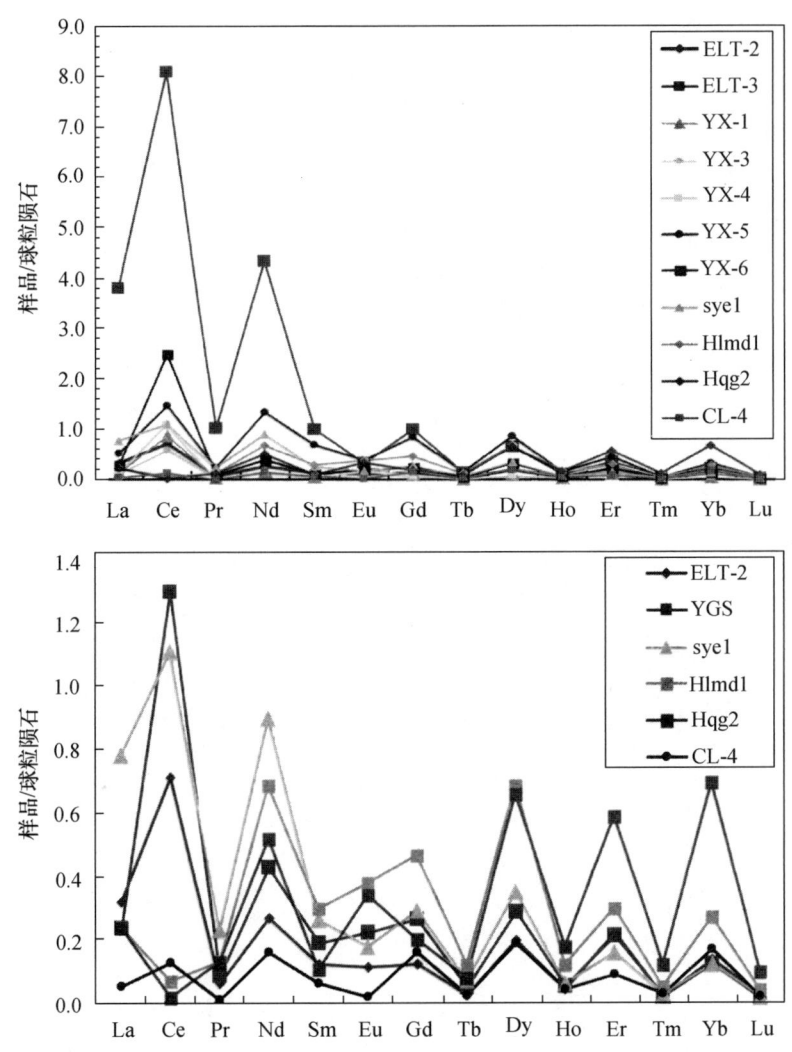

图四 二里头与各个矿区绿松石样品稀土元素球粒陨石标准化配分图
（采自叶晓红、任佳、许宏等：《二里头遗址出土绿松石器物的来源初探》，《第四纪研究》2014年第1期，第212~223页）

中，作者将二里头遗址的绿松石样品与洛南矿料样品划在同一个区域，但洛南样品在散点图上较为分散，且有部分数据与郧县数据明显重合，而二里头遗址样品与洛南样品聚集程度并不高（图六）。因此，对绿松石矿源进行判别分析时，选择何种分析方法，选择何种聚集程度，均有待进一步确立标准，并加大样本数量，充实数据，以获得更为全面的认识。

目前，与二里头遗址处于同一时期的绿松石采矿遗址发现数量有限，要确认二里头遗址绿松石的产源，还需进一步加强田野调查，建立更庞大的矿源数据库。同时，二里头遗址出土的绿松石料及器物也应当加大数据分析量，以综合探讨二里头对不同地区绿松石资源的掌控情况。

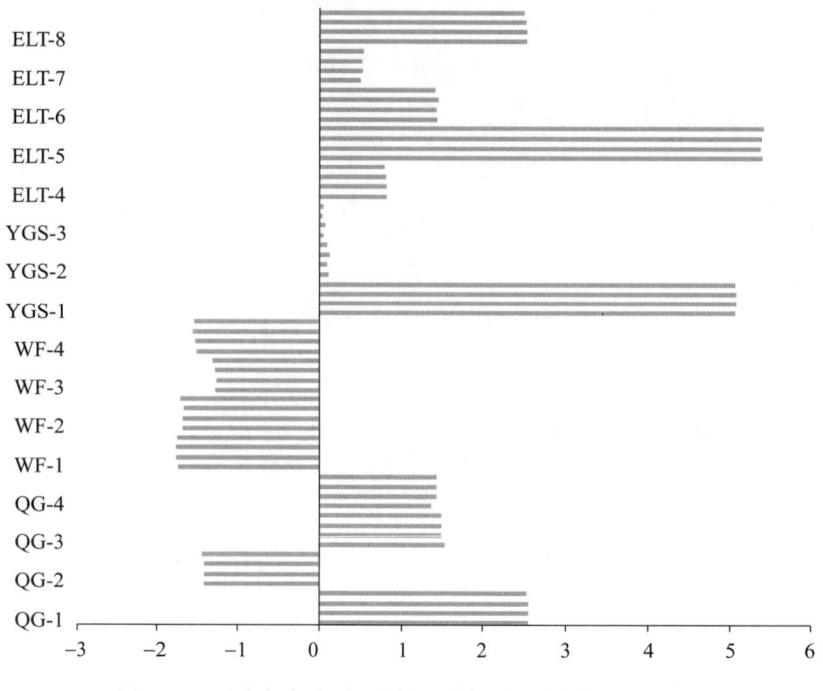

图五　二里头与各个矿区绿松石样品铜同位素组成变化图

（采自叶晓红、任佳、许宏等：《二里头遗址出土绿松石器物的来源初探》，《第四纪研究》2014年第1期，第212～223页）

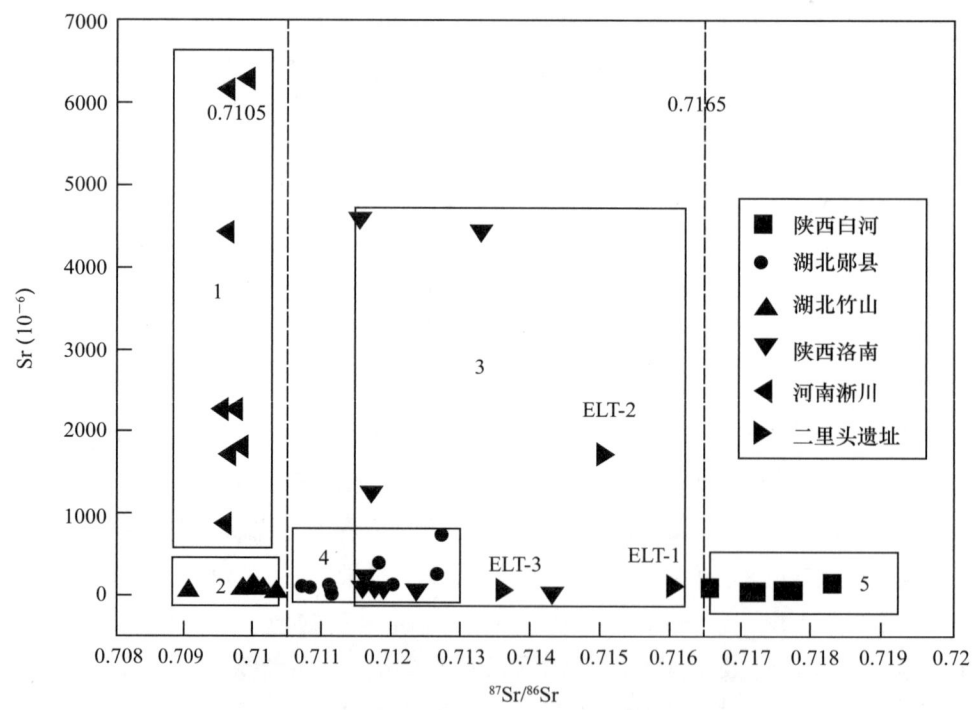

图六　二里头遗址与各个矿区绿松石样品锶同位素比值图

（采自先怡衡、樊静怡、李欣桐等：《陕西洛南绿松石的锶同位素特征及其产地意义——兼论二里头出土绿松石的产源》，《西北地质》2018年第2期，第108～115页）

## 四、绿松石原料的运输——"绿松石之路"

目前学界基本认同鄂豫陕交界的秦岭地区是二里头遗址所用绿松石料的主要产区,只是具体的采矿地点还有待更细致的调查以及更庞大的数据库的建立。那么,在这一区域内开采出绿松石料后,通过何种方式将绿松石矿运出矿区并送至生产加工地点也是绿松石业研究中所关注的问题。徐良高等认为,绿松石制品具有一定的作为文化传播、交流和长距离贸易的标志性物品的特性,并参照"玉石之路"提出了"绿松石之路"的概念[27]。

鄂豫陕交界地区群山环绕,陆路交通并不方便,但该地区处在水系较为发达之地,先民可利用水路将绿松石料运出山区:鄂西北北部的郧县矿带所开采的绿松石,可以通过汉水、丹江运离鄂西山区,南部竹山地区也有堵水汇入汉水。这些河流形成了良好的水运通道,在出鄂西山区后可进入南阳盆地,再通过桐柏山、伏牛山的陆路关口之后即可进入中原腹地。而陕西地区,尤其是北京科技大学重点调查的洛南河口辣子崖遗址,地处洛河上游,沿洛河而下,即可直出秦岭抵达伊洛盆地,将原料送至二里头(图七)。

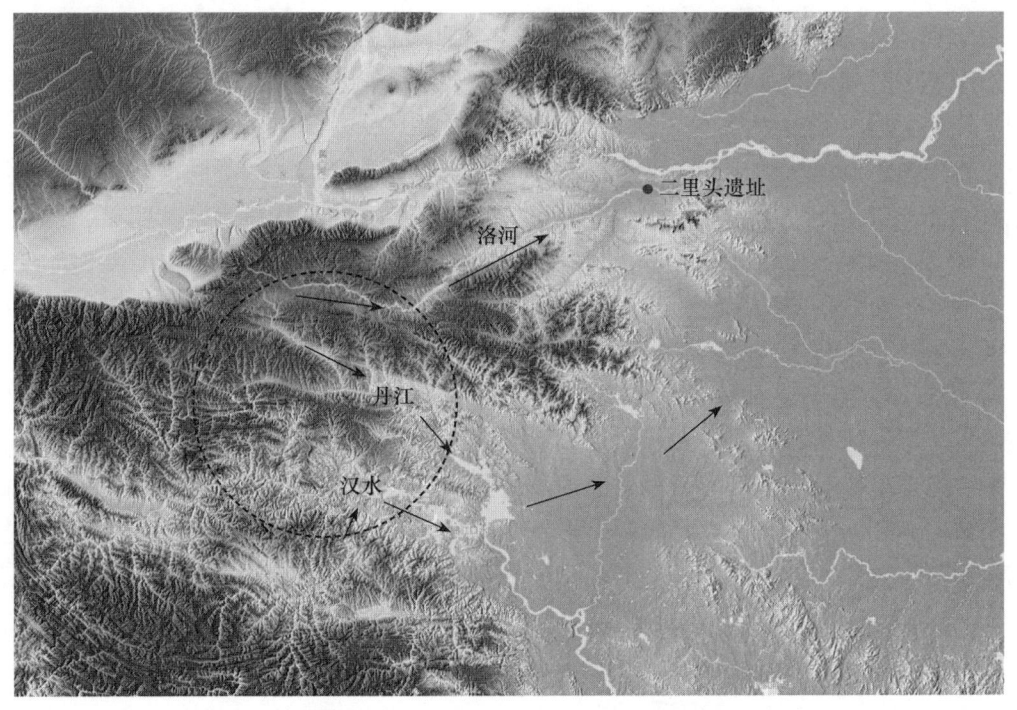

图七 鄂豫陕地区地形及"绿松石之路"可能路线示意图

在研究"绿松石之路"时,除了开采地点与生产地点两个起讫点外,在道路上还应有一定数量的中间节点,以保证资源的安全运输。徐良高认为,郧县辽瓦店子遗址位于堵河与汉水交汇处,遗存自新石器时代起可一直延续至明清时期,并推测辽瓦店子之所以长盛不衰可能与其居于"绿松石之路"的关键节点相关[28]。因此,"绿松石之路"还需有更充分的考古发掘依据才能将其不断细化。

## 五、二里头遗址制绿松石作坊的生产与规模

玉石矿料从开采地经运输后被送至加工地,并最终在制玉石作坊内完成玉石器的生产与制作。对制玉石作坊的发掘与研究有利于了解玉石手工业的生产技术水平以及玉石器手工业在社会中的地位等问题。以往学者提出了判断制玉石作坊的几条标准,如邓聪认为制玉石作坊有以下标准[29]:①存在可以作为玉器制作场所的空间范围;②有别于一般居址的、和玉器制作相关的特殊遗迹设施;③与这些设施相对应的加工工具的存在;④加工对象的成品、半成品与破损的废料。姜亚飞在总结前人研究成果的基础上,将制玉作坊判别标准总结为[30]:①遗址周围出现与制玉活动相关的典型遗迹和遗物,则该遗址存在制玉作坊;②遗址发现大量与制玉活动相关的遗物且分布较为集中,且这些遗物不出于墓葬,则认定该遗址存在制玉作坊;③制玉作坊在区域中心聚落虽未进行彻底发掘,但发掘者有直接或间接证据认定该遗址存在制玉作坊,也可以认为该遗址存在制玉作坊。

但实际上,寻找制玉石作坊有很大的难度:其一,制玉石作坊没有标志性的遗迹。在制陶、制瓷、冶炼等生产活动中,由于生产需要高温过程,需要构筑陶窑、瓷窑、炼炉等设施进行生产,若这些遗迹能保留下来,即可推断其单位属性。然而制玉石器虽然也需要场地设施,但相比于高温活动所留下的明显痕迹,玉石器的制作遗迹不甚明显,难以直接确认。其二,制玉石作坊标志性遗物较少,部分玉石器加工所需的材料不易发现。反观铸铜遗址中,炉壁、陶范的发现,基本可明确该遗址与铸铜活动相关。在玉石器作坊中最为明确的指示物是大量玉石原料、半成品以及玉石废料,这些遗物的存在可证明在该地存在制玉石活动,不过由于玉石料的珍贵性,部分玉料可能会经过再利用,便难以确认该区域与制玉石手工业相关。与玉石料相比,部分玉石器生产工具属性较为复杂,不能明确确认其与制玉石相关,如砺石是玉器生产中的重要工具,但砺石的使用广泛,不能利用出土砺石的单位直接与制玉石活动相联系;或是制玉的遗存较难辨认,如解玉砂是玉器加工雕琢中重要的工具,但很难在考古发掘现场中直接辨识出来。因此,在发掘过程中发现大量与玉石器制作相关的原料、半成品、废料以及工具的基础上,需进一步厘清遗迹单位间的关系,重视采样工作,以尽可能完整地揭示玉石器的生产面貌。

二里头遗址内发现的制绿松石作坊位于宫殿区南部围垣作坊区的东北,据勘探面积判断,应不小于1000平方米。目前在绿松石作坊区内共发掘了四个探方,即T85、T88~T90。据报告刊布的资料,其中明确与绿松石制作有关的遗迹出自T85的H290和H323。H323原为水井,废弃堆积中有少量绿松石料,并有与绿松石器加工制造有关的工具——砺石;H290范围略大于H323,并覆盖H323全部,形状似刀形,刀柄部

分较浅，土质细腻，含较多细砂，刀身部分呈长方形，填土为黄褐土，并包含大量绿松石原料、废料、半成品石核等，还有残次品，共4001件，其中相当一部分绿松石料带有切割、琢磨的痕迹[31]。发掘者推测H290刀柄部分是出自近旁加工点冲刷废弃物的水道，刀身部分以及H323是盛放废弃物的地点。这两个遗迹单位中出土了大量绿松石料，且基本保持了原位堆积，因此，可以确认H290与H323为绿松石作坊中绿松石料的废弃地[32]。

除了上述两个单位，在绿松石作坊区内的其他遗迹与绿松石器的生产关系并不明确。在发掘区内发现了3座房址——F7～F9[33]，但是房址均被诸多灰坑打破，无法复原原始形貌，同时房址内没有发现明显加工绿松石的相关证据，因此这些房址可能仅是绿松石作坊内的生活性房址。

目前在绿松石作坊区探方内的地层及灰坑中发现了一定数量的绿松石料（表一、表二）。地层内的绿松石料可能源自生产时的随意堆放或遗弃，抑或是灰坑内的绿松石料经过二次搬运进入地层，性质不甚明确。除H290外，其余灰坑内发现的绿松石料均不多，这些灰坑中出土绿松石料的性质需进行分析，如H303打破H290，则H303内出土的绿松石料可能是H290受扰动所致；而H282出土1件绿松石料，但与H290之间并没有直接的叠压打破关系，该单位内发现的绿松石料的性质还需要其他证据进行推断。此外，T85的Q3内发现2件绿松石料的毛坯，Q3建造年代与废弃年代均在二里头四期偏晚阶段，其性质为围垣作坊区的北墙。在Q3内发现的绿松石毛坯，表明在Q3建造前，二里头遗址就已经具有一定的制绿松石业的规模。不过与制绿松石作坊内出土绿松石料数量并不多这一点不同，报告公布2005VT36H198内共出土了绿松石料、绿松石片252片，绿松石废料1196块，该单位内还出土骨料2件和角料5件。发掘者根据灰坑中的包含物认为其为一般垃圾坑，但在这一坑中出现大量手工业的原料及废料的原因还有待更多材料来进行讨论。

**表一 绿松石作坊发掘探方地层中出土的绿松石料及其年代统计表**

| 探方 | 地层 | 绿松石片料数量（件） | 年代 |
| --- | --- | --- | --- |
| T85 | 均出自灰坑 | | |
| T88 | 4A | 33 | 四期偏晚 |
| T89 | 4A | 51+77 | 四期偏晚 |
| | 4F | 9 | 四期偏晚 |
| | 4G | 56 | 四期偏晚 |
| | 4I | 9 | 三期偏晚 |
| T90 | 4B | 16 | 四期偏晚 |
| | 5A | 3 | 二期偏晚 |

表二　二里头绿松石作坊范围内灰坑出土绿松石料及砾石等制作工具统计表

| 探方 | 灰坑 | 年代 | 绿松石料（件） | 砾石（件） | 石器（件） | 金属器（件） |
| --- | --- | --- | --- | --- | --- | --- |
| T85 | H290 | 四期偏晚 | 4001 | 2 | | |
| | H323 | 四期偏晚 | 3 | 13 | | |
| | H278 | 四期偏晚 | 35+8 | 1 | | 铜器残件1 |
| | H282 | 四期偏晚 | 1 | | 石镰1、石铲1 | |
| | H283 | 四期偏晚 | | 4 | | |
| | H301 | 四期偏晚 | 1 | | 石镰1 | |
| | H302 | 四期偏晚 | | | 石镰1 | |
| | H303 | 四期偏晚 | 3 | 1 | | |
| | H304 | 四期偏晚 | 1 | 1 | | |
| | H330 | 四期偏晚 | 2 | 3 | 石斧1 | |
| | H316 | 二期偏晚 | | 1 | | |
| | H312 | 二期偏早 | | 1 | | |
| T88 | H336 | 四期偏晚 | 2 | | | |
| | H340 | 四期偏晚 | 3 | | | |
| T90 | H341 | 四期偏早 | 1 | | 石镰1、石铲1 | |
| | H364 | 二期偏晚 | | 1 | | |

　　对二里头遗址绿松石器物的加工方式，学界亦开展了研究。邓聪等通过对绿松石加工技术的形态分析，认为嵌片是将扁平的绿松石原料的一面或两面磨成毛坯，再将毛坯边沿打磨而成的，而珠、管的剖面形态多为扁平状，可能"与绿松石原料形态相关，即绿松石原是填充于围岩内的扁薄素材，制成品保留了较多绿松石原料本来的特征，因为此出现较多不定型珠饰"[34]。辛爱罡认为，绿松石作坊的发现表明二里头绿松石器制造业为贵族控制下的手工业类型，在此类情况下，珠管类绿松石制品的多样形态或与加工生产中多样化生产标准有关[35]。相对于简单的绿松石装饰品，复杂绿松石器的制作包含底托材料制作、绿松石制片、绿松石片粘嵌等多道工序，体现了此类器物制作工艺的复杂性。陈国梁通过对复杂镶嵌绿松石器的观察，提出绿松石的粘嵌方式有平面式、凹槽式和孔洞式三类，并结合对制绿松石作坊内出土的绿松石片和绿松石器上嵌片的观察，认为粘嵌所用的各种形状的绿松石片选自细脉状薄层产出的围岩。剥离此类绿松石片时主要使用打制工艺，然后根据所需形状（以长方形片状为主），对绿松石片的表面及边缘进行磨制，而背面则极少加工，只有少数嵌片采用锯片切割工艺来加工。而表现眼睛所用的圆形嵌片一般较厚，多选用块粒状产出的绿松石矿石，打制和打磨后，使之呈半球形并粘嵌于眼眶中[36]。

　　二里头遗址围垣作坊区内发现的制绿松石作坊，使学界对二里头遗址制作绿松石器的规模与技术等有了初步的认识,但二里头制绿松石生产功能的布局、制绿松石社会分工与经济等问题尚有进一步研究空间。目前由于绿松石作坊发掘面积有限,仅有少量遗迹可以明确与绿松石生产相关,且属于废料的堆积场所,那么绿松石器的制作区域情况如何,还有待对作坊区更加系统地发掘才能有更深入的认识。此外,自二里头文化二期开始,二里头遗址就发现有大量绿松石器,然而目前围垣作坊区内的绿松石作坊区所发现的遗迹年代大多为二里头四期偏晚阶段,早期制作绿松石的遗迹少有发现。因此,二里头文化早期制绿松石手工业情况如何,复杂器物是否为二里头本地生产,其实还有待进一步探讨。

## 六、二里头文化时期绿松石器的消费与流通

绿松石制品在生产完成后,通过不同手段最终为使用者所获得。二里头遗址墓葬内出土的绿松石器所对应的墓主可确认是绿松石器的消费者。方辉在梳理二里头遗址内出土绿松石制品的墓葬情况之后,确认凡是出土绿松石制品的墓葬均属于规格较高的中型墓,墓主人都是当时的贵族阶层[37]。绿松石器的使用者均为贵族,也是二里头社会阶级分化的重要标志。

由于二里头文化时期所见绿松石制品绝大多数出自二里头遗址。二里头以外的其他遗址,即使是像夏县东下冯、郑州大师姑这样具有相对规模的聚落乃至城址也仅发现了极少量的简单绿松石装饰品,与二里头遗址绿松石器出土规模相差甚远。因此在二里头文化时期,绿松石器流通的问题目前学界讨论较少。方辉基于其他遗址内的贵族墓出土绿松石器,认为绿松石器的流通范围不限于二里头遗址内,而目前仅在二里头遗址发现了制绿松石作坊,自然不排除这些器物是二里头文化的产品[38]。刘菀结合豫中、晋南地区绿松石器自新石器时代晚期以来出现断层以及绿松石镶嵌片的发现认为,二里头文化三期开始在其他地区发现的绿松石制品可能是从二里头遗址向周边区域传播而来的[39]。

## 七、结　　语

二里头遗址内出土大量绿松石器,更发现有镶嵌绿松石铜牌饰、绿松石龙形器等大型绿松石器,表明二里头贵族阶层能够掌握大量珍贵绿松石资源。二里头遗址宫殿区南围垣作坊区内发现制绿松石作坊,表明王室可直接控制绿松石的生产。

本文基于玉石器手工业的视野,分析了二里头遗址绿松石器生命周期内各环节的研究情况。二里头遗址制绿松石业研究在绿松石矿料来源、资源运输路线、绿松石作坊位置与性质、绿松石制品的消费与流通等方面均取得了重要的成果,但仍需要加强田野调查与发掘、科技分析方法评估以及分析数据的积累,以便更加系统地揭示不同时期二里头遗址制绿松石业的整体面貌。

## 注 释

[1] 庞小霞:《中国出土新石器时代绿松石器研究》,《考古学报》2014年第2期,第139~168页。

[2] a. 陈小三:《试论镶嵌绿松石牌饰的起源》,《考古与文物》2013年第5期,第91~100页;b. 许宏:《二里头M3及随葬绿松石龙形器的考古背景分析》,《古代文明(第10卷)》,上海:上海古籍出版社,2016年,第39~53页;c. 陈国梁:《二里头文化嵌绿松石牌饰的来源》,《三代考古(七)》,北京:科学出版社,2017年,第65~83页;d. 何驽:《二里头绿松石龙牌、铜牌与夏禹、萬舞的关系》,《中原文化研究》2018年第4期,第31~39页。

[3] 资料主要参看 a. 中国社会科学院考古研究所:《偃师二里头:1959~1978年考古发掘报告》,北京:中国大百科全书出版社,1999年;b. 中国社会科学院考古研究所:《二里头:1999—2006》,北京:文物出版社,2014年。方辉与刘菀均对二里头遗址出土绿松石器的数量进行统计,其中刘菀统计时纳入了《二里头:1999—2006》报告中的相关内容,即二里头文化四期绿松石制品,将绿松石作坊内H290出土的绿松石废料等均纳入了统计,但是制成一件绿松石器可能会产生多块绿松石废料,因此绿松石废料不应计入绿松石制品行列。c. 方辉:《二里头文化的绿松石制品及相关问题研究》,《二里头遗址与二里头文化研究:中国二里头遗址与二里头文化国际学术研讨会论文集》,北京:科学出版社,2006年,第167~179页;d. 刘菀:《试论夏商时期的绿松石制品》,中央民族大学硕士学位论文,2016年。

[4] 同注[3]c。

[5] 同注[3]b,第337、338页。

[6] 北京科技大学冶金与材料史研究所、陕西省考古研究院:《陕西洛南河口绿松石矿遗址调查报告》,《考古与文物》2016年第3期,第11~17页。

[7] 徐琳:《中国古代玉料来源的多元一体化进程》,《故宫博物院院刊》2020年第2期,第94~107页。

[8] 孙庆伟:《周代用玉制度研究》,上海:上海古籍出版社,2008年;石荣传:《三代至两汉玉器分期及用玉制度研究》,山东大学博士学位论文,2005年。

[9] 干福熹等:《中国古代玉石和玉器的科学研究》,上海:上海科学技术出版社,2017年。

[10] 刘凌云:《西周玉器的斜刀技法实验考古研究》,《南方文物》2015年第4期,第192~196页;徐飞、邓聪、叶晓红:《史前玉器大型钻孔技术实验研究》,《中原文物》2018年第2期,第57~64页。

[11] a. 白云翔:《手工业考古论要》,《东方考古(第9集)》,北京:科学出版社,2012年,第561~578页;b. 白云翔:《关于手工业作坊遗址考古若干问题的思考》,《中原文物》2018年第2期,第38~50页。

[12] 同注[11]a。

[13] 郭梦:《操作链理论与陶器制作技术研究》,《考古》2013年第4期,第96~104页。

[14] 彭菲:《再议操作链》,《人类学学报》2015年第1期,第55~67页。

[15] Franklin U. The Beginnings of Metallurgy in China: A Comparative Approach. The Great Bronze Age of China. Seattle: Los Angeles County Museum, 1983.

[16] 浙江省文物考古研究所、桐庐县博物馆:《桐庐方家洲新石器时代玉石器制造场遗址发掘的主要收获》,《浙北崧泽文化考古报告集(1996—2014)》,北京:文物出版社,2014年,第302~327页。

[17] 张登毅:《中原先秦绿松石制品产源探索》,北京科技大学博士学位论文,2016年。

[18] 古方:《良渚玉器部分玉料来源的蠡测》,《华夏考古》2007年第1期,第75~79页。

[19] 谷娴子、李银德、丘志力等:《徐州狮子山楚王陵出土金缕玉衣和镶玉漆棺的玉料组分特征及产地来源研究》,《文物保护与考古科学》2010年第4期,第54~63页。

[20] 丘志力、王辉、陈国科等:《马鬃山古采矿遗址群玉料及夏商时期中国"玉器工业"刍议》,《夏商

玉器及玉文化学术研讨会论文集》，广东：岭南美术出版社，2018年，第320～324页。

[21] 甘肃省文物考古研究所、北京大学考古文博学院、北京科技大学：《甘肃肃北马鬃山古玉矿遗址调查简报》，《文物》2010年第10期，第27～33页；甘肃省文物考古研究所：《甘肃肃北马鬃山玉矿遗址2011年发掘简报》，《文物》2012年第8期，第38～44页；甘肃省文物考古研究所：《甘肃肃北县马鬃山玉矿遗址》，《考古》2015年第7期，第3～14页；甘肃省文物考古研究所：《甘肃肃北县马鬃山玉矿遗址2012年发掘简报》，《考古》2016年第1期，第40～53页；甘肃省文物考古研究所、中山大学地球科学与工程学院：《甘肃敦煌旱峡玉矿遗址考古调查报告》，《考古与文物》2019年第4期，第12～22页；甘肃省文物考古研究所：《甘肃肃北马鬃山径保尔草场玉矿遗址2016年发掘简报》，《文物》2020年第4期，第31～45页。

[22] 同注［6］。

[23] 西北大学文化遗产学院、北京科技大学科技史与文化遗产研究院、新疆文物考古研究所：《新疆若羌黑山岭古代绿松石矿业遗址调查简报》，《文物》2020年第8期，第4～13页。

[24] 李延祥、谭宇辰、贾淇等：《新疆哈密两处古绿松石矿遗址初步考察》，《考古与文物》2019年第6期，第22～27页。

[25] 叶晓红、任佳、许宏等：《二里头遗址出土绿松石器物的来源初探》，《第四纪研究》2014年第1期，第212～223页；任佳、叶晓红、王妍等：《二里头遗址绿松石的红外光谱产地识别》，《光谱学与光谱分析》2015年第10期，第2767～2772页；任佳：《湖北十堰地区绿松石的产出特征及河南二里头遗址出土绿松石的源区示踪研究》，北京：地质出版社，2018年；同注［3］b，第1414～1427页。

[26] 同注［17］；先怡衡：《陕西洛南辣子崖采矿遗址及周边绿松石产源特征研究》，北京科技大学博士学位论文，2016年；先怡衡、李延祥、谭宇辰等：《初步运用LA-ICP-AES区分不同产地的绿松石》，《光谱学与光谱分析》2016年第10期，第3313～3319页；先怡衡、李延祥、杨岐黄：《便携式X荧光光谱结合主成分分析鉴别不同产地的绿松石》，《考古与文物》2016年第3期，第112～119页；先怡衡、樊静怡、李欣桐等：《陕西洛南绿松石的锶同位素特征及其产地意义——兼论二里头出土绿松石的产源》，《西北地质》2018年第2期，第108～115页。

[27] 徐良高、赵春燕：《"绿松石之路"的价值及其探索的可行性讨论》，《三代考古（四）》，北京：科学出版社，2011年，第497～502页。

[28] 同注［27］。

[29] 邓聪：《东亚古代玉作坊研究的一点认识》，《2003海峡两岸艺术史学与考古学方法研讨会论文集》，台南：台南艺术大学艺术史学系、艺术史与艺术评论研究所，2005年，第139～151页。

[30] 姜亚飞：《先秦时期制玉作坊遗存及相关问题研究》，山东大学硕士学位论文，2016年。

[31] 同注［11］b。

[32] 同注［3］b，第337页。

[33] 同注［3］b，第340～342页。

[34] 邓聪、许宏、赵海涛：《二里头文化玉工艺相关问题试释》，《科技考古（第二辑）》，北京：科学出版社，2007年，第120～132页。

[35] 辛爱罡：《二里头文化非镶嵌类绿松石制品的功能分析》，《中原文物》2015年第6期，第46～51页。

[36] 同注［2］c。

[37] 同注［3］c。

[38] 同注［3］c。

[39] 同注［3］d，第79页。

# Review on the Turquoise Handicraft at Erlitou Site

Hu Yijie

(2017 PhD Student, the School of Archaeology and Museology, Peking University)

**Abstract:** Turquoise has been used as an ornament for the ancients since the Neolithic period. A large number of turquoise artifacts, especially complicated turquoise artifacts such as turquoise inlaid bronze plaques and turquoise dragon-shaped ware were discovered at Erlitou site. Moreover, a turquoise foundry was found in the workshop area near the palace area, indicating that a large number of precious turquoise resources were mastered, and turquoise artifacts could be produced at Erlitou site. Based on the production process of the jade handicraft and the former researches, this article reviews the turquoise handicraft at Erlitou site. Turquoise handicraft at Erlitou site has achieved important research results in mineral sources, resource transportation routes, location of the foundries, technology and circulation. However, field investigations and archaeological excavations, scientific and technological analysis methods, and database need to be strengthened in order to reveal the overall appearance of the turquoise handicract at Erlitou site in different periods.

**Key Words:** Erlitou Site, Turquoise Handicraft, Source Tracer, Jade Foundries

---

**教师评语**：近年来，手工业考古研究有增多趋势，但无论是陶瓷、冶金、制骨，还是玉石手工业研究，关于理论与方法问题的研究均缺少系统性。胡毅捷同学采用"操作链"的方法，以考古材料相对较丰富的二里头遗址制绿松石作坊为切入点，尝试从绿松石原料的产地与流通、器物制作和使用等角度，对制玉石器手工业的产业链（包括采矿、运输、加工、使用、流通等）各环节进行分析，总结前人研究成果，发现存在的问题，并尝试提出解决方案。作为一篇综述性文章，本文试图为手工业考古理论与方法研究提供一个研究范式，更希望能够针对发现的问题提出更有操作性的解决方案。

（北京大学考古文博学院教授　陈建立）

# 先秦至两汉时期的玉石装饰品研究综述

鞠荣坤

（北京大学考古文博学院 2017 级博士研究生）

**摘要**：本文将自东汉至今学者们对年代为先秦至两汉时期的玉石装饰品的研究历程分为三个阶段，分别是以经学和金石学为主导的东汉至清末、继承传统并探索新路的清末至 20 世纪 70 年代，以及多角度展开研究的 20 世纪 80 年代至今，认为应在目前较充分的分期断代与类型学研究基础上，进一步从历史背景的多角度诠释玉石装饰品在古代社会所扮演的角色，以及角色转变的原因。

**关键词**：玉石装饰品；先秦两汉；金石学；古器物学

本文是关于先秦到两汉时期佩戴于人体的玉石装饰品的研究评述。这类器物最初代表着人类无意识的审美观念，在文明形成与发展的过程中，逐渐被赋予了精神文化范畴内的更多意义。这类物品有着两重属性：玉石制品和服饰用品，因此研究也常常在这两个大的主题下展开。但无论是哪个主题，玉石装饰品都较为边缘，其原因是多方面的。玉石制品和服饰是两个远大于玉石装饰品一端的范畴。两汉以来，经学家、金石学家的兴趣在于考证礼制，玉石装饰品中，除了被纳入舆服制度的佩玉得到了较多名物考证的眼神之外，其他人体部位的装饰少有涉及。现代考古学兴起之后，起初首要的学科任务在于构建中国考古学文化的发展序列，形制较稳定的玉石装饰品显然难以做到。所以在很长一段时间内，这类器物在研究中都没有得到重视，早期的发掘报告也常将其归入"其他"一类。纵观中古的考古发展史，玉器的大量发现，实际上是解决前述主要任务之外的"副线"，其受到的金石学传统影响也远无法与青铜器被寄予的兴趣相提并论。自 20 世纪 70 年代红山和良渚令人惊讶地发现了大量玉器后，才开始对后人的发掘工作形成导向，对玉器的研究也成为一个新的学术潮流。但其数量不占优、文字信息少，在金石学收藏和研究中就已存在着遗留的重重误读，依旧使得玉器长期居于"副线"地位，属于它的一个门类的玉石装饰品，便更是如此，相关研究更像是在诸多发现积累成的材料库中，逐步形成的范式转变的结果，以下将分三个阶段对玉石装饰品的研究历程进行评述。

## 一、两汉至清末——经学与金石学的舞台

这一时期的研究大体包括两个方面：一是对玉礼的注疏考证，始于汉代；二是对古

玉实物的著录，始于北宋金石学勃兴之际。

先秦文献对用玉礼制的记载，以"三礼"为代表，是儒生在整理先秦礼制的基础上，融汇自身对三代礼制社会的理想化构思而诞生的产物，其中也涉及了"服玉"和"佩玉"[1]。如前所述，"佩玉"具备更强的礼制意义，在礼书和历代《舆服志》中均占有一席之地，成为经学家的关注重点。汉代以降，郑玄、贾公彦、孔颖达等学者在注疏中对佩玉的形制进行过推测。东汉许慎所著《说文解字》中收录玉及相关字计127个，不乏与装饰品相关的单字，如玦、璜、珩、环、瑗等。但需要注意的是，经书本质上是"为人类安排其生活和为统治者统治其人民提供标准"的经典[2]。汉代前保留下来的经书，经过儒家学者的整理，存在着以齐和鲁为代表的特定区域性传统，以及占比颇高的理想化成分。这就表明其记载的内容不一定放之四海而皆准，也不一定忠实反映了历史的真实，如考古研究表明周代的命圭制度基本不见于南方的楚墓和吴越墓葬[3]。经学家的注疏，也受自身所处时代的影响，孔颖达、贾公彦在注疏古佩制时，便将若干唐代玉佩的特点包含在内，如《礼记·玉藻》孔疏云："凡佩玉必上系于衡，下垂三道，穿以蠙珠，下端前后以悬于璜。中央下端，悬以冲牙，动则冲牙前后触璜而为声。"《周礼·玉府》贾疏云："佩玉上有葱衡者，衡，横也，谓葱玉为横梁。下有双璜、冲牙者……衡、璜之外，别有琚、瑀……云玭珠以纳其间者……组绳有五，皆穿珠于其间，故云以纳其间。"这些特征，目前所见周墓出土组玉佩中，少有与之相符者，而唐懿德太子墓石椁的线刻宫女像上的宫女所佩玉佩，以及唐刘智夫妇墓出土水晶佩则与之颇为相似。当然不能排除唐代玉佩根据经书和注疏创制的可能性，但研究表明，两晋时期已出现与隋唐形制颇为接近的组玉佩，二者之间应该存在承继关系[4]。

宋代金石学兴起，玉石装饰品被纳入收藏和研究视野。聂崇义、林希逸、龙大渊等都曾据古代经书所载玉器器名考释器象，但缺乏实物观摩，想象成分颇重[5]。以实物为据的有吕大临《考古图》，将玉器独立著录，每器均摹绘器形、款识，并附考证；元代朱德润《古玉图》，将其进京后所见王公和秘府收藏古玉编成图谱，绘图并记录尺寸、形状、玉色和藏家。然而正如吕大临在《考古图》序中所云："非敢以器为玩也，观其器，诵其言，形容仿佛以追三代之遗风，如见其人矣。以意逆志，或探其制作之原，以补经传之阙亡，正诸儒之谬误。"在这段话之前，吕大临写明，由于时人对儒家学说的误解，在很多史料"书残不复"的情况下，有必要搜罗乡野之间的古器，以使世人能知前人之制，避免"天之果丧斯文"的情形[6]。作为一名坚定的儒家学者，吕大临所做的依旧是几分理想、几分附会、几分融合儒家观点指引下的诠释，对古器的考证最终也是为了阐发儒学的礼意。当然，吕大临一人不足以代表整个金石学的旨趣，但若从《古玉图》作者朱德润的生平观之，他也是一位受儒家礼教浸染颇深的人，好古的兴趣以及对古玉收藏的著录，是他进京入仕时与官宦交游的重要依凭[7]，似无做出突破性典籍来诠释古器的可能与必要。这可以反映出彼时学者研究古玉时秉持的思想。

延至清代，金石学传统与考据学风相糅，陈奂、俞樾等学者依据先秦文献及注疏，尝试过复原玉佩形制。晚清吴大澂著《古玉图考》，为其本人及友人的藏玉绘制详细的线图，部分辅以名物考证，其中也有珩、佩璜、玦、瑱、衡笄等具有装饰功能的玉器。与清代一些金石学者容易受人诟病的"玩物"之风相比，吴大澂认为玉器上"典章制度于是乎存焉，宗庙会同祼献之礼于是乎备，冠冕佩服刀剑之饰、君臣上下等威之辨，于是乎明焉"，无论大小精粗，皆有礼乐考证的价值。也正如他所言，《古玉图考》的撰书目的在于"资诂经之助而补金石家所不及"[8]，建立在对《周礼》等古籍的绝对相信的基础上，又缺乏对文化多样性和文化演进的认识，因此时有附会礼书、强释玉器的情况[9]，如基于器形，将锥形器解释为文献所载"漆书笔"和"瑱"[10]。但《古玉图考》一书对古玉研究的确有诸多贡献。它纠正了时人对部分玉器的误读，并对中西学术都影响颇深。罗振玉给予了很高的评价："其书博雅有鉴裁，一洗前人之陋，古玉之有图谱谓自中丞始可也。"[11]海外学者洛佛（Berthold Laufer）、伯布海涅（Una Pope-Hennessy）、乐提（Stanley Chales Nott）等对吴氏的见解也多有引述。邓淑苹认为，客观来讲，吴氏之书开启了20世纪古玉研究的先河[12]，对下一个阶段的开启具有重要的奠基作用。

## 二、清末至20世纪70年代——转型过渡期的探索

20世纪初，金石学向考古学转型。第一重推进，是罗、王之学引领的古器物学。罗振玉对古玉的搜集颇为重视，并对玉器研究的式微感到遗憾，"三代法物传于今者，彝器之外，莫重于玉，而古玉之著录，宋元凡三家，逞其臆说，不能征信，盖三千年来，斯学殆垂绝矣"[13]。王国维创立"二重证据法"，古器物学开始关注地下材料的运用，但仍局限于与传世文献的对校上[14]。1937年，曾昭燏在德国实习时撰写了《论周至汉之首饰制度》[15]一文，从文献记载出发，辅以汉画像石和陶俑的形象，对成年男性、女性和儿童的首饰用法与制度进行了考辨，其中包含笄、瑱、珰等存在玉石质地的首饰。这是较早有意识地探讨装饰品的使用制度，突破了曾经的证经补史与名物考证的范畴。

外国收藏家和商人也重视收集中国古玉和装饰品，或是由于中国素来重视玉器，而这类器物对外国人的鉴赏学识要求又不很高，所以他们可以从购买精美珠宝的意义上入手。外国考古学家和探险家在中国也进行了一些工作，但一些不恰当的方式造成了文物出土信息的缺失，比如洛阳金村大墓，出土的著名金链玉佩存在部件脱落的问题，后来的研究者只能依据个人推测给出复原方案[16]。随着现代考古学在中国的建立，殷墟、辛村、琉璃阁等遗址和墓葬的发掘，给研究积累了新资料，发掘报告也开始重视对器物出土信息和共存关系的详尽报道，这对人体装饰品来说无疑是重要的。"中央研究院"历史语言研究所的先生们对于遗址中出土的装饰品进行过一些讨论，如高去寻《战国墓内带钩用途的推测——第二次探掘安阳大司空村报告附论之二》、石璋如《殷代头饰举例》、郭宝钧《古玉新诠》、劳干《玉佩与刚卯》等，其中不乏启发性的思考，如高去寻指出先秦装饰品研究的难点在于服装痕迹很多已不可见，推断用途"只有依赖它们（装饰品）

与人骨或其他现象的关系"[17];郭宝钧详细绘制佩玉在人骨上的分布图,并注意到文献记载与出土实物的出入,意识到了史料不可尽信[18]等。

在中国近代的学科转型时期,金石学、古器物学和考古学常有含混。中国传统本不主张分科治学,因此无论是在对研究对象范围的定义上,还是语汇的源流上,"金石学"和"古器物学"都不易划出清晰的界线[19]。20 世纪 20 年代后开始兴起的考古学中随处可见金石学的影子:梁启超在题为《中国考古学之过去及将来》的演讲中说,"考古学在中国成为一种专门学问,起自北宋时代",他将四部分类中史部目录类"金石"之属的著作,当成中国考古学过去的成果[20];考古学科草创时期的主要人员组成,古史专家和金石学家占了很大比重[21]。尤其是在疑古思潮兴起后,人们不甘坐视早期文献被划入难辨真伪的神话范畴,而更积极地向地下寻找材料,希图修补或重建古史。在这样的学科背景之下,出土品与历史的结合时有按图索骥式的单线条关联之嫌,这导致对装饰品的用途判断时有偏颇,如石璋如在《殷代头饰举例》一文中,将车马器判断为"双髻饰"。

此外,20 世纪初的古玉流散也催生了海外的古玉收藏与研究。对欧美学界来说,劳弗尔(Berthold Laufer)的论著[22],在中国古玉研究领域被认为具有划时代的意义,但夏鼐指出,书中的部分考证沿袭了吴大澂的错误论断[23]。其他学者的研究多建立在西方的艺术史和汉学的方法论传统之上,分析器物纹饰风格,排出演变序列,代表人物如伯希和(Paul Pelliot)、萨尔莫尼(Alfred Salmony)、韩思复(Howard Hansford)、罗越(Max Loehr)、罗森(Jessica Rawson)等,其中龙、凤等相关动物造型或纹饰的佩玉得到的关注较多。日本学者对中国古玉的整理和研究也颇多,如滨田耕作[24]、林巳奈夫[25]等。由于文化传统上的接近,他们亦重视史料与考古材料的结合,很多观点具有启发意义,尤以林氏的研究为代表。

## 三、20 世纪 80 年代至今——考古学范式为主的多元面相

中华人民共和国成立之后,中国考古学得到了全面发展。20 世纪七八十年代后,大型遗址和贵族墓葬被进一步发现与发掘,使玉石装饰品材料得到了极大丰富。这一时期的研究较前期大幅增加,除了通史性的资料汇编与物质文化史角度的梳理外,玉石装饰品的类型学研究逐渐成熟和完善,并具备了讨论区域交流、社会制度等问题的可能性。

**1. 资料整理与著录**

除了公开发表在各类考古期刊上的简报之外,专门的玉石器资料汇编陆续出版,装饰品包含其中。这类文献以整理考古材料、刊布图片为主,早期大多具有专题性,如《殷墟玉器》《良渚文化玉器》《南越王墓玉器》等,20 世纪 90 年代之后,全集和通史性汇编开始出现,杨伯达主编的《中国玉器全集》[26]按时代先后汇编器物彩图,每件器物

下有详细的尺寸、质地、形制说明，图版后附相关论述[27]。近年出版的《中国玉器通史》[28]，对相关文献记载和考古材料详尽收集，分门别类整理，同时有意识地架构用玉思想发展的历史框架，阐述学界的玉器研究动态。这类汇编部分弥补了考古资料未完整刊布而带来的清晰图样缺失的问题，给研究提供了一定的便利。

## 2. 通论性研究

如前所述，玉石装饰品长久以来多作为玉石制品和服饰用品研究的一部分，在更大的范畴下，又与社会风俗和物质文化有关。

服饰的通论性研究，首推20世纪80年代沈从文的《中国古代服饰研究》。该书从考古出土的人俑、图像等出发，结合古代文献和民族学材料，对古代服饰文化进行探讨。书中《战国珮玉彩琉璃珠和带钩》[29]一文专题研究战国墓葬出土的玉佩饰和带钩，其他以服装、发型等为主题的文章中有对玉石装饰品的穿插提及。由于该书的文章大多以特定文物为核心，对器物的出土信息关注较少，所以也算不得是严格意义上的考古学研究[30]。20世纪90年代后，由工艺美术、服装设计、舞台美术等专业的学者主导撰写的服饰史著作开始出现，它们大多架构完整，对中国服饰的发展演变做通盘梳理。代表的有黄能馥、陈娟娟《中国服饰史》[31]和《服饰中华——中华服饰七千年》[32]等，以时代为线索，按类别对首饰、佩饰及代表性出土品做了简明介绍；高春明《中国历代服饰艺术》[33]、《中国服饰名物考》[34]将装饰品分成首饰、耳饰、颈饰、手饰、腰饰五大类，在列举考古发现之余，增加了文献对相关器物的记载，材料比较丰富。总体上看，由于作者的学科背景和写作目的，这几部书近似于面向相关专业学生的课程教材，对考古材料的利用主要是举例和配图。除此之外，还有一些工具书性质的辞典[35]，部分名词解释有一定参考价值。

古玉的通论性研究亦不少见，那志良、杨伯达、杨建芳、尤仁德等学者都做过此类工作，如尤仁德《古代玉器通论》[36]，概述各时代和地区玉器在种类、造型和工艺上的特点，对值得注意的器形、纹饰加以简要论述；那志良《中国古玉图释》[37]，专列"服饰器"一章，介绍台北"故宫"博物院所藏的玉石饰品和考古发现的玉石装饰品，注意到了形制上可能存在的区域文化交流。

社会风俗与物质文化研究的内容相对丰富。尚秉和《历代社会风俗事物考》[38]、宋镇豪《夏商社会生活史》[39]、宋兆麟等编写的《中国风俗通史》[40]、华梅《服饰与中国文化》[41]等通史性著作中，都有对于玉石装饰品的介绍。对于传承有序、名称用途较明确的器物，这类论著可以帮助人们透过器物一窥古人的生活方式；而对于名称和用途尚存争议的器物，在通史中不易定位，从民族志或少数几条特定史料切入的研究可能不具备一般性。但是这类研究中反映出的借鉴民族志的方法，依旧具有启发意义。

虽然这些成果以综论性研究为主，对玉石装饰品的探讨集中于现象的概括性描述，但是仍然有助于人们形成宏观认识。

**3. 专题性研究**

这类研究之下的文章和相关著述很多，涉及的内容也涵盖了与玉石装饰品有关的人类文化的许多方面。由于新石器时期和商周秦汉时期的考古学在研究对象、方法和任务上各不相同，以两个时期的器物为研究对象的论述则呈现出不同的侧重点：前者重在分析区域文化的交流互动，而后者则重在分析使用方式反映的社会制度与思想文化。

（1）区域文化交流和互动研究

这类研究大多利用墓葬或遗址出土装饰品的材质、形制、佩戴方式、制作技术等信息，探索区域间的文化交流。相比前一阶段，这类研究最能体现考古学就器物本体独立延伸的探索。

在种类繁多的装饰品中，玦、璜和串饰由于分布广泛，数量较多，是比较常见的研究对象。考古学家和民族学家很早便注意到了东亚及其邻近地区之间在装饰品上存在的联系。黄士强总结了20世纪70年代以前的大量相关资料，对玦做了比较全面系统的研究[42]；杨建芳在此基础上增添了其后几十年间发现的新材料，总结了新石器和三代时期的耳饰玦的出土情况及使用特点，认为其起源于中国东北地区[43]。周南泉[44]、邓聪[45]、陈淳[46]等研究者也从上述几个方面对璜、串饰等其他类别的装饰品做了探讨。杰西卡·罗森则基于渭河与黄河流域周代贵族墓葬中发现的红玛瑙珠的穿戴风格，对周王朝及其封国与亚洲内陆等"周边地区"可能存在的交流进行了讨论[47]。

对装饰品的所有器类进行过全面研究的，是秦小丽的《中国古代装饰品研究：新石器时代—早期青铜时代》。该书将新石器时代到早期青铜时代的各类材质的装饰品进行分类，按地区整理介绍，利用统计学方法分析各地区装饰品的种类、材质和时代演变，并结合墓葬所见佩戴情况，观察文化习俗的地域特性[48]。

值得注意的是，某些器物在不同文化中可能具有多重身份，如散落在墓主身旁的玉鱼，是棺饰、服饰或口琀，需要具体讨论；如璧、环类器物，可能兼具礼制和装饰意义，不能简单地划定分类[49]。然而长久以来，许多器物在金石学传统影响下的定名，已逐渐暗含了先入为主的功能性意味，如璧、圭等器给人的直观认识便是礼器。李济在研究殷墟青铜器时，曾经试图抛开这些预设，以"×形器"来命名器物[50]。但这一做法并不能导出其他更科学的名称，最终也只是一个代号。这种从外形出发来命名的方法在后世也有所使用（虽然不一定都是受李济先生启发），如秦小丽的"环形饰品"包括璧、环和一些简单形态的琮[51]；吉开将人的"T字玉环"，是在凸缘环使用方法不明的情况下，规避了"镯""璧"等暗含功能意味的名称[52]。

（2）使用制度及社会思想文化研究

制度和思想大多载于文献，因而这一领域体现了最多的金石学与古器物学传统，其中玉佩依旧是重点关注对象。但对于装饰品的一些关键问题，学界尚未完全达成共识，如组玉佩中部件的区分和命名、耳饰玦和"瑱"的命名与使用方式等。正因如此，结合文献和考古资料进行的名物考证,在研究中依旧是重点。郭沫若[53]、唐兰[54]、林巳奈夫[55]、孙机[56]等结合青铜器铭文,考证了先秦文献中的"朱黄""幽黄""葱衡"等名物;贾峨[57]、孙庆伟[58]、商春芳[59]等则根据考古材料,对"珩""璜"之辨做了进一步厘清;邓淑苹对玦的名称及使用方法阐述了一些不同的看法,"有的实物缺口较窄,或只有象征性的缺口,无法利用它把环戴进耳上的穿孔里,这就可能是用绳线等把耳饰玦吊挂在耳部附近",认为它应该就是《诗经》中的"瑱"[60]。

在制度和文化的研究中,历史学和考古学各自扮演着重要角色。崔圭顺[61]、李岩[62]、吴爱琴[63]研究了不同时代的服饰制度,对佩玉和玉笄等特殊器类着墨颇多。何宏波[64]、李婵[65]对秦汉及之前的玉礼、玉文化进行了通盘研究,对于理解时人的用玉思想及装饰品所反映的权力关系有很大帮助。孙庆伟[66]、石荣传[67]则主要以考古材料立论,综合考虑墓葬玉器的出土位置、形制、纹饰等因素,在考古类型学分析的基础上,从时代、等级、性别、地域等方面观察先秦及两汉时期各类装饰品的使用制度。

(3)材质和制作工艺的研究

装饰品属于人工制品,一般磨损较少,于细微之处可保留较多信息。随着科技水平的提高以及学科交流的增强,借助实验考古、微痕分析、矿物学等方法,结合作坊类遗址的考古资料,器物材质及制作工艺的研究取得了一定成果。邓聪[68]、孙周勇[69]等都对各自参与发掘过的遗迹做过个案研究,其中周原遗址的齐家制玦作坊对于研究西周时期的石玦生产线及手工业生产组织结构有很大的意义。此外,还有一些针对各类材质串珠展开的综合性研究也非常重要,干福熹[70]、庞小霞[71]、张登毅[72]、艾婉乔[73]等对先秦时期不同地区的绿松石、软玉、红玉髓、烧制滑石等材质的珠子进行了实验分析,探索其加工和使用痕迹背后蕴含的区域物质、技术交流。

# 四、现有研究简评

先秦至两汉的玉石装饰品研究发展至今,呈现出了以考古学为主要范式、多元方法共进的景象,其中常见器物学范式的余韵。早期的研究范式基于金石收藏,但并非有意识地系统构建。到20世纪,乘着考古学建立的东风,形成了器物学与考古学并存的局面,并延续至今。在注重追求科学性的考古学范式占统治地位的情况下,传统公私收藏不可避免地会由于其来源缺乏"科学性"而被忽略。少数学者能够跨越研究范式的边界,将两大割裂的材料来源统合起来,如邓淑苹参考考古材料、传世器、流散品和文献等多方信息,校对公私收藏玉器的真伪、年代和地区,判断其文化归属,找到它们在出土材料构建的玉史当中的定位,成为真正可供研究的器物史料。目前的分期断代和类型学研究已经比较充分,但关注本体的器物学研究倾向依然显著。这并非说金石学与古器物学的"幽灵"拖慢了科学研究的进步,实际上"科学"本身就是采用多途径与方法向最合理的诠释做出的进发,无谓方法的新旧。器名考订、形制演变、用途分析相关的工作当然有其必要之处，这是让后续研究顺利展开的基础。但不能否认的是，在文化与历史的复原，即常说的"透物见人"层面上仍浅尝辄止。

在很长一段时间里，新石器时代之后的玉石器都被按用途划分为礼瑞、丧葬、装饰三类，而装饰则常被排除在思想文化的讨论之外。虽然金石学并没有给玉器以和铜器同等的关注，然而长久以来，许多器物在该传统影响下的定名，已暗含了先入为主的功能性意味。如前所述，李济在研究殷墟青铜器时，做过依照器形定名的新尝试，这一理念在秦小丽等学者的玉器研究中有所存续。但这一做法并不能导出其他更科学的名称，最终也只是一个代号，而且并不适用于文字记载增加的三代及之后。诚然，三代之后装饰品与礼瑞、丧葬用玉的分化逐渐明显，其承载的含义中，世俗化成分开始增加，从与祭祀通神联系紧密的"宝玉衣"转变为礼制规训的工具，继而又演变成了民间的情怀寄托，但部分器物可能依旧具有不同情境下的多重身份，一些特殊纹饰可能也蕴含某些意义。因此，将思想文化的考量纳入装饰品研究中是有必要的。

无论是官修正史中的《舆服志》，还是常见于各类正史中对服饰习俗的强调，都说明了服饰在身份标识上的重要意义。

今王舍此而袭远方之服，变古之教，易古人道，逆人之心，而怫学者，离中国，故臣愿王图之也。（《史记·赵世家》）

蛮夷反舌殊俗异习之国，其衣服冠带，宫室居处，舟车器械，声色滋味皆异，其为欲使一也。（《吕氏春秋·十九》）

东方曰夷，被发文身，有不火食者矣。南方曰蛮，雕题交趾，有不火食者矣。西方曰戎，被发衣皮，有不粒食者矣。北方曰狄，衣羽毛穴居，有不粒食者矣。（《礼记·王制》）

夷狄之人贪而好利，被发左衽，人面兽心。其与中国殊章服，异习俗，饮食不同，言语不通，辟居北垂寒露之野，逐草随畜，射猎为生，隔以山谷，雍以沙幕，天地所以绝外内也。（《汉书·匈奴传下》）

奇服文章，以等上下而差贵贱。（贾谊《新书·服疑》）

可见在中国古代，服饰发挥着区分人群、强化权力与分配利益的功能[74]。作为服饰的一部分，玉石装饰品也有着同样的功能，且由于其材质不易腐朽，比服饰更能完整地保存下来，因而更便于我们观察。它们类似于一种族属代码，人们依靠它们各异的材质、造型、纹饰、用法来区分彼此的身份。而做出这种选择的原因，除了族群间审美取向的差异，还可能涉及文化传统、原料分布、开采和运输等问题。比如长城内外的农耕与畜牧集团在选用玉石器和金属制作装饰品上的分野，不同区域间材料使用上的多元性，是研究区域资源和文化交流的重要载体。除了勾勒流通路线外，还需要进一步考察流通的方式及造成流通的原因，用玉石材料串联起人群之间的交流。而进入制度化逐渐明朗的王朝时期，装饰品的使用与当时的法制、手工业生产、商品经济等其他方面的社会背景也有很大的关系。

但同时也必须承认,诸多难解的困局依旧存在。由于经济发展和技术进步,自战国后期开始,装饰品逐渐有了向纯粹满足审美需求的工艺品发展的趋势,高级贵族墓葬出土品的个性化特征愈发强烈。但与此同时,与装饰品有关的舆服制度的记载尚不详尽,难以像中古之后的研究一般结合文献详细探讨。所以,目前对该时段玉石装饰品的艺术风格鉴赏颇多,学术研究却难以深入推进。而"风格"是一个不易被科学讨论的抽象概念。诚如傅增湘所言,"嗜古者惟鉴赏,是求治学者为耳目所囿,其相违失久矣"[75]。大部分珍贵材料所制装饰品都出在等级较高的墓葬中,那些身份低微、经济实力薄弱的官员和平民,往往在历史中失去声音。他们形制简单的坟冢与做工粗糙的装饰品,传达的信息非常有限,只能从社会大背景出发,做概括性描述,难以更加具体。

总体上看,对于玉石装饰品的系统性研究,还有比较大的拓展空间。系统梳理材料和归纳总结现象,只是开始的一步,后续的主要任务是将它们放在历史背景中,多角度诠释这些现象产生的原因,以帮助我们更好地认识古代社会。需要解决的问题还有很多,现下我们只能尝试从尽可能多的角度分析材料,并寄望未来更多保存完整的材料的发现与发表。

## 注　释

[1] 《周礼·天官·玉府》:"共王之服玉、佩玉、珠玉。"(汉)郑玄注,(唐)贾公彦疏,赵伯雄整理:《周礼注释》,北京:北京大学出版社,1999年,第156页。
[2] 〔英〕崔瑞德、〔英〕鲁惟一编,杨品泉等译:《剑桥中国秦汉史:公元前221—公元220年》,北京:中国社会科学出版社,1992年,第812~814页。
[3] 孙庆伟:《周代用玉制度研究》,上海:上海古籍出版社,2018年,第213页。
[4] 李明:《隋唐组玉佩刍议》,《考古与文物》2016年第3期。
[5] 邓淑苹:《百年来古玉研究的回顾与展望》,《考古与历史文化:庆祝高去寻先生八十大寿论文集》,台北:正中书局,1991年,第233~276页。
[6] (宋)吕大临、赵九成:《考古图、续考古图、考古图释文》,北京:中华书局,1987年,第2页。
[7] 叶潜:《朱德润研究》,重庆大学硕士学位论文,2005年,第11页。
[8] (清)吴大澂:《古玉图考》,清光绪十五年(1889年)上海同文书局石印本,叙一。
[9] 邓淑苹:《〈古玉图考〉导读》,台北:艺术图书公司,1992年。
[10] 同注[8],第111~113页。
[11] 罗振玉:《日本上野氏古玉图谱序》,《松翁近稿(外十种)》(上册),上海:上海古籍出版社,2013年,第26页。
[12] 邓淑苹:《古玉名家吴大澂——为纪念〈古玉图考〉出版一百年作》,《故宫文物月刊》1989年第8期。
[13] 同注[11]。
[14] 徐坚:《时惟礼崇:东周之前青铜兵器的物质文化研究》,上海:上海古籍出版社,2014年,第11页。
[15] 南京博物馆:《曾昭燏文集》,北京:文物出版社,1999年,第183~204页。
[16] 〔日〕梅原末治:《洛阳金村古墓聚英》,京都:小林出版部,1944年;Lawton, Thomas. Chinese Art of the Warring States Period: Change and Continuity, 480-222 BC. Washington, D. C.: Published for the Freer Gallery of Art by the Smithsonian Institution Press, 1982: 132.

［17］高去寻：《战国墓内带钩用途的推测——第二次探掘安阳大司空村报告附论之二》，《"中央研究院"历史语言研究所集刊论文类编·考古编（一）》，北京：中华书局，2009年，第537~564页。

［18］郭宝钧：《古玉新诠》，《"中央研究院"历史语言研究所集刊论文类编·考古编（一）》，北京：中华书局，2009年，第219~294页。

［19］查晓英："金石学"在现代学科体制下的重塑》，《中山大学学报（社会科学版）》2008年第3期。

［20］梁启超：《中国考古学之过去及将来》，《中国考古小史》，太原：山西人民出版社，2014年，第5~24页。

［21］闫志：《金石学在现代中国考古学中的表达》，《华夏考古》2005年第4期。

［22］Berthold Laufer. Jade: A Study In Chinese Archaeology And Religion, Chicago: Field Museum of Natural History, 1912.

［23］夏鼐：《有关安阳殷墟玉器的几个问题》，《殷墟玉器》，北京：文物出版社，1982年。

［24］〔日〕滨田耕作著，胡肇椿译：《古玉概说》，上海：中华书局有限公司，1936年。

［25］〔日〕林巳奈夫著，杨美莉译：《中国古玉研究》，台北：艺术图书公司，1997年。

［26］杨伯达主编：《中国玉器全集》，石家庄：河北美术出版社，2005年。

［27］汤池：《玉器研究的丰碑——〈中国玉器全集〉评介》，《美术研究》1995年第1期。

［28］陆建芳主编：《中国玉器通史》，深圳：海天出版社，2014年。

［29］沈从文：《中国古代服饰研究》，上海：上海书店出版社，2002年，第95~100页。

［30］王方：《沈从文的古代服饰研究与服饰考古——重读〈中国古代服饰研究〉》，《中国国家博物馆馆刊》2011年第12期。

［31］黄能馥、陈娟娟：《中国服饰史》，上海：上海人民出版社，2004年。

［32］黄能馥、陈娟娟、黄钢：《服饰中华——中华服饰七千年》，北京：清华大学出版社，2011年。

［33］高春明：《中国历代服饰艺术》，北京：中国青年出版社，2009年。

［34］高春明：《中国服饰名物考》，上海：上海文化出版社，2001年。

［35］卢翰明：《中国古代衣冠辞典》，台北：常春树书坊，1990年；孙晨阳、张珂：《中国古代服饰辞典》，北京：中华书局，2015年。

［36］尤仁德：《古代玉器通论》，北京：紫禁城出版社，2002年。

［37］那志良：《中国古玉图释》，台北：南天书局有限公司，1990年。

［38］尚秉和：《历代社会风俗事物考》，北京：中国书店，2001年。

［39］宋镇豪：《夏商社会生活史》，北京：中国社会科学出版社，1994年。

［40］宋兆麟：《中国风俗通史：原始社会卷》，上海：上海文艺出版社，2001年；宋镇豪：《中国风俗通史：夏商卷》，上海：上海文艺出版社，2001年；陈绍棣：《中国风俗通史：两周卷》，上海：上海文艺出版社，2003年；彭卫、杨振红：《中国风俗通史：秦汉卷》，上海：上海文艺出版社，2002年。

［41］华梅：《服饰与中国文化》，北京：人民出版社，2001年。

［42］黄士强：《玦的研究》，《考古人类学刊》1975年第37、38期。

［43］杨建芳：《耳饰玦的起源、演变与分布：文化传播及地区化的一个实例》，《中国考古学与历史学之整合研究（下）》，台北："中央研究院"历史语言研究所出版品编辑委员会，1997年，第919~960页。

［44］周南泉：《玉璜综论》，《故宫博物院院刊》1996年第3期。

［45］邓聪：《东亚玦饰的起源与扩散》，《东方考古（第1集）》，北京：科学出版社，2004年，第23~35页。

［46］陈淳、孔德贞：《性别考古与玉璜的社会学观察》，《考古与文物》2006年第4期。

［47］〔英〕杰西卡·罗森：《红玛瑙珠、动物塑像和带有异域风格的器物——公元前1000—前650年前后周及其封国与亚洲内陆的交流迹象》，《祖先与永恒：杰西卡·罗森中国考古艺术文集》，北京：

生活·读书·新知三联书店，2011年，第397~462页。

［48］ 秦小丽：《中国古代装饰品研究：新石器时代—早期青铜时代》，西安：陕西师范大学出版社，2010年。

［49］ 针对分类的意义，张光直曾提出过这样的讨论：所谓考古分类是配合研究方法上的一种选择，还是必须借此找出古人的分类方式？陈有贝在《史前台湾的人身装饰品研究》一文中提出了自己的看法：由于社会背景和行为习惯的不同，古代人对于装饰品的类别认识也许并无"标准答案"，而他们在思考上对于器物的分类意识是出于理性还是主观选择，也难以确知。所以"在不同的研究中，应对装饰品做重新的基本分类设定，或因应于研究目的之不同，对装饰品做不同的应用分类"（载《台湾博物馆学刊》2015年第1期）。也许正如胡适先生所说，"凡治史学，一切太整齐的系统，都是形迹可疑的，因为人事从来不会如此容易被装进一个太整齐的系统去"。

［50］ 李济：《殷墟青铜器研究》，上海：上海人民出版社，2008年。

［51］ 秦小丽：《新石器时代环形饰品研究》，《考古学报》2011年第2期。

［52］ 〔日〕吉开将人：《论"T"字玉环》，《南中国及邻近地区古文化研究——庆祝郑德坤教授从事学术活动六十周年论文集》，香港中文大学出版社，1994年，第255~268页。

［53］ 郭沫若：《释黄》，《金文丛考》，北京：人民出版社，第162~175页。

［54］ 唐兰：《毛公鼎"朱韍、葱衡、玉环、玉瑹"新解——驳汉人"葱珩佩玉"说》，《唐兰先生金文论集》，北京：紫禁城出版社，1995年，第94~99页。

［55］ 〔日〕林巳奈夫：《西周時代玉人像の衣服と頭飾》，《史林》1972年第55卷2号；此据叶思芬译文，载于台北《故宫季刊》1976年第3期。

［56］ 孙机：《周代的组玉佩》，《文物》1998年第4期。

［57］ 贾峨：《两周"杂佩"的初步研究》《说"璜"》《关于春秋战国时代玉器的三个问题的探讨》，《贾峨考古文集》，北京：科学出版社，2012年。

［58］ 同注［3］，第166~168页。

［59］ 商春芳：《东周时期"组玉佩"有关问题略论——兼论洛阳东周墓出土的"组玉佩"》，《洛阳博物馆建馆四十周年纪念文集（1958—1998）》，北京：科学出版社，1999年，第65~71页。

［60］ 邓淑苹：《故宫博物院藏新石器时代玉器研究之四——装饰品类》，《故宫学术季刊》1991年第4期，第1~54页。

［61］ 〔韩〕崔圭顺：《中国历代帝王冕服研究》，上海：东华大学出版社，2007年。

［62］ 李岩：《周代服饰制度研究》，长春：吉林大学出版社，2016年。

［63］ 吴爱琴：《先秦服饰制度形成研究》，北京：科学出版社，2015年。

［64］ 何宏波：《先秦玉礼研究》，北京：线装书局，2007年。

［65］ 李婵：《上古三代秦汉玉文化研究》，山东大学博士学位论文，2011年。

［66］ 同注［3］。

［67］ 石荣传：《三代至两汉玉器分期及用玉制度研究》，山东大学博士学位论文，2005年。

［68］ 邓聪：《环珠江口考古之崛起——新石器时代玉石作坊》，《珠海文物集萃》，香港：香港中文大学中国考古艺术研究中心，2000年，第151~199页。

［69］ 孙周勇：《西周制玦作坊生产遗存的分析与研究——周原遗址齐家制玦作坊个案研究之一》，《三代考古（三）》，北京：科学出版社，2009年，第335~359页；孙周勇：《西周石玦的生产形态：关于原料、技术与生产组织的探讨——周原遗址齐家制玦作坊个案研究之二》，《考古与文物》2009年第3期。

［70］ 干福熹：《玻璃和玉石之路——兼论先秦前硅酸盐质文物的中、外文化和技术交流》，《广西民族大学学报（自然科学版）》2009年第4期。

［71］ 庞小霞：《中国出土新石器时代绿松石器研究》，《考古学报》2014年第2期。

[72] 张登毅:《中原先秦绿松石制品产源探索》,北京科技大学博士学位论文,2016年。
[73] 艾婉乔:《中国西北地区史前串珠的研究——旧石器晚期至公元前1500年》,北京大学博士学位论文,2018年。
[74] 阎步克:《服周之冕——周礼六冕礼制的兴衰变异》,北京:中华书局,2009年,第4~8页。
[75] 黄濬:《古玉图录初集》,香港:广雅社,1987年,第1~5页。

# A Review of the Research on Jade-stone Ornaments from Pre-Qin to Han Dynasties

Ju Rongkun

(2017 PhD Student, the School of Archaeology and Museology, Peking University)

**Abstract:** This article divides the scholars' researches on jade-stone ornaments (from the pre-Qin to the Han Dynasties) since the Eastern Han Dynasty in three stages, which are respectively from the Eastern Han Dynasty to the end of Qing Dynasty, led by classics and engravings, the end of Qing Dynasty to 1970s, inherited the tradition and explored the new methods, from the 1980s to the present, when research was conducted in multiple ways. It is believed that chronological and typological researches is more fully so far, the role of jade-stone ornaments in ancient society and the reason of role-changes should be further interpreted from multiple angles of historical background.

**Key Words:** Jade-stone Ornaments, Pre-Qin and Han Dynasties, Epigraphy, Antiquarianism

---

**教师评语**:玉器是中国古代常见的器物门类,使用广泛,内涵丰富。随着出土器物的不断丰富和学者的持续研究,玉器研究也逐渐形成专门之学。就出土玉器而言,多集中在史前和先秦两汉时期,涉及礼仪、丧葬和日常装饰等各个方面。鞠荣坤同学的《先秦至两汉时期的玉石装饰品研究综述》一文梳理了东汉以来的相关研究成果,考察了研究方法由金石学、古器物学到考古学的变迁,并对未来研究提出了一些建议。需要指出的是,方法无所谓新旧,也无所谓好坏,归根结底要看是否能够解决问题。而问题多与时代相关,研究也当与时代接轨,因时代需求而提出学术问题,因具体问题而产生研究方法。因此,任何研究评述应不局限于"述",而更要聚焦于"评","述"是基础,"评"是裁断,有裁断方能推陈出新,从而把研究不断引向深入。

(北京大学考古文博学院教授　孙庆伟)

# 考古研究

# 中国旧石器时代发现的骨器

支 媛

（北京师范大学历史学院 2019 级硕士研究生）

**摘要**：正式骨器的出现是人类行为现代化的重要标志之一。在旧石器时代早期，骨器多为权宜性工具，这些权宜性工具被称为非正式骨器，人类倾向于直接使用合适的敲骨吸髓产生的破碎骨片，在技术上并没有一定的程序，骨器本身也没有固定的形制；到了旧石器时代中晚期，骨器的取材方法和制坯整形逐渐复杂化和规范化，从拣选适合的敲骨吸髓留下的骨料或运用楔劈技术纵向获取骨器坯材，进行简单的刮制、磨制，生产出形制仍大致保留毛坯形状的原始正式骨器，发展到采取先进的沟槽技术截取骨料后再进行精细磨制的典型正式骨器。中国自旧石器时代早期就已经出现非正式骨器，但一直到旧石器时代晚期才出现原始正式骨器和典型正式骨器。原始正式骨器主要分布于南方地区，未见于自旧石器时代早期就已经使用骨器的北方地区。典型正式骨器虽然在南北方均有发现，但北方地区的材料不论在出现时间还是在技术水平上均领先于南方地区。本文对中国骨器类型学和时空分布的研究有助于了解中国古人类现代化行为的出现过程及其背后反映的文化交流和技术创新。

**关键词**：正式骨器；旧石器时代；骨器技术；人类行为

# 一、引 言

目前最早的现代人化石发现于非洲，且年代可追溯至中更新世晚期[1]。现代人从深海氧同位素 MIS 5（Marine Isotope Stage）阶段开始小范围地走出非洲，但直到 MIS 3 阶段，关于他们"走出非洲"的路线和次数一直争议不断。亚洲是现代人走出非洲的第一站，而东亚则是通往美洲、日本和澳大利亚的必经之路。复原晚更新世现代人在中国的扩散路线及其遗留的考古学文化，对厘清这些关键问题至关重要[2]。

晚更新世的东亚大陆，尤其是中国，人群成分十分复杂：有自旧石器时代早期就生活在这片土地上的古老型人类，有神秘的丹尼索瓦人[3]，还可能有尼安德特人[4]，以及远从非洲而来的现代人。这些人群在中国交流共存，共同创造了中国晚更新世的旧石器时代文化。

中国的旧石器时代中期是一个不明显的阶段：其整体文化面貌继承本地的旧石器时代早期，变化不大[5]。到了旧石器时代晚期，从世界范围内来看，石器技术飞速发展、各种新的文化因素出现，如细石器、正式骨器（formal bone tools）和装饰品等[6]。文化上的飞跃使得现代人有能力向非洲之外的其他地区成功殖民，他们离开非洲前往世界各地。在这一过程中，考古学家对于现代人是如何取得这种相对于尼安德特人和其他古人类的文化上的优势，众说纷纭，目前可暂时归纳为两种理论。

一为文化均变论，以巴约瑟夫（Bar-Yosef）[7]、马林（Marean）[8]等学者为代表，认为具备现代化行为的现代人在社会结构、人群数量或技术文化等方面的重要转变，使得他们获得了这种优势；二为体质突变论，以克莱因（Klein）等[9]为代表，认为距今5万~4万年发生在非洲大陆现代人身上基因层次的神经系统的转变，使得他们发展出了这种优势，具备了现代化行为。

很可惜的是，这种文化方面和基因方面的假说主要是依据旧大陆西侧的材料，关于中国旧石器时代中期到晚期发展演变的内在动力，以及其文化背后人群的迁徙交流的讨论并不多见，且北方地区多关注石器技术的革新发展[10]，南方地区石制品所反映的文化面貌变化较小，故多单纯地从古人类学或古基因学的角度来探讨这个问题[11]。

骨器是有机质工具的重要代表，动物骨骼不像石器原料那么多样化，因此在技术上受原料影响而产生的差别微乎其微，所以骨器能更直观地比较不同时段、不同地区人们的技术异同，进而推测其背后反映的文化变迁——动物骨骼的制作和使用方法的进步预示着其背后人群的变化，故而骨器技术的革新往往和人群的"行为现代化"联系在一起[12]。

本文拟选择正式骨器来管中窥豹，从考古学的角度看中国旧石器时代中期到晚期的人类技术文化是否有联系；如有，那么是否存在继承和发展。目前，中国学术界对旧石器时代的骨器关注不足，相关发现也不多，尤其是旧石器时代中晚期，人类行为现代化的重要阶段更是如此。本文将梳理中国旧石器时代的骨器材料，着重关注旧石器时代中期至晚期阶段，中国的骨器制作技术之间有没有联系，能否从这一方面来探讨当时人类的技术与文化的改变，为东亚地区现代人的到来与扩散、旧石器时代晚期文化新因素的出现增添一点新认识。

## 二、研究回顾

### （一）骨器的定义和分类

骨器，指以生物骨骼为材料，经过简单修整或系统的技术过程制作而成的工具。一般认为，骨器的出现与人类挖掘土壤以获得块茎类植物或白蚁的行为有关[13]；发展到中晚期，骨器的类型和功能变得多样化，比如有用于狩猎的骨尖状器[14]，也有用于家中劳动的骨针[15]。

目前可根据骨器的制坯方法和整形技术将其分成三类：非正式骨器（informal bone tools），即利用肢解和消费过程中产生的破裂骨片，对其锋利边缘或尖端进行简单的打击修理或直接使用的权宜性工具[16]；原始正式骨器（early formal bone tools），选取合适形状的骨片或使用楔劈技术[17]得到的骨片，再对其进行细致的刮、磨整形，最后得到想要的工具；典型正式骨器（formal bone tools），其大多形体较小，使用沟裂技术获取毛坯，一般通体磨制，在制作过程中还可能在局部伴随有穿孔等特殊技术[18]。

这三种技术之间是否有线性的进步关系暂且不得而知，但很明显，后一个都要比前一个技术复杂，其所需要的时间、精力投入更多。

（二）旧大陆西侧的骨器

在旧大陆西侧，骨器研究相对完善和深入[19]，目前可以确认的最早骨器距今200万~100万年，出现在奥杜威（Olduvai）、斯沃特克莱恩斯（Swartkrans）和斯特克孚田（Sterkfontein）等遗址。在距今60万~30万年，欧洲大陆的一些露天遗址中发现了具有打片痕迹的骨器，但在这些骨器上并未发现切割、刻划和磨光的痕迹。阿舍利时期的骨器发现较少，仅在齐斯姆洞穴（Qesem Cave）中发现了数量较多的有人工痕迹的骨骼。到了莫斯特时期，骨器主要作为"加工工具的工具"，如软锤和砧板等。只有极少数的石器时代中期遗址出土了正式骨器，比如布隆博斯洞穴（Blombos Cave）和卡唐达遗址（Katanda），它们被认为是现代人的作品。在旧石器时代晚期，随着现代人扩散到欧亚大陆，正式骨器也在许多遗址中被发现，其既有可能是缝纫制衣以御寒的骨针，也有可能是具有抽象和审美意义的装饰品。

## 三、中国旧石器时代骨器的类型及其发展演变

（一）非正式骨器

在中国，出土权宜性骨器的遗址贯穿旧石器时代始终，在中国北方地区和南方地区都有发现（图一，1）。

在旧石器时代早期，骨器发现较零星，但分布相对集中。除了年代最早且尚存争议的繁昌人字洞[20]外，其余都在北方，主要集中在华北地区和东北地区。值得注意的是，除了层位不明的泥河湾下沙沟地点[21]标本外，其余皆发现于旧石器时代早期少见的洞穴遗址内。无论如何，华北地区和东北地区发现的旧石器时代早期的骨制品暗示了当地早已存在使用有机质工具的传统。

在旧石器时代中期，骨器的发现集中于华北地区。这一时期的骨器依旧是非正式骨器，但是出现了新的技术因素：和旧大陆西侧的莫斯特文化出土的骨器类似，发现了用于加工石制品的骨器，如灵井许昌人遗址[22]出土的软锤工具[23]，反映了当时人类的行为复杂化。

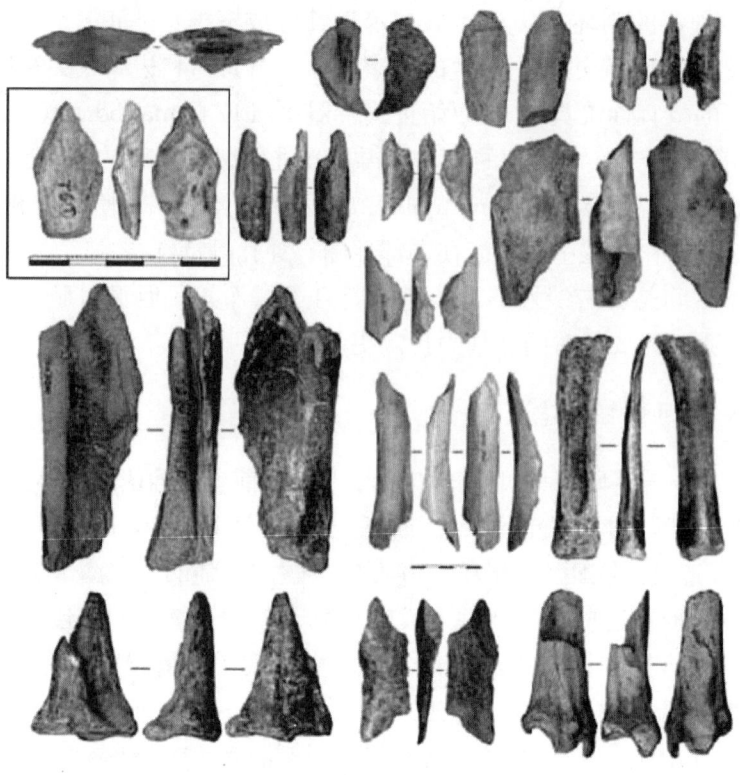

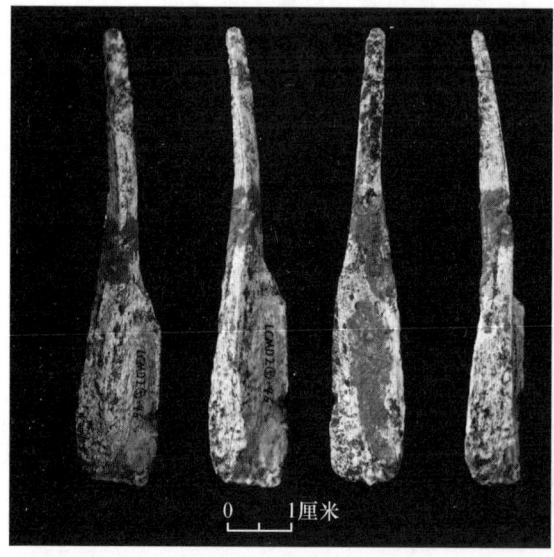
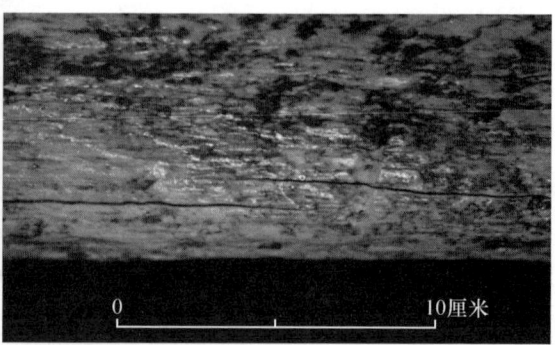

图一 骨器

1. 玉米洞遗址出土的非正式骨器  2. 龙泉洞遗址出土的原始正式骨器（骨锥）

[1. 采自贺存定：《玉米洞遗址石器工业与人类行为》，吉林大学博士学位论文，2016年  2. 采自 Du S S, et al., Longquan Cave: An Early Upper Palaeolithic Site in Henan Province, China. Antiquity, Aug, 90 (352)]

到了旧石器时代晚期，华北地区仍然存在这类简单粗糙的权宜性工具。在东北地区，随着人类对寒冷环境的适应，非正式骨器的分布向北有所扩散（表一）[24]。

表一　目前中国发现的年代明确的非正式骨器统计表

| 考古学年代 | 名称 | 位置 | 骨器情况 |
| --- | --- | --- | --- |
| 旧石器时代早期 | 人字洞[25] | 安徽繁昌 | 打制骨器 |
| | 金牛山（下层）[26] | 辽宁营口 | 打制骨器 |
| | 庙后山[27] | 辽宁本溪 | 打制骨片 |
| | 泥河湾下沙沟地点[28] | 河北泥河湾 | 有人工痕迹的骨骼 |
| | 华龙洞[29] | 安徽东至 | 骨器 |
| 旧石器时代中期 | 南梁遗址[30] | 山西侯马 | 28件骨器 |
| | 许家窑遗址[31] | 山西大同/泥河湾 | 有人工痕迹的骨片 |
| | 丁村54∶100地点[32] | 山西襄汾 | 18件骨器 |
| | 灵井许昌人遗址[33] | 河南灵井 | 骨器，软锤工具 |
| | 乌兰木伦遗址第1地点[34] | 内蒙古乌兰木伦 | 骨器 |
| 旧石器时代晚期 | 小南山遗址[35] | 黑龙江饶河 | 尖状器 |
| | 阎家岗遗址[36] | 黑龙江哈尔滨 | 有人工痕迹的骨骼 |
| | 昂昂溪遗址[37] | 黑龙江昂昂溪 | 有人工痕迹的骨片 |
| | 周家油坊遗址[38] | 吉林榆树 | 骨器 |
| | 古龙山遗址[39] | 辽宁瓦房店 | 骨制品 |
| | 峙峪遗址[40] | 山西朔州 | 打制骨器 |
| | 背窑湾洞穴[41] | 山西和顺 | 打制骨片 |
| | 黑砚水河1号洞[42] | 山西阳泉 | 打制骨片 |
| | 王府井东方广场遗址[43] | 北京 | 打制骨器 |

## （二）正式骨器

### 1. 原始正式骨器

在云南玉溪老龙洞遗址[44]中发现了骨锥和骨铲。骨锥上的痕迹能反映刮制和磨制技术，骨铲则主要为打制而成。还有一个特殊的现象是骨器的刮磨加工部位曾被火烧烤过。发掘者经过比较，认为老龙洞的文化遗物和猫猫洞的比较相似，但要更加原始。

在贵州兴义猫猫洞遗址[45]发现了5件骨锥和1件骨刀。据研究可知，其制作过程大体为打琢成型、刮削加工和磨制定型等。

在贵州桐梓马鞍山遗址[46]中出土的骨器可归入原始正式骨器。在距今3.5万年前的地层中出土了3件锋利的骨锥；在距今3.4万年前的地层中出土了6件骨器，其中有疑似尖状器、骨锥和切割工具；在距今2.3万～1.8万年前的地层中出土了两种锋利的尖状器。根据描述，其整形过程以刮制（scraping）为主，部分骨器保留肉眼可见的劈裂时产生的髓腔面，不过整体器物形态已相当规整。出土鱼镖的形态较之小孤山的鱼镖而言较为粗糙，尤其是在单排钩部分，但不排除是半成品的可能性。

河南洛阳栾川龙泉洞遗址[47]（距今3.5万～3.1万年前）发现了一件骨锥（图一，2），其和传统意义上的骨锥形态有一定差距，保留了一端相对平坦宽大的柄部（butt）。该骨锥的原料是动物尺骨，砍切取坯，刮制加工，部分地方有磨制修整的痕迹。发掘者认为其是原始正式骨器。

福建三明船帆洞遗址[48]（距今约3万年前）发现了骨锥，通体磨光，局部可见刮削痕迹，加工过程大致有打琢、刮削和磨制三个阶段。研究者认为这批骨器与猫猫洞的材料相似，但要比猫猫洞稍微原始一些。

此外，在湖北清江流域[49]发现了"磨制骨器"，年代晚于距今2.7万年前。原料来自动物长骨，砸击取坯，之后选择合适的骨片对其边缘进行整形处理，有的骨器会进行磨光修整。

以上是目前确定年代的出土了原始正式骨器的遗址，除龙泉洞以外，全部位于南方地区。最北的龙泉洞遗址，是唯一一个长江以北地区发现了原始正式骨器的遗址，处于中国南北分界区域，即秦岭余脉伏牛山的北麓。不过北方地区并非完全没有发现原始正式骨器，但不是其年代在发现典型正式骨器之后，就是仍不明确。前者如距今1.2万年的水洞沟12地点（原始正式骨器与典型正式骨器同出）[50]，或东北地区的金牛山遗址[51]和桦甸仙人洞遗址[52]。值得注意的是，上文中提到的几个出土原始正式骨器的遗址，其最早出现的年代都在距今3.5万年之前，为中国旧石器时代晚期的开始阶段，且器形都以骨锥为主。

**2. 典型正式骨器**

典型正式骨器在中国的出现和原始正式骨器几乎同时出现，都在距今约3.5万年前，这一阶段的华北地区和西北地区俱出现了骨针。在距今3万年之前，即位于东南地区的船帆洞遗址出现原始正式骨器的节点，位于东北地区的小孤山遗址[53]出土了一批相当精致的典型正式骨器（图二）。之后，在距今2.6万～2.3万年前的华北地区南部的柿子滩遗址[54]也出土了骨针。到了距今约1.2万年时，也就是在末次冰盛期的尾声，位于西北地区的水洞沟遗址群[55]中又发现了一批正式骨器材料，被认为是人类面对严寒气候所做出的应对策略的产物（表二）。另一孤例需提及，即青海共和盆地的拉乙亥遗址[56]。该遗址的文化面貌和旧石器时代晚期的遗址非常相似，出土了骨锥、骨针和装饰品，但年代却较晚，仅距今约6700年。

南方地区的典型正式骨器出现的年代较晚，距今约1.6万年前，在贵州高原的穿洞遗址[57]中发现了一大批正式骨器。在岭南地区的一些洞穴遗址中，如独石仔遗址[58]、鲤鱼嘴遗址[59]和甑皮岩遗址[60]等，都发现了正式骨器。但这些遗址年代稍晚，且或多或少出现了新石器时代的文化因素（如磨制石器、陶片等），故暂不讨论其材料。

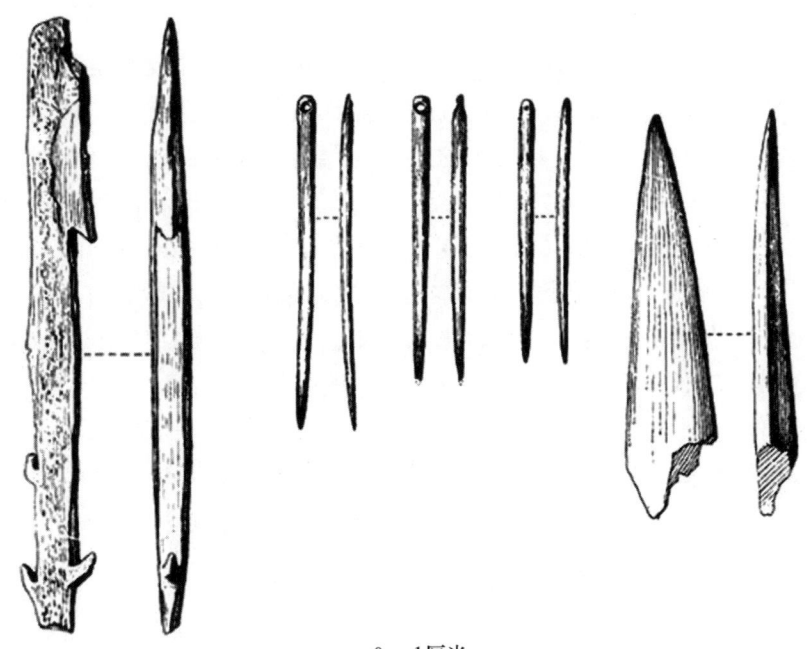

图二 小孤山遗址发现的正式骨器
（采自黄慰文、张镇洪、傅仁义等：《海城小孤山的骨制品和装饰品》，《人类学学报》1986年第3期）

表二 目前中国发现的年代明确的典型正式骨器统计表

| 考古学年代 | 名称 | 位置 | 骨器情况 |
| --- | --- | --- | --- |
| 旧石器时代晚期 | 穿洞[61] | 贵州安顺 | 打制骨器、磨制骨器 |
| | 水洞沟第12地点[62] | 宁夏银川 | 骨针 |
| | 山顶洞[63] | 北京房山 | 骨针 |
| | 小孤山[64] | 辽宁海城 | 鱼叉、骨针、标枪头 |
| | 柿子滩第29地点[65] | 山西临汾 | 骨针 |
| | 尉家小堡[66] | 山西大同 | 骨质穿孔装饰品 |

## （三）中国旧石器时代骨器的时空分布特点

北方地区缺少原始正式骨器，至少从时间序列上来看缺少骨器发展中间形态的阶段，精致的典型正式骨器出现得十分突然。虽然该地区自旧石器时代早期起就有开发有机质原材料（比如动物骨骼）的意识，但其技术序列在当地的发展进化并不明朗。到了旧石器时代晚期，制作技术相对成熟的典型正式骨器在北方地区突然出现，伴随着装饰品[67]、鱼镖[68]等复杂的非功用产品和生计工具等。这些正式骨器以骨针为代表，技术要求很高，在这一阶段的南方地区基本不见。骨针被认为是人类面对高纬度气候的适应性策略，它可以帮助人们缝制衣物以御严寒，是人类向北征服的重要工具。此外，在东北地区还发现有骨制的渔猎工具，其精致程度可与梭鲁特文化（Solutrean）、马格德林文化（Magdalenian）的遗物媲美。

南方地区基本没有发现旧石器时代早中期的骨器，目前并没有足够的证据来分析该阶段的骨器制作水平，这可能和南方地区的酸性红土不易保存有机质材料、目前旧石器考古工作开展不够深入有关。南方地区的正式骨器出现较晚，但却有相对明确的发展序列：多发现于堆积地层很厚的洞穴，从早到晚分布；如仅从旧石器时代晚期而言，南方地区的骨器是能在本地找到源头的，甚至可以在单个遗址中看出从中间形态逐渐到技术成熟的发展[69]，故南方地区的骨器是在本地进步发展的。但整体而言，南方地区的典型正式骨器不论是出现还是发展，均不如北方迅速且精致，大约在距今2万年之后才在各处遗址中普遍出现，然后渐渐发展得精致。南方地区的典型正式骨器都与新石器时代的萌芽因素共同出现，比如磨制石器和陶器，其共同反映了一种更进步的生计模式。这种生计模式在逐渐摆脱旧石器时代的狩猎采集策略，试图探索一种全新的饮食模式甚至是社会结构，呈现出一种过渡阶段的特征，相对较迟才出现了鱼镖之类的渔猎工具和骨角牙质地的装饰品，表现了和北方地区完全不同的发展道路。

## 四、现代人在东亚——从骨器技术看行为现代化

考古学材料常被用作人群扩散的证据。骨器被认为是人类"行为现代化"的标志之一，骨器技术的改变和升级往往意味着其背后的生产者发生了一定变化：有可能是本地人群在生活实践中渐渐发展出了越来越精致的骨器技术，也有可能是他们从某次或某几次交流交换中习得了新的骨器技术，还有可能是携带先进骨器技术的其他人群直接替代了原来的人群。

### （一）南方地区

目前认为早期现代人在MIS 5阶段就已进入西亚，并且多次向东扩散。主流观点认为比较成功的一次扩散是沿着海岸线进行的扩散，是经过印度次大陆、东南亚大陆（包括中国南方）和东南亚岛屿，在距今6万年左右成功登陆澳大利亚。这一假说可以用来解释中国南方地区发现的距今12万~8万年的现代人化石，比如广西陆那洞、湖南福岩洞等；但西亚和南亚的考古学材料并不支持沿海岸线扩散这一路线，目前发现的证据都在阿拉伯半岛和印度的内陆地区。此外，旧石器时代中期，中国南方地区的考古学文化发现较少，且石制品所代表的文化面貌不同于旧大陆西侧，石器技术反映了很强烈的本土连续性。

从骨器来说，第一波抵达东南亚大陆的现代人并没有足够的能力去深度开发有机质材料。尽管在MIS 5阶段，南非地区发现了制作原始正式骨器的证据，但那更像是孤例。整体而言，这一阶段的旧大陆东西两侧的现代人在骨器制作技术方面并没有很明显的能力差异。旧石器时代晚期，现代人再次来到中国南方。这一时期的他们似乎和上一次扩散一样，没有带来十分明显的先进技术，当地的文化面貌并没有迅速变化，反而十分稳

定地发展，最后随着生计策略的变化，骨器技术逐渐成熟。

（二）北方地区

在中国北方地区，现代人的到来则迟了很久。MIS 3 阶段，当现代人拥有了不同于以往的优势之后，他们成功到达了中国北方。其抵达时间和中国旧石器时代晚期的到来（距今 4.5 万～4 万年）耦合，即在旧石器时代早中期文化面貌相对稳定、原始的东亚地区，出现了新的、可以称得上变革的文化因素，从之前所谓的模式 I 石核石片技术飞跃到了模式 IV 石叶技术。虽然古基因方面的证据不多，但就走出非洲而言，目前支持的是自西向东扩散，即现代人从西亚出发来到中亚（目前存在考古空白），然后到达西伯利亚，自中国西北进入北方地区。这支携带先进的旧石器时代晚期初段（Initial Upper Paleolithic，IUP）技术的现代人从阿尔泰山脉进入中国，与当时中国境内仍然保持着石核-石片技术的古人类相遇，之后这种外来的 IUP 遗存在中国逐渐不见，或是为本土文化所同化。

从骨器来说，这一阶段的北方地区确实发现了正式骨器，从西北地区的水洞沟遗址到华北地区的山顶洞遗址，再到东北地区的小孤山遗址，都发现了精美的骨针，同时发现了其他可以反映当时人类的身份认同、行为认知的证据，如装饰品、墓葬等。尽管在石器技术上并不明显，但可以看出，东亚地区的古人类此时已经具备了现代化的行为。

## 五、结　　论

在旧石器时代，人们就已经有意识地使用骨器材料来制作工具。把动物骨骼作为人类制作工具的材料这一事件可以追溯到旧石器时代早期，虽然目前学术界对这些遗址出土的骨制品看法不一，但从使用角度来看，早期人类确实可能选择合适的尖状、刃状碎骨作为工具，在其上留下一定的人工痕迹，这类骨器被称为非正式骨器。与此相对的是在欧洲旧石器时代晚期文化中出现的大量加工精美、类型多样的骨器，因其从选材、取坯到加工都有一定的规范，因此被称为正式骨器。近年来，随着人类行为现代化的研究成为热点，在非洲、欧洲和西亚旧石器时代中期或中晚期过渡的遗址中发现了另一类骨器，它们在外形上仍然保持一定的骨骼自然形态或破碎形态，但经过了刮削、磨制，有了相对固定的加工过程和器物形制，也被归入正式骨器的范畴。

在中国，骨器虽然贯穿旧石器时代的始终，但直到旧石器时代晚期，代表人类技术进步和认知能力变化的正式骨器才零星出现。在南方地区，或许囿于酸性红土不方便保存有机质材料的原因，旧石器时代早中期没有发现确凿的非正式骨器，但旧石器时代晚期的发现展示了一个比较清晰的骨器技术进化的发展序列。在北方地区，虽然一直都有使用骨器的传统，但却缺少原始正式骨器的过渡环节，骨器技术直接从随打随用飞跃到了伴随着沟裂和穿孔技术的正式骨器，这很可能和现代人的到来有关。从骨器的角度来看，现代人在中国南北方地区出现的过程不同，且在这一过程中所携带的技术也是不同的。

骨器的出现与发展反映了史前狩猎采集者在行为认知和制作技术上的不断进步，这种革命性进步的背后很可能是人群的变化，常被看作人类行为现代化的标志之一。本文通过梳理分析了目前中国旧石器时代的骨器材料，亦提供了另一种研究中国地区古人类行为现代化的视角。

附记：本文的写作得到了北京师范大学历史学院杜水生教授的指导，山西大学历史文化学院宋艳花教授亦提供了修改意见，在此一并致以诚挚谢意。

## 注　释

[1] a. Ian McDougall, Francis H Brown, John G Fleagle. Stratigraphic Placement and Age of Modern Humans from Kibish, Ethiopia. Nature, 2005 (433): 733-736; b. Tim D White, et al. Pleistocene Homo Sapiens from Middle Awash, Ethiopia. Nature, 2003 (423): 742-747.

[2] Christopher J Bae, Katerina Douka, Michael D Petraglia. On the Origin of Modern Humans: Asian Perspectives. Science, 2017 (358): eaai9067.

[3] David Reich, et al. Genetic History of an Archaic Hominin Group from Denisova Cave in Siberia. Nature, 2010 (468): 1053-1060.

[4] Johannes Krause, et al. Neanderthals in Central Asia and Siberia. Nature, 2007 (449): 902-904.

[5] 高星：《关于"中国旧石器时代中期"的探讨》，《人类学学报》1999年第1期，第1~15页；王幼平：《中国远古人类文化的源流》，北京：科学出版社，2005年。

[6] Richard G Klein. The Human Career: Human Biological and Cultural Origins (3rd edition). Chicago: The University of Chicago Press, 2009.

[7] Bar-Yosef. On the Nature of Transitions: The Middle to Upper Palaeolithic and the Neolithic Revolution. Journal of Cambridge Archaeology, 1998(8): 141-163.

[8] Curtis W Marean, Zelalem Assefa. Zooarchaeological Evidence for the Faunal Exploitation Behavior of Neanderthals and Early Modern Humans. Evolutionary Anthropology, 1999(8): 22-37.

[9] 同注[6]。

[10] 王幼平：《石器技术与早期人类的迁徙扩散》，《考古学研究（十一）》，2019年，第1~12页。

[11] 吴新智、徐欣：《从中国和西亚旧石器及道县人牙化石看中国现代人起源》，《人类学学报》2016年第1期，第1~13页。

[12] Francesco d'Errico. The Invisible Frontier: A Multiple Species Model for the Origin of Behavioral Modernity. Evolutionary Anthropology, 2003 (12): 188-202.

[13] 同注[6]。

[14] Lucinda Backwell, Francesco d'Errico, Lyn Wadly. Middle Stone Age Bone Tools from the Howiesons Poort Layers, Sibudu Cave, South Africa. Journal of Archaeological Science, 2008 (35): 1566-1580.

[15] Francesco d'Errico, et al. The Origin and Evolution of Sewing Technologies in Eurasia and North America. Journal of Human Evolution, 2018 (125): 71-86.

[16] a. 曲彤丽、陈宥成：《试论早期骨角器的起源与发展》，《考古》2018年第3期，第68~77页；b. 安徽省文物考古研究所、吉林大学边疆考古研究中心：《安徽东至县华龙洞旧石器时代遗址发掘简报》，《考古》2012年第4期，第7~13页。

[17] a. 林圣龙：《楔劈技术、沟裂技术和雕刻器》，《人类学学报》1993年第2期，第182~193页；b. 陈全家、王善才、张典维：《清江流域古动物遗存研究》，北京：科学出版社，2004年；c. José-

Miguel Tejero, Marianne Christensen, Pierre Bodu. Red deer Antler Technology and Early Modern Humans in Southeast Europe: An Experimental Study. Journal of Archaeological Science, 2012 (39): 332-346.

[18] 黄蕴平:《小孤山骨针的制作和使用研究》,《考古》1993 年第 3 期, 第 260～268 页。

[19] 同注 [1] a。

[20] 金昌柱、韩立刚、魏光飚:《安徽繁昌县人字洞发现早更新世早期旧石器》,《人类学学报》1999 年第 1 期, 第 70、71 页; 张森水、韩立刚、金昌柱等:《繁昌人字洞旧石器遗址 1998 年发现的人工制品》,《人类学学报》2000 年第 3 期, 第 169～183 页。

[21] 王尚尊、郭志慧、张丽黛:《河北泥河湾早更新世骨制品的初步观察》,《人类学学报》1988 年第 4 期, 第 302～305 页。

[22] 李占扬、沈辰:《微痕观察初步确认灵井许昌人遗址旧石器时代骨制工具》,《科学通报》2010 年第 10 期, 第 891～899 页。

[23] 李占扬、李浩、吴秀杰:《许昌人遗址研究的新收获及展望》,《人类学学报》2018 年第 2 期, 第 219～227 页。

[24] a. 杨大山:《饶河小南山新发现的旧石器地点》,《黑龙江文物丛刊》1981 年第 1 期, 第 49～52 页; b. 高星:《昂昂溪新发现的旧石器》,《人类学学报》1988 年第 1 期, 第 84～88 页; c. 魏正一、杨大山、尹开屏等:《哈尔滨阎家岗旧石器时代晚期地点（1982～1983 年发掘报告）》,《北方文物》1986 年第 4 期, 第 8～15 页; d. 黑龙江省文物管理委员会、哈尔滨市文物局、中国科学院古脊椎动物与古人类研究所东北考察队:《阎家岗——旧石器时代晚期古营地遗址》, 北京: 文物出版社, 1987 年; e. 孙建中、王雨灼、姜鹏:《吉林榆树周家油坊旧石器文化遗址》,《古脊椎动物与古人类》1981 年第 3 期, 第 281～291 页; f. 周信学、孙玉峰、王志彦等:《大连古龙山遗址研究》, 北京: 北京科学技术出版社, 1990 年。

[25] 同注 [20]。

[26] 金牛山联合发掘队:《辽宁营口金牛山旧石器文化的研究》,《古脊椎动物学报》1978 年第 2 期, 第 129～136 页。

[27] 辽宁省博物馆、本溪市博物馆:《庙后山——辽宁省本溪市旧石器文化遗址》, 北京: 文物出版社, 1986 年。

[28] 同注 [21]。

[29] 同注 [16] b。

[30] 胡家瑞:《山西侯马市南梁旧石器遗址中的骨器》,《考古》1961 年第 1 期, 第 20、21 页。

[31] 贾兰坡、卫奇:《阳高许家窑旧石器时代文化遗址》,《考古学报》1976 年第 2 期, 第 97～114 页; 贾兰坡、卫奇、李超荣:《许家窑旧石器时代文化遗址 1976 年发掘报告》,《古脊椎动物与古人类》1979 年第 4 期, 第 277～293 页。

[32] 陶富海、王向前:《丁村遗址打制骨片的观察》,《山西旧石器时代考古文集》, 太原: 山西经济出版社, 1993 年, 第 141～144 页。

[33] 同注 [22]、[23]。

[34] 王志浩、侯亚梅、杨泽蒙等:《内蒙古鄂尔多斯市乌兰木伦旧石器时代中期遗址》,《考古》2012 年第 7 期, 第 3～13 页。

[35] 同注 [24] a。

[36] 同注 [24] c、d。

[37] 同注 [24] b。

[38] 同注 [24] e。

[39] 同注 [24] f。

[40] 张俊山：《峙峪遗址碎骨的研究》，《山西旧石器时代考古文集》，太原：山西经济出版社，1993年，第297~307页。

[41] 吴志清、陈哲英：《山西和顺背窑湾洞穴中的旧石器时代文化遗存》，《山西旧石器时代考古文集》，太原：山西经济出版社，1993年，第363~373页。

[42] 王益人、韩利忠：《盂县庄子上黑砚水河1号洞穴遗址调查报告》，《山西旧石器时代考古文集》，太原：山西古籍出版社，2000年，第15~19页。

[43] 李超荣、冯兴无、郁金城等：《王府井东方广场遗址骨制品研究》，《人类学学报》2004年第1期，第13~33页。

[44] 白子麒：《老龙洞史前遗址初步研究》，《人类学学报》1998年第3期，第212~229页。

[45] 曹泽田：《猫猫洞的骨器和角器研究》，《人类学学报》1982年第1期，第36~41页。

[46] Zhang S Q, et al. Ma'anshan Cave and the Origin of Bone Tool Technology in China. Journal of Archaeological Science, 2016(65): 57-69.

[47] 北京师范大学历史学院、洛阳市文物考古研究院、栾川县文物管理所：《河南栾川龙泉洞遗址2011年发掘报告》，《考古学报》2017年第2期，第227~252页。

[48] 福建省文物局、福建博物院、三明市文物管理委员会：《福建三明万寿岩旧石器时代遗址：1999~2000、2004年考古发掘报告》，北京：文物出版社，2006年。

[49] 同注［17］b。

[50] Zhang S Q, et al. Innovation in Bone Technology and Artefact Types in the Late Upper Palaeolithic of China: Insights From Shuidonggou Locality 12. Journal of Archaeological Science, 2018 (93): 82-93.

[51] 傅仁义：《金牛山古人类遗址的发掘和研究简史》，《考古学研究》，2008年，第15~29页。

[52] 陈全家、李其泰：《吉林桦甸寿山仙人洞旧石器遗址试掘报告》，《人类学学报》1994年第1期，第12~19页；陈全家、赵海龙、王法岗：《吉林桦甸仙人洞旧石器遗址1993年发掘报告》，《人类学学报》2007年第3期，第222~236页。

[53] a. 吕遵谔：《海城小孤山仙人洞鱼镖头的复制和使用研究》，《考古学报》1995年第1期，第1~17页；b. 黄慰文、张镇洪、傅仁义等：《海城小孤山的骨制品和装饰品》，《人类学学报》1986年第3期，第259~266页。

[54] Song Y H, et al. Bone Needle Fragment in LGM from the Shizitan Site (China): Archaeological Evidence and Experimental Study. Quaternary International, 2016 (400): 140-148.

[55] a. 同注［50］；b. Zhang Y, et al. The Bone Needles from Shuidonggou Locality 12 and Implications for Human Subsistence Behaviors in North China. Quaternary International, 2016 (400): 149-157.

[56] 中国科学院古脊椎动物与古人类研究所、青海省文物考古队：《黄河上游拉乙亥中石器时代遗址发掘报告》，《人类学学报》1983年第1期，第49~59页。

[57] 曹泽田：《贵州省新发现的穿洞旧石器时代文化遗址》，《贵州社会科学》1982年第4期，第61~65页；毛永琴、曹泽田：《贵州穿洞遗址1979年发现的磨制骨器的初步研究》，《人类学学报》2012年第4期，第335~343页。

[58] 邱立诚、宋方义、王令红：《广东阳春独石仔新石器时代洞穴遗存发掘》，《考古》1982年第5期，第456~459、475页。

[59] 柳州市博物馆、广西壮族自治区文物工作队：《柳州市大龙潭鲤鱼嘴新石器时代贝丘遗址》，《考古》1983年第9期，第769~774页。

[60] 中国社会科学院考古研究所、广西壮族自治区文物工作队、桂林甑皮岩遗址博物馆等：《桂林甑皮岩》，北京：文物出版社，2003年。

[61] 同注［57］。

[62] 同注［55］b。

[63] Li F, et al. Re-dating Zhoukoudian Upper Cave, Northern China and its Regional Significance. Journal of Human Evolution, 2018 (121): 170-177; 同注 [15]。
[64] 同注 [18]；同注 [53] a、b。
[65] 同注 [54]。
[66] 宋艳花、石金鸣：《尉家小堡遗址石制品的初步研究》，《人类学学报》2008 年第 3 期，第 200~209 页。
[67] 同注 [15]。
[68] 同注 [53] a。
[69] 广东省文物考古研究所、北京大学考古文博学院、英德市博物馆：《广东英德市青塘遗址》，《考古》2019 年第 7 期，第 3~15 页。

**附表　中国旧石器时代的骨器发现统计表**

| 遗址年代 | 遗址名称 | 遗址地理位置 | 遗址类型 | 骨器情况 | 分类 |
| --- | --- | --- | --- | --- | --- |
| 旧石器时代早期 | 人字洞 | 安徽繁昌 | 裂隙堆积 | 打制骨器 | 非正式骨器 |
| | 北京人遗址 | 北京房山 | 洞穴 | （未找到详细材料） | 非正式骨器 |
| | 金牛山（下层） | 辽宁营口 | 洞穴 | 打制骨器 | 非正式骨器 |
| | 庙后山 | 辽宁本溪 | 洞穴 | 打制骨片 | 非正式骨器 |
| | 泥河湾下沙沟地点 | 河北泥河湾 | （未找到详细材料） | 有人工痕迹的骨骼 | 非正式骨器 |
| | 华龙洞 | 安徽东至 | 洞穴 | 骨器 | 非正式骨器 |
| 旧石器时代中期 | 南梁遗址 | 山西侯马 | 露天 | 28 件骨器 | 非正式骨器 |
| | 许家窑遗址 | 山西大同／泥河湾 | 露天 | 有人工痕迹的骨片 | 非正式骨器 |
| | 丁村 54：100 地点 | 山西襄汾 | 露天 | 18 件骨器 | 非正式骨器 |
| | 灵井许昌人遗址 | 河南灵井 | 露天 | 骨器、软锤工具 | 非正式骨器 |
| | 乌兰木伦遗址第 1 地点 | 内蒙古乌兰木伦 | 露天 | 骨器 | 非正式骨器 |
| 旧石器时代晚期 | 小南山遗址 | 黑龙江饶河 | 露天 | 尖状器 | 非正式骨器 |
| | 阎家岗遗址 | 黑龙江哈尔滨 | 露天 | 有人工痕迹的骨骼 | 非正式骨器 |
| | 昂昂溪遗址 | 黑龙江昂昂溪 | 露天 | 有人工痕迹的骨片 | 非正式骨器 |
| | 周家油坊遗址 | 吉林榆树 | 露天 | 骨器 | 非正式骨器 |
| | 古龙山遗址 | 辽宁瓦房店 | 洞穴 | 骨制品 | 非正式骨器 |
| | 峙峪遗址 | 山西朔州 | 露天 | 打制骨器 | 非正式骨器 |
| | 背窑湾洞穴 | 山西和顺 | 洞穴 | 打制骨片 | 非正式骨器 |
| | 黑砚水河 1 号洞 | 山西阳泉 | 洞穴 | 打制骨片 | 非正式骨器 |
| | 王府井东方广场遗址 | 北京 | 露天 | 打制骨器 | 非正式骨器 |
| | 猫猫洞 | 贵州兴义 | 洞穴 | （材料多） | 非正式骨器 原始正式骨器 |
| | 榨洞 | 湖北长阳 | 洞穴 | 打制骨器 磨制骨器 | 非正式骨器 原始正式骨器 |
| | 老龙洞遗址 | 云南玉溪 | 洞穴 | 刮磨骨器 | 原始正式骨器 |
| | 船帆洞 | 福建三明 | 洞穴 | 刮磨骨器 | 原始正式骨器 |
| | 龙泉洞 | 河南洛阳 | 洞穴 | 1 件骨锥 | 原始正式骨器 |
| | 马鞍山遗址 | 贵州遵义 | 洞穴 | 骨器 | 原始正式骨器 |

续表

| 遗址年代 | 遗址名称 | 遗址地理位置 | 遗址类型 | 骨器情况 | 分类 |
|---|---|---|---|---|---|
| 旧石器时代晚期 | 穿洞 | 贵州安顺 | 洞穴 | 打制骨器、磨制骨器 | 正式骨器 |
| | 水洞沟第12地点 | 宁夏银川 | 露天 | 骨针 | 正式骨器 |
| | 山顶洞 | 北京房山 | 露天 | 骨针 | 正式骨器 |
| | 桂阳一地点 | 湖南桂阳 | 洞穴 | 有刻纹的磨制骨锥 | 正式骨器 |
| | 小孤山 | 辽宁海城 | 洞穴 | 鱼叉、骨针、标枪头 | 正式骨器 |
| | 柿子滩第29地点 | 山西临汾 | 露天 | 骨针 | 正式骨器 |
| | 尉家小堡 | 山西大同 | 露天 | 骨质穿孔装饰品 | 正式骨器 |
| | 白岩脚洞 | 贵州安顺 | 洞穴 | （未找到详细材料） | / |
| | 龙潭山 | 云南呈贡 | 裂隙堆积 | （未找到详细材料） | 非正式骨器 |
| | 樟脑洞 | 湖北房县 | 洞穴 | （未找到详细材料） | / |
| | 水帘洞 | 河北平山 | 洞穴 | （未找到详细材料） | / |
| 更新世中、晚期 | 玉米洞 | 重庆巫山 | 洞穴 | 打制骨器 | 非正式骨器 |
| 旧石器时代早期后段至晚期 | 仙人洞 | 吉林桦甸 | 洞穴 | 18件打制骨器 1件磨制骨器 | 非正式骨器 原始正式骨器 |
| 更新世晚期 | 织机洞 | 河南郑州 | 洞穴 | 打制骨器 | 非正式骨器 |
| 旧石器时代晚期（年代存疑） | 资阳人遗址 | 四川资阳 | 露天 | 1件骨锥 | 原始正式骨器 |
| （年代未定） | 金牛山（上层） | 辽宁营口 | 洞穴 | 骨锥 穿孔骨器 | 原始正式骨器 正式骨器 |
| （年代未定） | 犀牛洞 | 湖北神农架 | 洞穴 | （未找到详细材料） | / |

# Paleolithic Bone Tools Found in China

Zhi Yuan

(2019 Graduate Student, School of History, Beijing Normal University)

**Abstract:** The emergence of formal bone tools was one of the important marks for the origin of modern behaviors. In lower paleolithic age, bone tools were always expedient tools, which were called informal bone tools, made by unexpected broken bone flakes without technological procedures and given shapes. In middle and upper paleolithic age, bone tools, which were first made by simply chopping down the ends of suitable bones or by being longitudinal wedged, evolved into formal ones made with complicated groove and splinter technology. Informal bone tools appeared in China as early as the lower paleolithic age. However, the early formal bone tools and traditionally formal bone tools appeared until the upper paleolithic age. The original formal bone tools were mainly distributed in south China, but not in the north where bone implements have been used since the early paleolithic age. Although typical formal bone tools had been found in both the north and the south, the materials in the north were ahead of those in the south in both appearance time and technology level. This paper will help understand the origin of modern behaviors in China, and indicating the cultural communication and innovation at that time.

**Key Words:** Formal Bone Tools, Paleolithic Age, Bone Tools Technology, Human Behavior

---

**教师评语：**本文系统梳理了中国旧石器时代发现的骨器，并在考虑了制作技术、制作过程、形态类别等因素后，对骨器进行了分类，包括权宜性骨器、早期正式骨器、典型正式骨器三种类型，又根据这些骨器的时空分布总结出中国南北方地区骨器发展的不同道路，在许多西方文献中，正式骨器常常作为现代化行为出现的标志之一。本文作者把中国骨器的发展与现代化行为的出现联系起来，说明中国南方地区现代化行为具有连续性，而北方地区具有文化交流的特点，结论基本可靠。

全文资料翔实，对资料的梳理规范，论证过程有理有据，作为硕士一年级学生的作品，值得鼓励，希望今后能广泛阅读国内外文献，对这一问题进行更加全面的剖析。如果行文能够更简洁一些就更好了。

（北京师范大学历史学院教授　杜水生）

# 泥河湾盆地 MIS 3 阶段以来的
# 旧石器遗址年代序列与环境背景研究

马 宁

（北京大学考古文博学院 2018 级博士研究生）

**摘要**：MIS 3 阶段是末次冰期中一个较为暖湿的时期，而其后的 MIS 2 阶段气候相对干冷，二者的年代分别对应旧石器时代的中期晚段和晚期。气候环境的变化在很多方面对古人类旧石器文化发展有一定影响。泥河湾盆地 MIS 3 阶段以来的旧石器遗址包括旧石器时代中晚期过渡、晚期和旧新石器时代过渡遗址。本文对这些遗址年代进行了梳理，并尝试探讨 MIS 3 阶段以来的环境变化对旧石器文化发展的影响。

**关键词**：泥河湾盆地；MIS 3 阶段；旧石器时代晚期；环境背景；年代序列

泥河湾盆地是中国旧石器考古研究历史最长、工作最多、文化内涵最丰富的地区之一，遗址数量多达 200 余处，年代覆盖了整个旧石器时代。其中自 MIS 3 阶段以来，气候总体由暖湿转为干冷，本区域除早期一直延续下来的石片石器文化传统外，还出现了石叶、细石叶等新的石器工业类型。对 MIS 3 阶段以来的环境背景研究和旧石器遗址年代的梳理，有助于我们探讨旧石器文化发展与人群流动及环境变化的关系。

## 一、末次冰期 MIS 3 阶段以来的环境变化

末次冰期是末次间冰期之后一个气候寒冷的时期，距今 7 万~1 万年，相当于深海氧同位素（MIS）曲线的 2~4 阶段[1]。末次冰期冰盛期（LGM）出现在距今 2.4 万~1.8 万年，是末次冰期中最为寒冷的时期[2]。新仙女木事件（YD）之后，气候转暖，进入全新世。深海沉积气候记录有较好的一致性与相互印证性：低值指示冷期，如 MIS 2、4、6、12、16 等偶数阶段；高值指示暖期，如 MIS 3、5、7、9、13 等奇数阶段。

MIS 3 阶段是指深海氧同位素第 3 阶段，其年代范围大致是距今 5.8 万~2.8 万年。MIS 2 阶段的年代范围大致是距今 2.8 万~1.1 万年。

MIS 3 阶段的古环境格局介于末次冰盛期和全新世适宜期之间，许多特征与现在十分类似[3]。从已有的研究资料看，MIS 3 阶段晚期，中国全境较为暖湿[4]。MIS 2 阶段是末次冰期晚冰阶，包括末次冰期冰盛期与近冰阶，是较为寒冷的时期（图一；表一）。

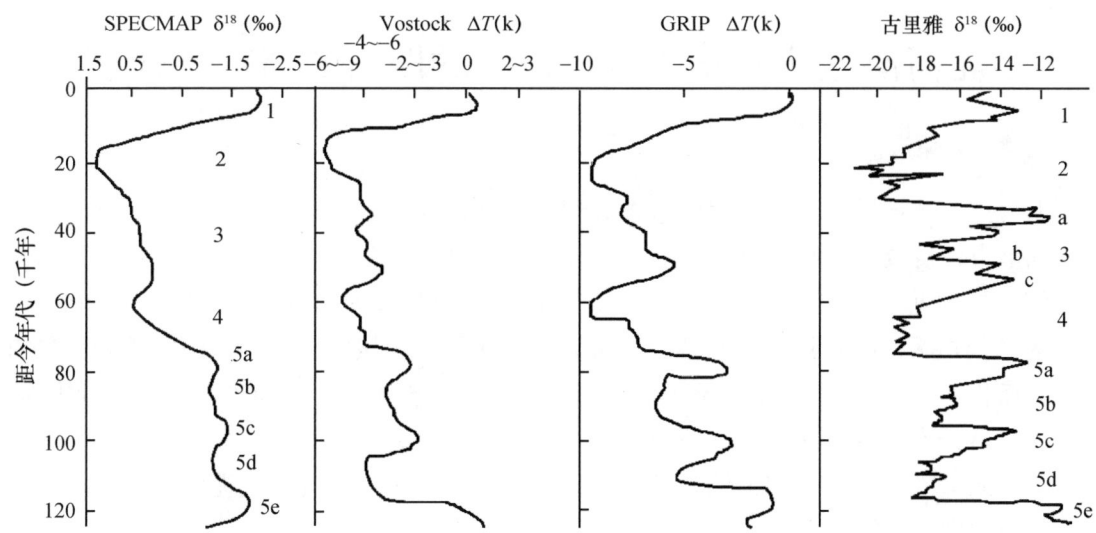

图一 距今 13 万年以来末次冰期间冰期循环全球 4 个著名记录的温度变化比较[5]

表一 中国第四纪冰期与 MIS 比较表

| 年代（年） | MIS | 中国冰期 | 中国东部 |
| --- | --- | --- | --- |
| 距今 1 万年至今 | 1 | 小冰期<br>新冰期<br>全新世早中期冰进 | 无现代冰川，台湾高山、云南点苍山保存有早全新世冰碛 |
| 距今 2.8 万～1.1 万 | 2 | YD 冰进（新仙女木）<br>近冰阶<br>末次冰盛期 | 海平面下降 120～150 米，南海北部钻孔，下降 3℃。台湾雪山、长白山保存有 LGM 冰川作用遗迹 |
| 距今 5.8 万～2.8 万 | 3 | 3a（暖）<br>3b（冷）<br>3c（暖） | 气候暖湿，热带植物区域扩大，植被分布北移西进，长江口、海河口出现海侵<br>台湾雪山发生了山庄冰进，其规模超过了 LGM |

注：本表修改自赵井东、施雅风、王杰的文章[6]

MIS 3 阶段较为温暖湿润的环境开始于距今 5.8 万年，一直持续到距今 2.8 万年左右。距今 2.8 万年开始进入 MIS 2 阶段，气候转冷，黄土堆积开始加剧。深海氧同位素与洞穴石笋等多项指标显示，距今 2.65 万～1.99 万年季风减弱，降水减少，温度降低，进入最后冰期的最盛期阶段。这一阶段的海平面下降 120～150 米，沿海大陆架地区大面积出露，极大地改变了当时人类的生存条件。最盛期之后至距今万年前后，气候虽有波动，但总体仍向暖湿方向发展。MIS 3 阶段华北地区的气候以暖湿为主，可以看到黄土高原地区，尤其是南部，发育着厚层的古土壤；到 MIS 2 阶段，各地普遍进入干冷期，形成厚层的马兰黄土堆积[7]。

# 二、泥河湾盆地 MIS 3 阶段以来的旧石器遗址年代梳理

**1. 泥河湾盆地概况**

泥河湾盆地地处黄土高原、内蒙古高原与冀北山地的过渡地带，地形复杂多样。它在空间上可以看成是阳原盆地（狭义"泥河湾盆地"）、蔚县盆地和大同盆地的地理综合，其地域包括河北省张家口市的阳原县和蔚县部分，山西省大同市城区、矿区、南郊区、新荣区、云州区、阳高县、浑源县、广灵县以及朔州市的城区、应县、山阴县和怀仁市部分，面积达 9000 平方千米。桑干河自西南向东北蜿蜒流过，贯穿整个盆地。近年来，在"泥河湾人类起源、地质及环境背景研究项目"的推动下，位于阳原盆地东部的涿鹿盆地、怀来盆地也被纳入泥河湾盆地综合研究的框架之中，成为"大泥河湾"考古研究的重要组成部分[8]。

泥河湾盆地旧石器时代考古工作开展较早，系统的调查研究工作主要开始于 20 世纪 70 年代。经过近半个世纪的历程，目前已在泥河湾层、河流阶地、黄土堆积等不同沉积环境中发现旧石器遗址 200 余处，时代从早更新世一直延续到晚更新世之末，为早期人类的起源与扩散、现代人类的起源与扩散、现代人行为的出现与传播、细石叶技术的起源与传播、旧新石器时代的过渡、早期农业的起源等一系列重要问题的探讨提供了丰富且关键的研究材料。

**2. 泥河湾盆地 MIS 3 阶段以来的旧石器时代遗址年代梳理**

（1）地层与沉积环境

泥河湾盆地中部广泛发育河湖相的泥河湾层，上覆黄土堆积，为晚更新世形成的马兰黄土或全新世的松散堆积物。其底部是发育不完全的古土壤，大致与黄土第一层古土壤（S1）相当，以上为马兰黄土。在形成于晚更新世的桑干河沿岸，常见四级河流阶地发育。本阶段遗址所处的地貌部位基本为桑干河及其支流的阶地堆积或马兰黄土堆积。

有学者对泥河湾盆地泥河湾层上部晚更新世的黄土沉积做了磁化率和粒度等测定，将黄土分为 S1、L1 和 S0 三层，并与我国西北地区典型剖面黄土堆积和深海氧同位素阶段进行了对比。其中 S0 对应 MIS 1 阶段。L1 分成三个亚层，其中 L1-3 可与 MIS 4 阶段对应，L1-2 对应 MIS 3 阶段，L1-1 对应 MIS 2 阶段。每个阶段又可进一步细分到千年尺度的气候变化事件。说明此地区对季风气候的变化是较为敏感的。这些对比说明，泥河湾盆地顶部的黄土堆积记录了距今 13 万年以来东亚季风在这一地区的演化历史，在万年的时间里，它可以与全球的气候变化相对比。这种敏感性是由其所处的地理位置决定的。东亚夏季风起源于太平洋的暖湿气流，在中国是从东南向西北方向或从西南向东北方向扩展的；而冬季风起源于西伯利亚寒流，是从西北向东南方向延伸的。泥河湾盆地处于

半湿润和半干旱地区的交界处，季风变化一般都可以到达这一地区[9]。

卫奇曾对泥河湾盆地重要旧石器遗址地貌部位做了梳理，如图二。盆地内 MIS 3 阶段以来的旧石器遗址分布有两种情况：一是桑干河及其支流、支沟的二级阶地中，二是晚更新世披覆于基岩、泥河湾层和阶地堆积上的马兰黄土堆积中。

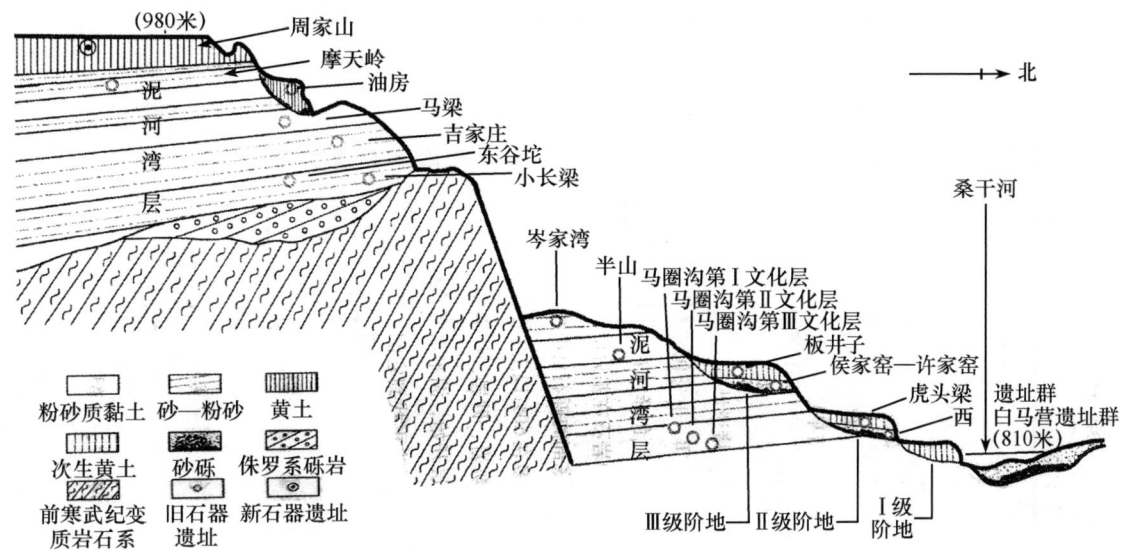

图二　泥河湾盆地各时期旧石器文化遗址地貌部位综合示意图[10]

埋藏于二级阶地的文化遗存大多分布在盆地中部的桑干河两岸，包括三个遗址群：西白马营遗址群、虎头梁遗址群、籍箕滩遗址群。虎头梁遗址群是典型的细石器工业，文化遗物埋藏于二级阶地中上部，年代在距今 1.5 万~0.8 万年，在本地区旧新石器过渡进程中起到关键作用。与虎头梁遗址群隔岸相望的桑干河南岸是籍箕滩遗址群，性质和时代与虎头梁遗址群一致。西白马营遗址文化层埋藏于桑干河支沟的二级阶地中，石制品属于华北地区传统的石核-石片工业类型，并有骨制品发现。

埋藏于马兰黄土中的文化遗存主要集中于大田洼台地的油房、岑家湾和大田洼一带，遗址主要有油房、火石沟，二道梁遗址文化层处于桑干河支流洞沟的二级阶地上部。

（2）MIS 3 阶段以来遗址年代梳理

泥河湾盆地内 MIS 3 阶段以来的旧石器时代遗址，按照文化分期，包括旧石器时代中晚期过渡、晚期和旧新石器时代过渡遗址，主要包括新庙庄、西白马营、油房、于家沟、马鞍山、籍箕滩、大底园、二道梁遗址等。各遗址的年代数据和文化面貌如图三、表二所示。

盆地内旧石器晚期遗址中以石片石器工业为主的遗址较少，仅有西白马营一处。3 万年之后，本区域的石片石器工业逐渐被石叶或细石叶工业所取代。油房遗址上文化层是目前发现的年代较早的一处细石器遗址。

西白马营遗址位于泥河湾盆地中部，西白马营村南的南沟东岸，是一处以石片石器工业为主体的遗址。一直以来，西白马营遗址的年代被认为在距今 1.8 万年左右（牛牙

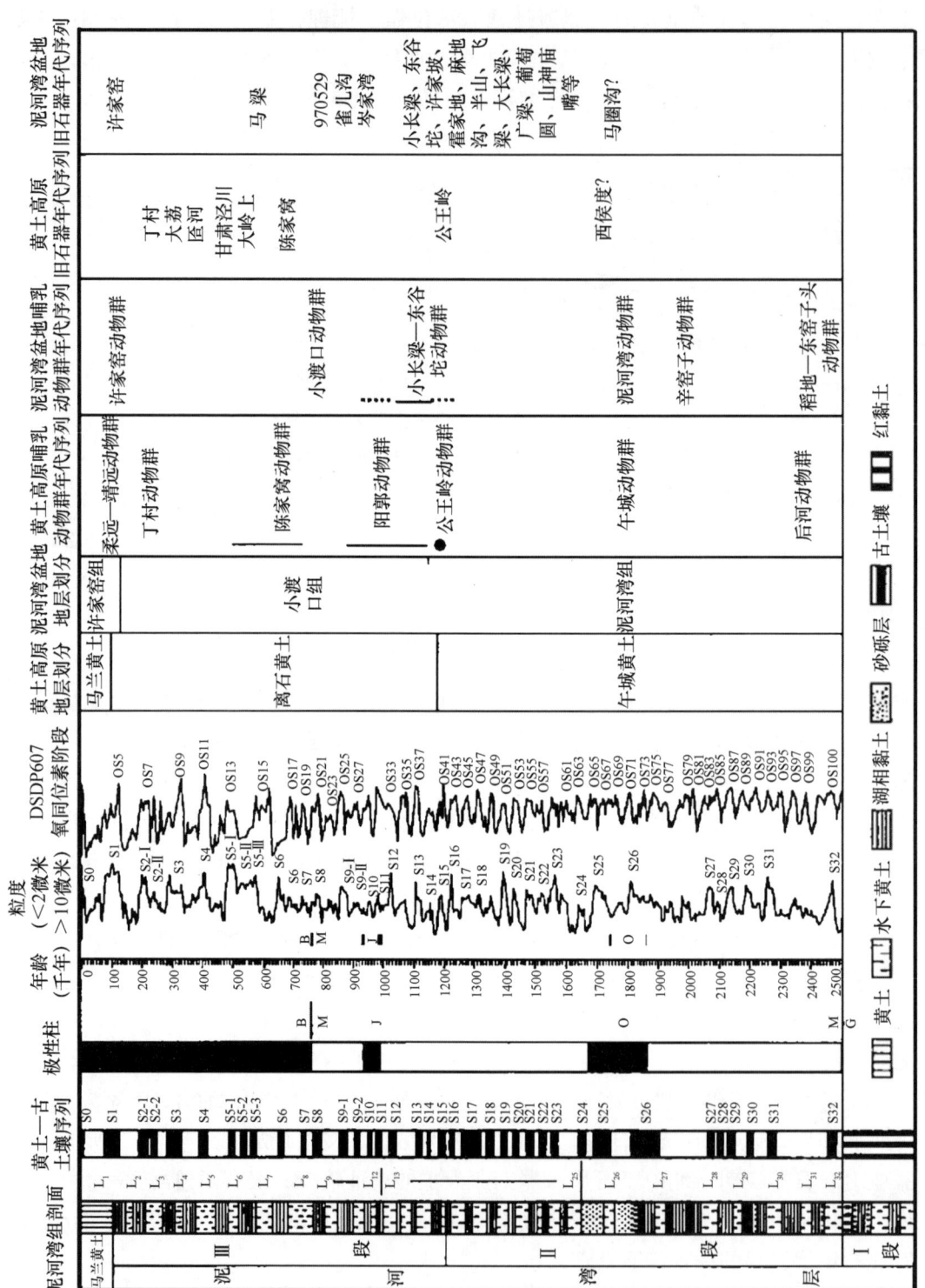

图三 黄土高原与泥河湾盆地地层、哺乳动物群和旧石器遗址地层序列[11]

表二 泥河湾盆地 MIS 3 阶段以来主要旧石器遗址年代梳理表

| 遗址名称 | 行政区划 | 阶段 | 年代 | 测年方法 | 地貌部位 | 文化面貌 | 参考资料 |
|---|---|---|---|---|---|---|---|
| 油房 | 阳原县 | 中晚期过渡 | 细石叶层位距今2.9万~2.6万年 | AMS $^{14}$C | 下层为西沟河阶地堆积，上层为马兰黄土 | 上文化层：石叶/细石叶工业 | 参看注释[13]、[16]~[19] |
|  |  |  |  |  |  | 下文化层：石片石器 |  |
| 新庙庄 | 阳原县 | 中晚期过渡 | 不晚于距今4万年 | 地层和动物群对比 | 盆地南缘山区湖泊，相当于三级阶地 | 石片石器，可能存在石叶 | 参看注释[8] |
| 西白马营 | 阳原县 | 晚期早段 | 距今1.8万年，距今5万~2万年（不包括最上层位） | 铀系法（牛牙）、OSL | 相当于二级阶地 | 石片石器，调查发现石叶 | 参看注释[12]、[16] |
| 西沙河 | 蔚县 | 晚期早段 | 距今3.9万~2.6万年，细石叶层位年代早至距今2.7万年 | AMS $^{14}$C | 壶流河阶地堆积 | 楔形石核生产细石叶，端刮器、雕刻器等工具 | 参看注释[21] |
| 下卜庄 | 阳原县 | 晚期段 | 距今1.7万年前后 | 地层文化对比 | 盆地中部，桑干河南岸二级阶地 | 楔形石核主导的细石器工业、端刮器 | 参看注释[26] |
| 二道梁 | 阳原县 | 晚期晚段 | 距今(18085±235)年 | 木炭常规 $^{14}$C | 涧沟的二道梁，属三级阶地上部堆积 | 船型石核占主导的细石器 | 参看注释[27] |
| 籍箕滩 | 阳原县 | 晚期晚段 | 参考临近遗址，年代在距今1万年前后 | 地层和文化对比 | 桑干河的二级阶地 | 楔形石核占主导的细石器工业、凹缺刮器比例高 | 参看注释[24]、[25] |
| 大底园 | 阳原县 | 晚期晚段 | 晚更新世之末 | 地层和文化对比 | 水流搬运的次生堆积 | 楔形石核占主导的细石器工业、发现晚期智人头盖骨残片 | 参看注释[8] |
| 于家沟 | 阳原县 | 晚期晚段、旧新过渡 | 距今1.5万~0.5万年 | AMS $^{14}$C | 桑干河支流的二级阶地 | 楔形石核系统的细石器、万年前后的陶片、精美装饰品 | 参看注释[22] |
| 马鞍山 | 阳原县 | 晚期晚段、旧新过渡 | 用火遗迹距今(13080±120)年，新测年代为距今17.1~13.8ka cal | AMS $^{14}$C | 桑干河的二级阶地 | 细石器工业，两面器传统的楔形细石核 | 参看注释[23]、[30] |

铀系法测年），但是近年来的光释光（OSL）测年证实，西白马营遗址年代应为距今5万~2万年，石片石器文化层处在 MIS 3 阶段一个相对温暖的时期[12]。

油房遗址位于盆地东部的大田洼台地的西沟两侧，目前发现有多个文化层。1986年首次试掘，发现了数量较多的细石叶工业制品和石叶工业产品，楔形石核加工技术较为原始，非虎头梁类型两面器毛坯的楔形石核。2013~2016年对油房遗址进行了重新发掘，剖面地层堆积巨厚，年代距今5.6万~2.7万年[13]。主探方下部埋藏于古"西沟"河第Ⅲ级阶地内，为 MIS 3 阶段的堆积，石片石器工业为主，其上的层位发现较少的文化遗物，可能是文化过渡期，再往上为旧石器时代晚期 MIS 2 阶段，在黄土状堆积物中发现大量石叶、细石叶工业遗存，其中石叶石核以棱柱状为主。细石叶的层位年代早至距今2.9万年，为盆地内目前最早的细石叶年代数据。今后的石制品整理研究和新的年代数据发布，有望将这一年代推至更早的时段。油房遗址新发掘的主探方剖面十分重要，年代跨越了旧石器时代中晚期和 MIS 3 阶段，为探讨末次冰期环境变化、旧石器时代中晚期过渡提供了证据。

二道梁遗址，位于盆地东部大田洼乡岑家湾村西南的洞沟陡坎上，2002年调查发现并发掘，文化层属洞沟三级阶地的上部堆积。此遗址为一处旧石器时代晚期细石器遗址，细石核均为船形石核，无楔形石核。遗址 $^{14}$C 年代为距今（18085±235）年。

于家沟遗址，属于虎头梁遗址群，位于盆地中部的虎头梁村西南的于家沟内。$^{14}$C 年代测定于家沟遗址文化堆积从距今约15000多年开始，发展到距今5000年左右。但在距今14000年左右到10000年前后，出现了一个较明显测年数据的间断。结合古环境研究成果来看，此间段正是晚更新世之末的新仙女木冷期发生的前后。可能正是受到新仙女木冷期的影响，于家沟遗址的居住活动间断了一个时期。结合间断前后的文化面貌来看，其确实也发生较明显的变化。这个发展过程的新数据资料，对于探讨华北北部旧新石器时代过渡，以及农业起源等课题研究都非常重要。

需要注意的是，由于过去测年方法尚不完善，有些遗址的年代数据未必可靠，应综合考虑地层、文化遗物情况，或使用新方法重新测年，才可得到更为准确的结论。

## 三、MIS 3 阶段以来的环境变化对旧石器文化发展的影响

在5万~1万年前，欧亚大陆的人群结构发生了几次重要变化：现代人在这一时期成功地扩散至整个欧亚大陆，而此前生活在欧洲和亚洲一些地区的古人类（指尼安德特人和丹尼索瓦人）在约4万年前开始走向灭绝。这一时期的地球气候发生了几次冷暖更替，这很可能是导致整个欧亚大陆，尤其是北部地区的古代人群进行扩散和交流活动的重要原因[14]。第四纪晚期气候学方面的研究发现，地球在约6万年前进入了一个相对温暖的时期。约4.5万年前气候变得更加温暖，以东亚为例，夏季季风更加强烈，甚至能将雨水带入遥远的内陆，这种气候对早期现代人的扩散极为有利。MIS 3 阶段，解剖学意义上的现代人与石片石器遗存一起首先在华北北部出现。这种情况也与本地区更早阶段已经带

有现代人体质特征的古老人群所拥有的石片石器技术有明显的联系，应该是华北地区更新世人类在此区域内连续发展的表现。

泥河湾盆地 MIS 3 阶段以来的石片石器逐渐衰落，应与 LGM 的到来有关，简单的石核－石片已经不足以应对高流动性的狩猎－采集生活方式。来自北方的人群或文化的迁入及交流，则与 LGM 的发展过程相关。LGM 时期自然环境极度恶化，许多地区的现代人遭受灭顶之灾，也使得某些地区的人群结构发生了颠覆性改变，导致这些地区后期迁入的人群与此前在此生存的人群之间不存在基因联系。气候巨变使现代人面临了极大的生存挑战，也对其扩散造成了重大影响。末次冰盛期之后，地球进入快速升温期；约 1.3 万～1.17 万年前的新仙女木时期，有一次短暂而迅速降温的气候突变，也使现代人的生存和扩散变得十分艰难。之后到 MIS 2 阶段，气候干冷，高纬度地区的动植物分布带南移，迫使华北地区石片石器工业人群南下[15]。而从遥远的北方和西北地区迁徙至此的人群，携带石叶或细石叶技术，与当地原有的旧石器技术交流融合，改变了盆地内的旧石器文化面貌，以适应冷期环境的改变，同时创造了华北地区旧石器晚期文化发展的高峰。

## 注　释

[1] 夏正楷：《环境考古学：理论与实践》，北京：北京大学出版社，2012 年，第 230～237 页。
[2] 赵井东、施雅风、王杰：《中国第四纪冰川演化序列与 MIS 对比研究的新进展》，《地理学报》2011 年第 7 期，第 867～884 页。
[3] 仇建东、刘健、白伟明：《深海氧同位素第 3 阶段古气候－海平面变化研究进展》，《海洋地质前沿》2012 年第 11 期，第 12～16 页。
[4] 施雅风、于革：《40～30ka BP 中国暖湿气候和海侵的特征及成因探讨》，《第四纪研究》2003 年第 1 期，第 1～11 页。
[5] 同注[2]。
[6] 同注[2]。
[7] 王幼平：《华北旧石器晚期环境变化与人类迁徙扩散》，《人类学学报》2018 年第 3 期，第 341～351 页。
[8] 谢飞、李珺、刘连强：《泥河湾旧石器文化》，石家庄：花山文艺出版社，2006 年，第 1～3 页。
[9] 杨小强、李华梅、李海涛：《华北泥河湾盆地黄土沉积及其古地理意义》，《古地理学报》2003 年第 2 期，第 209～216 页。
[10] 同注[8]，第 105 页。
[11] 吴文祥、刘东生：《泥河湾与黄土高原地层对比及其旧石器文化序列》，《地球科学进展》2002 年第 1 期，第 33～38 页。
[12] 周振宇、王法岗、李罡等：《华北阳原西白马营旧石器时代遗址 2015 年试掘简报》，《考古》2019 年第 10 期，第 3～14 页。
[13] 李泽涛、李冰、李月丛等：《泥河湾盆地油房剖面旧石器时代中期到晚期文化过渡的环境背景》，《第四纪研究》2017 年第 3 期，第 463～473 页。
[14] Yang Melinda Anna、付巧妹等：《现代人史前遗传历史的古基因组研究》，《人类学学报》2019 年第 38 卷，第 1～16 页。
[15] 王幼平：《华北晚更新世的石片石器》，《人类学学报》2019 年第 4 期，第 525～535 页。

# Paleolithic Site Dating Sequence and Environmental Background Study of the Nihewan Basin Since MIS 3 Stage

Ma Ning

(2018 PhD Student, the School of Archaeology and Museology, Peking University)

**Abstract:** MIS 3 was a relatively warm and wet period in the last glacial period, while the subsequent MIS 2 had a relatively dry and cold climate. MIS 3 and 2 are corresponding to the middle and late paleolithic period. The change of climate and environment has certain influence on the development of paleolithic culture in many aspects. Paleolithic sites since the MIS 3 in the Nihewan Basin include middle and late paleolithic transitional sites, late paleolithic transitional sites and Paleolithic-to-Neolithic transitional sites. This paper summarizes the ages of these sites and attempts to explore the impact of environmental changes on the development of paleolithic culture since the MIS 3 stage.

**Key Words:** the Nihewan Basin, MIS 3, Late Paleolithic, Environmental Background, Age Series

---

**教师评语：** 河北泥河湾盆地拥有中国北方旧石器时代最具代表性的遗址群。晚更新世以来，泥河湾盆地的旧石器文化表现出石片石器工业、石叶工业、细石器等不同的石器技术特点，直至旧新石器时代过渡阶段早期陶器的出现。石器技术的发展变化与中国北方地区现代人类起源与演化关系非常密切，同时也受到了气候环境变化的影响。

文章对泥河湾盆地发现的 MIS 3 阶段以来旧石器时代遗址的文化面貌、年代及地貌特点进行了梳理，并对环境变化与旧石器文化发展演变关系进行了探讨，有助于我们对华北地区距今 5 万年以来古人类的演化和交融历史有更深入的了解。

（北京大学考古文博学院教授　何嘉宁）

# 共存遗物视角下的东北亚系多纽几何纹铜镜研究

杜 超

(西北大学文化遗产学院 2017 硕士研究生、苏州博物馆助理馆员)

**摘要**：起源于我国辽宁地区并传播至朝鲜半岛和日本列岛的东北亚系青铜文化，以东北亚系青铜短剑与多纽几何纹铜镜为代表器物。此二类器物在我国东北、朝鲜半岛及日本九州地区被广泛发现，特别是关于多纽几何纹铜镜的发现和研究，为我们探究东北亚地区青铜文化的起源、传播及意识特征提供了重要的考古学支撑。本文通过对多纽几何纹铜镜及其共存器物进行初步梳理，以期探究与多纽几何纹铜镜共存的器物组合的变化，以全新的角度分析东北亚系青铜文化的构成部分及其人类集团的特征。

**关键词**：多纽几何纹铜镜；东北亚系青铜文化；琵琶形铜剑；细形铜剑

## 一、多纽几何纹铜镜的研究背景

多纽几何纹铜镜，意指镜背偏置两个及以上镜纽并装饰各类几何纹饰的一类铜镜。该类铜镜主要发现于我国辽宁地区、吉长地区，以及朝鲜半岛和日本九州地区，并与琵琶形铜剑和细形铜剑共存，是东北亚系青铜文化的重要代表器物之一，对于探究东北亚系青铜文化如何自我国东北地区由朝鲜半岛向日本九州地区的传播具有极大意义。目前已有多位学者，如林沄、王建新、宫本一夫等，对琵琶形铜剑和细形铜剑进行过深入的研究。而由于对琵琶形铜剑的命名还有所争议，因此本文中笔者将琵琶形铜剑称为东北亚系青铜短剑，细形铜剑仍为细形铜剑。

目前为止有共存器物信息的多纽几何纹铜镜实物的出土情况如下：我国辽宁及吉长地区共出土 15 枚、朝鲜半岛 62 枚、俄罗斯滨海地区 2 枚、日本 11 枚，共计 90 枚。与主要共存器物东北亚系青铜短剑及细形铜剑对比来看，数量明显较少，且集中于朝鲜半岛西南部。

多纽几何纹铜镜大体可分为多纽粗纹镜和多纽细纹镜两大类。日本学者曾对其进行过诸多讨论，甲元真之、宇野隆夫等学者提出利用分割的单位纹样来进行分型定式；佐田严弥与小林青树则从青铜器祭祀的角度对日本出土的多纽镜进行了用途分析；宫里修则延续了单位纹样的分类方法，提出多纽镜纹样与朝鲜半岛出土的异形青铜器之间的联系。同时，西北大学王建新教授认为[1]，从多纽镜的多纽特征来看，其应当是作为悬挂于人类衣物上的祭祀神器来使用的，因此，对多纽镜进行研究对于探寻东北亚系青铜文化的意识源流也有着不可替代的作用。

笔者认为，目前需要整理历年来日韩两国对于多纽镜的研究成果，以共存器物为线索，总结多纽镜各个阶段的变化，以期推断出多纽镜的用途及身份象征情况，并分析使用多纽镜的人类集团的相关特征。

## 二、多纽几何纹铜镜的类型学探究

根据多纽几何纹铜镜的纹饰演变，本文将多纽几何纹铜镜划分为四个类型，三个发展时期，五个发展阶段（图一）。

第一期为多纽几何纹铜镜的出现期，存在 A 型"之"字形雷纹多纽几何纹铜镜及 D 型回形纹多纽几何纹铜镜两个类型。AⅠ式多纽镜广泛发现于我国辽宁西部及中部，镜后主纹为折线状的"之"字形雷纹，以细直线纹作为底纹，典型器物为沈阳郑家洼子6512号墓[2]出土的多纽镜。AⅡ式多纽镜零星发现于朝鲜半岛平壤周边地区，多为采集品。镜后的"之"字形雷纹弱化，细线纹更为突出，代表器物为朝鲜平壤新成洞支石墓[3]出土的多纽镜。D 型多纽镜仅发现于辽宁朝阳十二台营子1号墓及2号墓中，镜缘饰几何形构成的回形纹。

第二期为多纽粗纹镜向细纹镜的过渡期，分为两个发展阶段。2 段主要存在 AⅢ式、AⅣ式、CⅠ式、CⅡ式多纽镜。3 段则进入多纽细纹镜阶段，存在 BⅠ式多纽细纹镜。

进入这一时期后，多纽镜的纹饰已经全部由细直线纹构成，如 AⅢ式出土于韩国扶余郡九凤里石棺墓[4]的多纽镜，背部以细直线构成相交的三角形纹饰。而 AⅣ式多纽镜发展出了镜背分区的形式，如韩国大田市槐亭洞[5]出土的 AⅣ式多纽镜，纹饰分为内外两区，以圈状弦纹分隔，主纹仍是以细直线纹构成的交错三角形纹饰。

C 型多纽镜主要发现于我国的吉长地区，对应阶段为 2 段和 3 段，以叶脉纹为主要纹饰。CⅠ式多纽镜以吉林省集安市五道岭沟门积石墓[6]出土的多纽镜为代表，以偏置双纽为中心布置放射状叶脉纹，并出现纽座。其发展型式为俄罗斯滨海地区石棺墓[7]出土的多纽镜，纹饰进一步细化，呈放射状，出现分区，纽座仍然保留。

进入 3 段之后，多纽粗纹镜完成了向多纽细纹镜的过渡，目前发现最为完好的粗纹镜与细纹镜共存的例子为韩国扶余郡九凤里石棺墓[8]，出土的 BⅠ式细纹镜的纹饰更为细腻，细直线间隔更小，以细直线纹构成交错三角形、镜背分区、偏置桥形双纽的特征得以保留。

第三期为多纽几何纹铜镜的异化期，分为两个发展阶段。这一时期多纽细纹镜在朝鲜半岛进一步发展，其纹饰依然以细直线纹组合而成，但构成的几何形状更加多元化，出现方形、菱形等图形，各图形之间的排列也呈规律化、复杂化的趋势。BⅡ式多纽细纹

| 期段 | 类型 | A 型<br>多纽粗纹镜 | B 型<br>多纽细纹镜 | C 型<br>叶脉纹多纽镜 | D 型<br>回形纹多纽镜 | 主要出土地点 |
|---|---|---|---|---|---|---|
| 第一期 | 1段 |  AⅠ式<br>（中国辽宁沈阳郑家洼子6512号墓）<br><br>AⅡ式<br>（朝鲜平壤新成洞支石墓） | | |  D型<br>（中国辽宁朝阳十二台营子1号墓） | 辽宁西部、朝鲜半岛北部区域 |
| 第二期 | 2段 |  AⅢ式<br>（韩国扶余郡九凤里石棺墓）<br><br>AⅣ式<br>（韩国大田市槐亭洞石棺墓） | |  CⅠ式<br>（中国吉林集安五道岭沟门积石墓）<br><br>CⅡ式<br>（俄罗斯滨海地区石棺墓） | | 吉林东部、朝鲜半岛西南部、俄罗斯滨海地区 |
| | 3段 | | 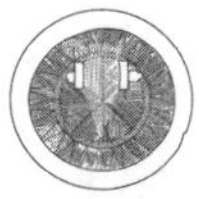 BⅠ式<br>（韩国扶余郡九凤里石棺墓） | | | |
| 第三期 | 4段 | |  BⅡ式<br>（韩国咸平郡草浦里石棺墓） | | | 朝鲜半岛西南部、日本北九州地区周边 |
| | 5段 | | 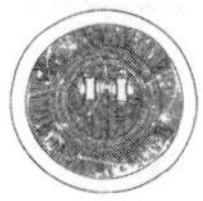 BⅢ式<br>（韩国和顺郡大谷里石棺墓）<br><br>BⅣ式<br>（日本吉武高木3号木棺墓） | | | |

图一　多纽几何纹铜镜型式演变图

镜以韩国咸平郡草浦里石棺墓[9]出土铜镜为代表，镜背分为两区，以一圈弦纹隔离，外区靠近镜缘处以细直线构成三角形，组成交错放射状图案，内区以细直线构成三角形后，用两个三角形构成长方形进行规律排布，显示出铸造工艺的进步。这一时期的晚一阶段出现了BⅢ式及BⅣ式多纽镜，二者共存率较高，显示出时间上的重合。BⅢ式多纽镜的纹饰分区进一步增加，中心内区的纹饰呈现明显的立体球状感，如韩国和顺郡大谷里石棺墓[10]出土铜镜，纹饰分为三区，外区与中区之间以多圈弦纹分隔，外区为细直线构成的三角交错纹饰，中区以细直线三角形构成似平行四边形图案进行规律排布；中区与内区之间以两圈细直线纹长方形分隔，内区以细直线三角形构成方形后顺序排布。BⅣ式多纽镜则新增加了细线纹构成的四或八个圆形图案，规律排布于外区纹饰之上，此类纹饰应是参考了朝鲜半岛异形青铜器——八头铃。

## 三、多纽几何纹铜镜的主要共存遗物

（一）第一期：多纽几何纹铜镜的出现阶段（公元前800～前400年）

这一时期的多纽几何纹铜镜主要是存在于我国辽宁西部及中部地区的AⅠ式"之"字形雷纹多纽几何纹镜，与东北亚系青铜短剑及其他各类青铜器共存，具有代表性的墓葬为辽宁朝阳十二台营子青铜短剑墓及沈阳郑家洼子6512号墓。

辽宁朝阳十二台营子发掘的3座青铜短剑墓[11]，发掘者认为其年代为春秋早期，即公元前800年前后。其中1号墓（图二）位于3座墓的最东侧，为一座长方形墓葬。墓主人头西足东，仰身直肢，葬具为土坑垫卵石底，发现木椁痕迹。随葬品多为青铜器具，最具有代表性的为2柄东北亚系青铜短剑。同时，2面多纽几何纹铜镜与此2柄铜剑一同出于此墓，一面面向外，置于男性头骨顶部；另一面向外斜立，置于墓主人脚底部。2件铜镜的造型、花纹和尺寸都完全相同。镜面微鼓，外缘有凸起的简单粗糙的花纹两周，内周为回纹，外周为变格回纹加斜线。背面稍凹，近缘处有三纽。其他遗物方面，以"Y"形青铜器、人面及兽面铜牌及铜斧最具特点，其中"Y"形青铜器有学者认为可归于马具范畴[12]。另，1号墓也出土各类鱼钩等铜工具及少量细石器（图三）。

2号墓未经发掘者正式发掘，由当时的水渠工人进行发掘工作后转述给发掘者。其墓葬形制与朝向与1号墓基本一致。同样出土2面外饰回纹的多纽粗纹镜，但镜体稍薄，具有四枚镜纽，偏置于一侧，作方形排列，穿孔处有较为明显的绳朽痕迹。其余遗物有"Y"形铜器、铜斧、铜镞、"十"字形铜器、带纽泡形饰等（图四）。

而3号墓已经遭到严重破坏，其中出土1面多纽几何纹铜镜，背后作"之"字形雷纹，以短线纹为底，一边设置三个大纽。

十二台营子3座墓葬中共出土两种类型的多纽粗纹镜，一类出土于1、2号墓中，在外

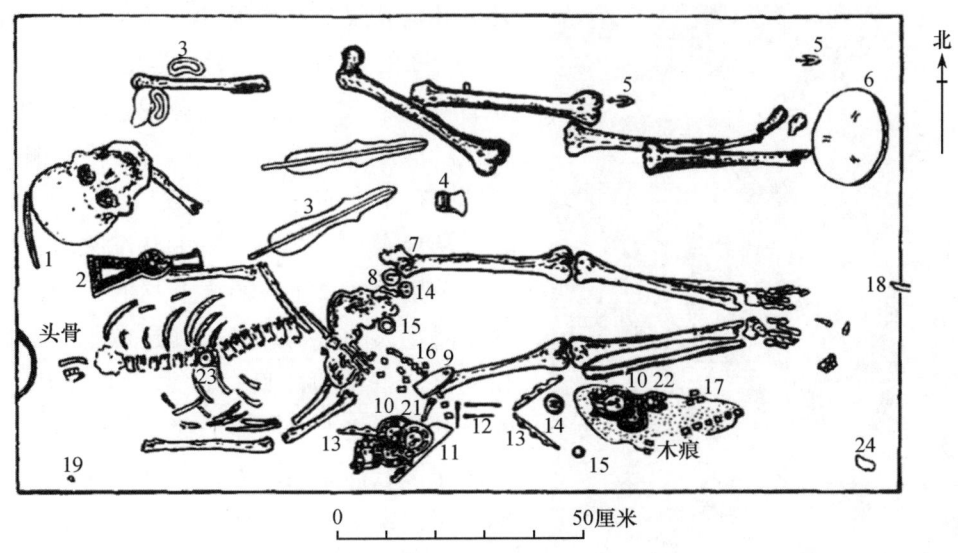

**图二 辽宁朝阳十二台营子 1 号墓平面图**

1、6.多纽铜镜 2."Y"形铜具 3.青铜短剑 4.铜斧 5.铜镞 7.铜鱼钩 8.石鱼坠 9.有孔砺石 10.人面铜牌 11、18.铜刀 12.铜锥形器 13.镳形铜具 14.铜带具 15.铜节约 16、17.管状铜饰 19.红色石刃 20.灰白色玛瑙石核 21.铜凿 22.兽面铜牌 23.陶纺轮 24.陶片

(采自朱贵:《辽宁朝阳十二台营子青铜短剑墓》,《考古学报》1960年第1期)

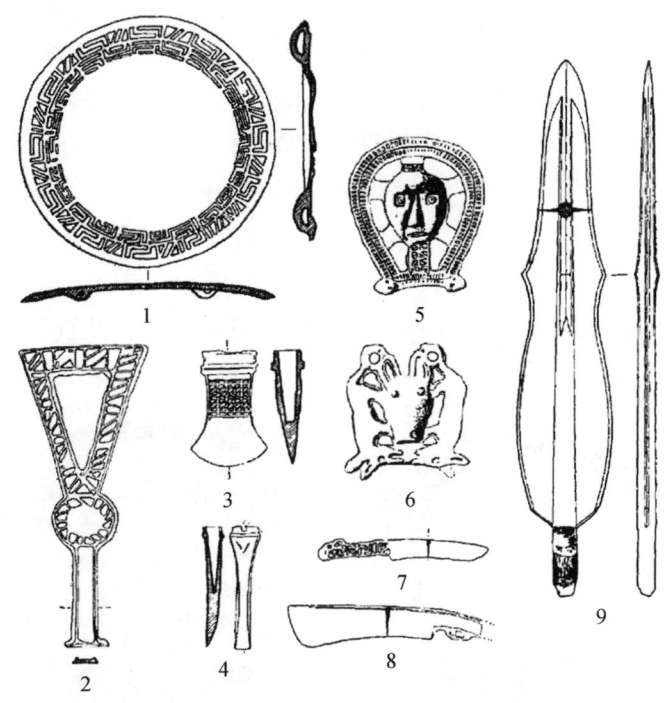

**图三 辽宁朝阳十二台营子 1 号墓部分遗物**

1.多纽几何纹铜镜 2."Y"形铜器 3、4.扇形铜斧 5.人形牌饰 6.兽形牌饰 7、8.铜刀 9.东北亚系青铜短剑

(采自朱贵:《辽宁朝阳十二台营子青铜短剑墓》,《考古学报》1960年第1期)

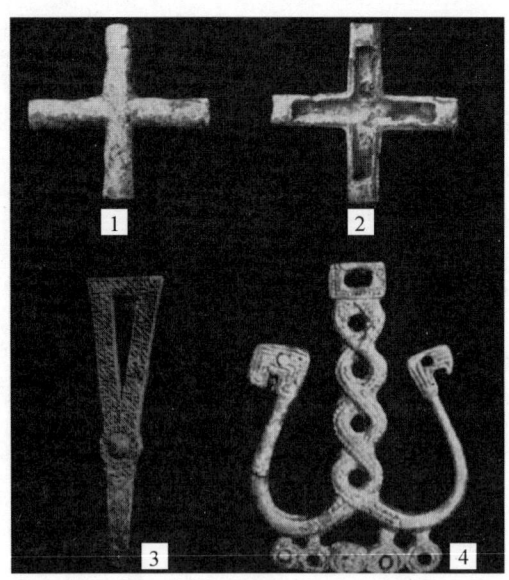

图四　辽宁朝阳十二台营子2号墓部分遗物
1、2."十"字形铜器　3."Y"形铜器　4.双虺纠结铜具
（采自朱贵：《辽宁朝阳十二台营子青铜短剑墓》，
《考古学报》1960年第1期）

环饰几何状纹饰，镜背三纽或四纽呈三角形或方形排布的D型铜镜；另一类出土于3号墓中，镜背饰"之"字形雷纹，并偏置三纽的AⅠ式铜镜。从目前的考古发现来看，AⅠ式铜镜应是继续向东流传演变的类型（图五）。

从保存较好的1号墓的状况来看，2枚多纽镜分别置于墓主人的头上及足下，显示出其对于墓主人的重要意义，以此来推断墓主人身份应是族群中的神职人员。2号墓中出土的多纽镜的镜纽之上有明显的穿绳腐朽痕迹，验证了多纽镜悬挂使用的方式，而在墓葬中仍然穿绳使用，说明应是悬挂于墓主人身体某个部位与其一同下葬的。

另一处典型墓葬为沈阳郑家洼子6512号墓[13]，葬具为一具木椁，棺底铺席，棺西置1件剑椟，内放东北亚系青铜短剑2柄，AⅠ式多纽镜1面，铜簪、骨簪各1对；棺北置弓囊箭束，棺东置陶长颈壶3个，棺南放置7枚铜圆形饰，4件喇叭形铜饰，1件铜节约等。棺内有人骨一具，系老年男性，头西足东，仰身直肢。腿骨南侧放置盾牌形饰及刀囊饰牌，头上及脚下各立1面大型铜镜形饰，身上等距离放置4面略小的铜镜形饰，从镜形饰上锈结的麻布痕推测，当时曾用衣物或麻布包裹。头部及胸前发现石串珠，右腰处发现青铜短剑。多纽镜饰"之"字形雷纹，与十二台营子3号墓中的标本类似，形制类似的"之"字形雷纹铜镜也在本溪梁家村[14]出土，镜面平直，镜背面有较宽的"之"字形雷纹，双纽靠一侧排列，镜缘和"之"字形雷纹上填满了细直线（图六~图一〇）。

关于一同发掘的郑家洼子659号墓，因被灰坑打破，保存状况较差。墓主人为老年

图五　辽宁朝阳出土回形纹多纽铜镜与"之"字形雷纹多纽铜镜
（采自朱贵：《辽宁朝阳十二台营子青铜短剑墓》，《考古学报》1960年第1期）

图六　辽宁沈阳郑家洼子 6512 号墓出土铜镜与本溪梁家村出土铜镜
1. 辽宁沈阳郑家洼子 6512 号墓出土多纽镜　2. 辽宁本溪梁家村出土多纽镜
（采自沈阳故宫博物馆、沈阳市文物管理办公室：《沈阳郑家洼子的两座青铜时代墓葬》，《考古学报》1975 年第 1 期；魏海波：《辽宁本溪发现青铜短剑墓》，《考古》1987 年第 2 期）

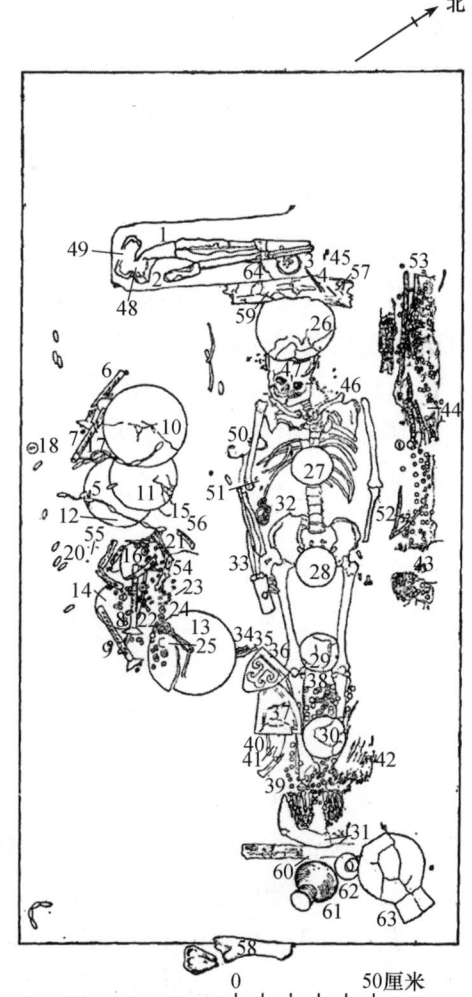

图七　辽宁沈阳郑家洼子 6512 号墓平面图
1、2、33. 东北亚系青铜短剑　3. 铜双纽镜　4. 铜簪　5、19. 铜绞具
6~9. 铜喇叭形器　10~16. 铜圆形饰　17. 铜圆环
18、25. 铜马头泡饰　20. 铜管　21、22. 铜镳衔 12 件
23. 铜珠 145 枚　24. 铜节约　26~31. 铜镜形饰　32. 铜七连环
34. 铜斧　35. 铜凿　36. 铜斧囊（盾形饰牌）　37. 铜刀囊饰牌
38. 铜靴上大泡 124 枚　39. 铜靴上小泡 56 枚　40. 铜锥
41. 铜刀　42. Ⅰ式铜镞 98 枚　43. Ⅱ式铜镞 71 枚
44. 弓囊上铜泡饰 130 枚　45. 铜销　46. 大石串珠 33 枚和石佩饰 1 枚
47. 小石串珠 46 枚　48~50. 剑把上石饰　51. 石佩珠
52、53. 弓囊和弓弭　54~56. 骨镞 8 枚　57. 骨簪　58. 牛骨
59、60. 板灰　61~63. 陶壶　64. 骨针
（采自沈阳故宫博物馆、沈阳市文物管理办公室：《沈阳郑家洼子的两座青铜时代墓葬》，《考古学报》1975 年第 1 期）

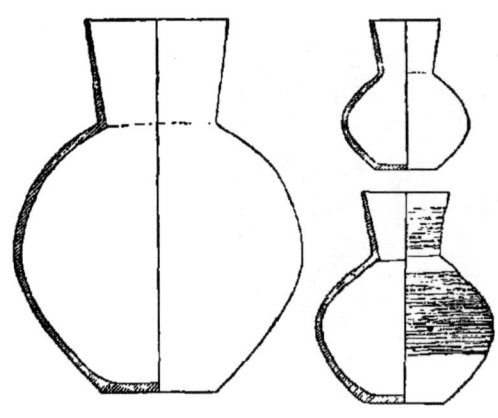

图八 辽宁沈阳郑家洼子6512号墓出土陶长颈壶

（采自沈阳故宫博物馆、沈阳市文物管理办公室：《沈阳郑家洼子的两座青铜时代墓葬》，《考古学报》1975年第1期）

男性，头西足东。南侧坑边生土台上发现牛腿骨，应是殉葬所用。人骨右脚侧出土陶长颈壶一件，形制与6512号墓类似，腰部出土骨剑、骨环。

郑家洼子的2座墓葬以6512号墓最具代表性，也是东北亚系青铜文化的代表墓葬之一。发掘者认为其年代为公元前600年左右，稍晚于朝阳十二台营子墓。其出土的"之"字形雷纹多纽镜同样位于墓主人的头上，而改用各类圆形铜饰及铜镜形饰装饰身体各个部分，因此有学者指出，此类镜形饰应当是按照墓主人生前衣物的位置来排列的，其足部的各类泡形饰也印证了墓主人应当是着正装下葬的[15]。并且，铜牌形饰、铜斧等青铜器与十二台营子墓中的随葬器物相似。从墓葬形制及随葬的大量青铜器来看，郑家洼子6512号墓应是在我国辽宁地区发现的较高等级的东北亚系青铜文化墓葬。

因此，多纽几何纹铜镜出现时期的主要共存器物有东北亚系青铜短剑、黑陶器、扇形铜斧、铜牌形饰、铜镜形饰及其他形态各异的青铜器；出土墓葬多为石棺墓，也有部分木棺墓及支石墓。

而从此时期不见多纽镜的墓葬来看，如大连新金双房石盖石棺墓[16]，其出土器物与存在多纽镜的墓葬有着显著区别。除东北亚系青铜短剑这一共同因素外，双房石盖石棺墓主要出土双房式陶壶、大口罐以及斧范等器物，青铜器极少，显示出青铜文化还不发达的面貌。其石盖石棺墓的墓葬结构也与辽西地区石、木并用的棺椁结构有着显著差异。

（二）第二期：多纽粗纹镜向细纹镜过渡时期（公元前400～前200年）

根据已有的研究成果及考古发现，多纽粗纹镜向多纽细纹镜的转变过程是在朝鲜半岛完成的[17]，典型的过渡时期墓葬为韩国大田市槐亭洞石棺墓、韩国扶余郡九凤里石棺墓及韩国礼山郡东西里石棺墓。这一时期多纽几何纹铜镜的纹饰已经全部转变为由细直线构成的星状放射纹饰，并呈现出分区不断明显、细直线构成的几何形状纹饰更加丰富的趋势。

随着燕国势力的东进，东北亚系青铜文化不断向东迁移，其中一部分进入吉长地区产生了叶脉纹多纽镜[18]，而大部分进入朝鲜半岛。

多纽粗纹镜晚期形式应是韩国大田市槐亭洞石棺墓[19]中出土的类型。其中1号粗纹镜残损，但可见较为明显的细线构成的星状纹；2号枚粗纹镜的纹饰已接近细纹镜，出现了两个分区，以圈状弦纹间隔，外区饰细直线构成的星状纹，内区以细直线构成底纹，

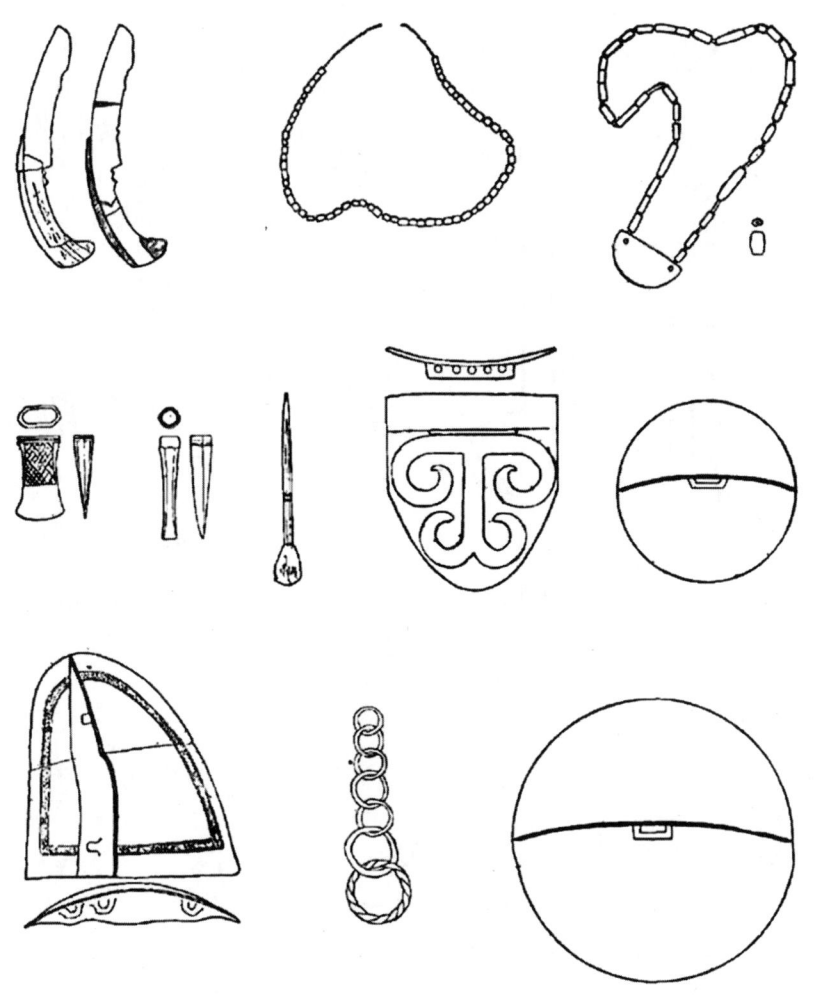

图九 辽宁沈阳郑家洼子 6512 号墓出土盾形饰及镜形饰
（采自沈阳故宫博物馆、沈阳市文物管理办公室：《沈阳郑家洼子的两座青铜时代墓葬》，《考古学报》1975 年第 1 期）

其纹饰形态与细腻程度已接近细纹镜的范畴。同时，槐亭洞石棺墓中还出土了细形铜剑、黑陶长颈壶、盾牌形铜器等器物，形制与郑家洼子 6512 号墓的同类器相似；另出土 2 枚铜铎及 2 件异形青铜器，同样是东北亚系青铜文化的重要器物之一。还发现 2 枚天河玉饰品（图一一、图一二）。

韩国扶余郡九凤里石棺墓[20]同时出土一枚多纽粗纹镜及一枚多纽细纹镜。粗纹镜纹饰不分区，为细直线构成的交错三角形星状纹，从纹饰来看其时代应早于大田槐亭洞 2 号镜，与槐亭洞 1 号镜时代相当。镜纽的放置接近于镜背圆心，并产生纽座，应是受到了吉长地区叶脉纹多纽镜的影响；细纹镜的纹饰仍接近于星状纹，但更为复杂细腻，镜背分为两个区域，以多圈弦纹间隔，外区以细直线组成放射状图案，内区同样以细直线构成八个向内的三角形。双纽偏置于镜背。其他共同出土的器物还有细形铜剑、铜斧、铜戈、铜凿等器物（图一三、图一四）。

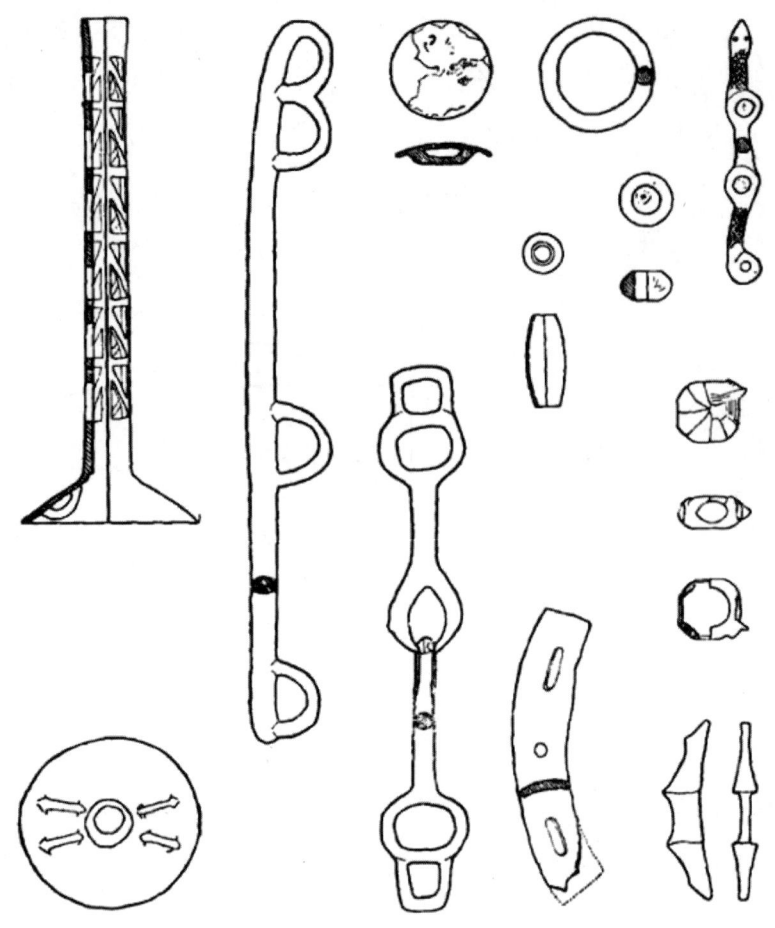

图一〇　辽宁沈阳郑家洼子6512号墓出土喇叭形铜器及铜节约等马具
（采自沈阳故宫博物馆、沈阳市文物管理办公室：《沈阳郑家洼子的两座青铜时代墓葬》，《考古学报》1975年第1期）

而韩国礼山郡东西里石棺墓[21]中，同样发现多纽镜及喇叭形铜器、黑陶长颈壶共存的现象。其1号多纽镜的纹饰仍是细直线构成的星状纹，并出现分区，因此也是多纽粗纹镜向细纹镜过渡的一类典型器物。4号多纽镜则呈现出多纽细纹镜的多样几何纹饰及分区的特征（图一五）。

从以上考古发现可以看出，使用多纽镜的人群进入朝鲜半岛后，保留了其典型的黑陶长颈壶、盾牌形器、喇叭形器、带纽铜泡及由东北亚系青铜短剑发展而来的细形铜剑，卷沿鼓腹罐也十分常见。新出现了铜矛、铜铎、半岛式的异形青铜器及天河玉饰等新的共存器物，显示出当地文化对于东北亚系青铜文化的影响。墓葬形制仍以石棺墓为主。与此同时，多纽粗纹镜的形制也在不断演化当中，"之"字形雷纹消失，细直线星状纹不断复杂化，进而出现分区，发展至多纽细纹镜后，细直线构成的几何纹饰进一步多样化、细腻化。

这一时期于朝鲜半岛东部地区仍存在着以双房式陶壶为特征的青铜文化，并在韩国

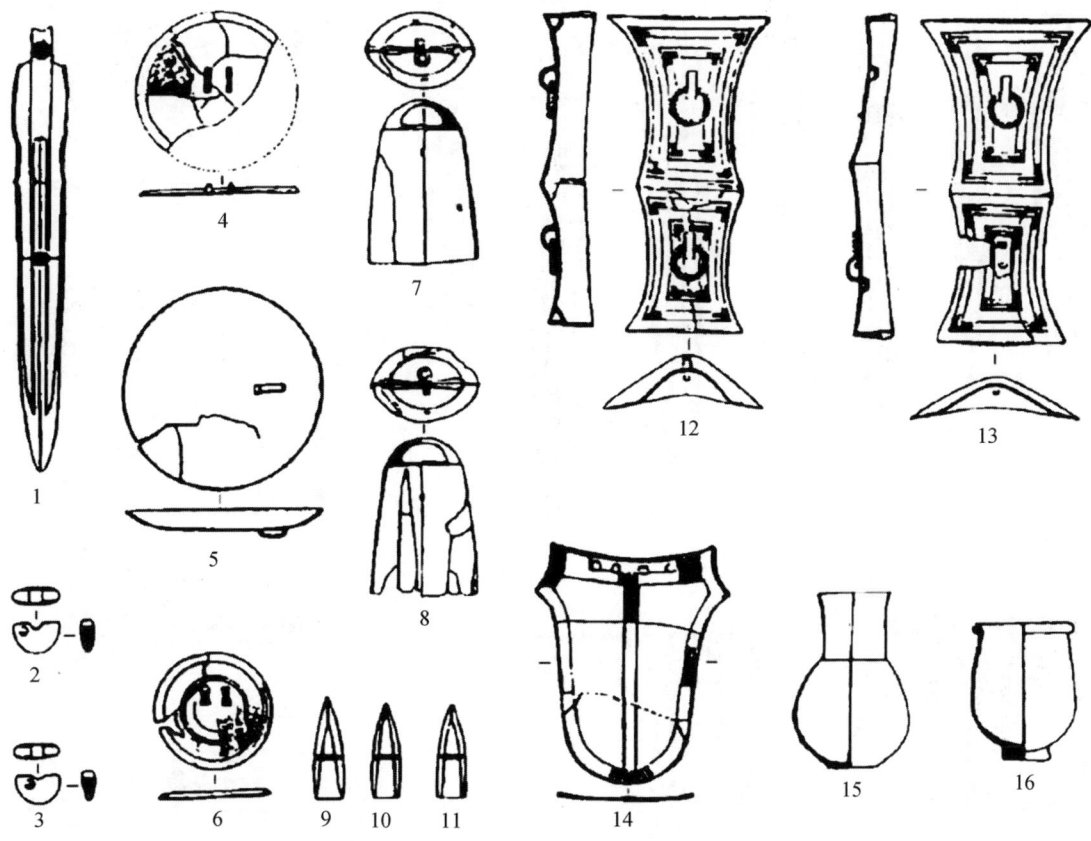

图一一　韩国大田市槐亭洞石棺墓出土遗物

1. 细形铜剑　2、3. 曲玉　4、6. 多纽镜　5. 铜盖形饰　7、8. 铜铎　9~11. 石镞　12、13. 异形铜器　14. 铜斧囊饰　15. 陶长颈壶　16. 陶深腹罐

（采自〔韩〕李殷昌：《大田槐亭洞青銅器文化의研究——石器·黑陶·青銅器·裝身具結合文化를中心으로》,《亞細亞研究》1968年第Ⅺ期）

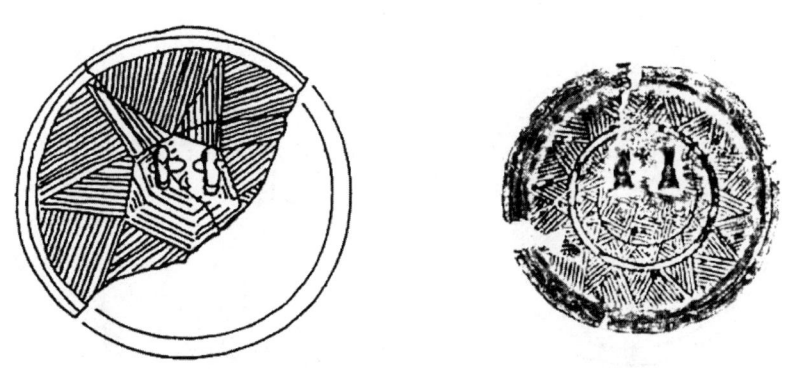

图一二　韩国大田市槐亭洞石棺墓出土1号镜与2号镜

（采自〔韩〕李殷昌：《大田槐亭洞青銅器文化의研究——石器·黑陶·青銅器·裝身具結合文化를中心으로》,《亞細亞研究》1968年第Ⅺ期）

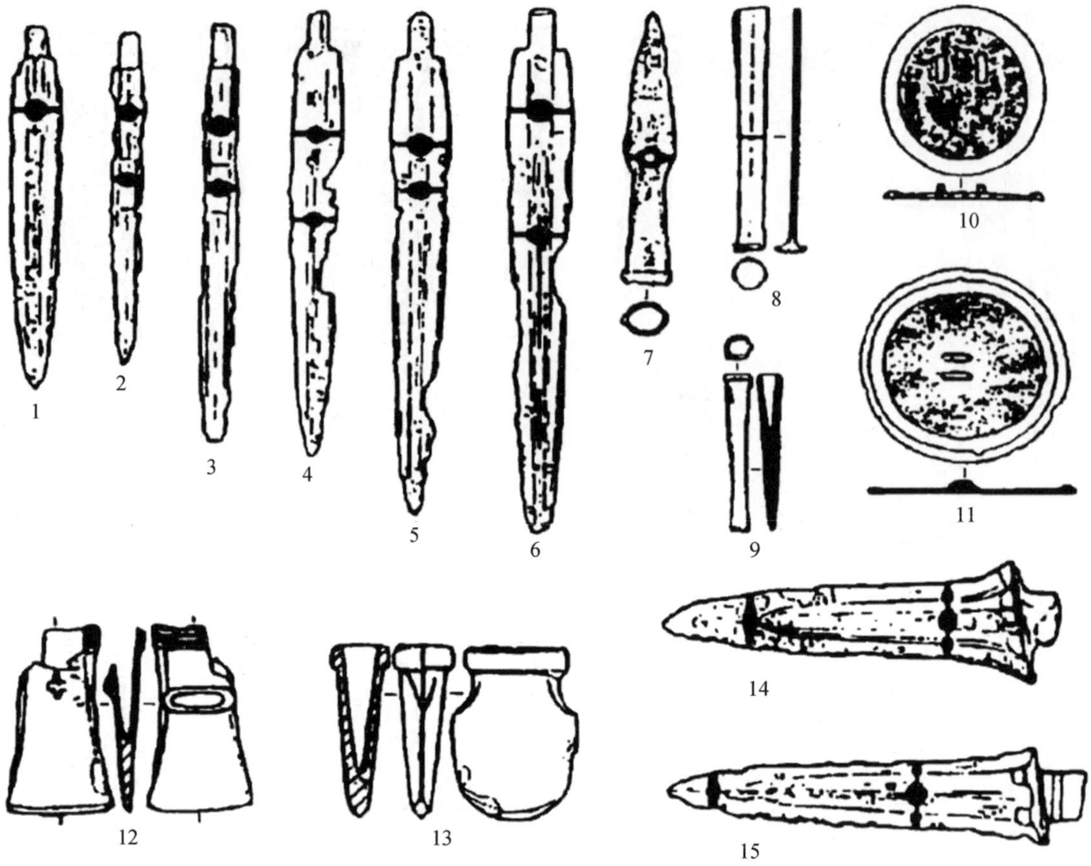

图一三 韩国扶余郡九凤里石棺墓出土遗物

1~6. 铜剑 7. 铜矛 8. 铜钯 9. 铜凿 10、11. 铜镜 12、13. 铜斧 14、15. 铜戈

（采自〔韩〕李康承：《扶餘九鳳里에서出土한青銅器및一括遺物》，《三佛金元龍教授停年退任紀年論業Ⅰ考古篇》，서울：一志社，1987年，第141~167頁）

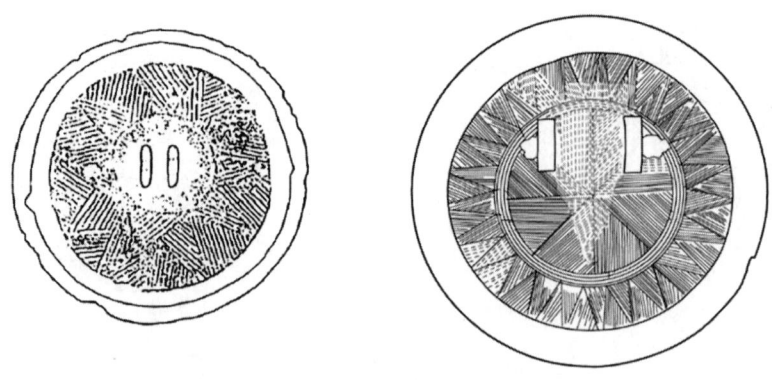

图一四 韩国扶余郡九凤里石棺墓出土多纽粗纹镜和细纹镜

（采自〔日〕宫里修：《多鈕細文鏡の型式分類と編年》，《考古学雑誌》2008年第92卷第1号）

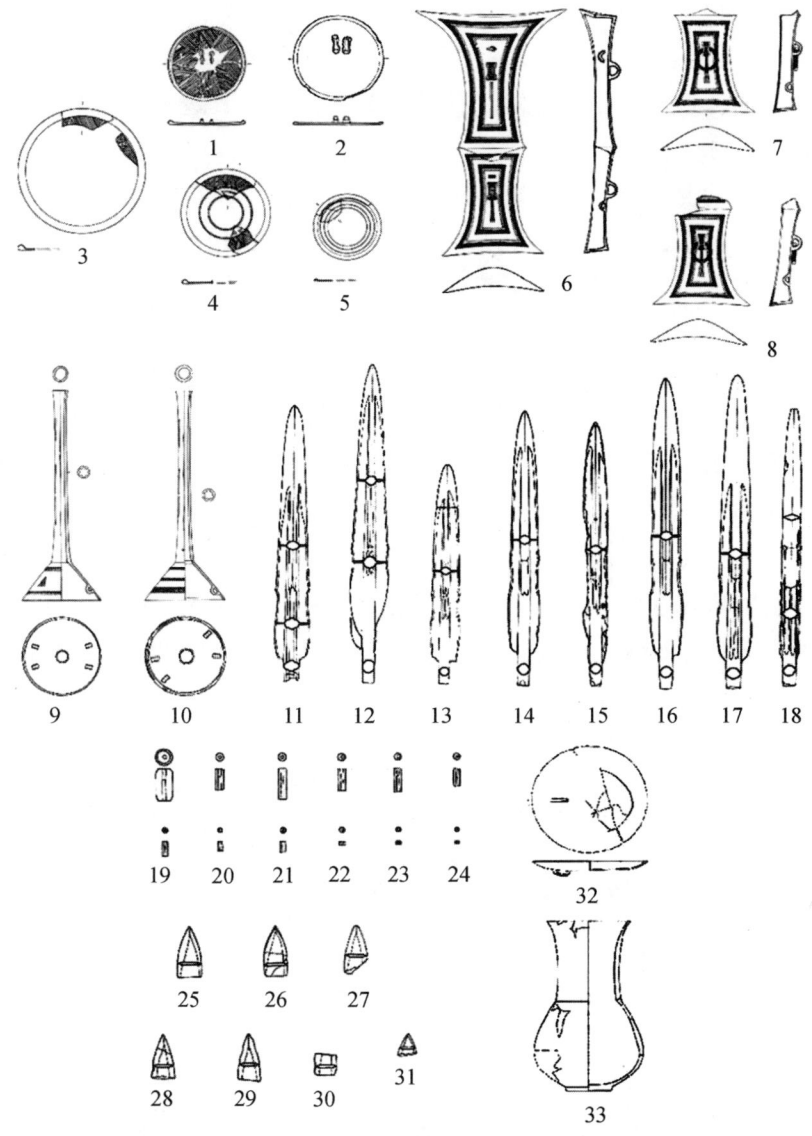

图一五　韩国礼山郡东西里出土遗物

1~5.多纽铜镜　6~8.异形青铜器　9、10.喇叭形铜器　11~18.细形铜剑　19~24.天河玉饰　25~31.石制箭镞
32.铜带纽圆盖饰　33.黑陶长颈壶

（采自〔韩〕池健吉：《禮山東西里石棺墓出土青銅一括遺物》，《百济研究》（第9辑），忠南大学校百济研究所，1978年，第151~181页）

杨平郡上紫浦里遗址[22]发现了两类青铜文化共存的现象，其整体面貌与前一时期辽东及朝鲜半岛北部的青铜文化类似。总的来看，这一时期是东北亚系两类青铜文化共存的阶段，以多纽镜为代表的青铜文化主要存在于朝鲜半岛西部特别是西南部，以双房式陶壶为代表的青铜文化则在半岛东部活动，且以多纽镜为代表的青铜文化处在不断扩张之中，甚至在俄罗斯滨海地区[23]也发现了多纽镜的遗存。

## （三）第三期：多纽细纹镜的异化阶段（公元前200～公元100年）

这一时期既是多纽几何纹铜镜发展的繁盛时期，也是其进入日本列岛后埋藏方式及共存器物发生变化的时期。

从朝鲜半岛的状况来看，这一时期多纽镜的发现大幅增加，占到总数的一半以上。纹饰上也更加细腻复杂，出现了三重分区及内区立体化的趋势。从共存器物上来看，东北亚系青铜短剑、黑陶、扇形铜斧仍然是主要共存器物，第二期新出现的半岛式异形青铜器、天河玉饰继续存在；而喇叭形铜器、带纽镜形饰等器物消失，显示出东北亚系青铜文化继续接受半岛当地文化的趋势。从墓葬形制来看，此时期出土多纽镜的墓葬中，石棺墓的数量减少，木棺墓、土坑墓以及瓮棺墓等其他类型的墓葬逐渐增加，表现出多纽镜埋藏方式的多元化。

韩国和顺郡大谷里石棺墓[24]为多纽细纹镜与朝鲜半岛异形青铜器——八头铃共存的典型墓葬。其中2枚多纽细纹镜与2件八头铃共出，其他共存遗物还有细形铜剑、铜斧、铜锤、双头铜铃等。1号镜即为典型的BⅢ式细纹镜，2号镜则在1号镜的基础上加入了八头铃状的圆形纹饰，显示出半岛式异形青铜器对多纽镜纹饰的影响（图一六、图一七）。

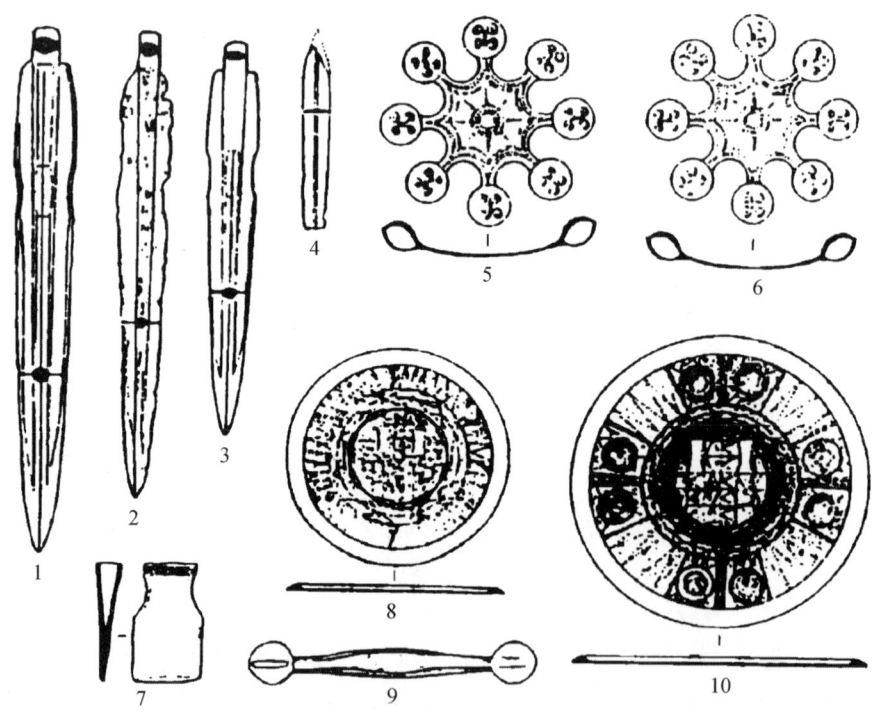

图一六　韩国和顺郡大谷里石棺墓出土遗物

1～3.细形铜剑　4.铜锤　5、6.八头铃　7.铜斧　8、10.多纽细纹镜　9.双头铜铃

（采自王建新：《东北亚系青铜剑分类研究》，《考古学报》2002年第2期；〔韩〕赵由典：《全南和顺의 青銅遺物와一括出土遺跡》，《尹武炳博士回甲記念論文集》，서울：通川文化社，1984年，第67～103页）

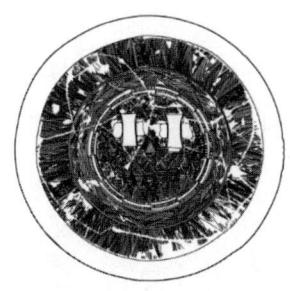 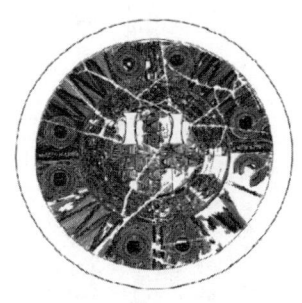

图一七　韩国和顺郡大谷里石棺墓出土 1 号镜与 2 号镜

（采自〔日〕宫里修：《多鈕細文鏡の型式分類と編年》，《考古学雑誌》2008 年第 92 卷第 1 号；转引自〔韩〕赵由典：《全南和順의 青銅遺物와一括出土遺跡》，《尹武炳博士回甲記念論文集》，서울：通川文化社，1984 年，第 67~103 頁）

此时期多纽镜大范围进入日本列岛。早在 20 世纪 40 年代，日本北九州地区的梶栗滨遗迹[25]就采集到一枚细纹镜碎片，至今，多纽细纹镜在日本列岛已发现 11 例。根据东北亚系青铜短剑的传播，多纽镜无疑是从我国辽宁地区经由朝鲜半岛传播至日本列岛的。另从共出的弥生陶器来看，多纽镜出现在日本列岛的时期应当是弥生中期到中晚期（公元前 200 ~ 公元 100 年），其后则被汉式镜所取代。日本列岛发现的多纽镜埋藏形式不仅限于墓葬中，其共存器物也发生了极大改变，传统的黑陶长颈壶、喇叭形器等异形青铜器、扇形铜斧等器物不见，而与弥生中期土器及勾玉等遗物共存，显示了日本弥生时代的当地特色。因此，多纽镜及其作用在这一时期应当产生了某种异化，成为日本古坟时代大量随葬铜镜的源头（图一八）。

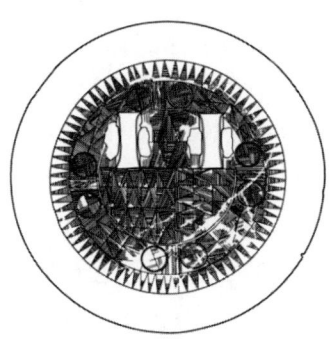 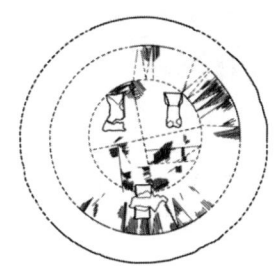

图一八　日本九州福冈吉武高木 3 号木棺墓出土铜镜与梶栗滨出土铜镜
（采自〔日〕福冈市教育委員会：《吉武高木——弥生時代埋蔵遺跡の調査概要》，
福冈：西日本新聞印刷株式会社，1986 年）

吉武高木遗迹[26]位于日本九州福冈县以西的饭冈·吉武地区，因整备需要发掘出多处弥生时代遗迹，包含瓮棺墓及木棺墓两种类型，以瓮棺墓为主。此处的多纽细纹镜出土于吉武高木 3 号木棺墓中，并发现细形铜剑、勾玉等共存器物。不同于遗迹中其他的木棺，3 号木棺墓为木板贴合而成的组合式木棺墓，并且出土物数量最多，说明其墓主身份相对较高。此枚多纽细纹镜分为内、中、外三区，均以圈状弦纹隔开。外区饰细直线构成的放射三角形纹；中区底纹为细直线构成三角形后组合成方形，再进行有序排列的纹饰，主纹为对称排布的八个圆形纹饰，形似半岛异形青铜器——八头铃；内区饰细直线构成三角形后组成的方形纹饰，呈现出立体感；带状双纽则偏置于一侧（图一九）。

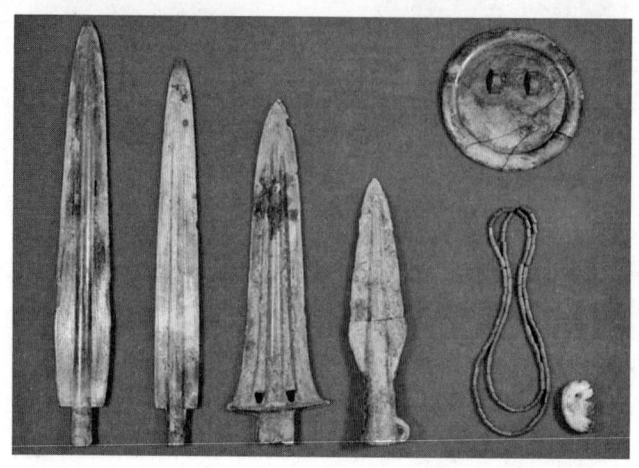

图一九　日本九州福冈吉武高木3号木棺墓出土遗物
（采自〔日〕福冈市教育委员会：《吉武高木——弥生时代埋藏遗跡の调查概要》，
福冈：西日本新闻印刷株式会社，1986年）

图二〇　日本佐贺郡唐津市宇木汲田遗迹
瓮棺出土多纽细纹镜
（采自〔日〕冈崎敬、森贞次郎：《宇木汲田遗跡》，
《末卢国》，东京：六兴出版，1982年，第299页）

而位于日本佐贺郡唐津市的宇木汲田遗迹[27]中，多纽细纹镜则出土于瓮棺墓中。此枚铜镜分为内外两区，外区为细直线构成的三角形交错纹，内区为细直线构成的三角形、方形等几何形组合而成的立体感球状纹饰。带状双纽偏置于镜背一侧。共出的细形铜剑、勾玉等器物形制与九州福冈吉武高木3号木棺墓中的同类器相似，还出土管玉、铜戈等遗物（图二〇）。

另一种埋藏形式出现在日本九州福冈县小郡市若山遗迹[28]中，2枚多纽镜镜面相对埋藏于一处专有的埋藏坑内，上覆一陶瓮。此埋藏坑位于多处竖穴住居遗迹之中，是多纽镜除墓葬埋藏之外的另一种形式。2枚铜镜的纹饰大体一致，2号镜直径略大于1号镜。1号镜外区为细直线构成的交错三角形放射纹，中区为细直线构成的呈逆时针状排列的三角形纹饰，内区以双三角形构成长方形后组成纹饰。2号镜外区纹饰与1号镜一致，内区纹饰全部为逆时针状排列的三角形纹饰，直至圆心。从埋藏形式来看，此种将多纽镜埋藏于居址附近的方法为多纽镜进入日本列岛后产生的（图二一、图二二）。

从日本列岛的状况来看，多纽镜主要出土于九州及北九州地区，关西地区也有2例采集铜镜[29]。多纽镜的共存器物主要为弥生陶器、细形铜剑及部分铁器，显示出多纽镜进入日本列岛时已出现铁器的使用。而出土多纽镜的地点与不见多纽镜的地点都主要发

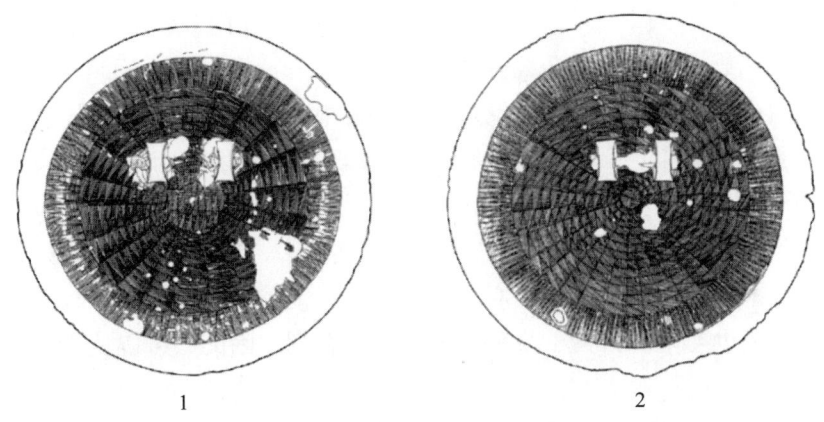

图二一　日本福冈小郡若山遗迹出土 2 面多纽细纹镜

（采自〔日〕小郡市教育委员会：《小郡若山遗跡 3》，《小郡市文化财調查报告书》1994 年第 93 期）

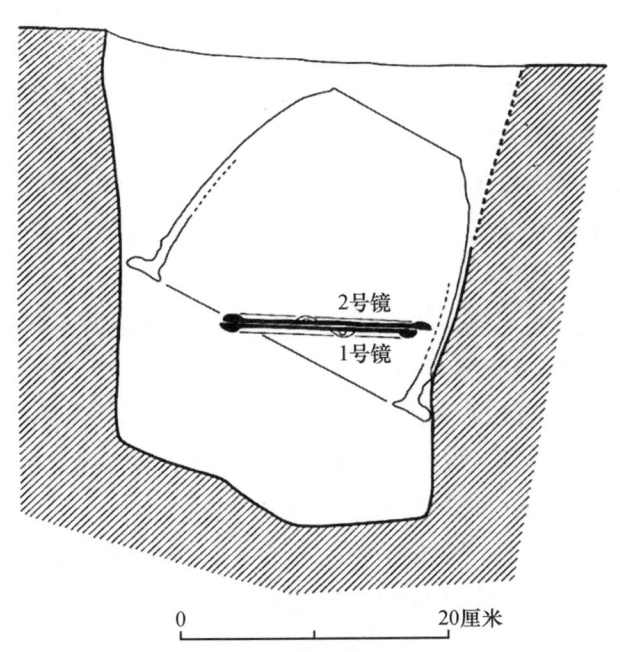

图二二　日本福冈小郡若山多纽镜出土环境

（采自〔日〕小郡市教育委员会：《小郡若山遗跡 3》，《小郡市文化财調查报告书》1994 年第 93 期）

现以上几类遗物，不见多纽镜的关东地区则多见铜铎、铜矛等器物代替多纽镜进行埋藏，日本学者将其统称为弥生时代的青铜器祭祀现象[30]。

## 四、共存器物视角下的多纽镜

多纽镜作为东北亚系青铜文化的典型器物之一，其重要的特征便是与东北亚系青铜短剑和细形铜剑共存，此类器物组合一直延续至多纽镜消失。因此，多纽镜与东北亚系青铜短剑的共存关系应当是东北亚系青铜文化研究的重要内容，对于探讨多纽几何纹铜镜的分期、演变和族属特征有着重要作用。

以多纽镜的视角来看，目前我国发现的多纽镜集中于辽西及辽河平原地区，而辽东地区即双房式陶壶分布区至今没有多纽镜的相关发现。辽西地区与多纽镜共存的器物主要是东北亚系青铜短剑、黑陶长颈壶、喇叭形铜器及盾牌形器、带纽铜泡饰、铜斧等青铜遗物，且马具发达；而辽东地区双房类型的典型墓葬中，如大连新金双房石盖石棺墓[31]中，伴随东北亚系青铜短剑出土的为双房式陶壶、斧范等器物，青铜器较少，暂无马具发现，石构墓葬形制也与十二台营子墓和郑家洼子墓有别。因此，可以认为二者是具有联系但独立存在的两种人群。

对于此二类人群所使用的东北亚系青铜短剑，林沄根据其剑柄演变进行了严谨的分类[32]；另有学者根据铜剑的使用痕迹，提出过辽西地区的族群将东北亚系青铜短剑作为实用器来使用，而辽东地区的人类集团将此类铜剑用于祭祀的观点[33]。

辽西及辽河平原地区伴随多纽镜出土的青铜遗物较辽东地区也有显著的类型特点和数量优势。而且根据多纽镜多出土于墓主人头部的状况来看，其对于墓主人的意义也十分重要。因此，使用多纽镜的人群具备较高的青铜器铸造水平，并显示出了较为明显的墓葬等级差异，将多纽镜及镜形饰作为祭祀神器来使用是完全有可能的，并且将这种习俗传播至朝鲜半岛。而且，出土多纽镜的墓葬多伴随有大量带纽铜泡及各类镜形饰。从民族学研究的角度来看，东北地区传统信仰多神的萨满教，其祭司身着的正装上常配饰多面铜镜，胸口一枚最大，背后一枚次大，象征"怀日背月"，其他部分布满各类小铜镜[34]。这与多纽镜背后双纽或三纽的设置也相吻合，镜纽设置的主要目的在于固定位置，传统将铜镜作为实用器的方法只需单纽便可固定，而多纽镜因需要悬挂于衣物上，便产生了多纽的形制以保持稳定。而辽东地区的人群显示出青铜铸造水平较低，随葬器以陶器为主，因此将数量不多的东北亚系青铜短剑作为非实用的祭祀神器来使用。

对东北亚系青铜文化族属的讨论，也可从多纽镜的发现略窥一二。首先，东北亚系青铜文化作为一个泛指概念，其内涵应包括公元前1000~公元100年前后起源于我国辽西地区和辽东地区，包括朝鲜半岛北部部分地区的两个人类族群，以使用曲刃青铜短剑即东北亚系青铜短剑为特征，先后传播至朝鲜半岛及日本列岛的考古学文化之中，并与同时期周边的考古学文化形成了较为明显的差异。其中，辽西地区的族群青铜铸造技术发达，使用多纽镜等多种镜形饰，存在各类异形青铜器及马具；辽东地区族群的青铜器以东北亚系青铜短剑为特征，其他铜器较少。西北大学王建新教授认为，这两类人群应当是先秦文献所记载的"秽人"和"貊人"[35]。最近有学者进一步提出，郑家洼子6512号墓及十二台营子墓体现的青铜文化内涵也有所差异，并指出郑家洼子墓葬与兴城朱家村墓地遗存的文化因素较为一致[36]。

公元前400年以后，尤其是发生在公元前300年前后的"秦开东征"事件，以及燕长城的修筑使得辽宁地区的政治格局发生巨大变化。

《史记·匈奴列传》[37]载："其后燕有贤将秦开，为质于胡，胡甚信之。归而袭破走东胡，东胡却千余里。与荆轲刺秦王秦舞阳者，开之孙也。燕亦筑长城，自造阳至襄平。置上谷、渔阳、右北平、辽西、辽东郡以拒胡。"

《史记·朝鲜列传》[38]载："朝鲜王满者，故燕人也。自始全燕时，偿略属真番、朝鲜，为置吏，筑鄣塞，秦灭燕，属辽东外徼。"

随着燕国势力的不断东移，东北亚系青铜文化的两个人群被驱逐到朝鲜半岛及吉长地区，由此产生了吉长地区的叶脉纹多纽镜与细形铜剑的组合，以及多纽粗纹镜向细纹镜的转变。但发现于朝鲜半岛，特别是西南部的多纽镜的共存遗物保留了较多的辽西族群的特征，显示出此类文化的主体因素在朝鲜半岛仍然占据主流意识形态的状况。

进入朝鲜半岛后，多纽镜由粗纹镜向细纹镜演变，但其偏置双纽、细直线构成底纹的主要形制并未发生改变。从共存遗物来看，传统的黑陶长颈壶、喇叭形铜器、铜牌形饰、扇形铜斧、带纽镜形饰等遗物依然存在，与辽西地区的郑家洼子6512号墓等墓葬显示了较多的一致性。新出现了半岛式异形青铜器、天河玉饰、铜铎、铜矛等具有当地特色的遗物。显示出东北亚系青铜文化在迁移过程中保持了自身的主要文化因素，但也接收了迁徙地的原生文化，产生了新的器物。

多纽镜与铜铎的共存现象也是值得关注的一个方面。朝鲜半岛小铜铎进入日本列岛后被广泛传播并实现了巨大化，并在关东地区出现了大量埋藏的现象，同样与东北亚系青铜短剑广泛共存，是东北亚系青铜文化中后期的代表器物之一。但在铜铎广泛分布的朝鲜半岛，其与多纽镜的共存现象极为有限，显示出使用多纽镜的人群与使用铜铎的人群存在着文化因素上的差异，还需要更多的考古资料来说明两类人群的具体差异并进一步研究其族属问题。

但多纽镜进入日本九州地区后，其使用方法发生了重大变化，由以前作为墓主人生前所用器物而随葬变为代表神明及统治者权力的器物，埋藏地点也呈现出多样化的特点，并形成了最早的剑、镜、玉三大神器组合，日本学者称其为"威信财"，即展示地位及身份的遗物，与古坟时代大量随葬的汉式镜存在功能上的共通性。

由此，笔者认为，东北亚系青铜文化主体部分的迁徙，至远到达了朝鲜半岛南部，并传播部分文化因素如铜镜、铜剑、铜铎等至日本列岛，但并没有改变日本当地弥生文化的性质和属性。同时，迁徙至朝鲜半岛及日本列岛的东北亚系青铜文化人群必然接受了我国中原地区某种文化因素而产生了铜铎，但铜铎的使用方式并不是作为礼乐器，而是单纯作为随葬器物，此现象仍需要更多的考古发现及研究来解释。

# 五、结　　语

从多纽镜及其共存遗物的发现来看，起源于我国辽宁地区的东北亚系青铜文化存在着两类文化因素，需要对于这两类人群的各类遗物进行进一步的类型学研究以寻找更多区分其性质和判定其族属的依据。而根据现有的考古学发现来看，存在于我国及朝鲜半岛的多纽镜及其使用人群一脉相承，多纽镜应当是作为某类祭祀神器来使用的，与该人群的社会结构与意识信仰有着重要的关联。而从其纹饰变化上来看，从"之"字形雷纹到复杂几何纹饰的转变，应代表着该族群在迁徙过程中接收了迁徙地的某些文化因素而形成的观念上的改变，值得进一步探讨。目前在日本列岛发现的多纽镜数量不大，出土环境及共存器物与朝鲜半岛也并没有明显的关联性。而日本地区发现了数量巨大的细形铜剑，尤其是出云荒神谷遗迹的一座祭祀坑内一次性发现 500 余柄[39]。同时，朝鲜半岛常见的小铜铎进入日本列岛后产生了巨大化现象，形成了本州地区东部的铜铎文化圈，同样是日本所谓"威信财"的重要内容。及至古坟时代，随葬风俗发生了转变，大量环首刀和汉式镜出现在弥生时代晚期及古坟时代的墓葬当中，铜镜还成为日本皇室的"三大神器"，流传至今。这与最初传入日本的多纽镜不无关联，因此，东北亚系青铜文化对日本弥生文化和古坟文化的影响值得进一步探讨。

目前来看，东北亚系青铜文化的研究一直是日本及韩国学者关注的一个重点方面，厘清我国东北地区青铜时代复杂的文化因素也是取得突破的关键所在，期待更多的考古发现及更为深入的研究。

## 注　释

[ 1 ] 王建新：《東北アジアの青銅器文化》，東京：同成社，1999 年，第 175 頁。
[ 2 ] a. 沈阳故宫博物馆、沈阳市文物管理办公室：《沈阳郑家洼子的两座青铜时代墓葬》，《考古学报》1975 年第 1 期；b. 魏海波：《辽宁本溪发现青铜短剑墓》，《考古》1987 年第 2 期。
[ 3 ] 〔日〕宮里修：《青銅器からみた紀元前一千年紀の朝鮮》，早稻田大学博士卒業論文，2008 年。
[ 4 ] 〔韓〕李康承：《扶餘九鳳里에서出土한青銅器및一括遺物》，《三佛金元龍教授停年退任紀年論業Ⅰ 考古篇》，서울：一志社，1987 年，第 141~167 頁。
[ 5 ] 〔韓〕李殷昌：《大田槐亭洞青銅器文化의研究——石器·黑陶·青銅器·裝身具結合文化를中心으로》，《亞細亞研究》1968 年第Ⅺ期。
[ 6 ] 集安县文物保管所：《集安发现青铜短剑墓》，《考古》1981 年第 5 期。
[ 7 ] 〔韓〕姜仁旭、千羨幸：《러시아沿海州 세형동검관계유적의 고찰》，《韓國上古史學報》2003 年第 42 號。
[ 8 ] 同注［3］。
[ 9 ] 李健茂、徐聲勛：《함평초포리유적》，《국립광주박물관학술총서》1988 年제 14 책。
[10] a. 王建新：《东北亚系青铜剑分类研究》，《考古学报》2002 年第 2 期；b.〔韓〕趙由典：《全南和順의 青銅遺物와一括出土遺跡》，《尹武炳博士回甲記念論文集》，서울：通川文化社，1984 年，第 67~103 頁。
[11] 朱贵：《辽宁朝阳十二台营子青铜短剑墓》，《考古学报》1960 年第 1 期。
[12] 同注［10］a。
[13] 同注［2］a。
[14] 同注［2］b。
[15] 同注［1］，第 174 页。
[16] 许明纲、许玉林：《辽宁新金县双房石盖石棺墓》，《考古》1983 年第 4 期。
[17] 〔日〕宇野隆夫：《多鈕鏡の檢討》，《史林》1977 年第 60 卷第 1 号。
[18] 同注［6］。

[19] 同注［5］。
[20] 同注［4］。
[21] 〔韩〕池健吉：《禮山東西里石棺墓出土青铜一括遺物》，《百济研究（第9辑）》，충남대학교백제연구소（忠南大学百济研究所），1978年，第151~181页。
[22] 〔韩〕秦弘燮、崔淑卿：《楊平郡上紫浦里支石墓発掘調査報告》，《八堂·昭陽댐水没地区遺跡発掘總合調査報告》，1974年。
[23] 〔日〕平井尚志：《沿海州新出土の多鈕鏡とその一括遺物について》，《考古学雑誌》1960年46卷3号。
[24] 同注［10］。
[25] 〔日〕宫里修：《多鈕細文鏡の型式分類と編年》，《考古学雑誌》2008年第92卷第1号；〔日〕森本六爾：《長門富任における青銅時代墳墓》，《考古学研究》1927年第2期。
[26] 〔日〕福冈市教育委员会：《吉武高木——弥生時代埋蔵遺跡の調査概要》，福冈：西日本新聞印刷株式会社，1986年。
[27] 〔日〕冈崎敬、森贞次郎：《宇木汲田遺跡》，《末盧国》，東京：六興出版，1982年，第299页。
[28] 〔日〕小郡市教育委员会：《小郡若山遺跡3》，《小郡市文化財調查報告書》1994年第93期。
[29] 同注［3］。
[30] 〔日〕岩永省三：《青銅武器の儀器化研究》，《韓半島考古学論業》，東京：すずさわ書店，2002年，第203~234页。
[31] 同注［16］。
[32] 林沄：《中国东北系铜剑初论》，《考古学报》1980年第2期。
[33] 同注［10］a。
[34] 宋新潮：《中国早期铜镜及其相关问题》，《考古学报》1997年第2期。
[35] 王建新、刘瑞俊：《先秦时期的秽人与貊人》，《民族研究》2001年第4期。
[36] 成璟瑭、徐韶钢：《郑家洼子类型小考》，《文物》2019年第8期。
[37] （西汉）司马迁著，韩兆琦译注：《史记·匈奴列传第五十》，北京：中华书局，2016年，第6541页。
[38] （西汉）司马迁著，韩兆琦译注：《史记·朝鲜列传第五十五》，北京：中华书局，2016年，第6842页。
[39] 〔日〕松本岩雄、足立克己：《出雲神庭荒神谷遺跡》，《岛根县教育委员会调查報告書》，1995年。

# 参 考 书 目

## 1. 考古资料

沈阳故宫博物馆、沈阳市文物管理办公室：《沈阳郑家洼子的两座青铜时代墓葬》，《考古学报》1975年第1期。
魏海波：《辽宁本溪发现青铜短剑墓》，《考古》1987年第2期。
徐韶钢、华玉冰、高振海等：《辽宁建昌县东大杖子墓地M40的发掘》，《考古》2014年第12期。
许明纲、许玉林：《辽宁新金县双房石盖石棺墓》，《考古》1983年第4期。
许玉林、王连春：《丹东地区出土的青铜短剑》，《考古》1984年第8期。
朱贵：《辽宁朝阳十二台营子青铜短剑墓》，《考古学报》1960年第1期。
〔日〕冈崎敬、森贞次郎：《宇木汲田遺跡》，《末盧国》，東京：六興出版，1982年。
〔日〕福冈市教育委员会：《吉武高木——弥生时代埋蔵遺跡の调查概要》，福冈：西日本新聞印刷株式会社，1986年。
〔日〕田中稿二：《佐贺县佐贺市大和町本村籠遺跡出土の多鈕細文鏡について》，《考古学雑誌》1992年第77卷第4号。

〔日〕小郡市教育委員会:《小郡若山遺跡 3 》,《小郡市文化財調査報告書》1994 年第 93 期。
〔韩〕池健吉:《禮山東西里石棺墓出土青銅一括遺物》,《百済研究(第 9 輯)》,충남대학교백제연구소(忠南大学百済研究所),1978 年。
〔韩〕李康承:《橫城講林里出土 一括遺物》,《考古学》1977 年第 4 期。
〔韩〕李殷昌:《大田槐亭洞青銅器文化의研究——石器·黑陶·青銅器·裝身具結合文化를中心으로》,《亞細亞研究》1968 年第XI期。
〔韩〕趙由典:《全南和順의 青銅遺物와一括出土遺跡》,《尹武炳博士回甲記念論文集》,서울:通川文化社,1984 年。

**2. 研究论著**

成璟瑭、徐韶钢:《郑家洼子类型小考》,《文物》2019 年第 8 期。
何堂坤:《铜镜起源初探》,《考古》1988 年第 2 期。
林沄:《中国东北系铜剑初论》,《考古学报》1980 年第 2 期。
宋新潮:《中国早期铜镜及其相关问题》,《考古学报》1997 年第 2 期。
王建新:《東北アジアの青銅器文化》,東京:同成社,1999 年。
王建新:《东北亚系青铜剑分类研究》,《考古学报》2002 年第 2 期。
王建新、刘瑞俊:《先秦时期的秽人与貊人》,《民族研究》2001 年第 4 期。
朱永刚:《汉以前东北考古研究》,北京:科学出版社,2017 年。
〔日〕宫本一夫、宫井善朗、吉田广等:《東北アジア青銅器文化からみた韓国青銅器文化に関する研究》,《青丘学術論集(第 22 集)》,韓国文化研究振興財団,2003 年。
〔日〕宫里修:《青銅器祭祀の源流》,《季刊考古学》2004 年第 86 号。
〔日〕宫里修:《韓半島の青銅器文化》,《季刊考古学》2016 年第 135 号。
〔日〕吉田广:《弥生青銅器祭祀の展開と特質》,《国立歴史民俗博物館研究報告(第 185 集)》,2014 年。
〔日〕甲元真之:《多鈕鏡の検討》,《古文化談叢》1990 年第 22 期。
〔日〕梅原末治:《多鈕鏡の再検討》,《朝鮮学報》1968 年第 46 期。
〔日〕森本六爾:《多鈕細文鏡考》,《考古学研究》1927 年第 1 期。
〔日〕小林青樹:《遼寧青銅器文化》,《季刊考古学》2016 年第 135 号。
〔日〕宇野隆夫:《多鈕鏡の検討》,《史林》1977 年第 60 卷第 1 号。
〔日〕佐田巖弥:《推論多鈕細文鏡と祭祀思考》,《京都民俗学談話会会誌》1996 年第 14 号。
〔韩〕李清圭:《다뉴세문경의 부장방식과 그 의미》,《民族文化論業(第 69 輯)》,2018 年。

# Study on Multi-button Bronze Mirrors from Perspective of Coexisting Relics

Du Chao

(2017 Graduate Student, School of Cultural Heritage, Northwest University; Suzhou Museum)

**Abstract:** The Northeast Asian bronze culture originated in northeastern China and spread to the Korean Peninsula and the Japanese archipelago, and the Northeast Asian bronze swords and the multi-button bronze mirrors are representative artifacts. These two types of relics are widely found in northeastern China, the Korean Peninsula, and Japan. In particular, the discovery and research on multi-button bronze mirrors have provided us with important archaeological information on the origin, spread, and characteristics of Northeast Asian bronze culture. In this paper, through a preliminary analysis of multi-button bronze mirrors and their coexisting relics, in order to explore the changes in the combination of the coexisting relics and analyze the components of the Northeast Asian bronze culture also the characteristics of the human group from a new perspective.

**Key Words:** Multi-button Bronze Mirror, Northeast Asian Bronze Culture, Lute Shaped Bronze Sword, Slender Body Bronze Sword

---

**教师评语：**杜超同学的《共存遗物视角下的多纽几何纹铜镜研究》系他在日本交换留学时收集日本、韩国相关考古资料写成的，对于多纽镜的相关资料收集较为全面，研究进行得比较深入；并且使用他的日语、韩语及英语能力广泛阅读了相关研究文献，提升了本文的宽度与广度，总体来看是一篇合格的研究性论文。

作为杜超同学的导师，在他进入硕士研究生阶段后，我便希望他用自身的语言能力进行东北亚系青铜文化研究，他也选择了代表了东北亚系青铜文化思想意识的多纽镜作为研究对象，在研究过程中也关注到了多纽镜的共存遗物方面的问题。我认为对于标本数量较少的多纽镜研究来说，关注共存遗物尤其是共存的东北亚系青铜短剑的差异，以及对其出土环境的探讨，是进行本研究的必经之路。期待他在今后能继续广泛地收集相关资料，关注最新考古成果，并夯实自身的考古学理论基础，分析更多关于东北亚系青铜器的科技考古成果，在东北亚系青铜文化研究领域做出更多有意义的研究。

（西北大学文化遗产学院教授　王建新）

# 汉代玉圭的发现与研究

曹芳芳

（北京大学考古文博学院 2018 级博士研究生）

**摘要：** 本文通过对汉代玉圭考古资料和相关文献资料的梳理，以检视其时间与空间分布特征、考古发现背景以及形制的差异，从而分析其社会功能、使用的等级和性别差异。我们发现汉代玉圭的大小与其出土单位有关，大型玉圭更多出土于墓葬中，小型玉圭则与祭祀遗存关系密切。由于祭祀制度的变革和玉圭使用等级的严格，玉圭的使用范围在汉代随着时间的推移逐渐缩小，东汉时期可能逐渐过渡为天子专享之物。由于玉圭所具备的等级性和神圣性，它成为世人对功名和美好德行的象征，进而成为汉代祭祀用玉的共称。随着曹氏父子提倡节俭和薄葬，中国古代早期玉圭的使用之风到此戛然而止。

**关键词：** 汉代；玉圭；考古学特征；功能

玉圭是中国早期玉器十分重要的玉器品类，无论是在先秦历史文献还是出土文献中，都有关于圭的记载和使用。玉圭在中国早期社会[1]的礼仪、丧葬和日常生活中均发挥着至关重要的作用。目前对于玉圭的研究多集中在周代，尚无专文对汉代的玉圭进行全面的梳理与研究，本文拟全面梳理汉代考古出土的玉圭资料，分析其考古学特征及其功用之别。

## 一、汉代玉圭的发现

### （一）帝后陵园所见汉代玉圭

西汉早期出土玉圭的有太上皇万年陵[2]、汉景帝阳陵[3]。西汉中期出土玉石圭的有汉武帝茂陵[4]、茂陵李夫人墓园[5]、汉昭帝平陵[6]、杜陵王皇后陵寝殿遗址[7]。西汉晚期出土玉石圭的有汉成帝延陵[8]、延陵西墙陪葬墓园[9]。

### （二）墓葬所见汉代玉圭

西汉早期出土玉圭的墓葬有东甸子汉墓 M1[10]。西汉中期出土玉圭的墓葬有中山靖王刘胜墓[11]、昌邑王刘髆墓[12]、九龙山 3 号墓[13]、僖山一号汉墓[14]、大云山一号汉墓[15]、凤篷岭一号墓[16]、海昏侯刘贺墓及其世子刘充国墓[17]、西安茅坡村汉墓[18]。西汉晚期及新莽时期出土玉石圭的墓葬主要有张家堡汉墓 M110[19]、马泉西汉墓[20]、吴家坟汉墓 M1[21]、织布厂汉墓 M12[22]、井上村汉墓 M24[23]、龚家湾汉墓[24]、固城 M5[25]。

（三）祭祀遗存所见汉代玉圭

祭祀遗存出土玉石圭的遗址主要有大明公社联志村[26]，位于汉长安城东南约 4.5 千米处，应属于汉代郊祀遗存。有学者认为在这个位置汉代的郊祀地点唯有武帝所建的"泰一坛"[27]。芦家口村[28]，位于西安汉未央宫遗址内，这些玉器应是西汉时期在未央宫内举行祭天活动的遗物[29]。黄埔峪遗址[30]，是武帝在集灵宫祭祀华山的证据[31]。另外，东汉时曾在华阴出土过祭祀华山的玉器，《后汉书》引《古今注》曰："章帝七年，玉圭出弘农华阴。"雍城汉遗址[32]，有陕西学者认为这里出土的大量玉石圭很可能与汉代帝王行幸雍郊祭祀五帝的五畤有关[33]。成山头三山子南峰南侧海边出土有两组玉器[34]，还有鸾亭山遗址[35]。这些祭祀遗址出土玉器的年代为汉初至西汉中期，多数为武帝时代。

## 二、汉代玉圭的研究

（一）汉代玉圭的形制

到底何种玉器为玉圭，玉圭形状为何？这个问题从汉代至今仍争论不休。有关玉圭形状较早的记载主要见于《周礼》《说文解字》，以及汉代的碑刻和画像资料。今人讨论玉圭的形状主要依据的是这三种材料，三代至两汉考古出土玉器材料中形状符合文献记载者，即为圭。但问题是，不同的文献系统记载的玉圭形状是有差异的。《周礼》中记载圭的种类有大圭、镇圭、桓圭、信圭、躬圭、谷圭、土圭、青圭、祼圭、珍圭、琬圭、琰圭、四圭有邸、两圭有邸、璿圭、圭璧、命圭，达 17 种之多[36]，每种圭的形状和尺寸皆异[37]，让后人无所适从。《说文解字》曰："圭，瑞玉也，上圜下方。"[38]对玉圭形状的描述是圜首方底。然而在释"璋"字时，又曰"剡上为圭，半圭为璋"[39]"剡，锐利也"[40]，对玉圭形状的描述又是尖首方底，同一部文献对玉圭形状的描述却截然不同，这也是学者与考古材料比对时争论的焦点，玉圭的首部到底是何种形状？汉代的碑刻和画像资料为图像资料[41]，图像中所显示的玉圭形状为典型的尖首，这是大部分学者认为玉圭尖首的确凿无疑的证据（图一、图二）。

考古资料中的玉圭又为何？目前在考古资料中所见名为"圭"的玉器出现于龙山时期，尖首、平首皆有。陶寺遗址出土了目前所见时间最早的尖首圭形玉器，为大理岩材质[42]。同时期还出现了刻纹铲形玉器，目前学界皆称之为玉圭，如两城镇出土兽面纹玉

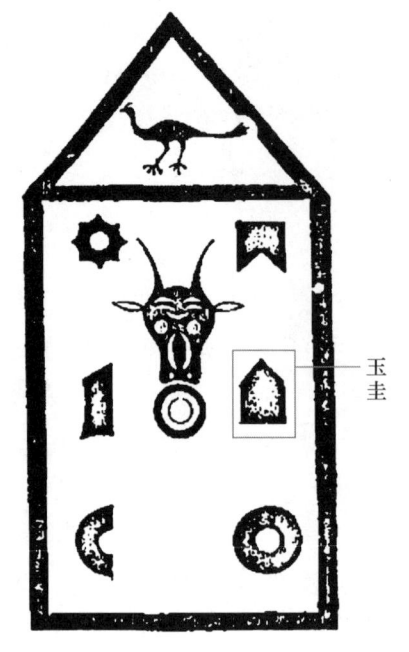 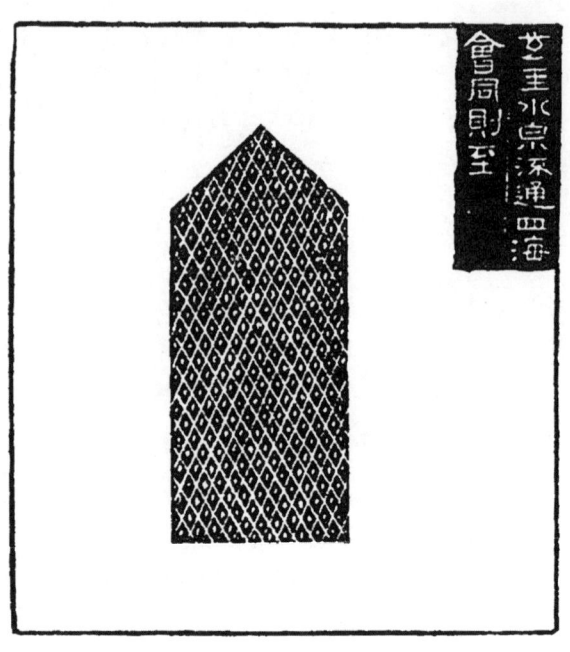

图一　汉碑中的六瑞图　　　　　图二　武梁祠画像中的玄圭

圭[43]，这类名为"圭"的玉器皆平首，这种传统一直延续至晚商时期，如二里头遗址出土玉圭[44]、妇好墓出土玉圭[45]都是如此。虽然侯马东周祭祀遗址亦出土有一件平首圭，但根据圭上面的鹰纹，可以判断此圭为龙山时代遗玉[46]。在平首玉圭流行的时间段内，基本不见尖首玉圭的发现，尖首玉圭从陶寺之后，再次现世为西周时期，并一直被制作和使用到明清时期。而西周之后不见平首玉圭的制作，二者流行时间并不同。这两种皆被命名为"圭"的玉器流行时间前后交替，此现象似乎预示着二者之间的替代关系，但到底实际情况如何，仍需深入探讨（图三、图四）。

玉圭的形制和起源目前学界争议颇大，将各位学者的观点进行归纳，主要有以下几种：一是只有尖首者可称为圭，尖首玉圭是玉戈的简化形式，脱胎于商周时期的大玉戈[47]；二是认为玉圭分平首和圆首、尖首两大系统，平首或圆首的玉圭源自新石器时代的玉石斧、锛、刀、铲等，尖首玉圭由玉石戈演化而来[48]；三是牙璋为礼书中的圭[49]；四是玉圭源自正刃的石斧[50]；五是尖首圭史前时期已经诞生，源自陶寺遗址出土的尖首形圭[51]。

正如上述，西周时期尖首玉圭再次出现后，便成为此后流行的样式。因此，目前所见汉代玉圭的形制均为下端平直、上端作三角形的尖首状，绝大部分为素面，少量由雕纹玉璧改制的玉圭表面有纹饰。

按照尺寸的大小，我们可以将汉代玉圭分为三型。

A型　尺寸在15厘米以上的大型玉圭。这型玉圭数量不多，目前所见材质均为玉质。这类为玉质的大型玉圭目前仅见于江都王刘非墓、中山靖王刘胜墓、九龙山某鲁王

图三 龙山至周代的平首玉圭
1. 两城镇出土 2. 二里头出土 3. 妇好墓出土 4. 侯马东周祭祀遗址出土

墓、海昏侯刘贺墓和鸾亭山皇家祭祀遗址，时代集中于西汉中期（图五）。

B型 尺寸在10～15厘米的中型玉圭。这型玉圭数量极少，仅有几件，主要为玉质，极少量为石质，主要见于高级官吏墓葬和祭祀遗址中（图六）。

C型 尺寸在10厘米以下的小型玉圭。这型玉圭数量最多，材质有玉质和大理岩质。材质为玉质的小型玉圭颜色均为青色系，多数为青色，少数为青白色，材质为大理岩者，其颜色为白色，它们功能无别，见于帝后陵园遗址、诸侯王墓和祭祀遗址。这类玉圭从早流行到晚，是汉代目前所见玉圭的主流，西汉晚期开始出现用玉璧改制的雕纹玉圭（图七、图八）。

由以上分型可知，汉代玉圭以A、C型为主，B型数量极少。目前所见A型玉圭皆为青玉，形体、尺寸大，制作规整，棱角分明，皆为素面，体长与体宽之比在3∶1以下或左右，尖首角度较大，显得端庄厚重。C型玉圭形体、尺寸较小，部分制作较为粗糙，多为素面，体长与体宽之比在3∶1以上，尖首角度比A型玉圭小，因此显得瘦长单薄。形制的不同，可能意味着功能的差别（表一、表二）。

（二）汉代玉圭流行的时间和地域特征

汉代玉圭流行的时间具有如下特征。

一是考古发现的玉圭年代主要在西汉至新莽时期，东汉尚未见到成批的玉圭考古材料。

图四 陶寺至汉代的尖首圭
1. 陶寺出土  2. 永凝堡出土  3. 满城中山王墓出土  4. 汉成帝延陵出土

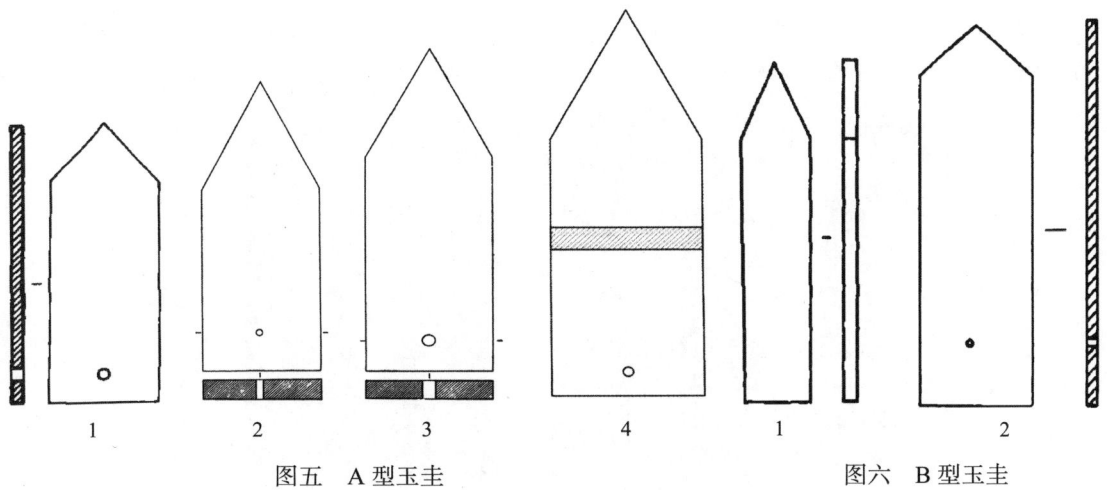

图五　A 型玉圭
1.凤篷岭长沙王后墓出土　2、3.满城刘胜墓出土　4.大云山刘非墓出土

图六　B 型玉圭
1.徐州东甸子出土　2.成山头出土

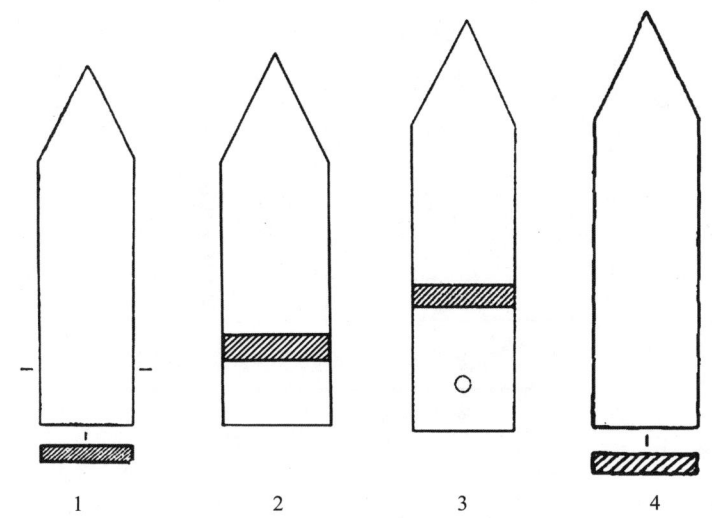

图七　C 型玉圭
1.成山头第一组出土　2.井上村 M24 出土　3.大云山 M1 出土　4.满城 M1 出土

二是帝后陵园所见玉圭的使用具有连续性，从西汉早期一直使用至西汉晚期，而且是祭祀用玉中的主体。

三是帝后以下级别的墓葬中，玉圭的使用具有不平衡性，西汉早期和晚期所见玉圭较少，使用集中于中期，至新莽时期又兴起一小波浪潮。

四是祭祀遗址所见玉圭的使用亦具有不平衡性，西汉早期和晚期使用极少，主要集中于中期。

根据上述出土玉圭的墓葬或遗址来看，荣成祭祀遗址第二组玉器时间最早，可到西汉早期。总体来说，西汉早期所见玉圭数量极少。西汉中期，尤其是武帝时期是玉圭在汉代最为盛行的时期，出土玉质圭的墓葬基本集中在这一时期，各皇家祭祀遗址大规模

图八　C 型大理岩圭
（汉景帝阳陵建筑遗址出土）

**表一　部分 A 型玉圭长宽比统计表**

| 玉圭 | 长（厘米） | 宽（厘米） | 长宽之比 |
| --- | --- | --- | --- |
| 满城 1∶5095 | 20.8 | 7 | 2.97∶1 |
| 满城 1∶5226 | 18.6 | 7 | 2.66∶1 |
| 大云山 M1K1⑥∶613 | 29 | 9.6 | 3.02∶1 |
| 风篷岭 M1∶133 | 18.5 | 7 | 2.64∶1 |

**表二　部分 C 型玉圭长宽比统计表**

| 玉圭 | 长（厘米） | 宽（厘米） | 长宽之比 |
| --- | --- | --- | --- |
| 李夫人墓园北侧祭祀坑 MC∶018 | 7.1 | 2.1 | 3.38∶1 |
| 成山头第一组玉圭 | 9 | 2.4 | 3.75∶1 |
| 鸾亭山 F3 第三组玉圭 | 5 | 1 | 5∶1 |
| 井上村 M24∶25 | 8.7 | 2.3 | 3.78∶1 |

的祭祀行为也发生在这一时期。至西汉晚期，玉圭数量骤然下降，除了帝后陵园可见玉圭外，其他非诸侯王墓葬所见圭的材质均为石质，且数量较少。随着"王莽篡汉"并"托古改制"，新莽时期墓葬中又见玉圭的使用，所见玉圭多数用雕纹玉璧改制。东汉时期尚未见到玉石圭的出土，但是这并不意味着东汉不使用玉圭。《后汉书·显宗孝明帝纪》载："朕以暗陋，奉承大业，亲执圭璧，恭祀天地。"由此可见，东汉时期天子祭祀仍使用圭、璧。曹操虽然生前并未称帝，但是其墓葬出土了一圭四璧等石质礼器，发掘者认为这是帝制的体现之一[52]。倘若如此，那么天子用圭的制度则一直持续至东汉结束。随后，中国古代早期用圭之风戛然而止。

这种现象具有深刻的历史原因。首先，一个新王朝的建立早期，各项制度总是不完善的，其建立需要一个发展的过程。其次，祭祀活动是一项不产生经济价值的消耗性活动，而且祭祀活动的相关费用支出是巨大的。最后，与国家礼制和政治制度如此密切相关的玉圭，其使用情况也必然受到各个时期社会现实因素的影响。

西汉早期，国家经济尚处于恢复时期，各项典章规章制度尚未齐备，器用制度尚未十分完善，使用也尚非十分严格。而且之后部分诸侯国势力不断强大，对中央政权构成了极大的威胁，所以我们可以看到西汉早期一些国力强盛的诸侯国高级官吏墓葬中亦有玉圭，如徐州东甸子汉墓墓主为西汉早期楚国高级官吏。至西汉中期之时，国家经过汉初几十年的休养生息，国力已非常强盛，汉代的皇帝参与祭祀活动的数量显著增加。以雍五畤的祭祀为例，根据《史记》与《汉书》中关于西汉皇帝郊祀雍五畤的次数统计来看（表三），文帝时开启了皇帝亲自到雍五畤所在地祭祀五帝的先河，之后景帝、武帝、宣帝、元帝、成帝5位皇帝亲自前往雍地，祠五畤，其中以武帝次数最多，达到鼎盛。根据史书记载，武帝参与的全国范围内其他各项祭祀活动数量亦较多，在西汉各帝之中首屈一指。而这一时期使用玉圭随葬的也都是实力强大，与武帝关系密切的诸侯王，如中山靖王刘胜和江都王刘非均为武帝异母兄长，昌邑王刘髆为武帝之子，海昏侯刘贺为昌邑王刘髆之子。武帝中后期，随着"推恩令"的颁布，中央与王国分裂势力的斗争也取得了决定性胜利，中央集权发展到一个崭新的高度。为了在政治上与中央集权相适应，变革郊祀制度，增加了对地神后土的祭祀内容，以"太一"取代"五帝"，完成了郊祀至上神祇的演变[53]。随着这种祭祀上的变革，祭祀的地点逐渐转移并集中于都城南北郊，这也意味着原有继承秦制的祭祀模式和地点的逐渐废弃。而各诸侯国因"推恩令"的实施，再也无力与中央抗争，权势和实力再也不复西汉早期至中期早段的强盛。加之在西汉时期随着官僚体制从"爵本位"转向"官本位"，皇权进一步加强[54]。因此，武帝以后的诸侯王墓和高级官吏墓葬难以见到玉圭的出土与使用，由此，我们推测西汉中期玉圭的使用权可能有所缩小，天子具有至高无上的使用权，而绝大部分诸侯王、列侯或其他高级官吏被剥夺了玉圭的使用权，尤其是大型瑞圭。至王莽时期，特殊的政治环境虽有反复，但是大的使用趋势已确定，这也是至今在东汉各诸侯王墓难以见到玉圭使用的原因。西汉中期是"汉制"礼仪制度逐渐建立并完善的时期，玉圭为天子专用的使用制度可能在这一时期开始确立并逐渐严格、完善。

表三　汉代皇帝亲自到雍地祭祀统计表

| 皇帝 | 文帝 | 景帝 | 武帝 | 宣帝 | 元帝 | 成帝 |
| --- | --- | --- | --- | --- | --- | --- |
| 次数（次） | 1 | 1 | 9 | 1 | 3 | 4 |

汉代所见玉圭的使用具有明显的地域差异。上述陵园、墓葬或祭祀遗址均基本集中在黄河流域，北不过中山国，南不过长沙国都（图九）。因此，汉代玉圭的使用主要集中在西起礼县、横贯关中、东接豫鲁苏三省交界地带一线，这条线西段为西汉王朝核心控制区，东段为主要诸侯国分布比较集中的地区。而两汉时期，玉璧主要出土于陕西、江

苏、山东、河北、河南、湖南、湖北和两广地区，另外在山西、四川、浙江、江西、云南等地的西汉墓中亦有少量出土，分布地点十分广泛[55]。与玉璧的分布地点和范围相比，玉圭的使用明显不具有广泛性，从分布地域上可看出玉圭的使用具有相当集中性。只有更重要的礼仪用器才具备这种特质，由此也可看出，在汉代，玉圭可能比玉璧的礼仪性更高、更严格，在礼制活动中更为核心。

图九　汉代玉圭出土情况分布图

汉代玉圭的地域分布特征与当时的政治情况密切相关。西汉立国，郡县制和封国制并行，各封国主要集中在长江以北地区，而玉圭作为当时礼器的核心，其使用必然由帝后和部分实力强劲的诸侯王所垄断。

（三）汉代玉圭使用的等级和性别差异

从西汉陵园和墓葬出土玉器情况来看，汉代玉圭使用的等级十分显著，但是玉圭的等级性是逐渐构建和完善的。西汉早期，玉圭的使用等级限制尚不十分严格，除了皇帝陵园和祭祀遗址外，我们看到楚国王室的部分家族成员或部分楚国官吏亦使用玉圭随葬。至西汉中期，玉圭使用开始具有垄断性，应当基本被帝王所垄断，只见于帝后陵园、皇家祭祀遗存和诸侯王墓，其他等级墓葬基本不见。至西汉晚期，玉圭的使用出现两分现象，一方面是玉圭的使用集中于天子手中，西汉晚期的玉圭只见于帝陵，诸侯王墓已基本不见玉圭的使用；另一方面，诸侯王墓级别以下的少部分贵族墓葬开始使用石圭，但数量较少。至新莽时期，在一般贵族墓葬中又开始出现玉圭随葬，并且有的还是多件，大部分为雕纹玉璧改制而成。从此可见，新莽时期的玉圭使用已经突破了天子专享，成为炫耀身份的荣宠。东汉时期，已发现和发掘的多座诸侯王墓、其他贵族墓和高级官吏墓中并未出土玉圭，而历史文献中仅有皇帝使用玉圭的记载，因此，在东汉时期玉圭很可能是天子的专享之物。从这个发展过程来看，玉圭的使用等级性逐渐严格，至西汉中期及之后逐渐确立了其帝王专享的资格和地位，随着武帝时期削藩政策的实施，诸侯王势力逐渐消减，至西汉晚期他们已经失去使用玉圭的资格，另外，外戚和豪强势力逐渐增强，他们模仿上层使用玉圭的荣耀，开始使用石圭。至王莽时期虽有所反复，但是东汉时期仍复归了玉圭的严格等级。

从性别考古角度考察，汉代玉圭的使用性别差异亦十分明显。首先，从帝后陵园遗址来看，西汉帝陵中，5座出土了批量的玉、石圭，仅有2座后陵出土礼仪用圭，而且为石圭与石璧，制作较为粗糙，材质与工艺的优劣一目了然。需要指出的是，其中一座后陵为武帝李夫人的墓园，李夫人死后被追封为皇后，其墓园出土石圭当为武帝特赐。其次，从祭祀遗址来看，像鸾亭山、血池、成山头这样的皇家祭祀遗址，祭祀行为的主导者是至高无上的天子，女性根本无法参与其中，因此祭祀用圭垄断于男性手中。最后，从诸侯王墓和其他用圭墓葬来看，目前仅发现一座诸侯王夫人墓出土玉圭，数量完全无法与出土玉圭的诸侯王墓数量相较。即使是出土玉圭的夫妻合葬墓，如徐州东甸子汉墓为西汉早期偏晚楚国高级官吏的夫妻合葬墓，玉圭出土时位于男性墓主胸部左侧，是这位高级官吏的专属随葬之物。可见，玉圭在汉代基本是高等级男性贵族的专用之物，东汉时期演变为天子的专用之物。

### （四）汉代玉圭的功能

根据文献资料和考古资料的研究，周代玉圭的功能可归纳为瑞玉、祭玉、殓玉、时间和土地以及其他方面的度量衡工具、美好德行的象征[56]。不管《周礼》记载的关于玉圭在"六瑞"与"六器"中的使用正确与否，但是将其功能归为瑞玉和祭玉则颇为正确。从这种角度来说，周礼的记载并非完全不可靠。玉圭经过周代的使用与积淀，其功能逐渐固定下来，既是高贵的玉礼器，又是蕴含儒家观念的德玉。至汉代，从上述考古材料和历史文献资料来看，玉圭基本继承了这些功能与内涵，作为礼仪用玉，其主要是象征身份地位的瑞玉和作为"物精"献给上天和祖先等神灵的祭品，正是玉圭所具备的这些高级功能，决定了它同时也是汉代士人追求功名与德行的指代与象征（图一〇~图一二）。

**1. 瑞玉**

作为瑞玉的玉圭主要体现在帝王墓葬之

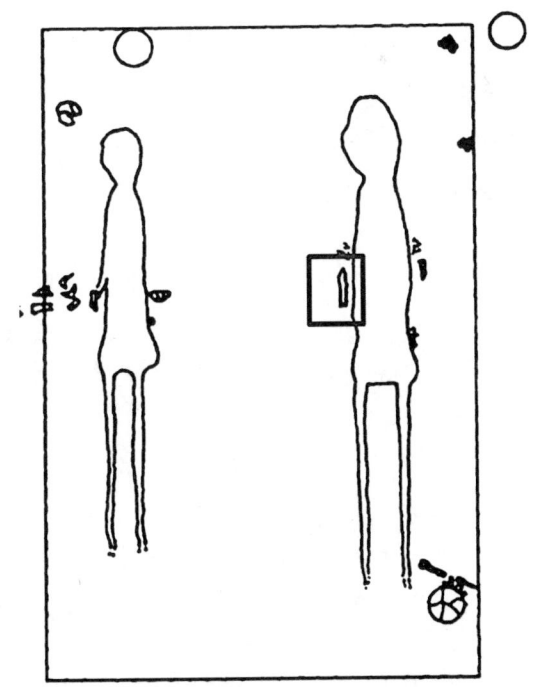

图一〇 徐州东甸子西汉早期墓

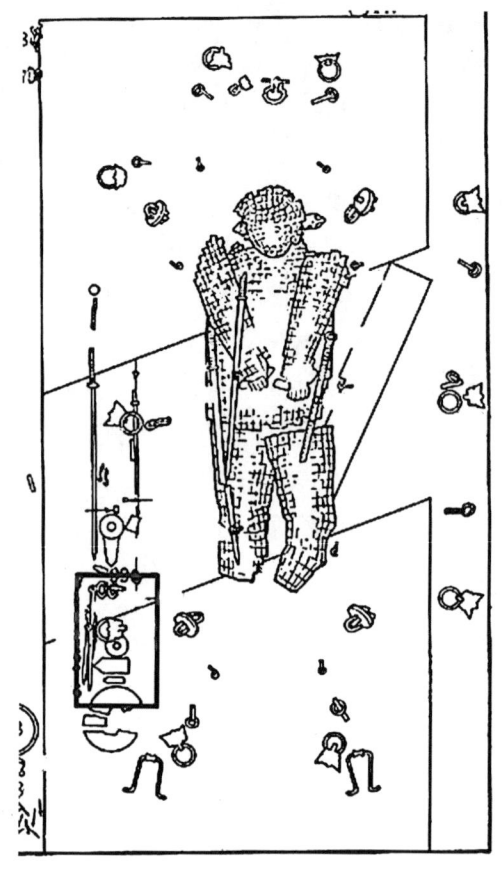 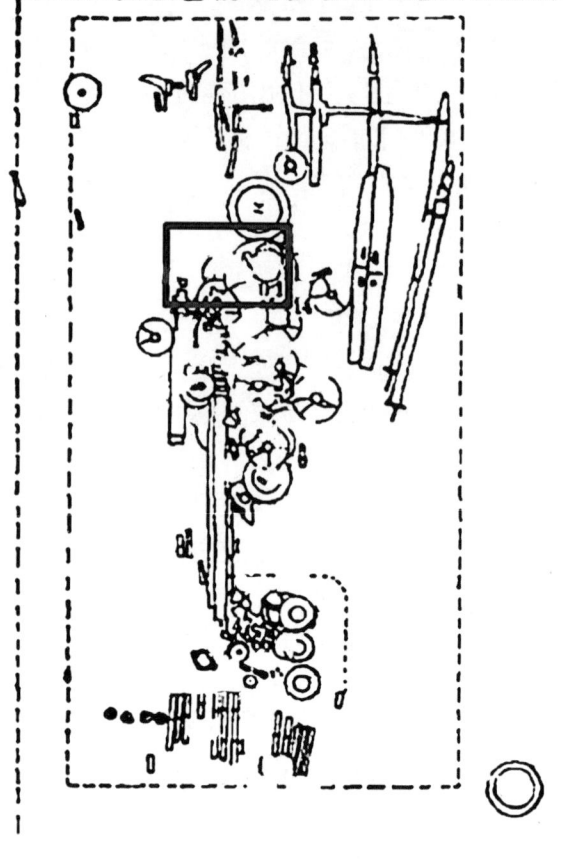

图一一　中山靖王刘胜墓　　　　　图一二　昌邑王刘髆墓

中。两汉帝陵尚未发掘，其中情况未明，但是凡是出土玉圭的诸侯王墓葬，出土位置明确的玉圭皆位于王的身体周围，应是其生前身份地位的象征，这一传统源自两周。文献中亦有关于玉圭在汉代作为瑞玉使用的记载，《汉书·王莽传》中载：

> 于是莽稽首再拜，受绿韨衮冕衣裳，瑒琫瑒珌，句履，鸾路乘马，龙旂九旒，皮弁素积，戎路乘马，彤弓矢、卢弓矢，左建朱钺，右建金戚，甲胄一具，秬鬯二卣，圭瓒二，九命青玉圭二，朱户纳陛。
> ……
> 皇帝复谦让，未即位，故三以铁契，四以石龟，五以虞符，六以文圭，七以玄印，八以茂陵石书，九以玄龙石，十以神井，十一以大神石，十二以铜符帛图。申命之瑞，浸以显著。至于十二，以昭告新皇帝。皇帝深惟上天之威不可不畏，故去摄号，犹尚称假，改元为初始，欲以承塞天命，克厌上帝之心。

不管是在王莽接受汉廷"九命之赐，其以助祭，共文武之职"，还是在他篡汉称帝过程中，玉圭都是不可或缺的礼仪用器和祥瑞之物。

通过梳理，可以发现作为瑞器的玉圭一般形体较大，为素面，对应上文的 A 形玉圭。从周代至汉代，作为瑞器的玉圭不像玉璧那样雕纹，一直为素面，这是因为礼"有以素为贵者……大圭不琢……此以素为贵也"[57]"美其质也"[58]。

**2. 祭玉**

作为祭玉的玉圭主要体现在帝后陵园和祭祀遗址之中，所见玉圭均为 10 厘米以下的小型玉圭，数量庞大，对应上文的 C 型玉圭。两周至两汉时期，祭祀按神的属性进行分类是基本的分类，也最能反映祭祀活动的本质内涵，因此按照这一标准，周代本着"天神、人鬼、地祇"的内在神祇属性，把国家祭祀整合成以郊、社、宗庙为核心的规范化祭祀礼仪体系，秦汉帝国将这一体系基本继承延续下来[59]。接下来我们逐一分析帝后陵园和祭祀遗址的性质。

汉代帝后陵园所见玉石圭或出土于陵墓之侧的寝园遗址，或出土于陵园附近，这些遗存为祭祀之物没有异议[60]。"寝园"之名始于西汉，其功能是祭祀，同时"寝"也是侍奉墓主灵魂日常起居的处所。不管这些圭璧是出土于专为祭祀之用的寝园还是之外，都是为了祭祀先皇而为的，曰祭祖，为人鬼祭祀系统。从帝后陵园祭祀圭璧来看，圭璧相配在西汉中期一直是比较固定的组合模式，至西汉晚期出现单独使用玉圭的情况，但尚未见到单独使用玉璧的情况。

目前汉代所见比较重要的祭祀遗址为西安联志村、西安芦家口村、华阴黄埔峪、雍城血池、礼县鸾亭山、荣成成山头。由于血池遗址为近年的新发现，材料尚未公布，至今尚不清楚是否出土玉圭。而其余五处祭祀遗址所见用玉的核心均为圭璧组合，相配出现，间有其他种类的玉器。

这类祭祀遗址所用玉圭多为青玉制成，鸾亭山有少量大理岩所制的白色玉圭，与《周礼》中记载"青圭"这点颇为符合。再来看各处遗址的性质，联志村和芦家口村遗存均为祭天遗物；从遗址所处位置、祭坛的形制、玉器的组合和规格看，鸾亭山遗址是历史上"西畤"的一部分，汉代一处祭天的地点[61]；荣成成山头遗址出土玉器与祭日有关[62]，这种祭祀亦属于天神祭祀系统；黄埔峪遗址出土圭璧或为祭祀华山的遗物[63]，或为集灵宫奠基时埋藏在地下的祭玉[64]，不管其性质为何，均属于地祇祭祀系统。从上述各遗址的性质分析可知，这些祭祀行为的对象分属于"天神"和"地祇"两大系统（表四）。

**表四　汉代祭祀遗址分类统计表**

| 祭祀遗址 | 祭祀性质或对象 | 祭祀种类 |
| --- | --- | --- |
| 鸾亭山 | 西畤，祭天 | 天神 |
| 成山头 | 祭日 | 天神 |
| 雍城汉遗址 | 五畤，祭天 | 天神 |
| 联志村 | 泰一 | 天神 |
| 芦家口村 | 祭天 | 天神 |
| 黄埔峪 | 华山 | 地祇 |

综上所述，玉圭在汉代发现的数量虽然不是太多，但是从周代延续下来的基本功能仍然是汉代玉圭的主要功能，即瑞玉和祭玉。祭玉又可分为三大系统，其对象分别是天神、地祇、人鬼，对应文献就是郊祀、社祀与宗庙之祀。

**3. 美好功能与德行的象征**

在《史记》《汉书》《后汉书》中，多有对"执圭""析圭"的载写。通过对相关文献的梳理，发现其含义随着时代的推移有所变化。

《史记·曹相国世家》载：

> 从攻东郡尉军，破之成武南。击王离军成阳南复攻之杠里，大破之。追北，西至开封，击赵贲军，破之，围赵贲开封城中。西击秦将杨熊军于曲遇，破之，虏秦司马及御史各一人。迁为执圭。

曹参在秦末战争中屡有战功，升迁"执圭"。张晏曰："侯伯执圭以朝，位比之。"如淳曰："《吕氏春秋》'得伍员者位执圭'。古爵名。"执圭不仅是古爵名，而且在西汉早期还是当时的爵名和功名。《汉书·夏侯婴传》和《汉书·灌婴传》中对此有明晰的记载：

> 高祖之初与徒属欲攻沛也，婴时以县令史为高祖使。上降沛一日，高祖为沛公，赐爵七大夫，以婴为太仆，常奉车。从攻胡陵，婴与萧何降泗水监平，平以胡陵降，赐婴爵五大夫。从击秦军砀东，攻济阳，下户牖，破李由军雍丘，以兵车趣攻战疾，破之，赐爵执帛。从击章邯军东阿、濮阳下，以兵车趣攻战疾，破之，赐爵执圭。从击赵贲军开封，扬熊军曲遇。婴从捕虏六十八人，降卒八百五十人，得印一匮。又击秦军雒阳东，以兵车趣攻战疾，赐爵封，转为滕令。因奉车从攻定南阳，战于蓝田、芷阳，至霸上。沛公为汉王，赐婴爵列侯，号昭平侯，复为太仆，从入蜀汉。
>
> 灌婴，睢阳贩缯者也。高祖为沛公，略地至雍丘，章邯杀项梁，而沛公还军于砀，婴以中涓从，击破东郡尉于成武及秦军于杠里，疾斗，赐爵七大夫。又从攻秦军亳南、开封、曲遇，战疾力，赐爵执帛，号宣陵君。从攻阳武以西至雒阳，破秦军尸北。北绝河津，南破南阳守齮阳城东，遂定南阳郡。西入武关，战于蓝田，疾力，至霸上，赐爵执圭，号昌文君。

从上述夏侯婴和灌婴的军功升迁过程来看，均经历了"赐爵执圭"，可见"执圭"在灭秦战争中为实实在在的爵位名称。然而根据《汉书·百官公卿表》所载的因袭秦制的二十等爵，并没有执帛、执圭的爵位。夏侯婴"迁为执圭"后，不久升迁为军功爵的最高等级"列侯"，由此可推断"执圭"之爵相当于二十等爵中的较为靠上的爵位。根据

《史记》《汉书》《后汉书》中的相关注解,"执帛""执圭"为楚爵。在由秦入汉的过程中,刘邦在上承秦制的基础上,也曾使用楚国爵制,这在学界已成为共识[65]。西汉立国后,逐渐弃用楚爵,采用秦制二十等爵,并在此基础上逐渐形成了具有一定特色的"汉代爵制"[66]。虽然楚爵渐遭弃用,但是却深植于世人对功名追求的信仰中,"或起徒步而仕执圭,解草衣以升卿相"[67],成为美好功名的指代。

同时,在两汉时期,由于玉圭作为瑞玉和祭玉的重要性和等级性,以及作为仕途与功名的美好象征,它也被用来形容高贵的人品,成为美好德行的象征。如《汉书·叙传》载:"孝成煌煌,临朝有光,威仪之盛,如圭如璋。"《后汉书·党锢列传》载:"刘儒字叔林,东郡阳平人也。郭林宗常谓儒口讷心辩,有圭璋之质。"

## 三、余论——对文献中"圭币"的理解

在《史记》和《汉书》有关祭祀的记载中,经常出现"圭币"。如《史记·封禅书》中有"及诸祠,各增广坛场,圭币俎豆以羌加之",《汉书·文帝纪》中有"其广增诸祀坛场圭币",《汉书·郊祀志》中有"皆各用牢具祠,而巫祝所损益,圭币杂异焉""而牲亦牛犊牢具圭币各异""黄犊羔各四,圭币各有数,皆生瘗埋,无俎豆之具"。从这些记载可知,各种祭祀活动中,"圭币"是必备之物。颜师古对"圭币"之"币"的注释是"祭神之帛",如此则"圭币"即"圭帛"。在周人的观念中,事神的祭祀行为中最重要的祭品为"玉帛"[68],根据上文我们可知西汉立国后祭祀体系继承周秦之制,祭祀中的用玉观念也基本承袭周秦,即玉器作为精物是献祭给祖先、天神和地祇最好的礼物。那么"圭帛"中的"圭"应是对祭祀中用玉的总称,而非单指玉圭一类器物。

在考古材料中,我们可以看到祭祀用玉并非只有玉圭,除了常见的圭璧组合外,有的祭祀遗址或某次祭祀行为中使用有其他玉器。例如,礼县鸾亭山祭祀遗址中的十组祭祀用玉中,九组为圭璧组合,剩余一组除了圭璧,还有玉人。西安芦家口村祭祀用玉种类则更多,不仅有圭璧,还有璋、璜、琮、琥、玉人等。

《汉书·郊祀志》载:"于是始皇遂东游海上,行礼祠名山川及八神……五曰阳主,祠之罘山;六曰月主,祠(之)莱山:皆在齐北,并(傍)勃海;七曰日主,祠盛山……皆各用牢具祠,而巫祝所损益,圭币杂异焉。"颜师古注曰:"言八神牲牢皆同,而圭币各异也。"与秦始皇东游并祭祀"山川及八神"有关的遗存,目前可见到的是荣成成山头祭祀第二组玉器和烟台芝罘岛祭玉[69],这两组玉器很可能就是位列八神之五阳主祠和位列八神之七日主祠的祭祀遗存。成山头第二组玉器包括玉圭和玉璧,芝罘岛祭祀玉器有玉圭、玉璧和玉觿,这些玉器应当就是文献中"圭币"之"圭",当时应有丝帛,只是历经千年而朽烂无痕。

更有甚者,新发现的雍城血池祭祀遗址,可能是汉高祖刘邦设立的国家最高等级的、专门用于祭祀天地及黑帝的固定场所——北畤。这是与古文献记载吻合、时代最早、规

模最大、性质明确、持续时间最长,且功能结构趋于完整的汉代国家大型"祭天台"[70]。根据《史记》和《汉书》相关郊雍"五畤"的记载,有用到"圭币"等祭品,然而目前在血池遗址已发掘的祭祀坑中见有玉人、玉璜、玉琮、玉璋、玉璧残片等,目前并未见到玉圭。因此,更可验证"圭币"之"圭"为汉代文献中祭祀玉器的共名。

## 注 释

[1] 本文的"中国早期历史或社会"是指三代至两汉时期。

[2] 刘庆柱、李毓芳:《西汉十一陵》,西安:陕西人民出版社,1987年,第127、128页。

[3] 王保平主编:《汉阳陵博物苑》,北京:文物出版社,2006年,第55、62、63页。

[4] 陕西省文物管理委员会:《陕西兴平县茂陵勘察》,《考古》1964年第2期,第86~89页。

[5] a. 刘云辉:《陕西出土汉代玉器》,北京:文物出版社、台北:众志美术出版社,2009年,第12页;b. 陕西省考古研究院、咸阳市文物考古研究所、茂陵博物馆:《汉武帝茂陵考古调查、勘探简报》,《考古与文物》2011年第2期,第3~13页。

[6] 咸阳市博物馆:《汉平陵调查简报》,《考古与文物》1982年第4期。

[7] 中国社会科学院考古研究所:《汉杜陵陵园遗址》,北京:科学出版社,1993年,第73页。

[8] 同注[2],第144页。

[9] 同注[5]a,第16页。

[10] a. 徐州博物馆:《徐州东甸子汉墓》,《中国考古学年鉴(1997)》,北京:文物出版社,1999年,第133、134页;b. 徐州博物馆:《徐州东甸子西汉墓》,《文物》1999年第12期,第4~18页。

[11] 中国社会科学院考古研究所、河北省文物管理处:《满城汉墓发掘报告》,北京:文物出版社,1980年,第134、137、138页。

[12] 山东省菏泽地区汉墓发掘小组:《巨野红土山西汉墓》,《考古学报》1983年第4期,第471~499、531~542页。

[13] 山东省博物馆:《曲阜九龙山汉墓发掘简报》,《文物》1972年第5期,第39~44、54、65页。

[14] 河南省文物考古研究所:《永城西汉梁国王陵与寝园》,郑州:中州古籍出版社,1996年,第13页;河南省商丘市文物管理委员会、河南省文物考古研究所、河南省永城市文物管理委员会:《芒砀山西汉梁王墓地》,北京:文物出版社,2001年,第293页。

[15] 南京博物院:《长毋相忘:读盱眙大云山江都王陵》,南京:译林出版社,2013年,第30~33页。

[16] 长沙市文物考古研究所、望城县文物管理局:《湖南望城风篷岭汉墓发掘简报》,《文物》2007年第12期,第21~41页。

[17] 2018年10月30日徐州汉代玉文化国际学术研讨会上,海昏侯墓发掘领队杨军进行报告。

[18] 同注[5]a,第14、15页。

[19] 张小丽:《西安地区近年出土的古玉》,《中国文化遗产增刊·艺术考古》2007年增刊;西安市文物保护考古所:《西安张家堡汉墓群发掘取得重要收获》,《中国文物报》2008年2月25日第5版。

[20] 咸阳市博物馆:《陕西咸阳马泉西汉墓》,《考古》1979年第2期,第125~135、202页。

[21] 柟枫:《西安南郊吴家坟汉墓清理简记》,《考古与文物》1989年第2期。

[22] 咸阳市文物考古研究所:《咸阳织布厂汉墓清理简报》,《考古与文物》1995年第4期,第10~27、87页。

[23] 陕西省考古研究院:《西安北郊井上村西汉M24发掘简报》,《考古与文物》2012年第6期,第11~16、119~121页。

[24] 同注[5]a,第19页。

[25] 南京市博物馆:《江苏高淳固城汉墓发掘简报》,《东南文化》1992年第5期,第94~102、255页。

简报中无图，无法判断其是玉圭，还是像圭的玉圭形器。

[26] a. 西安市文物保护考古所：《西安文物精华——玉器》，北京：世界图书出版公司，2004年；b. 西安市文物管理委员会：《玉器》，西安：陕西旅游出版社，1992年。

[27] 对这批玉器前后有三次报道，a. 同注［26］a，第4页，认为这批祭祀玉器年代为秦代；b. 同注［5］a，第31页，认为这批玉器的年代为战国晚期；c. 梁云：《对鸾亭山祭祀遗址的初步认识》，《中国历史文物》2005年第5期，第5~31页，认为此批玉器年代为西汉中期。根据这批玉器的形制和纹饰特点，笔者赞同梁云的判断。

[28] 刘云辉：《东周秦国玉器大观》，《中国玉文化玉学论丛（续编）》，北京：紫禁城出版社，2004年；同注［5］a，第31页。刘云辉认为这批玉器年代为战国晚期。

[29] 同注［27］c，梁云认为这批玉器的年代为西汉时期，笔者赞同其判断。

[30] 陕西省考古研究院、西岳庙文物管理处：《西岳庙》，西安：三秦出版社，2007年。

[31] 游富祥、梁云：《汉代集灵宫与华阴故城考证》，《中国国家博物馆馆刊》2014年第8期，第19~28页。

[32] a. 同注［5］a，第12页；b. 陕西省雍城考古队：《1982年凤翔雍城秦汉遗址调查简报》，《考古与文物》1984年第2期，第30页。

[33] 同注［5］a，第12页；同注［32］b。

[34] 王永波：《成山玉器与日主祭——兼论太阳神崇拜的有关问题》，《文物》1993年第1期，第62~68页。

[35] 早期秦文化联合考古队：《2004年甘肃礼县鸾亭山遗址发掘主要收获》，《中国历史文物》2005年第5期，第2、4~14、89~97页。

[36] 李婵：《略论周代玉圭的种类和用途》，《西南农业大学学报（社会科学版）》2011年第9期，第89~91页。

[37] 王永波还对部分种类的玉圭尺寸进行了折算，参看王永波：《中国上古瑞圭研究》，《故宫学术季刊》1992年第2期。

[38] （汉）许慎撰，（清）段玉裁注：《说文解字注》，上海：上海古籍出版社，1982年，第693页。

[39] 同注［38］，第12页。

[40] 同注［38］，第178页。

[41] 洪适：《隶释 隶续》，北京：中华书局，1986年；胡广跃：《石头上的中国画——武氏祠汉画像石的故事诠释》，西安：三秦出版社，2014年，第85页。

[42] 中国社会科学院考古研究所、山西省临汾市文物局：《襄汾陶寺——1978~1985年考古发掘报告》，北京：文物出版社，2015年，第692~693页。

[43] 刘敦愿：《记两城镇遗址发现的两件石器》，《考古》1972年第4期，第56、57页。

[44] 中国社会科学院考古研究所二里头队：《1980年秋河南偃师二里头遗址发掘简报》，《考古》1983年第3期，第199~205、219页。

[45] 中国社会科学院考古研究所：《殷墟妇好墓》，北京：文物出版社，1980年，第116~118页。

[46] 山西省考古研究所侯马工作站：《侯马晋国祭祀遗址发掘报告》，《晋都新田》，太原：山西人民出版社，1996年，第262~264页。

[47] a. 夏鼐：《商代玉器的分类、定名和用途》，《考古》1983年第5期，第455~467页；b. 孙庆伟：《西周玉圭及相关问题的初步研究》，《文物世界》2000年第2期，第76~80页；c. 中国社会科学院考古研究所：《上村岭虢国墓地》，北京：科学出版社，1959年，第20页；d. 梁云：《周代用圭制度的流变》，《中国历史文物》2005年第3期，第18~26页。

[48] 邓淑苹：《圭璧考》，《故宫季刊》1977年第3期；邓淑苹：《故宫博物院所藏新石器时代玉研究之三——工具、武器及相关的礼器》，《故宫学术季刊》1990年第1期。

[49] 同注[37]。
[50] 郭宝钧:《古玉新诠》,《中研院史语所集刊》1948年第20本(下),第1~46页。
[51] 高炜:《陶寺文化玉器及相关问题》,《襄汾陶寺遗址研究》,北京:科学出版社,2007年,第469~471页。
[52] 2018年10月30日徐州汉代玉文化国际学术研讨会上,曹操墓发掘领队潘伟斌报告曹操墓出土玉器与研究情况,他认为一圭四璧是帝制的一种体现。
[53] 王柏中:《两汉国家祭祀制度研究》,吉林大学博士学位论文,2004年,第32、33页。
[54] 可参看阎步克众多研究成果,如《从爵本位到官本位:秦汉官僚品位结构研究》《品位与职位:秦汉魏晋南北朝官阶制度研究》。
[55] 陈斯文:《两汉时期出土玉璧的初步研究》,西北大学硕士学位论文,2012年,第63、64页。
[56] 同注[36];同注[47]b、d;周南泉:《论中国古代的圭——古玉研究之三》,《故宫博物院院刊》1992年第3期,第11~25、101页。
[57] (清)孙希旦撰,沈啸寰、王星贤点校:《礼记》,北京:中华书局,1989年,第642页。
[58] 同注[57],第700页。
[59] 同注[53],第26、27页。
[60] 卢兆荫:《略论汉代礼仪用玉的继承与发展》,《文物》1998年第3期,第43~48页。
[61] 同注[27]c,第5~31页。
[62] 同注[34]。
[63] 同注[31]。
[64] 同注[60]。
[65] 李开元:《汉帝国的建立与刘邦集团》,北京:生活·读书·新知三联书店,2000年,第37~43页;朱绍侯:《军功爵制考论》,北京:商务印书馆,2008年,第108~121页。
[66] 王玉喜:《爵制与秦汉社会研究》,山东大学博士学位论文,2014年,第41~46页。
[67] (南朝·宋)范晔撰,(唐)李贤等注:《后汉书》,北京:中华书局,1965年,第2184页。
[68] 孙庆伟:《周代用玉制度研究》,上海:上海古籍出版社,2008年,第228页。
[69] 烟台市博物馆:《烟台市芝罘岛发现一批文物》,《文物》1976年第8期,第93、94页。
[70] 雷恺:《陕西凤翔血池遗址考古发现皇家祭天场所》,中国考古网,2016年12月7日,http://www.kaogu.cn/cn/xccz/20161207/56395.html;辛怡华:《血池遗址与雍地五畤》,《宝鸡社会科学》2018年第3期,第54~56页。

# Studies on Yugui of Han Dynasty

Cao Fangfang

(2018 PhD Student, the School of Archaeology and Museology, Peking University)

**Abstract:** This paper examines Yugui's chronological and spatial distribution of existence, their record in Chinese official historical records in the Han Dynasty, alongside the archaeological context in which they are found, and differences in their shape and style, in order to understand their social function, their place in social hierarchy, and differences in their use between genders within the Han Dynasty. The study shows that in the Han Dynasty, size varies according to context with larger Yugui more commonly found within burials, and smaller ones within sacrificial contexts. The range of Yugui's use from the middle Han Dynasty becomes narrower and gradually transitioned to the things exclusively used by the Emperor himself in Eastern Han. These changes can be attributed to the reform of the sacrificial system and the increased strictness in the hierarchy of their use. Due to the hierarchy and sanctity of Yugui, it came to be a symbol of fame and virtue, becoming the common name of sacrificial jade in the Han dynasty. With the advocation about frugality and simple burial by Cao Cao and his son, Cao Pi, the use of Yugui in early ancient China came to an abrupt end.

**Key Words:** Han Dynasty, Yugui, Archaeological Features, Functions

---

**教师评语：**玉圭是早期中国重要的一类礼仪用玉，通过对不同时期玉圭的梳理，可以了解当时社会相关的礼仪状况与祭祀制度。玉圭在汉代被持续使用，然而尚未有专门的文章对这类重要的玉器进行梳理和研究。曹芳芳同学的《汉代玉圭的发现与研究》一文，系统地梳理了两汉时期玉圭的考古发现，并根据研究内容的需要对不同遗址类型的玉圭进行了适当的分类。在此基础上，对汉代玉圭的形制、流行时间、地域特征、使用的等级和性别差异，以及汉代玉圭的功能进行了深入、全面的研究。她提出了汉代玉圭的三种类型，形制和尺寸的不同对应了功能的差异，功能的不同也表现出考古出土位置的不同；同时分析了汉代不同阶段玉圭使用的特征，并探研了这些特征与汉帝国国家走向、中央集权发展、宗教祭祀制度变革的密切关系。她还研究了玉圭如何从实用之物，在汉代开始逐渐成为仕途、功名与美好德行的象征。另外，她也对文献中祭祀"圭币"进行了分析，认为"圭"为汉代祭祀玉器的共称或总称。这一观点与青铜器中用"彝"或"尊"作为一些青铜器的共称，具有异曲同工之妙，然而之前的研究并未提及或注意到这一点。总之，曹芳芳同学对考古资料和文献资料的梳理与利用较为扎实，因此其结论具有很强的实用性和说服力，一些论断也颇具启发性。通过多次修改，文章结构和语言也较为通畅。通过一些重要的礼仪用玉去探讨社会上层制度与观念仍有可发挥的空间，希望未来曹芳芳同学在此方面继续努力探索。

（北京大学考古文博学院教授　孙庆伟）

# 试论西汉南越王墓出土丝缕玉衣的相关问题

许倬瑞

（郑州大学历史学院 2018 级本科生）

**摘要**：广州西汉南越王墓出土的南越王赵眜丝缕玉衣是迄今为止我国所见的唯一一件丝缕玉衣。本文在前人研究的基础之上，结合历史文献和考古材料，尝试对丝缕玉衣的性质、所反映的意识等问题进行探讨，并得出结论：丝缕玉衣不仅仅是葬具，从性质而言，它还是南越王僭越之心的体现，是南越国独创和自制的产物；从更深层次来看，它反映了南越国及南越王的独立意识和南越国与中央政府之间的密切联系。

**关键词**：丝缕玉衣；南越国；西汉中央政府

1983 年，在广东省广州市象岗山，西汉南越国第二代国王赵眜的墓葬被发现并进行了考古发掘。在清理墓葬主棺室的过程中，发现了一套由 2291 片玉片组成的丝缕玉衣。这套独一无二的丝缕玉衣自出土之后，关于它的一系列研究讨论相继展开。本文旨在通过文献与考古材料对丝缕玉衣的几个问题进行讨论。

## 一、前人的讨论和重要成果

在丝缕玉衣发现至今的数十年中，随着相关材料的公布，其研究也在不断深入。

在考古材料方面，1984 年，广州象岗汉墓发掘队在《西汉南越王墓发掘初步报告》中首次正式宣布了发现丝缕玉衣的消息[1]。1991 年，《西汉南越王"丝缕玉衣"的清理与复原》《中国古玉地质考古学研究——西汉南越王墓玉器》相继发表，前文公开了清理修复过程，这为进一步研究丝缕玉衣提供了可靠的详细材料[2]；后文通过技术手段分析研究，认为玉衣原料来源地可能为广东曲江，并发现玉衣的玉片中存在假玉[3]。

同年，《西汉南越王墓》出版，作为南越王墓的考古报告，书中详细介绍了玉衣的出土清理情况，并提出墓主可能是赤身穿套玉衣后下葬的[4]。之后，《南越王墓玉器》出版，详细记录了相关发现情况[5]。

在相关研究讨论方面，1984 年，《广州象岗南越王墓墓主、葬制、人殉诸问题刍议》提出玉衣为南越国工匠自制的观点[6]。之后数年里，虽有相关文章，但由于丝缕玉衣的更多材料尚未发表，讨论未能进一步深入。1987 年第 2 期的《岭南文史》上有文章对丝缕玉衣的发现情况、发掘过程等有所提及。1989年，卢兆荫发表《再论两汉的玉衣》，对于丝缕玉衣，文中提出三个观点：一是其出现或能说明在使用玉衣的初期人们重玉不重缕，这与当时玉衣尚未形成严格的分级使用制度有关；二是丝缕玉衣的制作可能分几步进行；三是不能完全排除在当地制造或补配丝缕玉衣的可能性[7]。1991年，黄展岳《丝缕玉衣和组玉佩》一文载于《南越王墓玉器》一书中。文章认为，丝缕玉衣的制作是南越国自行完成的，而其玉料也产自南越本地[8]。

1998年，卢兆荫在《南越王墓玉器与满城汉墓玉器比较研究》中将丝缕玉衣与金缕玉衣进行了比较，并提出江苏徐州韩山一号汉墓及云南晋宁石寨山滇王墓所发现的玉衣片也可能属于丝缕玉衣（或半成品）[9]。2006年，《试论我国古代的丧葬玉》一文中提出，丝缕玉衣等级低于金缕、银缕、铜缕玉衣，但对于这一结论，文章并未做任何论证，结论恐难以成立[10]。2007年，《西汉南越国宗教风俗述略》中提出，丝缕玉衣及棺椁中的铁剑"既包含了越人的宗教信仰，也与楚人的鬼神观念相关"[11]。2008年，《汉代玉衣研究》中提出，若《再论两汉的玉衣》的结论成立，则"此玉衣可能就是丝缕玉衣套结合战国时期真山大墓中的'珠襦玉甲'类葬玉或玉铠甲形成的"[12]。

2008年12月，西汉南越国考古与汉文化国际学术研讨会在广州召开。会上，王文建发表《西汉南越王的丝缕玉衣再研究》，文章通过比较，认为丝缕玉衣制作工艺与中山靖王刘胜夫妇的玉衣结构基本相同，并提出丝缕玉衣可能是等级制度的体现。结合滇王墓玉衣片，认为丝缕玉衣可能是供异姓诸侯王使用的[13]。

2009年，《广州南越王墓玉器研究》结合满城汉墓金缕玉衣的相关研究认为，南越王玉衣头部的有孔玉璧是汉代升仙思想在葬俗中的体现[14]。2011年，有学者指出丝缕玉衣在一定程度上也可被视作金缕玉衣的替代品[15]。2015年，《珠襦玉匣考》提出，南越王墓出土的玉衣可能是璧珠玑玉衣而非珠襦玉匣[16]。

2018年，在徐州召开了"汉代玉文化国际学术研讨会"。会上，古方提交了论文《再议西汉南越王玉衣》，认为汉代不存在丝缕玉衣制度，丝缕玉衣是由汉朝廷所赐玉覆面和自制玉衣其他部位的结合体，是僭越的体现，汉廷是以列侯等级对待南越王的[17]。

以上是几十年来对于丝缕玉衣的主要讨论和相关成果。结合文献与前人成果，可以继续进行讨论。

## 二、对丝缕玉衣性质的讨论

丝缕玉衣是南越王僭越之心的体现，是南越王的独创，也是南越国本地的产物。

### （一）丝缕玉衣是南越王僭越之心的体现

作为地方的异姓诸侯，南越王不安于汉王朝统治的僭越之心早已有之。这一点，无论是从历史文献中，还是从出土文物中，都能得到印证。

在历史典籍中，有多处对于南越王僭越之心的记载。以《史记·南越列传》为例，其中对南越历代国王有以下几条记载：

赵佗：

……于是佗乃自尊号为南越武帝，发兵攻长沙边邑，败数县而去焉[18]。

……佗因此以兵威边，财物赂遗闽越、西瓯、骆，役属焉，东西万余里。乃乘黄屋左纛，称制，与中国侔[19]。

陆贾至南越，王甚恐，为书谢，称曰："……老臣妄窃帝号，聊以自娱，岂敢以闻天王哉！"乃顿首谢，原长为藩臣，奉贡职。于是乃下令国中曰："吾闻两雄不俱立，两贤不并世。皇帝，贤天子也。自今以后，去帝制黄屋左纛。"陆贾还报，孝文帝大说。遂至孝景时，称臣，使人朝请。然南越其居国窃如故号名，其使天子，称王朝命如诸侯[20]。

赵眜（胡）：

助去后，其大臣谏胡曰："汉兴兵诛郢，亦行以惊动南越。且先王昔言，事天子期无失礼，要之不可以说好语入见。入见则不得复归，亡国之势也。"于是胡称病，竟不入见[21]。

赵婴齐：

婴齐代立，即藏其先武帝玺[22]。

《汉书·西南夷两粤朝鲜传》中的记载多与《史记》相同，另有以下几条有所差异：

赵佗：

……老夫身定百邑之地，东西南北数千万里，带甲百万有余，然北面而臣事汉，何也？不敢背先人之故[23]。

赵婴齐：

婴齐嗣立，即臧其先武帝、文帝玺[24]。

汉数使使者风谕，婴齐犹尚乐擅杀生自恣，惧入见，要以用汉法，比内诸侯，固称病，遂不入见[25]。

结合以上的文献记载可知，①南越国国王曾经称帝；②赵佗、赵眜时期的南越国叛离之心最为严重；③南越国国王曾经使用天子仪仗；④南越王对于汉朝廷入朝称诸侯，国内称皇帝。

赵佗"自尊号为南越武帝"，虽然这一举动与吕后的贸易禁令有所关系，但其所体现的，还是南越王作为地方诸侯，在名义和实际上追求更高身份，进行相关行动的体现。至于赵佗"乘黄屋左纛，称制，与中国侔"，使用天子仪仗，则是其标榜自身身份，试图先在仪仗方面，进而在其他方面与中央政府的最高领袖——皇帝平起平坐的体现。在此之后，赵佗虽然自去帝号，但"居国窃如故号名，其使天子，称王朝命如诸侯"，在国内依然以皇帝自居，这说明赵佗对于汉廷依旧是不愿完全臣服的，仍旧保留有僭越之心。

需要注意的是，赵佗在任时，正值秦末至汉武帝建元四年（公元前137年）期间。秦末，天下动荡，汉高祖于公元前202年建立西汉，在之后的六七十年里，西汉王朝始终奉行"清净无为"的黄老思想治理国家。正如阎步克先生所说，汉初"力图把高速运转的官僚机器的转速降至最低，避免对社会的骚扰和破坏而让其自然复苏"[26]。在这一时期内，中央政府的整体运作处于偏消极的防守状态。结合这一实际情况，有理由认为赵佗的一系列行为举动与中央政府的政策导向有着密切联系。

赵眜统治时期，僭越现象依旧存在。赵眜随葬有印章8枚，其中包括"文帝行玺"金印一枚，"泰子"金印一枚、玉印一枚，"赵眜"玉印一枚，"帝印"玉印一枚，共5枚有刻文印[27]。通过这几枚印玺，不仅可以了解南越王墓墓主身份，而且能够知道赵眜生前曾自称"文帝"。结合"帝印"这一发现，我们有充足的理由认为赵眜曾经在南越称帝。赵眜身穿丝缕玉衣入葬，这也是身份地位的一个体现。在文献中，赵眜称病而不入朝，显然是对于中央政府召见的目的有所顾虑。这也恰恰在一定程度上说明，此时的南越国已经不足以兴兵与汉朝相抗衡。

赵婴齐统治时期，僭越现象已大大减弱，但依旧存在。赵婴齐继位之后，将前代国王称帝使用的印玺收藏起来，似乎不再有称帝的念头。但是，史料记载："（孙权）……掘婴齐墓，即佗之子，得珠襦玉匣之具，金印三十六，一皇帝信玺，一皇帝行玺，余文天子也。"[28]由此可知，到了赵婴齐统治时期，南越所采取的依旧是"外王内帝"政策，即对汉称诸侯，对内称皇帝。

在赵眜与赵婴齐统治阶段，南越的"外王内帝"政策发生了明显的转变。这一转变与汉朝廷和南越国国力彻底不平衡的现实情况有关，与汉代中央政府这一时期治国思想和政策导向有关，也与南越统治者的自身经历有关。

经历了汉初"清净无为"的治国政策之后，到汉武帝时期，西汉国力达到全盛。在这一时期，汉武帝改变了先前汉朝的治国思想与政策导向，治国思想转变为儒法并行、外儒内法，政策导向也由消极变为积极。无论是接连不断的对外战争，还是经年不息的大兴土木，都代表着帝国中央政府的政策由偏消极的防守状态转变为积极的扩张状态。在这一背景下，南越国的僭越现象大大减弱，可谓是情理之中。也正是以上这几个原因，赵眜才会在上书中表示"今东粤擅兴兵侵臣,臣不敢兴兵,唯天子诏之"[29]。此外,赵婴齐在统治南越之前,曾经"入宿卫"[30],亲眼见到了汉帝国的强大;在继位之后,他又"惧入见,要以用汉法,比内诸侯,固称病,遂不入见",这些都反映出了他对于汉王朝控制南越的担忧和惧怕,而这一心理也是南越僭越情况减弱的原因之一。

综上可知,在南越国力强盛之时,南越王始终执行"外王内帝"甚至直接称帝的政策,且始终存在着僭越之心。

玉衣是身份等级的象征。尽管西汉初期,严格的玉衣使用制度尚未出现,但它的使用是需要经过中央政府允许的。由于丝缕玉衣文献中未见,且其是目前所见的孤例,因此可以认为其具有标新立异、僭越之意。

(二)丝缕玉衣是南越国的独创

首先,丝缕玉衣在全国范围内目前仅发现一例,说明其可能是南越国的独创。

论及这一点,就不得不对前文所述的江苏徐州韩山一号汉墓及云南晋宁石寨山滇王墓所发现的玉衣片的性质进行论述。

江苏徐州韩山一号汉墓所发现的玉石片,总计有600余片[31],和全套玉衣所需的玉片数量相去甚远[32]。因此,无论其是否使用丝缕进行缀连,都不能冠以"丝缕玉衣"之名,称为"玉套"或"半玉衣"似乎更为合适。

至于云南晋宁石寨山滇王墓,从发掘材料来看,M6所发现的玉衣片共有166枚,其中66枚属于玉覆面,其余属于"玉衣上半部"[33]。与韩山汉墓所见的玉衣片相同,滇王墓的玉衣也是不完整的,也应称作"玉套"或"半玉衣"。在这里需要注意的是,滇王墓、韩山汉墓均出土了疑似玉衣头套的玉衣片,而西汉前期的山东临沂刘疵墓中出土了使用金缕缀连的玉头套、玉手套和玉鞋[34]。南越王墓出土的丝缕玉衣,经鉴定,其头部、手套、鞋与其他部分所用玉片不一致,属于新疆青白玉-青玉[35];它的缀连方式也与其他部位不同(见下文)。因此,古方提出的"头手脚三部分为汉廷制作,躯干部分为南越国配制"[36]的观点可备一说;但对于他提出的汉廷以列侯等级对待南越王的观点,似乎仍有深入探索的空间。

其次,在赵眜所处的时代,已经有金属缕玉衣出现并作为葬具使用。与南越王墓基本同时的满城汉墓就是最好的证据。西汉初期,虽然严格的玉衣使用制度尚未形成,但玉衣制作的相关工艺已经成熟,这从刘疵墓出土玉套和满城汉墓所出土的两套玉衣可见一斑;且南越王在制造玉衣时必定有所参照,不可能凭空制造出一套玉衣,由此可以推测,在工艺方面,南越国是存在制造金缕玉衣的可能性的。

而南越的国力,完全可以支撑起金缕玉衣制作的耗费。赵佗在上书汉文帝时,对于自身国力曾有"东西南北数千万里,带甲百万有余"的叙述。这虽然存在自夸的成分,但也是符合一定事实的。从南越王墓出土的金、玉、铜、铁等各种材质的器物上看,赵眜生前拥有巨额财富。因此,赵眜完全有能力享受金缕玉衣。但他不仅没有制作金缕玉衣，而且舍弃了原有的玉衣使用制度和制作方式，标新立异般地创造出了丝缕玉衣这种全新的玉衣制度，这一行为背后所体现出的意识动机是值得讨论的。

（三）丝缕玉衣是南越国自制产物

丝缕玉衣是南越当地自制的产物。

南越国存在玉器加工业。这一点在记载文献中能够略窥一二。《汉书》中记载，赵佗进献给汉文帝的贡物中，有"白璧一双，翠鸟千，犀角十，紫贝五百，桂蠹一器，生翠四十双，孔雀二双"[37]，由所献均为南越地区土产可以推测，白璧也属于南越自行生产的玉器。结合南越王墓出土玉器的相关情况，可以认为南越国拥有自己的玉器加工业。发掘报告指出，南越王墓出土的南越玉器"与全国各地出土的汉代玉器并没有太大区别……但仔细审察，不难发现南越墓出土玉器中有不少器形是别具风格的；有些玉雕设计，亦为他处所未见"[38]，这说明南越王墓出土玉器在保留了汉文化共性的同时充分发展出了本地的个性，形成了地方特色。由此不难推断，南越本地是拥有自己的玉器加工业的。

南越国境内有玉料产地。结合前文所述的研究成果可知，丝缕玉衣原料来源地可能为广东曲江，而广东曲江早在新石器时代就已经有玉器生产活动[39]。《初学记》记载："曲江县东有玉山，卉木滋茂，泉石澄涧。相传云昔有人采玉处。"[40]《元和郡县图志》亦云，岭南道韶州曲江县"玉山，在县东南十里，有采玉处"[41]。由这些可以知道，广东曲江自古就有玉矿存在。

2010年的研究认为南越王丝缕玉衣中有部分原料可能来自粤西的广宁地区[42]。无论玉料来自广宁还是曲江，都无法否认丝缕玉衣在制作中使用了南越本地出产的玉料的可能性。

丝缕玉衣的缀连拼接方式独一无二，在已知的类似形式的玉衣中是最早的。丝缕玉衣与中原地区发现的大部分金属缕玉衣的缀连拼接方式存在很大不同。丝缕玉衣在拼接时并非像其他的玉衣一样在每片玉衣片上钻孔并用缕线缀连，而是运用了不同的方法：在头套、手套、鞋三个部分，通过玉片边角上的孔眼用丝线缀合并在边缘部位以丝织物缝合包边；在上衣和裤筒部分，先以麻布作为衬托，按设计在其上排列玉衣片，并用胶把玉衣片黏结在布上；再在表面基本通过玉衣片的对角线作斜向并列粘贴，而后向另一对角线方向重复粘贴动作，再用丝带在玉片间的纵缝作竖向粘贴，之后沿横缝粘贴，最后在边口处贴边[43]，从而实现对所有缝隙的粘贴。与丝缕玉衣上衣和裤筒部分粘贴方法相似的玉衣，有满城二号汉墓窦绾玉衣的上衣部分。但窦绾玉衣的上衣部分在用丝带横向粘贴时将丝带进行了翻折[44]。根据推算，南越王赵眜去世于汉武帝元朔、元狩之交前后，即公元前122年左右，窦绾去世于元狩五年至太初元年之间，即公元前118～前104年。所以，丝缕玉衣所采用的连接方式，在目前所见完整玉衣中是独一无二的，相较于窦绾玉衣，丝缕玉衣的年代也更早。因此，从这一方面来看，丝缕玉衣的缀连拼接方式极有可能是南越国的独创。结合这几点来看，丝缕玉衣应该是南越国本地的产物。

## 三、对于丝缕玉衣所反映意识问题的讨论

丝缕玉衣体现出了南越国及南越王的一种独立意识,即通过该玉衣强调南越与汉朝廷之间的区别。但同时,玉衣也反映出了南越国文化与汉文化之间无法割断的密切联系。

（一）丝缕玉衣体现南越国及南越王的独立意识

结合先前论述,不难得知南越国早有僭越之心,即独立于中央政府之外的意识。这一意识根植于数位南越王的思想之中。由这一意识驱动,体现在考古发现中,就是带有明显南越国地方主义色彩的器物。以印章为例,《汉官旧仪》中对皇帝的印玺使用有着明确的记载:"皇帝六玺,皆白玉螭虎纽,文曰皇帝行玺、皇帝之玺、皇帝信玺、天子行玺、天子之玺、天子信玺。"[45]而南越王墓中出土的"文帝行玺",将"文帝"直书其上,是黄金材质,而且印纽为龙纽,三者与汉制不合,当是南越国自身相关制度的体现,反映出南越王的独立性。此外,墓中出土的"帝印"蟠龙纽玉印也值得注意。《说文解字》:"玺,王者印也。"[46]结合前引汉代皇帝玉玺印纽都是白玉螭虎纽的记载,可知除材质之外,南越王的"帝印"在其他方面没有任何地方符合汉制。此外,南越王墓殉人身边出土的"右夫人玺"[47]也有着明显的僭越。因为依据汉制,只有帝后的印章能够称为"玺",结合墓中同时出土的"左夫人印"可知,右夫人并非正室的称谓。因此,南越在印章方面的僭越可谓是全面且创新的。

在南越王墓东耳室中出土有铜铙一组,其中每件都有"文帝九年乐府工造"的铭刻。汉制中"文帝"为谥号,汉朝廷不可能以此纪年。赵眜"文帝行玺"的印文证明,铜铙铭刻中的"文帝"应当为南越文帝而非汉文帝。也就是说,南越拥有独立于中央政府之外的纪年方式。这是南越独立意识的重要体现。

结合印章和铜铙铭刻等可知,南越国具有自身的独立性。由此推测,赵眜之所以选择丝缕玉衣而非金属缕玉衣,最有可能是因为丝缕玉衣具有独特性,能够证明南越政权在这一阶段独立于西汉政府之外。因此,丝缕玉衣是南越政权独立意识的一个体现,反映出了南越国与中央政府之间的区别。丝缕玉衣并非西汉政治体制中玉衣制度里的一个等级,因为其本身就不是西汉玉衣制度的组成部分。

（二）丝缕玉衣体现南越国与中央政权之间的密切联系

尽管南越政权的种种举措都在努力彰显自身的独立性,但是,其处于汉文化圈之中,是汉文化圈的重要一环,这一点是毋庸置疑的。

就丝缕玉衣而言,从原料与制作来看,它采用了来自中央王朝的部分玉料,而在制作过程中,更是拥有着与汉代同时期水平接近的制玉技术[48],并采用了中原地区的部分制作方法（见前文）；从丝缕玉衣本身看,它就是"玉衣"这一中原王朝身份、地位、财

富的象征与南越实际情况的结合。

从思想的层面上看，丝缕玉衣与其他玉衣一样，反映出当时社会普遍流行的升仙观念。

丝缕玉衣的头顶位置并未像其他部位一样严丝合缝，而是选择用一块玉璧进行制作。为什么选择在追求全身封闭以保全尸体的玉衣中留孔，且将圆孔留在头顶呢？这应与汉代的升仙观念有着密切的联系。

从璧的角度出发，它是人们用来祭天的礼器，"以苍璧礼天"[49]是儒家思想对玉璧作用的描述。基于此，可以认为璧是与"天"有相关联系的玉器。

汉代流行魂魄观念。何谓魂魄？《左传》说："人生始化曰魄，既生魄，阳曰魂。"[50]《礼记》云："魂气归于天，形魄归于地。"[51]也就是说，人有魂魄，当人在世时，有"魂"和"魄"附于身体上；人死之后，"魂"升天，"魄"与尸体一同被埋葬。基于"魂"升天的需要，丧葬制度的重要性便凸显出来了。使用玉衣安放逝者的时候，如果玉衣严丝合缝，那么"魂"从哪里才能出来升天呢？因此要在头顶留一个小洞，以利于"魂"的飞升。为什么要用玉璧在头顶留出这样一个飞升通道？这由两方面的原因决定：第一，玉璧是祭天的礼器，它与"天"之间的联系显然较其他玉器更为密切；第二，人在站立状态下头顶与天的距离最近，因而在头部为"魂"留出通道，似乎更有利于它飞升，实现升仙和灵魂不灭的美好愿望。

所以，无论是从原料与制作，还是从思想的层面，丝缕玉衣都反映出了南越国与中央政权之间的密切联系。而这也是南越国文化属于汉文化圈的一个有力体现。

## 四、结　　论

综上所述，丝缕玉衣不仅仅是南越王赵眜的葬具，从性质而言，它还是南越王僭越之心的体现，是南越国的独创和自制的产物；从更深层次来看，它反映出了南越国及南越王的独立意识和南越国与中央王朝之间的密切联系。

站在历史的角度上，无论南越国赵佗称帝与之后国王"外王内帝"政策的动机到底为何，南越国都只是汉帝国庞大版图的一部分。这不仅是因为南越国在政治上尊奉汉天子为皇帝，后期主动请汉朝廷给丞相、内史、中尉、太傅颁授印信[52]，更是因为南越国早已主动或被动地融入了汉的文化圈之中。虽然南越国存在着一系列彰显独立性的举措，制造了各种颇具地方特色的器物，但这些举措与器物都是在中原王朝中央政府的基础之上结合地方个性而创造出来的，比如，丝缕玉衣从玉衣而来，印章最初的相关制度是中原文化产物，等等。南越国的文化依旧是占据中央主流地位的汉文化的有机组成部分。基于这一点，可以认为，汉王朝与南越国之间的关系绝非国与国的关系，而是中央与地方、中心与藩属之间的关系。研究南越的历史，在关注现有的政治、经济、文化、社会、军事等研究领域的基础上，更应注重南越对外贸易的发展和它为"海上丝绸之路"开辟所做出的贡献。只有把握好这一点，对于丝缕玉衣、南越国乃至西汉早期历史的研究才能贡献出更大的力量。

## 注　释

［1］ 广州象岗汉墓发掘队：《西汉南越王墓发掘初步报告》，《考古》1984年第3期，第222～230、289～292页。

［2］ 广州市文物管理委员会、中国社会科学院考古研究所技术室：《西汉南越王"丝缕玉衣"的清理与复原》，《文物》1991年第4期，第64～70、88页。

［3］ 闻广：《中国古玉地质考古学研究——西汉南越王墓玉器》，《考古》1991年第11期，第1032～1038、1062～1064页。

［4］ 广州市文物管理委员会、中国社会科学院考古研究所、广东省博物馆：《西汉南越王墓》，北京：文物出版社，1991年，第154～158、359～379页。《西汉南越王"丝缕玉衣"的清理复原》被收录为附录一，《中国古玉地质考古学研究——西汉南越王墓玉器》以《西汉南越王墓玉器的考古地质学研究》为题被收录为附录二。

［5］ 广州西汉南越王墓博物馆：《南越王墓玉器》，香港：两木出版社，1991年，图版5～11。

［6］ 麦英豪、吕烈丹：《广州象岗南越王墓墓主、葬制、人殉诸问题刍议》，《广州研究》1984年第4期，第68～72页。

［7］ 卢兆荫：《再论两汉的玉衣》，《文物》1989年第10期，第60～67页。

［8］ 同注［5］，第61～67页。

［9］ 卢兆荫：《南越王墓玉器与满城汉墓玉器比较研究》，《考古与文物》1998年第1期，第43～49页。

［10］ 佘一兵：《试论我国古代的丧葬玉》，中央民族大学硕士学位论文，2006年。

［11］ 吴小强：《西汉南越国宗教风俗述略》，《秦汉研究（第二辑）》，西安：三秦出版社，2007年，第189～193页。

［12］ 王静：《汉代玉衣研究》，河北师范大学硕士学位论文，2008年。

［13］ 王文建：《西汉南越王的丝缕玉衣再研究》，《西汉南越国考古与汉文化》，北京：科学出版社，2010年，第96～104页。

［14］ 陈群：《广州南越王墓玉器研究》，中央美术学院博士论文学位，2009年。

［15］ 刘尊志：《西汉诸侯王墓敛葬玉衣及相关问题》，《中原文物》2011年第4期。

［16］ 戴璐绮：《珠襦玉匣考》，《经学文献研究集刊（第14辑）》，上海：上海书店出版社，2015年，第73～81页。

［17］ 古方：《再议西汉南越王玉衣》，《汉代玉文化国际学术研讨会论文集》，北京：科学出版社，2019年，第145～150页。

［18］ （汉）司马迁：《史记》，北京：中华书局，1959年，第2969～2971页。

［19］ 同注［18］。

［20］ 同注［18］。

［21］ 同注［18］。

［22］ 同注［18］。

［23］ （汉）班固：《汉书》，北京：中华书局，1962年，第3852～3854页。

［24］ 同注［23］。

［25］ 同注［23］。

［26］ 阎步克：《波峰与波谷（第二版）》，北京：北京大学出版社，2017年，第69页。

［27］ 同注［1］。

[28] (宋)乐史:《太平寰宇记》,北京:中华书局,2007年,第3016页。
[29] 同注[23]。
[30] 同注[18]。
[31] 徐州博物馆:《徐州韩山西汉墓》,《文物》,1997年第2期,第26~43页。
[32] 同注[2]。
[33] 同注[17]。
[34] 临沂地区文物组:《山东临沂西汉刘疵墓》,《考古》1980年第6期,第493~495页。
[35] 罗涵、李琳娜、丘志力等:《西汉早期出土金缕和丝缕玉衣部分玉料材质及其加工工艺特征管窥》,《文物保护与考古科学》2012年第5期,第61~73页。
[36] 同注[17]。
[37] 同注[23]。
[38] 同注[4],第340页。
[39] 广东省博物馆、曲江县文化局石峡发掘小组:《广东曲江石峡墓葬发掘简报》,《文物》1978年第7期,第1~15页。
[40] 徐坚:《初学记》,明万历丁酉陈大科刻本。
[41] 李吉甫:《元和郡县图志》,清光绪金陵书局刻本。
[42] 同注[35]。
[43] 同注[2]。
[44] 中国科学院考古研究所技术研究室:《满城汉墓"金缕玉衣"的清理和复原》,《文物》1972年第2期,第39~47页。
[45] 卫宏:《汉官旧仪》,清乾隆武英殿刻本。
[46] 许慎:《说文解字》,北京:中华书局,2013年,第289页。
[47] 同注[1]。
[48] 同注[35]。
[49] (清)阮元校:《十三经注疏》,北京:中华书局,1980年,第762页。
[50] 同注[49],第2050页。
[51] 同注[49],第1457页。
[52] 同注[30],第2972页。

# On the Jade Shroud Sewn with Silk (Zhao Mo'S Jade Shroud) Unearthed from the Tomb of the King of Nanyue in the Western Han Dynasty

## Xu Zhuorui

(2018 Undergraduate Student, School of History, Zhengzhou University)

**Abstract:** Zhao Mo's jade shroud, which was unearthed from the tomb of the king of Nanyue in Guangzhou, is the only jade shroud sewn with silk thread we've found in China now. This paper is based on the past research in Zhao Mo's jade shroud, combining historical documents with archaeological discovery, and attempts to discuss the nature of Zhao Mo's jade shroud and the idea it reflected. This paper holds that, in terms of its nature, Zhao Mo's jade shroud is the embodiment of the arrogation of the king of Nanyue and the jade shroud sewn with silk thread is Nanyue's originality and self-control product. In a deeper level, Zhao Mo's jade shroud reflects the independent consciousness of the king of Nanyue and the country itself. Zhao Mo's jade shroud also reflects the close relationship between Nanyue and the central dynasty: the Han Dynasty.

**Key Words:** the Jade Shroud Sewn with Silk Thread, Nanyue, the Central Government of Han Dynasty

---

**教师评语：**《试论西汉南越王墓出土丝缕玉衣的相关问题》是许倬瑞同学在学习秦汉考古时结合中国古代玉器知识积极思考、探索的产物。该文以形制独特但研究成果相对较少的南越王丝缕玉衣作为研究对象，运用"二重证据法"，从传世文献和考古研究两个角度入手，对丝缕玉衣的性质、所反映意识等问题进行了探讨。文章首先对前人的相关研究进行了总结回顾，在此基础上，就丝缕玉衣的性质方面得出了三点结论：通过对《史记》《汉书》等相关传世文献进行分析，并以南越王墓中出土的其他器物作为比较对象，从文献和实物两方面得到南越王早有僭越之心的结论；通过和其他西汉墓葬中出土的玉衣，尤其是满城汉墓出土的金缕玉衣进行比较，提出丝缕玉衣是南越国的独创的结论；从玉料来源与缀连拼接方式两个方面论证丝缕玉衣是南越国自制产物的结论。

其次，文章以性质方面的讨论成果为出发点进一步将研究上升至意识层面，论述了南越王墓丝缕玉衣所反映的意识问题。文章提出，南越国具有自身的独立性，而丝缕玉衣是南越政权独立意识的一个体现，反映出了南越国与中央政府之间的区别。文章认为丝缕玉衣本身就不是西汉玉衣制度的组成部分。但是，南越政权处于汉文化圈之中，是汉文化圈的重要一环，这一点是毋庸置疑的。文章从丝缕玉衣的原料、制作技术以及汉代流行的升仙观念讨论南越国与中央政权之间的密切联系。

最后，得出结论：丝缕玉衣不仅仅是葬具，从性质而言，它还是南越王僭越之心的体现，是南越国的独创和自制的产物；从更深层次来看，它反映出了南越国及南越王的独立意识和南越国与中央政府之间的密切联系。

文章观点独到鲜明，文献材料与考古研究结合较为紧密，反映作者专业基础扎实，具有较好的科研潜质和学术水准。以此为基础，作者可以尝试进一步思考玉料来源与贸易路线、南越国经济实力和对外关系等方面的综合因素，得到更加深入的结论。

（郑州大学历史学院　丁思聪）

# 汉长安城与北魏洛阳城的给排水工程研究

张嘉毅

（北京联合大学应用文理学院 2019 级硕士研究生）

**摘要：** 汉长安城以及建立在汉魏洛阳故城基础上的北魏洛阳城有着较为系统的给排水系统，在利用周边自然水系的同时，也在很大程度上对前朝旧有给排水工程加以修缮。而随着都城规模的扩大和建筑技术的进步，相当一部分水利工程应运而生，通过对周边自然水源的利用与改造，在解决都城用水、漕运的同时也在很大程度上实现了排洪、泄洪。文章立足于考古发掘成果，从汉长安城与北魏洛阳城周边自然水系、河道、漕运、水利工程、给排水设施等遗迹入手，结合历史文献的相关记载，总结其自身特点，而后进行相关梳理与比较研究，以期在学界已有的研究成果基础上对西汉与北魏时期的建筑技术、水源利用加以梳理，进一步比较汉长安城与北魏洛阳城的给排水工程之异同。

**关键词：** 汉长安城；北魏洛阳城；给排水工程

## 一、汉长安城的给排水工程

汉长安城是在秦都咸阳兴乐宫、章台宫等的基础上修建的，而渭水南岸秦宫苑的给水系统又是在西周镐京给水工程的基础上加以修缮的，而西周镐京的给水系统以沣、滈为源（图一）。

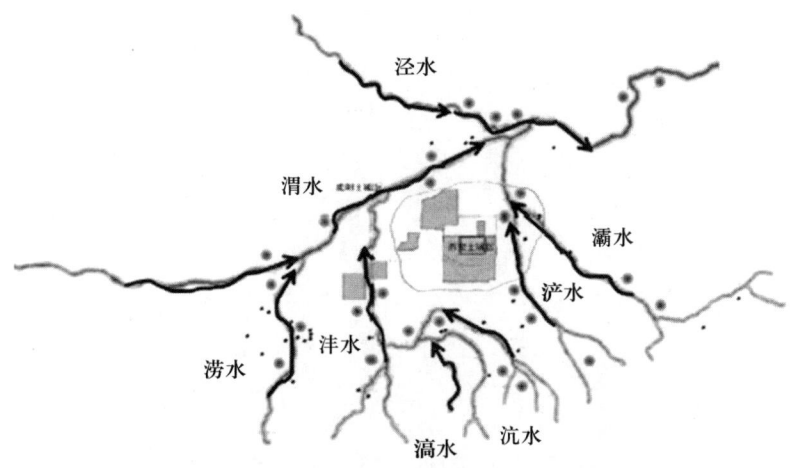

图一　汉长安城附近地区平面示意图

（采自谭其骧主编：《中国历史地图集》，北京：中国地图出版社，1982 年）

汉长安城以人工营建的池苑为中心，通过人工水渠串联长安附近水道，形成完整的给排水网络[1]。其给水系统的重要特点是生活用水主要采取开渠引水，开挖池苑以蓄水，导渠输水，提高地下水位，而后凿井取水；而排水系统在建筑群内实现了地下化，由宫城排至城内，由城内排到城外，再由城壕汇至渭水。除了宽大的城壕外，开挖于郊外的昆明池等宫廷池苑亦具有调洪蓄水的作用。

另外，西汉业已注意到将都城给排水工程所开挖的水渠、蓄水池与城市园林建设进行统一，如昆明池、沧池等起到蓄水功能的同时，亦是风景优美的池苑所在。

（一）汉长安城的给水系统

西汉立国之初，都城长安一方面利用周、秦两代的给水工程；另一方面开发沨水水源，今潏河上游和皂河河道即西汉沨水故道[2]，滈水成为长安城的主要水源。沨水由少陵塬西南的樊川向西北流经皇子陂、秦阿房宫遗址等地，至长安城西南角，并沿西城墙继续北流。

在章城门附近，沨水分为两支，其中一支引入长安，称明渠。另一支则是汉武帝时期营建的建章宫的主要供水设施[3]。它由章城门继续沿长安城西城墙平行向北流，至直城门南向西分出一支渠，入建章宫。这条水渠西经双凤阙，又西经建章宫前殿北部，流入太液池；而后从太液池西北流出，经今孟村北流，经泥河村入渭水[4]（图二）。

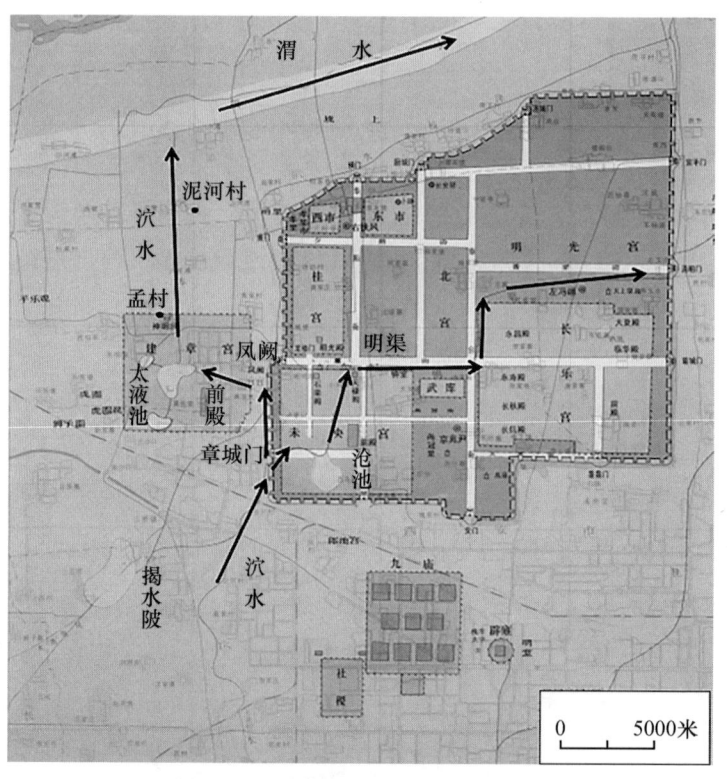

图二　汉长安城附近水系走向示意图
（采自西安市文物保护考古研究院：《汉长安城沨水古桥遗址发掘报告》，
《考古学报》2012年第3期）

长安城内宫殿、官署、邸第、民居等生活用水则多为井水。而在建筑群中，水井多置于建筑群之一隅，且距主要建筑并不很远。

## 1. 昆明池遗迹

汉武帝继位后，扩建北宫，又营建建章宫、桂宫、明光宫，都城规模的扩大亦使得原先的给水系统越发难以满足都城用水的需要。旧有的潏水系统遂开始从扩充涵蓄水源、扩展河道供水系统两个方面同步进行大规模建设。

《汉书》载，元狩三年（公元前120年），汉武帝"减陇西、北地、上郡戍卒半，发谪吏，穿昆明池"[5]。扩充涵蓄水源的工程主要是开凿昆明池，引发源于秦岭北麓的交水入城，以涵蓄交水之水源调节流速，保证长安城内的用水[6]。

昆明池故址"在长安西南，周回四十里"[7]，大致位于今西安斗门镇附近，为一片洼地，低于附近地面2～4米，面积约10平方千米，周围还有镐池、彪池等陂池，是汉长安城外最大的陂池，亦是汉长安城最为重要的储水库（图三）。

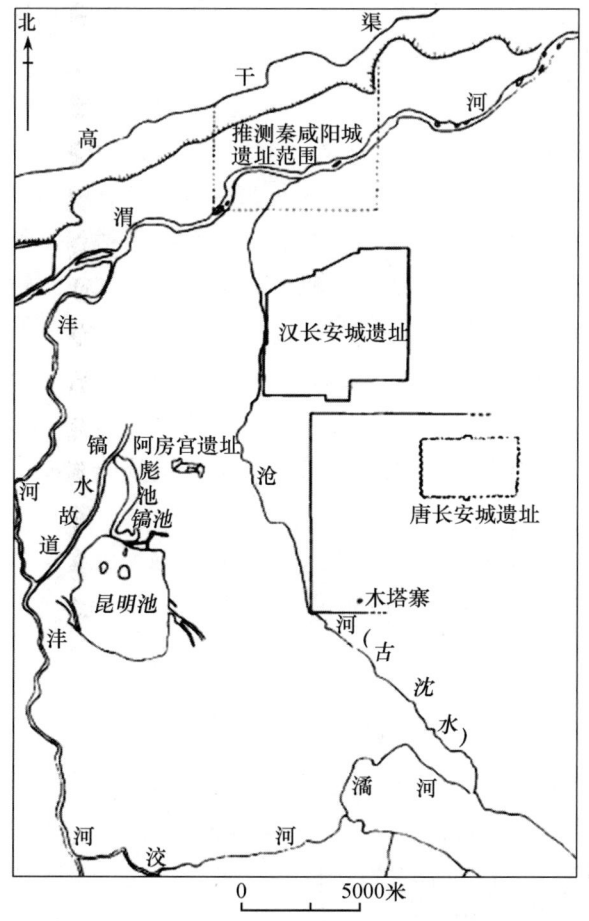

图三　昆明池遗址附近水系图
（采自中国社会科学院考古研究所汉长安城工作队：《西安市汉唐昆明池遗址的钻探与试掘简报》，《考古》2006年第10期）

关于昆明池之功用，《雍录》载："交水西至石碣，武帝穿昆明池所造，有石因碣在县西南三十二里。则昆明池之周三百余顷者，用此堰之水也。昆明基高，故其下流尚可雍激以为都城之用，于是并城疏别三派，城内外皆赖之。"[8]

2005 年，中国社会科学院考古研究所的发掘工作证实了昆明池与其水源交水间有细柳塬横亘其间。当时人们在今堰头村附近修筑了石堰，使水量丰沛的交水自此北向，流经今西甘河、芦子河、三角村、孙家湾，穿越细柳塬，下至石匣口村，入昆明池[9]。而这也与《水经注》中"交水又西南流与丰水枝津合，其北又有汉故渠出焉，又西至石碣分为二水：一水西流注丰水，一水自石碣北经细柳诸原北流入昆明池"[10]的记载吻合。

昆明池的出水口有北、东两条。由昆明池北向流出的称昆明池水，经周镐京故址和秦阿房宫遗址向东北流入揭水陂。揭水陂是一座人工水库，位于秦阿房宫与汉建章宫之间，其基本作用是储水、控制水流，建章宫、未央宫即依靠揭水陂的调节、供应；揭水陂东出之水称为"揭水陂水"。它东北流至长安城西南，入沇水，保证了对明渠水量的供应，以满足各宫用水。

昆明池之池水通过揭水陂入沇水，保证长安城明渠、沧池和建章宫附近及长安城西部、北部的沇水之水量，是长安城给水系统中的重要工程。

## 2. 明渠遗迹

长安城的地势总体是西南高东北低，明渠之流向大体亦是从西南向东北贯穿全城。目前已勘探的明渠故道长 9 千米，宽 11～13、深 1.5～1.7 米，自章城门东约 800 米处流入沧池，然后从沧池北部流出，向北经前殿、椒房殿和天禄阁西边流出未央宫。再向北流至今北徐寨附近，折向东流，过北宫南部，经长乐宫东北部流至清明门附近。明渠流出长安城后又分两支，一支流入城壕（王渠），王渠之水沿东城墙北入渭水；一支东向注入漕渠。

承担着未央宫、长乐宫、北宫供水的明渠是汉长安城的主要供水渠道；而沧池亦是重要的给水设施。

沇水经章城门被明渠大量截流，主流水量变少。为改变这一状况，揭水陂北出之昆明池水，于双凤阙南注入沇水主流，进而供应建章宫的用水。

## 3. 沧池遗迹

沧池位于未央宫西南部，故址现为一片洼地，地势低于周围 1～2.5 米，池址平面呈不规整的圆形，东西长约 400、南北宽约 510、深 2.5～3 米。沧池东北距前殿基址 270 米，沧池南岸和西岸分别在未央宫南宫墙以北约 250、西宫墙以东约 700 米处[11]。

一方面，沧池可满足汉长安城宫殿之取水；另一方面，沧池亦可提高水位，使明渠畅流于城内，以供宫观楼阁之用水。

## （二）汉长安城的排水系统

从现有的考古发掘资料看，汉长安城的排水系统已较为完善，由城壕和排水明渠、暗渠组成。

长安城内排水主要依靠道路两旁的路沟。排水沟或与城外的城壕相通；或与城内大型排水渠道相连，由城内排水至城壕。在建筑群的主体建筑之外，排水设施为露天的排水渠或排水沟，有的建筑群内的排水管道的排水口直接通至排水渠或排水沟内。而为了不影响长安城内建筑的整体布局，宫室、官署等主要建筑均建于排水渠之上，因而在建筑群内形成了地下化的排水系统。

长安城的整体排水方式即通过暗渠、地漏等由宫城、官署排至长安城内之明渠；城内明渠与城壕相连，通过渠网化的排水管道由城内排至城壕，再由城壕收纳城内排水，由南至北注入渭水。

### 1. 排水明渠、地漏

城内街道路沟与排水渠在城墙底部构筑涵道，城内大型排水渠一般为明渠，多分布于城内由八街分隔的十一个区中。

桂宫北部即发现了一条东西向的排水明渠，宽约2、深约1.5米[12]。排水渠东至横门大街西侧路沟，向西横穿桂宫，流至城西的城壕之中。

汉长安城中宫室、官署等的排水设施主要有地漏、排水管道。地漏多发现于建筑群的一隅或天井院落中，一般地势较低，便于雨水汇集[13]。地漏均为砖砌，大小不甚一致，结构也不一样，如桂宫第二号宫殿建筑遗址的地漏与附近砖砌排水道相连，未央宫中央官署遗址的地漏则直接与五角形排水管道相接。

在未央宫中央官署遗址处的二号天井西侧有一地漏，东西0.66、南北0.8、深0.56米，四壁均为上下顺砌子母砖，底部为平铺子母砖。排水口置于地漏四壁上半部。南北并列两排五角形水管道埋于汉代地面下，其东端连接地漏西壁排水口，两端通至东、西院间的排水渠东壁，东西长13.8米[14]。

这样的地漏和五角形排水管道主要用于排泄雨水。雨水流至地漏，泥沙沉积于地漏下部，积水从排水口排至管道，进而防止地下排水管道的淤泥堵塞，地漏中的淤泥清除也更为方便。

### 2. 暗渠、排水管道

在排水渠流经的宫殿建筑区内，为了保证宫城中建筑的整体布局，有些建筑建于排水渠之上，排水渠便由明渠变为暗渠。

桂宫二号建筑遗址南院建筑与北院建筑及三号、四号建筑遗址均清理出了排水管道遗迹。而桂宫三号建筑遗址的七号房址下发现的砌筑排水渠尤具代表意义（图四），其宽

0.9~1.12、高 0.88~1.12 米；渠壁以长条砖砌成，顶部用子母砖砌券顶，渠底夯打处理。渠顶券砖在房址地面以下约 0.92 米处。暗渠东西长约 14.6 米，其东西两端均在第七号房屋遗址外[15]。

图四　桂宫三号建筑遗址砖砌排水渠遗迹
（采自中国社会科学院考古研究所、日本独立行政法人国立文化财机构奈良文化财研究所联合考古队：《汉长安城桂宫三号建筑遗址发掘简报》，《考古》2001 年第 1 期）

建筑群中的五角形排水管道是汉长安城的重要排水设施，管道顶部距地面约 10 厘米，因其顶部截面为"人"字形，减轻了地上压力。排水管道彼此相连，形成较长的地下排水系统。

汉长安城排水管道的形制有单排管道、双排管道、三排管道、四排管道、五排管道五种[16]。

长乐宫四号建筑遗址主殿夯土台基西北角外侧的排水管道即是单排管道，由一排圆形陶管逐节相套组成，现存 7 节，总长约 2.8 米。

部分建筑如武库，由于排水量较大，设置了并列的两排五角形排水管道，由相互平行的两排陶管左右并列组成（图五~图七）。

三排管道在汉长安城内仅发现一处，即长乐宫排水管道遗址西部管道西组，由相互平行的三排五角形陶管并列组成，大致呈东北—西南向。管道的排列方式为左、中、右平行布置。

四排管道由相互平行的四排陶管并列组成，其排列方式为左右并列放置。武库遗址南部的晚期排水管道即为此类形制，发掘全长约 4.5 米，以平行的四排圆形陶管组成，现存十节。

五排管道由相互平行的五排陶管并列组成，管道的排列方式为上、下两层放置，下

图五　武库遗址排水管道遗迹（东南—西北）
（采自张建锋：《汉长安城排水管道的考古学论述》，
《中原文物》2014年第5期）

图六　长乐宫遗址西部排水管道遗迹（北—南）
（采自张建锋：《汉长安城排水管道的考古学论述》，《中原文物》2014年第5期）

层三排，顶部向上，上层两排，顶部向下，相间摆放，构成的管道断面大致呈梯形。在长乐宫遗址发掘的排水管道遗迹西部管道中组即是此类形制，宽约1.32、高约0.75、已清理长度12.95米。排水管道下层并列三排管道，平底在下，尖顶在上；上层并列两排五角形水管道，平底在上，尖顶在下，上层水管道尖顶插入下层水管道尖顶之间。

汉长安城的排水管道埋于宫室、官署等规格较高的建筑区之下，一端和雨水井相连，另一端连接排水沟，将雨水井所收集的雨水从地面之下排出；或埋于围墙、宫墙、城墙、道路之下，两端或一端连接排水的明沟。如此，便可将建筑区的积水尽快排出的同时，不影响原有的建筑格局。

图七　长乐宫遗址排水管道遗迹（北—南）
（采自刘庆柱、李毓芳：《汉长安城》，北京：文物出版社，2003年）

## 二、北魏洛阳城的给排水工程

洛阳附近河流众多，伊、洛、瀍、穀是四条主要河流（图八），不仅为洛阳用水储备了相当的水源，而且其较为适中的河床高度也为阳渠、千金堨等水利工程的修建奠定了必要的基础。

洛水发源于关中，"出京兆上洛县欢举山，向东北流经卢氏县南，过蠡城邑之南，宜

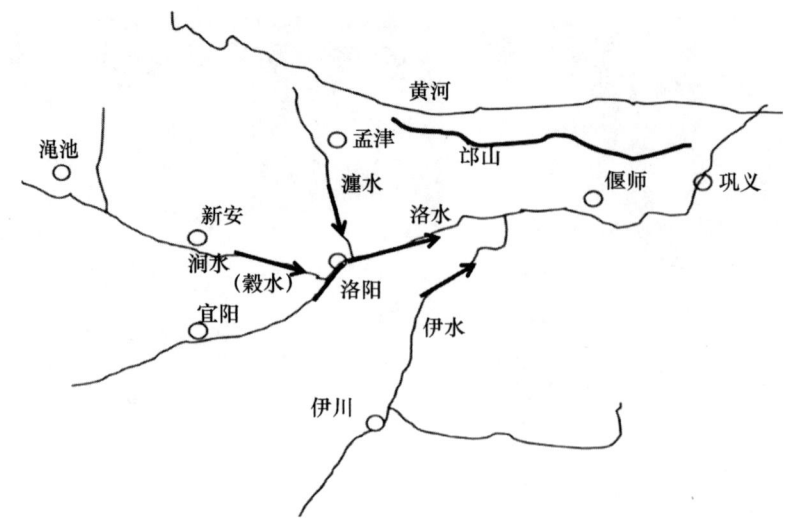

图八 洛阳周边水系图
（采自周勋：《曹魏至北魏时期洛阳用水研究》，陕西师范大学硕士学位论文，2016 年）

阳县南，出散关南，过河南县南，洛阳县南，伊水注入。又东过偃师县南，过巩县东，最后汇入黄河"[17]。且根据《水经注》中统计，洛水在洛阳地区的支流多达四十余条，水量丰沛。但洛水河床较低，难以直接利用。

伊水发源于今栾川县境内，于洛阳盆地东部汇入洛水，再向东注入黄河。"出自南阳鲁阳县西蔓渠山，经陆浑县南，经新城县南，又经过伊阙，到洛阳县南，最后注入洛河。"[18]伊水上游河槽窄深，下游河槽宽阔，河床较高，亦为洛阳水源之利用提供了巨大帮助。

瀍水发源于洛阳孟津县，自西北向东南注入穀水。"瀍水出河南穀城县北山，东与千金渠汇合，过洛阳县南和偃师县，最后也是汇入洛河。"[19]它与洛阳重要的水利设施千金渠汇合，是北魏洛阳城市用水的重要辅助水源。

穀水距洛阳城距离适中，河床亦高于洛阳，是曹魏至北魏时期洛阳最为重要的水源。"出弘农渑池县南，墦塚林穀阳谷，过穀阳县北，河南县北，东南入于洛。"[20]穀水入伊洛盆地后受纳瀍水，进一步增加了水量，自千金堨东流而入洛阳城。

汉魏以降，历代王朝皆对洛阳周边的伊、洛、瀍、穀四条主要水系加以改造，以解决都城洛阳的供水、排水、漕运问题。而北魏洛阳城的给排水工程基本是汉魏洛阳故城城市水利工程基础上的延续与发展。

（一）北魏洛阳的城市供水系统

洛阳城内用水除却就地取水的井水、泉水外，主要依靠城外的穀水、瀍水等水系（图九）。东汉时期，司空张纯通过堰洛通漕，改造阳渠[21]，满足城市用水之需。其后，千金堨水利工程的修建，使洛阳实现了建库蓄水，开渠引水，进一步保证了城市水源供应。

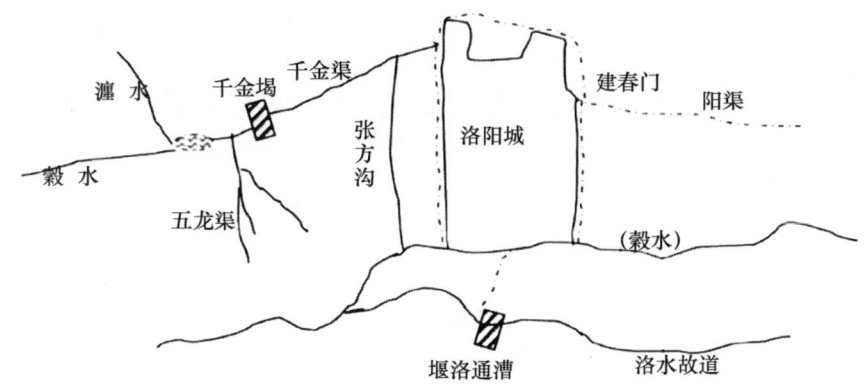

图九　洛阳故城水源开发示意图
（采自周勋：《曹魏至北魏时期洛阳用水研究》，陕西师范大学硕士学位论文，2016年）

**1. 阳渠水利工程**

　　1972年，中国社会科学院考古研究所汉魏故城工作队通过对汉魏洛阳故城的勘察，得出"环绕洛阳城之水即为阳渠"[22]的结论。《洛阳伽蓝记》载："谷水周围绕城，至建春门外，东入阳渠石桥。"[23]《水经注》载："谷水又东，屈南，经建春门石桥下……又自乐里道屈而东出阳渠……张纯堰洛以通漕，洛中公私穰赡，是渠今引穀水，盖纯之创也。"[24]可知东汉时期，阳渠包括城南和城东水道，其中主要以汉上东门以东水道为主；北魏阳渠应为环城之水。

　　阳渠自洛阳城西北角进入，一条水道沿西城垣平行南流，另一水道经过城北达建春门外；建春门外的阳渠水道自门址外面的护城河分作两条，一条南流环城而行，另一条向东流去，位于建春门外大道北侧，与建春门大道并行，在距建春门约800米处南入鸿池陂。阳渠自建春门经鸿池陂与洛水相连，而自汉魏以降，漕运可经阳渠直抵洛阳城下。

　　阳渠水道较宽，最宽处达100米，在今地表下4~4.5米仍见淤土[25]。阳渠在距离建春门约800米的位置处水道向南折拐，其东西宽度约30米。水道过建春门外大路后，向东略偏南方向延伸，穿过外廓城东城垣继续东流。

　　洛阳城东部的阳渠东西全长约18400米，沿邙山自西向东流入洛水，又以鸿池陂为界分为东、西两部分[26]。西段长约12600米，河道较宽，最宽处可达100米；东段河道位于鸿池陂以东，总长5800米，距洛水约500米（图一〇）。

　　洛阳城地势较高，而若想利用水量丰沛的洛水，则需要借助一定的水利设施提高其水位。东汉立国之初，时任河南尹的王梁首先提出引穀水入城，"穿渠引谷水注洛阳城下，东泻巩川，及渠成而水不流"[27]，但因穀水水量有限，修渠引水之举以失败告终；后司空张纯对洛阳水利加以改造，聚集水量"上穿阳渠，引洛水为漕，百姓得其利"[28]，通过堰洛通漕的形式引洛水入阳渠。

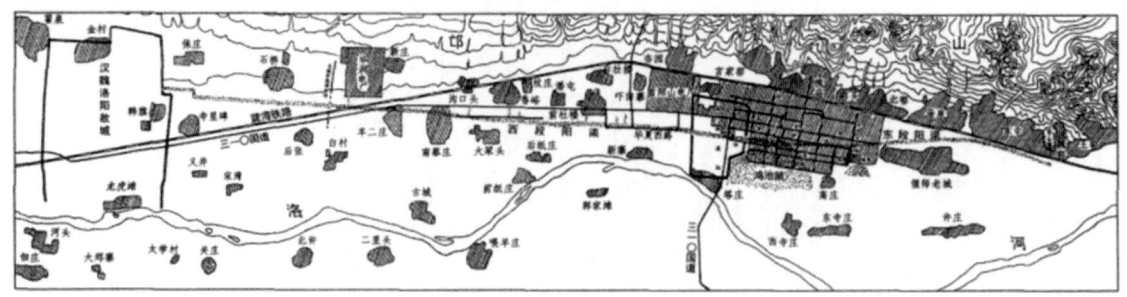

图一○　洛阳城东阳渠、鸿池陂地理位置示意图
（采自偃师市文物管理所：《汉魏洛阳城东阳渠、鸿池陂考古勘察简报》，《华夏考古》2011年第1期）

所谓堰洛通漕，即利用堤堰引洛水入阳渠，扩大阳渠与穀水水量，提高水位，满足洛阳城市供水与漕运之需（图一一）。

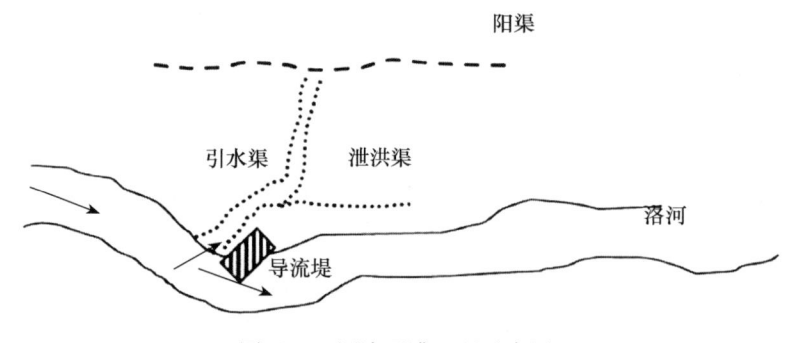

图一一　堰洛通漕工程示意图
（采自周勋：《曹魏至北魏时期洛阳用水研究》，陕西师范大学硕士学位论文，2016年）

2014年，洛阳市文物考古研究院在今洛河南南侧佃庄和河头一线东侧发掘了堰洛通漕遗址[29]，堰洛堤坝为分水坝、导流堤。堤堰东西长约530、南北宽约420米，堰西为引洛渠，堤北为排洪渠，洛水涝时向东泄洪。

堰洛取水口一方在河流转弯处的凹岸一侧，以减少泥沙的淤积，同时修筑分水坝、导流堤。利用洛水西高东低的走势，自西向东通过洛河北侧的导流堤，分流一部分水进入阳渠。一方面，洛水东流，在遇到导流堤阻挡后，进入堰洛渠道而入阳渠；另一方面，于导流堤北修泄洪渠，当进入堰洛渠道的水量过大时，由泄洪渠分流一部分水以防城南阳渠之水泛滥冲击洛阳城墙[30]。

阳渠的修建在利用洛、穀水源解决洛阳供水问题的同时，亦推动了漕运发展。阳渠竣工后，洛水故道因缺水而逐渐断流，洛河与阳渠亦渐合二为一，而洛阳城东部的阳渠自建成起便是汉魏漕运的主干道，至北魏甚至隋唐时期都一直发挥着重要作用。

**2. 堨水利设施**

千金堨位于穀水与瀍水交汇处以下地区，大致在瀍河下游东侧的今塔湾村以西约0.5

千米处[31]，是一座堤坝工程。在东汉时期已经存在，经曹魏、西晋、北魏的不断修缮而成为洛阳用水的重要保障。

《洛阳伽蓝记》载："计其水利，日益千金，因以为名。"[32]千金堨通过拦截谷水，阻断谷水南下汇入洛河，提高谷水自身水位，待谷水达到一定的水位高度，使得谷水经千金堨东流，实现引谷水入洛阳城的目的。

司空张纯通过堰洛通漕，增加了阳渠水量，解决了漕运交通。曹魏至北魏时期，阳渠亦是洛阳城市供水系统的重要组成部分；而千金堨作为这一时期重要的水利枢纽，通过其中的滚水坝、千金渠等工程，储存水源，满足了洛阳供水之需，减少了水灾的发生。

由于千金堨在西晋八王之乱中遭到严重破坏，因而北魏太和年间在魏晋设施的基础上对其加以重建。"若沟渠久疏，深引水者当于河南城北、石碛西，更开渠北……故迹可凭，准之于文，北引渠东合旧渎。"[33]在遵循魏晋故迹修缮旧有沟渠、石碛的同时又于谷水以北开渠道，引谷水入故道，缓解水势。使得千金堨再次发挥其引水功能。

《水经注》载："积石为堨而开沟渠五所，渠上立堨……更开沟渠，此水衡渠上其水，助其坚也……更于西开泄，名曰代龙渠，地形正平，诚得为泄至理。千金不与水势激争，无缘当坏，由其卑下，水得逾上漱啮故也。"[34]千金堨是古代堤坝形式中较为典型的滚水坝，将水位抬高到一定高度，当水量达到一定程度时，通过滚水坝自由向下溢流[35]。

而千金堨除了利用滚水坝的堤坝形式外，还存在着泄洪堤坝形式——石跋（图一二），即泄流一部分主干河流水入河道两侧或一侧支流，同时又要避免过多的泄流而导致的主河道缺水。

千金堨及其附属水利工程所采用的以滚水坝与侧向溢流坝为主要的堤坝形式，既可以发挥引水输水功能，形成小型水库，起到一定的蓄水作用又可以实现防洪、泄洪。

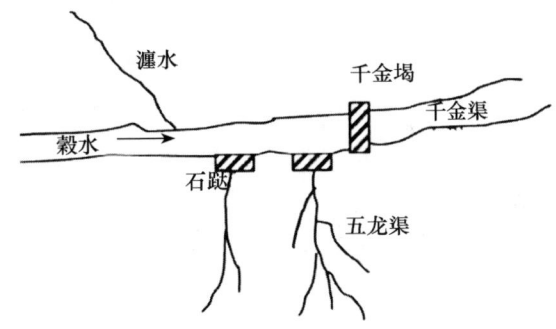

图一二　石跋、千金堨示意图
（采自周勋：《曹魏至北魏时期洛阳用水研究》，陕西师范大学硕士学位论文，2016年）

千金堨以东至洛阳城西水渠即千金渠。"谷水又东又结石……东左会金谷……东迳金墉城北入城。"[36]在谷水、瀍水又汇入金谷水。渠水由千金堨东流，经西晋所建皋门桥东流，至长分桥又东向而入洛阳外郭城，最后抵达金墉城西，实现引水入城。河道进入西城垣后，水道继续向东于今尤村西南处再次分为两条水道，至西城垣外翟泉村西南，汇合形成一条水道，进入金墉城西侧水道（图一三）。

1990年，中国社会科学院考古研究所洛阳汉魏城工作队在尤村砖厂取土处发现较大面积的夯土遗址，谷水河道自此分流，一支东去为谷水主河道，另一河道南下为长分沟遗迹。沟全长约2800、北段宽15~20、最宽处可达30、南段宽25~30、最宽处可达40米[37]。

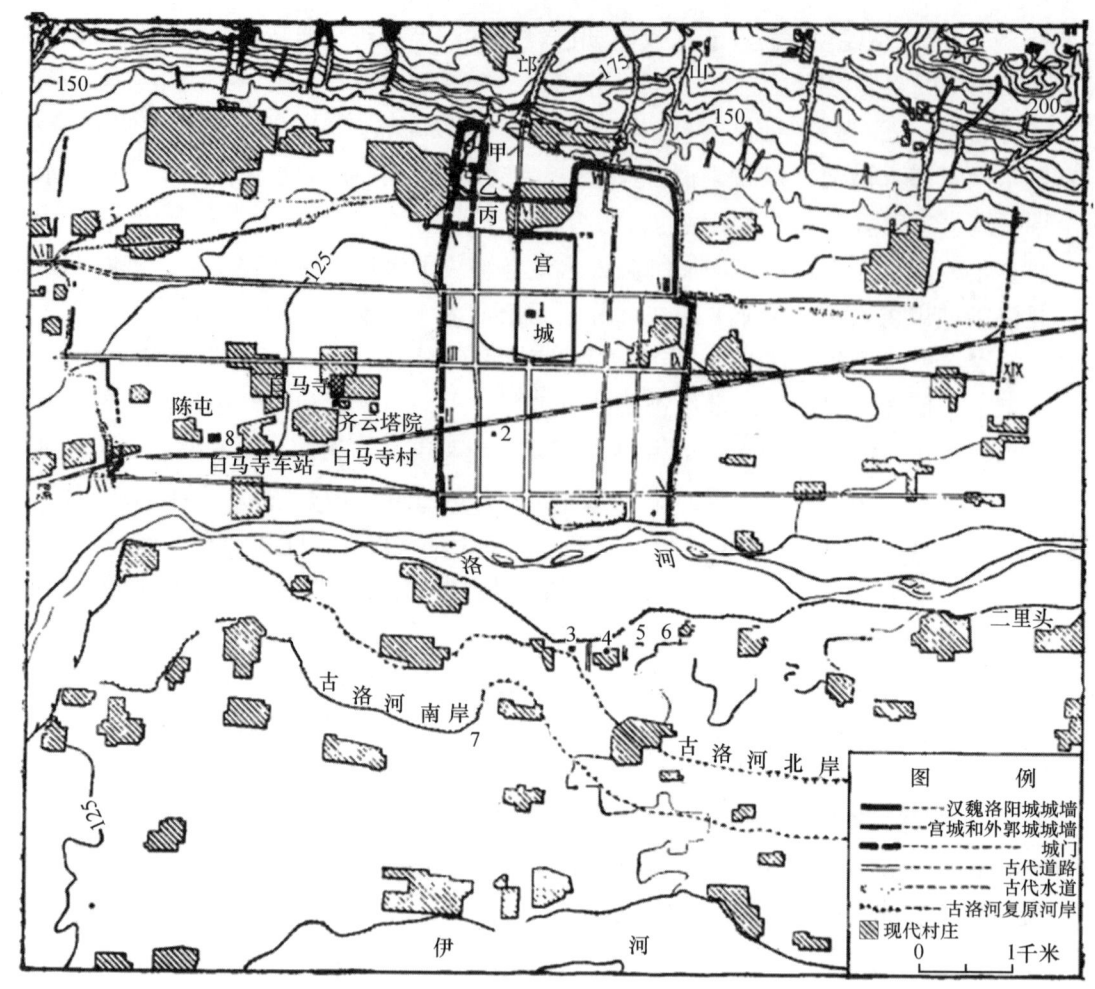

图一三 洛阳千金渠、阳渠示意图
1.宫城 2.永宁寺 3.灵台 4.明堂 5.辟雍 6.太学 7.刑徒墓地 8.东汉墓园
(甲.汉魏洛阳城城墙 乙.外宫城城墙 丙.汉魏洛阳城承明门)
(采自中国社会科学院考古研究所洛阳汉魏城工作队:《北魏洛阳外廓城和水道的勘查》,《考古》1993年第7期)

与《洛阳伽蓝记》中关于长分沟"自退酤以西,张方沟以东,南临洛水,北达芒山,其间东西二里,南北十五里,并名为寿丘里"[38]的记载基本吻合。

长分沟有着相当的储水量,在很大程度上缓解了穀水对洛阳城的冲击,而部分渠水通过长分沟入洛也在一定程度上减少了洛阳水患的发生。

阳渠与千金堨工程相辅相成,利用穀水自然优势,采取滚水坝、石跶的堤坝形式,形成小型水库。而千金渠则在重视渠道输水的同时,又控制水量,置泄洪渠道,防止水灾的发生。另外,分布于洛阳四周的阳渠也为洛阳的水源利用奠定了重要基础。

(二)北魏洛阳城的排水系统

北魏洛阳城的排水系统已不从城门洞下通过了,而是由砖砌蓄水池、水渠组成了系统的排水工程。其中砖砌排水渠以暗渠为主，工程排水经暗渠流出宫墙后汇入城市地下排水系统，与城中地漏等排水设施的水流汇合，东出建春门于北侧入护城河，而后与阮曲水即南支渠水汇合，注入洛水。

**1. 北魏洛阳宫城西南角给排水设施遗迹**

2010~2011 年，中日联合考古队在对北魏洛阳宫城西南角即北魏宫城五号建筑遗址的发掘工作中，发现了包括一处砖砌水池和四条砖砌水渠在内的与宫城相关的给排水设施[39]（图一四）。

图一四 北魏洛阳宫城西南角给排水设施遗迹（北—南）
（采自中国社会科学院考古研究所、日本独立行政法人国立文化财机构奈良文化财研究联合考古队：
《河南洛阳汉魏故城发现北魏宫城五号建筑遗迹》，《考古》2012 年第 1 期）

砌砖水池位于宫城西南角内侧，可能为储水池。水池东西残长 5.5、南北宽 9.3、深约 1.4 米。池壁砌砖除南壁外，大部分没有保存下来，池底亦未见铺砖痕迹。填土为夹杂大量瓦片的青灰色水浸土。

砖砌水渠均为暗渠。G1、G2 皆位于宫城西墙内侧，呈南北向，南端均起于砖砌水池北侧约 5 米处，北部超出发掘区，水流均自南向北。G1 紧贴宫墙，残长 27.6、沟槽宽 1.4~1.5、深约 0.7 米，砖槽内宽约 0.5 米，两侧砖壁厚 0.3、残高 0.4 米；G2 位于 G1 东侧 3 米处，残长 27、沟槽宽 1.5、深 0.5 米。据残迹可知，砖槽内宽约 0.52 米，两侧砖壁厚约 0.4 米。两条水渠的年代均不晚于北魏时期，G2 略早于 G1。G3 位于 G1 和 G2 的南侧、砖砌水池的西北侧。

南北向水渠残长 6.5 米，南端被晚期夯土打破。东西向水渠长约 18 米，向西自下穿过宫城西墙。在穿过宫墙的水口内侧，砖壁保存高达 1.9 米。水口除顶部券砖坍塌外，结构大致完整，内宽 0.62 米，底铺石板，距槽底 0.5 米处起双层砖券。水口复原高约 1.35、内高约 1.1 米，进深不详。在水口外侧发现数块坍塌的石板，结合水口底部铺砌石板现象推测，宫墙下出水口部分可能为砌石结构。水渠流出宫墙后向西汇入另一条较大的暗渠 G4。

暗渠 G4 在宫城西墙外侧 7 米处，埋藏较深，基本与宫城西墙平行，自北向南流。

结合地层关系和出土的大量板瓦、筒瓦片，以及青瓷片、陶片等遗物分析，G3、G4 与北魏时期的宫墙为同期修筑，至北周统治时期被拆毁或废弃。

## 2. 洛阳宫城二号、三号建筑遗址的沟渠遗迹

2008～2009 年，中日联合考古队在二号宫殿建筑遗址附近发现两条沟渠遗迹，分别位于二号建筑遗址发掘的大型门址南、北两侧的东西向道路旁，大致与道路平行[40]。

南侧沟渠叠压在门址南侧东西向道路的下层路土下，为东西向，分南北两条，断面均为口大底小的梯形。北面沟渠上口宽 2.4～3.1、底部宽 1.45～1.75、深约 2.15 米，填土呈灰褐色，底部有少量水锈土；南面沟渠上口宽 6.6～7.5、底部宽 6.4～6.8、深约 2 米。这两条沟渠应为水沟，开凿于曹魏或西晋时期，废弃时代不晚于北魏时期。

据钻探，北侧沟渠在勘察区内东西残长 180 米。沟渠叠压在上层路土下，位于下层路土北侧 2.7 米处。沟渠断面亦为口大底小的梯形，上口宽约 3、底部宽 2.2～2.4、深约 2.1 米，填土为灰褐色水浸土。该沟渠与下层道路平行，应开凿于曹魏至北魏统治时期。

在洛阳宫城三号建筑遗址西侧的附属建筑基址的夯土内，发现一条南北向贯通的排水沟槽[41]（图一五），长约 13.5、口部宽约 1、底部宽 0.5～0.7 米，在附属建筑夯土基址的南端折而向西。沟槽内填土中包含大量的砖瓦碎块，其中大部分为北魏时期的磨光

图一五　北魏洛阳宫城三号建筑遗址西侧附属建筑与排水沟槽（西北—东南）
（采自中国社会科学院考古研究所、日本独立行政法人国立文化财机构奈良文化财研究联合考古队：《河南洛阳汉魏故城发现北魏宫城三号建筑遗迹》，《考古》2010 年第 6 期）

板瓦和筒瓦片等。沟槽底部仅残存少许砌砖，北端较南端高出约0.15米，可见水的流向是由北向南。

北魏洛阳城建立在汉魏洛阳故城的基础之上，其排水技术有了相当的进步，而排出城外之水亦汇于建春门外之阳渠。阳渠水由建春门外大道东流，而后东南流去汇入阮曲水即南支渠水。

《水经注》载："谷水于城东南隅枝分……谷水又东，左迤为池，又东，右出为方湖……又东南，转屈而东注，谓之阮曲云。"[42]南支渠水在东注鸿池陂后又与七里涧水亦即北支阳渠汇合，最终注入洛水。

## 三、小 结

西汉长期以关中地区为统治中心；而东汉、曹魏、西晋、北魏长期以洛阳为统治中心，尤其定都洛阳的四代政权的都城区域位置基本相同，在时间上具有相当的延续性。通过探究汉长安城与北魏洛阳城的给排水工程，于长安、洛阳周边自然水系利用，以及在此背景下的古代都城用水概况、古代都城漕运、建筑技术发展等相关研究具有一定意义。

汉长安城的给排水系统在很大程度上利用周边的渭水、潏水、沈水等水系。因长安西南高而东北低之地势，引沈水入城而承担未央宫、长乐宫、北宫供水的明渠亦自西南向东北贯穿全城，潏水亦成长安的主要水源。汉武帝时期，汉长安城得到了大规模扩建，遂在汉初给水系统之外又引交水入城，营建昆明池；亦使得沈水另一支完成对建章宫的供水。

另外，汉代统治者业已开始注重供水之渠、池与城市园林建设的统一性，使得昆明池、沧池到蓄水池亦成风景优美的宫廷池苑。

与汉长安城相同，北魏洛阳城的给排水系统亦充分利用了周边的伊、洛、瀍、谷等水系。东汉时期的司空张纯即通过堰洛通漕的方式引洛水入阳渠，提高阳渠与谷水水位，满足了城市供水与漕运之需。而滚水坝千金堨则在很大程度上解决了地处中原的洛阳城的排洪、泄洪问题。

在都城排水系统方面，汉长安城业已形成了一套较为完善的排水网络。排水渠虽有明渠，但在宫殿、官署等建筑区内，相当一部分建筑建于排水渠之上，排水渠亦改为暗渠，城中的整体建筑布局得到了保证。北魏洛阳城的排水系统则较汉长安城更为系统。由砖砌蓄水池、水渠组成的都城排水网络以暗渠为主，排水管道基本不从城门洞下通过，而是直接汇入城壕，经阳渠排入洛水。

自汉高祖定都关中，汉长安城便随着汉王朝统治的日益稳固而不断扩建，在都城扩建的过程中充分利用关中自然水系，通过修建水利设施，引水入城解决都城用水、漕运、排水之需。而在汉魏洛阳故城的基础上进一步发展的北魏洛阳城则在利用自然水系的基础上，通过千金堨及其附属的水利工程，很好地解决了洛水涝期的泄洪问题，在建筑技术方面较西汉已经有了相当的进步。

## 注　释

［1］　许宏：《中国古代城市排水系统》，《中国文物报》2012年第5期，第1~4页。
［2］　徐卫民：《汉长安城对秦都咸阳的继承与创新》，《唐都学刊》2009年第1期，第1~5页。
［3］　中国社会科学院考古研究所汉长安城工作队：《西安市未央区汉长安城建章宫一号建筑遗址》，《考古》2017年第1期，第29~43页。
［4］　焦南峰：《陕西秦汉考古五十年综述》，《考古与文物》2008年第6期，第96~167页。
［5］　（汉）班固：《汉书·武帝纪》，北京：中华书局，2016年。
［6］　刘庆柱、李毓芳：《汉长安城》，北京：文物出版社，2018年。
［7］　何清谷：《三辅黄图校注》卷四，西安：三秦出版社，2006年。
［8］　（宋）程大昌：《雍录》卷六，北京：中华书局，2019年。
［9］　中国社会科学院考古研究所汉长安城工作队：《西安市汉唐昆明池遗址的钻探与试掘简报》，《考古》2006年第10期，第53~67页。
［10］　（北魏）郦道元著，陈桥驿校证：《水经注校证》，北京：中华书局，2013年。
［11］　同注［6］，第36、37页。沧池是长安城中重要的给水设施。一方面，作为水池有储水功能，可满足都城宫殿区用水；另一方面，有提高水位作用，使明渠畅流于城内高亢之地，供宫观楼阁用水。
［12］　中国社会科学院考古研究所、日本独立行政法人国立文化财机构奈良文化财研究所联合考古队：《汉长安城桂宫四号建筑遗址发掘简报》，《考古》2002年第1期，第3~22页。
［13］　同注［6］，第42页。地漏多发现于建筑群的一隅或天井院落中，一般位于地势较低处，便于雨水汇集。
［14］　李毓芳：《汉长安城未央宫的考古发掘与研究》，《文博》1995年第3期，第82~93页。
［15］　中国社会科学院考古研究所、日本独立行政法人国立文化财机构奈良文化财研究所联合考古队：《汉长安城桂宫三号建筑遗址发掘简报》，《考古》2001年第1期，第74~87页。
［16］　张建锋：《汉长安城排水管道的考古学论述》，《中原文物》2014年第5期，第51~59页。
［17］　同注［10］，第347页。
［18］　同注［10］，第397页。
［19］　同注［10］，第397页。
［20］　同注［10］，第397页。
［21］　（南朝·宋）范晔：《后汉书》卷二十二，北京：中华书局，1973年。
［22］　中国社会科学院考古研究所洛阳工作队：《汉魏洛阳城初步勘察》，《考古》1973年第4期，第198~208页。
［23］　（北魏）杨衒之著，尚荣译校注：《洛阳伽蓝记》卷二，北京：中华书局，2012年。
［24］　同注［10］，第398、399页。
［25］　中国社会科学院考古研究所洛阳汉魏城工作队：《北魏洛阳外廓城和水道的勘察》，《考古》1993年第7期，第602~608页。
［26］　偃师市文物管理所：《汉魏洛阳城东阳渠、鸿池陂考古勘察简报》，《华夏考古》2011年第1期，第22、23页。
［27］　同注［21］，第755页。
［28］　（南朝·宋）范晔：《后汉书》卷三十五，北京：中华书局，1973年。
［29］　洛阳市文物考古研究所：《洛阳汉唐漕运水系考古调查》，《洛阳考古》2016年第4期，第8~18页。
［30］　周勋：《曹魏至北魏时期洛阳用水研究》，陕西师范大学硕士学位论文，2016年。

［31］段鹏琦：《汉魏洛阳故城》，北京：文物出版社，2009年。
［32］（北魏）杨衒之著，尚荣译校注：《洛阳伽蓝记》卷三，北京：中华书局，2012年。
［33］同注［10］，第375页。
［34］同注［10］，第375页。
［35］同注［29］，第25页。
［36］同注［10］，第398页。
［37］同注［25］，第607页。东流的水道位于建春门外大道的北侧，二者并行，相距约15米。水道较宽，最宽处达100米，一般有90米，在今地表下4～4.5米见淤土，淤土厚2米处仍未到底。距离建春门约800米处，水道向南折拐，其东西宽度为30米，建春门外大路在此处架桥而行。
［38］同注［10］，第394页。
［39］中国社会科学院考古研究所、日本独立行政法人国立文化财机构奈良文化财研究联合考古队：《河南洛阳市汉魏故城发现北魏宫城五号建筑遗址》，《考古》2012年第1期，第3～6页。
［40］中国社会科学院考古研究所、日本独立行政法人国立文化财机构奈良文化财研究联合考古队：《河南洛阳市汉魏故城发现北魏宫城二号建筑遗址》，《考古》2009年第5期，第3～6页。
［41］中国社会科学院考古研究所、日本独立行政法人国立文化财机构奈良文化财研究联合考古队：《河南洛阳市汉魏故城发现北魏宫城三号建筑遗址》，《考古》2010年第6期，第3～6页。
［42］同注［10］，第374页。

# Study on Water Supply and Drainage Engineering in Chang'an City of Han Dynasty and Luoyang City of Northern Wei Dynasty

## Zhang Jiayi

(2019 Graduate Student, College of Applied Arts and Science, Beijing Union University)

**Abstract:** The Chang'an city of Han Dynasty and the Luoyang city of Northern Wei Dynasty based on the former dynasty city have relatively systematic water supply and drainage system. While making use of the surrounding natural water system, they also repair the old water supply and drainage projects in the previous dynasty to a large extent. With the expansion of the capital scale and the progress of construction technology, a large number of water conservancy projects came into being. Through the utilization and renovation of the surrounding natural water sources, the water and grain transport of the capital were not only solved, but also flood discharge and discharge were realized to a large extent. Article based on the archaeological achievements, from the Chang'an city in Han Dynasty and Luoyang city in Northern Wei Dynasty surrounding natural drainage, river, grain transportation, water conservancy projects, water supply and drainage facilities and other relics of the combination of historical documents related records, summarizes its characteristics, and related combing and comparison research, in order to combing construction technology and water resource utilization of the Western Han Dynasty and the Northern Wei period, further compare the similarities and differences between Chang'an city in Han Dynasty and Luoyang City in Northern Wei Dynasty.

**Key Words:** Chang'an City of Han Dynasty, Luoyang City of Northern Wei Dynasty, Water Supply and Drainage Works

---

**教师评语**：北京联合大学张嘉毅同学的论文《汉长安城与北魏洛阳城的给排水工程研究》结合丰富的考古发掘成果和相关历史文献记载，对西汉长安城以及北魏洛阳城的周边水系、漕运、相关水利工程、给排水设施遗迹进行梳理，并以此为基础，对西汉长安城与北魏洛阳城的给排水工程加以比较。

文章具有如下特点。

其一，注重考古勘察、发掘等研究背景，重视实物资料，从主要研究对象即汉长安城与北魏洛阳城周边自然水系、河道、漕运、水利工程、给排水设施等遗迹入手，总结其自身特点，而后进行相关梳理与比较研究。

其二，将丰富的考古发掘资料与历史文献的相关记载相结合，对西汉与北魏都城的供水与排水、建筑技术加以分析，并对汉长安城与北魏洛阳城各自在给排水设施、所营建的水利工程等方面的特点进行总结。

其三，分别以长安周边沇水、渭水水系，以及昆明池、明渠、沧池等水利设施与洛阳周边伊、洛、瀍、穀水系，以及千金堨、阳渠等水利设施为主要研究对象，对自然水系，以及在水利工程作用下长安、洛阳附近的水流走向进行研究。

另外，西汉长期以关中地区为统治中心，东汉、曹魏、西晋、北魏长期以洛阳为统治中心，尤其定都洛阳的四代王朝的都城区域位置基本相同，在时间上具有相当的延续性。通过探究汉长安城与建立在汉魏洛阳故城基础上的北魏洛阳城的给排水工程，于长安、洛阳周边自然水系利用以及在此背景下的古代都城用水概况、古代都城漕运、建筑技术发展等相关研究具有一定意义。

本文内容较为充实，所引考古发掘资料与历史文献资料较为丰富，具有一定的创新意义，故进行推荐。

（北京联合大学应用文理学院教授　陈悦新）

# 浅论狮子山西晋墓出土堆塑罐及其象征意义

戴若伟

（复旦大学文物与博物馆学系 2021 级博士研究生）

**摘要**：本文以江苏狮子山西晋墓出土的堆塑罐为例，探究彼时堆塑罐可能存在生产、使用等方面的内涵，再思之前学者对于堆塑罐象征意义的探讨。

**关键词**：堆塑罐；江苏狮子山墓群；葬仪葬俗

## 一、狮子山及出土堆塑罐研究概述

（一）研究对象介绍

1976 年，江苏狮子山东麓发现 3 座同向双室砖室墓葬（M1～M3），通过墓葬中出土的纪年砖，它们被认为是西晋中晚期墓葬[1]，与 1979 年发现于狮子山东麓的另一座墓葬（M4）一起，4 座墓被认为极有可能构成一处家族墓地[2]（图一）。

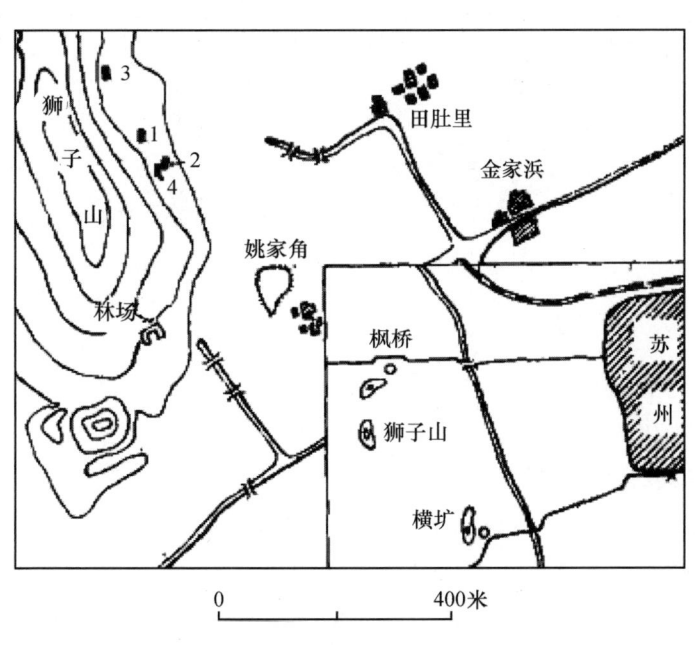

图一 狮子山墓群位置示意图

值得注意的是，这4座墓都出土了堆塑罐，一共5件，其中，一号墓（M1）出土2件堆塑罐。出土自二号墓（M2）的堆塑罐（图二），当时的考古报告将其命名为"青瓷百戏堆塑纪年谷仓罐"，通高59.2厘米，釉色青灰。这件堆塑罐虽然下部罐身有破损，但修复过后较为完整。根据考古报告，器盖部分似一庄园式建筑，口沿一周有4个小罐。罐肩塑人像二十，分别作吹管、拨阮、弹琵琶、奏琴、吹笙、耍球、舞蹈状。另有阙门及门屋，并有飞鸟无规则栖息。罐腹有朱雀、仙人骑神兽、鱼、羊、狗、马、鹿等贴塑，也有模印人像杂在其中[3]。M1中的一件和三号墓（M3）、四号墓（M4）堆塑罐都与此有着相似的装饰。此外，M1的另一件堆塑罐出土于前室一侧平台上[4]，元素排布显得相对规整，罐上部堆塑主要可分为三层：上部为重檐楼阁形屋盖，中部为飞鸟，下层为模印而成的八尊人物坐像，头戴高耸的帕结，身披袈裟，双手合抱，下坐莲花蒲团（图三）。

图二　狮子山 M2 出土堆塑罐　　　　图三　狮子山 M1（前室平台）出土堆塑罐

　　堆塑罐目前只见于墓葬出土，它主要流行于吴至西晋时期的长江中下游地区，是一种有着丰富堆贴塑内容的随葬明器。而到目前为止，没有发现2件完全相同的堆塑罐。目前有纪年可考（包括纪年墓出土作品和器物本身就刻有纪年铭文者）的堆塑罐共33件，其中又以晋惠帝元康纪年数量最多，共10件，而狮子山出土的有纪年可考的堆塑罐即包含其中（表一）。笔者认为，根据其时段的相对确定性、出土时段的集中性以及器物保存的相对完整性，狮子山西晋墓群可作为较具代表性的个案，一窥堆塑罐大量出现时期的面貌及历史语境。

表一　元康纪年堆塑罐统计表

| 编号 | 出土地 | 纪年 | 可参考纪年标注材料 |
| --- | --- | --- | --- |
| 1 | 平阳鳌江种玉乡 | 元康元年（291年） | 堆塑罐"元康元年八月二日（造）会稽上虞" |
| 2 | 苏州狮子山二号墓 | 元康二年（292年） | 堆塑罐龟趺碑刻"元康二年润月十九日起会稽" |
| 3 | 南京廊家山一号墓 | 元康三年（293年） | 纪年砖[5] |
| 4 | 句容石狮公社 | 元康四年（294年） | 纪年砖"元康四年" |
| 5 | 余姚郑巷克山 | 元康四年（294年） | 堆塑罐龟趺碑刻"元康四年九月九日口州会稽" |
| 6 | 苏州狮子山一号墓 | 元康五年（295年） | 纪年砖（封门墙处）"元康五年七月十八日" |
| 7 | 南京江宁张家山 | 元康七年（297年） | 纪年砖"元康七年八月陈氏作" |
| 8 | 宜兴周墓墩二号墓 | 元康七年（297年） | 纪年砖"元康七年九月廿日阳羡所作周前将军砖" |
| 9 | 扬州胥浦乡 | 元康七年（297年） | 纪年砖"元康七年七月十日""广陵郡舆县张平" |
| 10 | 苏州狮子山三号墓 | 元康年间（291～300年） | 堆塑罐龟趺碑刻"元康" |

## （二）堆塑罐研究情况简述

关于堆塑罐的研究，主要聚焦在堆塑罐类型分期及象征意义探究上。首先，关于类型学分期，中日学者有较多探讨，例如，长谷川道隆和冈内三真分别将堆塑罐划分为四期和六期[6]，但是谢明良认为其编年极为可疑。例如，冈内三真曾举例狮子山M1出土2件堆塑罐分属不同时期，认为它们有先后入葬的可能，但这从墓葬保存情况和考古报告来看是不成立的。而谢明良虽有对堆塑罐上下分层演变及下部装饰的变化整理，却仍无法概括所见的全部案例[7]。仝涛以纪年材料出发，整理改进前人对堆塑罐分期的做法，就目前而言或更具参考意义[8]。

而关于堆塑罐的象征意义，目前尚无定论，学者已就堆塑罐所包含的功能及象征意义做了许多有益探讨，出现了"谷仓罐""神亭""魂瓶""佛寺罐"等多种命名方式。一种观点认为堆塑罐实际上是一种佛教象征物，由模仿五塔复合型窣堵坡的塔式罐（五联罐）发展为象征佛寺建筑的堆塑罐[9]。还有观点认为堆塑罐是存储粮食的谷仓，整体装饰是当时庄园生活的反映[10]。谢明良提出堆塑罐与谷仓观念相融合，但未必直接反映了"谷仓"。他还关注到了多数学者没有关注到或似有所忽略的一类堆塑罐，即上部小罐为人形或堆塑赤裸人身及熊的一类，它们可能象征的是子孙繁衍和丰收，是一种生殖功能的体现[11]。巫鸿等则认为堆塑罐应被称为"魂瓶"，象征死者灵魂的天堂[12]，进一步说，是"招魂葬"中被称为"灵座"或"魂堂"的器物。仝涛也认为"魂瓶"是合理的命名方式，它的装饰体现了理想的宇宙模式[13]，但是"魂瓶"本身是"厚葬的产物"，反映了长江中下游地区"豪强地主庄园的真实形态"[14]。

笔者认为，堆塑罐的象征意涵可能依具体情况而有所变化，故而本文期望以时代及地域可讨论的一个墓群内出土的堆塑罐为中心，在一定历史语境下探讨堆塑罐可能存在的象征意义。

对于堆塑罐象征意义的剖析或可借鉴玛奎（Jacques Maquet）的思路。"当手工艺品被当做实用品（instrument）来看待时，其所具有的实用属性便无关文化感知；但当它被视作象征物（sign）时，其意义往往会因为观者的不同而发生改变，并且具备丰富的文化特殊性。"如果要深入理解一件物品，就必须要"理解它对其制作者和使用者有怎样的意义，这也需要了解物之外的社会信仰及认知"[15]。

受此启发，本文首先试图探究堆塑罐的制作，而后分析狮子山墓堆塑罐与其出土墓群规格形制等方面可能存在的关联，在此基础上，探究堆塑罐在等级及信仰认知等方面的象征意义。笔者亦坦诚，目前相关的实物资料搜集尚不完全，或有武断或略显单薄之处，更为坚实的结论将期于今后资料收集的进一步丰富。

## 二、堆塑罐的制作推测

现存堆塑罐无一雷同，装饰变化丰富，造成这种现象的原因，既有"时代差距"，还有"地域风格"，而"同一时期或相同地区亦经常同时并行一种以上的装饰意匠"[16]。但是堆塑罐龟趺碑上的文字书写却存在一定程式性的表达。

仝涛将已发现堆塑罐上的铭刻大致分为两类，一类为碑首标示年号，碑身书写若干吉语；另一类为顶部书写"位"字，碑身写纪年、墓主人官职和吉语[17]。但从目前所见西晋元康年间的材料来看，这不是一种绝对的分类。浙江平阳鳌江种玉乡及余姚郑巷克山西晋墓同苏州狮子山 M2 的碑铭都采取了"年号+具体时间+地点"的格式（表二），"会稽"当为堆塑罐的制作地点。而狮子山 M3 及 M4 出土堆塑罐所载"会稽出始宁""会稽""出始宁"似乎进一步标注了这类器物制作的具体地点[18]。此外，还有一类会在碑上部书写"会稽"，下部分三列书写以"出始宁"为首的类似吉语。M2 出土堆塑罐纪年比同墓砖石上的纪年早近一年，说明堆塑罐确有从他处定制的可能。但是，作为一件承载某种特殊含义的丧葬明器，该如何理解此处对于器物的生产地的强调呢？程式化的吉祥语又有着怎样的意味呢？

表二 西晋出土堆塑罐铭刻材料统计表（不完全统计）

| 出土地 | 出土地 | | 年份（生产/使用） | 铭文 |
| --- | --- | --- | --- | --- |
| 绍兴南池乡横棚岭 | 浙江 | 绍兴 | 西晋 | 会稽 出始宁 用此丧葬 宜子孙作吏高 其乐无极 |
| 上蒋乡凤凰山 M309 | 浙江 | 绍兴 | 西晋 永嘉七年（313年） | 会稽出始宁用此…… |
| 平阳鳌江种玉乡 | 浙江 | 温州 | 西晋 元康元年（291年） | 元康元八月二日（造）会稽 |
| 郑巷克山 | 浙江 | 余姚 | 西晋 元康四年（294年） | 元康四年九月九日越州会稽 |
| 狮子山 M3 | 江苏 | 苏州 | 西晋 元康年间 | 元康出始宁用此□宜子孙作吏高其乐无极 |
| 狮子山 M4 | 江苏 | 苏州 | 西晋 元康年间 | 会稽出始宁用此□宜子孙作吏高其乐无极 |
| 龙山 | 浙江 | 上虞 | 西晋 | 会稽 出始宁 用此丧葬 宜子孙作吏高 其乐无极 |
| （上海博物馆藏） | | | 西晋 | 会稽 出始宁 用此丧葬 宜子孙作吏高 其乐无极 |

堆塑罐的制作技艺可能存在两个维度的沟通与交流：横向上表现为不同地域之间的传播，纵向上则表现为技艺的传承与改造。

首先，将"会稽"等地名置于十分突兀的位置，可能有关地区间的技艺传播。吴县（今吴中区）旧为西晋吴县的一部分，隶属吴郡治[19]。汉顺帝永建四年（129年），会稽设始宁，也是这一年，吴县被划归新建的吴郡，而在此之前，吴县一直属于会稽郡[20]。一方面，书写地名可能是会稽制陶工匠的广告标榜，另一方面，这也可能暗示着吴郡与会稽郡在紧密的地域联系基础上的技艺交流传统。

其次，关于程式化的吉语表现可能受到了其他器物工艺的影响。谢明良结合一些有赤裸人物、熊罴等装饰的堆塑罐认为，"宜子孙、作吏高"或"富且洋（祥），宜公卿，多子孙，寿命长，千意（亿）万岁未见英（央）"等刻铭可能反映了堆塑罐具有"祈求子孙繁衍、六畜繁殖或谷物丰登的生殖功能"[21]；仝涛认为，在墓碑屡遭禁断却屡禁不止的魏晋时期，堆塑罐上的碑之形制延自东汉，但是碑文并非真实的墓碑铭文，而是"由于商品经济的发展，出现类似广告的宣传内容"[22]，目的在于宣传标榜墓主[23]。笔者认为，堆塑罐上龟趺碑所载铭刻格式与内容、吉语书写有一定的祝福寓意，从而进一步推测这种程式化表达做法很可能是受到了汉以来铜镜制作传统的影响。

例如，嵊州市文物管理委员会藏汉代铜镜有书写"长宜子孙"四字者[24]，有"传付子孙乐未英"等内容，到三国时期，又有铜镜不仅书写吉祥之语，还有追溯古意古制的意味在其中者。例如，浙江宁波附近出土的一神兽镜上部中央刻铭"君宜高位"，下部刻铭"君宜官"，周铭"……三商。周□容象，五帝天皇。白（伯）牙单（弹）琴，黄帝除凶。朱鸟玄武，白虎青龙。□安七年四月示氏作镜。群宜高官，子孙番昌，大吉羊（祥）"[25]。这样一种从汉代发展过来的刻写吉语于铜镜上的习俗，可能在吴晋之时对堆塑罐有所影响。但是受空间所限，堆塑罐上的龟趺碑只能记录少量文字。此外，从堆塑罐上的地名及吉语书写不可割裂来看，于铜镜之上将制作地及制作者与祝福语并置的情况，东汉时不在少数。譬如这一例：

> 吴郡胡阳，张氏元公。制作虚无，自异于众。
> 造为明镜，日月合萌。四时永别，□□□王。
> 天□和亲，富贵番昌。百精并存，其师命长。

浙江绍兴上游公社[26]所出环状乳神兽镜不仅标注制作地为"吴郡胡阳"，还具体到了制作者"张氏"，而下文则以吉语为主。冈村秀典等提及，吴派为东汉南方铜镜制作的主要派别之一，所指地点即吴郡[27]，王仲殊直将"吴郡"视为其郡治吴县[28]。由此，很有可能存在相邻地域间的技艺交流与模仿。目前，亦有学者将东汉铜镜的四分法构图、装饰题材及艺术风格等与早期堆塑罐相关联[29]。

综上所述，堆塑罐上的铭文表现形式可能受到地域间技艺交流和不同材质器物的影响,内容可能具有生产者角度上的宣传象征和使用者角度上的祝福象征。根据笔者目前的资料搜集,写有"会稽"的堆塑罐多出现在古时隶属或毗邻会稽郡的地区,但并不排除例外的存在及此种铭刻更为复杂的原因,上述观点或需要更多的数据来支持。

## 三、从堆塑罐的等级象征再思墓主人身份

狮子山 M2 因纪年材料较为丰富,往往成为判别这一墓群墓主和年代的关键。该墓为双室砖室墓,由封门墙、墓道、前室、甬道和后室组成,总长9.01米。学者历来将长江中下游地区吴、西晋时期的墓葬按长度划分等级,目前尚存争议,但9米以上的墓被归为大型墓应该无疑(另外2座墓的规格如下:M1为7.9米,M4为9.18米[30])。

"制砖"与"建墓"并非同一概念,但是通过对比多墓多物在时空上的关联性,尤其在 M2"元康三年四月六日……"的纪年砖和堆塑罐上"元康二年闰月十九日"的龟趺驮碑的双重印证下,基本可以确认这座墓及其他三墓的建造时间不出元康年间。有明确纪年的堆塑罐中,墓主人大多仍无法识别,这为进一步探析器物的信息带来了一定的阻碍。根据仝涛的整理,目前仅有6件堆塑罐或可判断墓主人身份[31],狮子山二号墓出土堆塑罐也被纳入其中。

M2纪年砖上书写"元康三年四月六日庐江太守东明亭侯主薄高敕作"。"元康"为晋惠帝年号,那么,"庐江太守东明亭侯"指的又是谁呢?亭侯为爵号,虚封爵号之制,自曹魏开始[32]。《大唐六典》云:"魏氏五等,皆以乡、亭,多假空名,不食本邑。"[33]再加上"主簿"属于地方属官官职,"主薄高敕作"很有可能是帮办丧事的僚佐[34],故在此纪铭中,"庐江太守"应当指主持建造此墓者真正的官职。考古报告认为,"东明亭侯"只可能是傅隽[35],而这一墓群应当为傅隽叔父傅咸及其他傅氏之人的家族墓[36]。傅氏原为北地氏族,傅咸于元康四年卒官,葬地未可知;而傅咸长子傅敷在永嘉时避地会稽,并为镇东从事中郎,最终卒官会稽,次子傅晞当过上虞令[37],这些似乎皆显示出傅氏一族与这一区域有着较为紧密的联系。而中村圭尔通过对比两晋墓葬规模和形制,认为该墓主人应当是西晋时居于江南的土著大族[38],与北人之制有明显差别。

文献资料对于墓主的记录似是不足的,那么,随葬器物是否可以给我们留下蛛丝马迹?对比西晋时期南北氏族墓葬[39]可以发现,虽随葬陶瓷器材质不同,但种类基本一致,而堆塑罐是只见于南地的随葬品,应当被视为南地葬俗的一部分。那么,堆塑罐于西晋时是否总是随葬于较大规模的墓葬呢?据统计,出土堆塑罐的墓葬一部分长度在4~6米,而大部分长度为6米以上,其中不少是8米以上的大墓[40]。依靠墓葬尺寸大致可将堆塑罐看作南方土著豪族特有的随葬器物[41],但是,任何一物都非孤立存在,正如谢明良所提问题:"墓主是否曾利用各种手段来展现墓葬器物的等级差异?"[42]

江南另一处出土堆塑罐的家族墓地——江苏宜兴周墓墩,被视作西晋周处将军的家族墓。由于遭到扰动,6座周氏家族墓目前只见一件残品堆塑罐。但是西晋南方墓中,只

见于周处墓（宜兴周处墩二号墓）等高等级墓葬的酱色铅釉小陶罐等物，这又将它们与狮子山墓区分开来——酱色铅釉罐虽然像堆塑罐一样，一般只会单件出土于墓葬之中，但是它所指涉的墓葬等级似乎更高，整体的随葬品丰富度也更高。于北方常见的铅釉罐，由于地域空间的区隔，而成为南方高级墓主才能拥有的珍贵随葬器物[43]。反过来便存在一种可能性，即狮子山墓群属于一般的南地士族墓，故而不见此类具有高等级表征的特殊器物。

简单来说，堆塑罐至目前为止，在某种程度上能够反映南方中上等氏族墓葬较为普遍的配置，但是，它没有成为更高级墓葬用以进一步彰显墓主人身份的必然选择。从这一角度而言，我们可以认为狮子山墓群并不具有西晋高层官员或贵族的绝对指向，故而之前学者对墓主人的推测，笔者持保留态度。

"象征物"是一个很大的概念，堆塑罐本身又具有着极大的复杂性与变化性。但是任何流行之物之所以流行，都包含着某种已成或将成定俗的内容。对于堆塑罐而言，关键或许不在于一一分析其中的变化，而在于寻找其中的定式或格套。接下来，笔者将试图从狮子山出土堆塑罐上的文字和图像入手，结合其他出土材料，寻找堆塑罐上可能存在的共通性表达和特殊的时代内涵。

## 四、西晋出土堆塑罐的堆塑形象内涵

选取常见的堆塑罐上的堆塑形象，结合狮子山墓出土的这类器物的设计特色，包括元素的呈现和不同元素之间的排布与组合，借之管窥彼时南人的葬仪葬俗。

### （一）再思堆塑罐的佛像堆贴

佛像本身是堆塑罐上的一种常见装饰元素，狮子山出土堆塑罐亦见多个佛像堆塑。李刚认为堆塑罐上的胡人跪坐体现了佛教徒对佛祖的恭敬，飞禽走兽体现了天地万物、佛为中心的观念[44]。巫鸿则认为堆塑罐上佛像的祖型可能是犍陀罗佛塔上的佛像，认为它与吴晋时期长江中下游地区的"民间佛教"有关；随时间变化，佛像成为堆塑罐楼阁装饰的中心，意味着在佛教净土宗的影响下，佛像已代替其他伎乐形象的"巫师或'祝'而成为神界的主人"[45]。林树中和杨泓也认为堆塑罐上的佛像有自下而上最终占据"主神位置"的经历[46]，但是实际上，佛像堆塑的具体位置没有等级差别与尊卑体现，也没有自下而上的发展规律，佛像无论位于瓶腹还是瓶顶部，可能同样是当时人们敬奉的对象[47]。从佛像的位置变化考察堆塑罐所反映的佛教中国化情况几乎可被否定，而阿部贤次通过论证认为佛像与其他形象之间有着特殊关系，抑或与堆塑罐在墓葬中的摆放位置有特殊关联的看法是不成立的[48]，那不妨先回到佛像本身的图像塑造中来。

堆塑罐上的佛像多为莲花化生，其造型源流可追溯至古代巴尔胡特及布特卡拉出土的浮雕，同时在佛教成立时期的经典中也有梵天由莲花化生的故事记载[49]。不过，这未必意味着堆塑罐上的佛像便代表了佛教义理，可以延伸至梵表现初期借由莲花来象征"宇宙本身""个人心脏"[50]的动机。但笔者认为，因为信仰传入初期的未定型与不确定性，佛教存在顺应自己本身图像逻辑的可能性。

（二）相似元素排布方式下的形象混用

西晋皇甫谧的《笃终论》说道：

> 人之死也，精歇形散，魂无不之，故气属于天；寄命终尽，穷体反真，故尸藏于地。是以神不存体，则与气升降；尸不久寄，与地合形。形神不隔，天地之性也；尸与土并，反真之理也。今生不能保七尺之躯，死何故隔一棺之土？[51]

由"魂无不之""形神不隔"等观念，我们应谨慎考虑堆塑罐为"魂瓶"的可能性，它也许不是保存灵魂的最佳方式或场所。

M1出土的一件堆塑罐上部除了有整齐排布的莲花化生外，更上一层还有同样排布整齐的飞鸟元素。飞鸟是堆塑罐中的常见元素，李刚认为飞鸟是佛祖的象征物鸽子[52]；仝涛在将堆塑罐定为魂瓶的基础上，认为集于小罐罐口的飞鸟争食现象反衬了谷物充盈[53]，而早期堆塑罐中集于上部小罐支柱的鸟与人则象征天界与人界的沟通[54]；小南一郎则将鸟与祖灵联系起来[55]。阙炎君等则认为，飞鸟不仅仅是引领死者灵魂前往仙界的使者，在吴、西晋堆塑罐的象征体系中，也许还是不在场的仙界西王母的替身[56]。但正如布莱恩·莫里斯所说："象征总是潜在地具有多种解释，并且只有当象征作为一整套的组成部分与其他象征对比时，他们才产生了含义。"[57]

飞鸟尽管有多种可能的象征意义，但是类似M1这样，工整地分上下两行排布飞鸟和佛像的例子并不多见，却也不是个例。殷巷吴墓[58]（图四）出土的一件红陶涂彩堆塑罐也采取了上列飞鸟下列佛像的装饰手法，只是略显粗糙。类似的工整的元素排布方式也见诸杭州钢铁厂西晋墓[59]（图五）和赵史岗七号六朝墓[60]（图六）。在这些案例中，不变的是堆塑罐平台第一层整齐排布人物，第二层的元素则是整齐或散乱排布的飞鸟或人物。第一层的人物，狮子山和殷巷吴墓所出者都可确认是莲花化生佛像，赵史岗所见可确认为胡人俑，甘家巷出土者简报称其相关人物为佛塑像，但是实际上，它们是胡人合手坐姿和佛像身后背光的混合式人物。关于混合式的人物形象，或许可以借助宫治昭对于佛教图像祖型案例的反思进行思考：

> 比起追究图像的原形，更重要的是应该看到（图像有关的两类人物）在尊格构成方面的类似，也许那才是造成图像混淆的原因[61]。

既然佛像在堆塑罐上的出现不一定有规律性的时空变化和特殊地位，那么佛像与胡

图四 江宁殷巷吴墓出土红陶堆塑罐　　图五 杭州钢铁厂西晋太康八年墓出土堆塑罐　　图六 甘家巷赵史岗七号墓出土堆塑罐

人的图像混合正可能意味着二者在时人眼中具有同等地位，都成为礼仪化的一部分。

（三）空间与礼仪

考古报告称前述狮子山 M1 出土堆塑罐出土于前室耳室中，但所谓的"耳室"其实是三层平砖砌成的平台[62]，这更有可能是西晋出现的祭台。"东汉前堂后室的墓葬，空间高大的前堂可用于设奠祭祀；西晋无论是单、双室墓，前部的空间都不大，设奠祭祀必须改变，设祭台是新的选择。""祭台……是设在墓门口或墓室前部，用砖砌出高于地面的平台。"[63]那么，M1 的堆塑罐见于祭台，是否为一种巧合？

首先，观察 M1 和 M2 的墓室构造，前者前室设祭台，后者前室于四角设灯座，相比汉代偏向宅化的构造，狮子山之墓室更符合齐东方所说的以"假窗、灯龛"呈现的"更简洁的象征性表现"[64]，也就是对礼制化的进一步追求。其次，M1、M2、M4 的随葬器物少见象征庄园生活或墓主生前产业的圈舍家畜，仅有两三件动物窝圈，更多是以具有"士族身份标志"的唾壶、香薰等为主的随葬品，这更容易使人联想到西晋偏向祭奠性质的器物组合。《通典》引晋贺循《葬礼》云：

> 其明器：凭几一，酒壶二。漆屏风一，三谷三器。瓦唾壶一，脯一篚。屦一，瓦樽一，履一，瓦杯盘杓杖一，瓦烛盘一，箸百副，瓦盦一，瓦灶一，瓦香炉一，釜二，枕一，瓦甒一，手巾赠币玄三纁二，博充幅，长尺，瓦炉一，瓦盥盘一[65]。

这 2 座墓的随葬器物没有直接出现在祭台上，我们无法排除墓葬被扰动的可能，因同时代有不少可能具有祭奠功能的器物与祭台组合出现的例子[66]，故可知这是一种时代风向。前文提及仝涛认为堆塑罐是厚葬之风下庄园生活的反映，但是实际上，西晋士族墓葬的随葬品与士族生前豪奢的生活相比是简化而非丰富，与前代相比是减少而非增加[67]。

齐东方认为，西晋时，反映田园生活的明器不再受重视，与此有关：

图七　狮子山 M3 出土堆塑罐

用人理念和经济受惠政策的变化，在以"礼"规范人们行为，以"孝"治天下的传统模式中，将强化了的社会等级纳入到政治框架内。"世家大族"的价值取向和目标追求，在丧葬中要比附于明尊卑、辨等级的新伦理秩序，适应新的社会氛围，矫正墓葬中由对财富的重视演变成对身份等级的夸耀在所必行[68]。

而这种习俗观念的礼仪性的升华，或许可以从堆塑罐中寻得更多的证据。M3（图七）和 M4（图八）出土堆塑罐都写有寓意吉祥的文字（文字内容见表二），它们被安置在龟趺碑上，这样一种标写赞词的仿碑装饰，当与晋代"不封不树"，墓碑由墓外移入墓内而将歌功颂德之展示内化有关。

图八　狮子山 M4 出土堆塑罐及龟趺碑放大图

但是墓碑内化至墓葬空间不一定意味着与之相关的葬仪简化，相反，其中可能仍然具有很强的鼓吹送葬意味。堆塑罐上的碑文有很多与"宜子孙"相似的表达，阿部贤次认为其文指示了堆塑罐的"丧葬功能"[69]，它们可能被用于下葬前的葬礼，故而观者实际以生人为主，由此，碑文强调的是堆塑罐可以给死者的后裔带来好运[70]。文献也确实记载了器物用于墓外祭奠之后被移至墓中的可能，《通典》引贺循《葬礼》云：

> 至墓之位，男子西向，妇人东向。先施幔屋于埏道北，南向。柩车既至，当坐而住，遂下衣几及奠祭。哭毕柩进，即圹中神位。既窆，乃下器圹中。荐棺以席，缘以绀缯。植翣于墙，左右挟棺，如在道仪[71]。

至此，笔者认为，堆塑罐在魏晋时期，尤其是西晋时大量出现，很有可能和葬俗趋于礼制化有关，但目前缺乏直接证据说明堆塑罐经历了从墓上观拜到墓下长埋的历程。

## 五、余　论

此后，堆塑罐在东晋忽然消失，或许正如金子典正总结的那样："东晋时期的江南，华北侨民大量增加，壶（堆塑罐）的消失似乎是他们所持的生死观及中原丧葬礼仪的影响所致，再加上华北佛教的南迁地集中于建康及会稽，而最后在两地隆兴的清谈玄学式的贵族佛教大概也与神亭壶（堆塑罐）无缘。"[72]

堆塑罐的消失并不意味着其上诸种信仰的消失殆尽，消失的是此种表现信仰的方式。堆塑罐的制作牵扯到复杂的工艺，与其生产有着密切关系的会稽及周边地区，在人群更替之下，难免有技艺中断或禁断的可能性，然与瓷器制作相关的人员究竟有着怎样的变动，还需进一步查证。

总的来说，狮子山出土堆塑罐作为有纪年可查的堆塑罐大量出现时期的代表，或可成为我们进一步探讨堆塑罐生产及使用的案例。堆塑罐上的种种元素及其与出土环境的关系，一方面或揭示了堆塑罐可能存在的生产、使用方面的象征意义，另一方面也留待更多的研究以证实推测的可行性。

## 注　释

[1] 吴县文物管理委员会：《江苏吴县狮子山西晋墓清理简报》，《文物资料丛刊（3）》，北京：文物出版社，1980年，第130~137页。
[2] 吴县文物管理委员会：《江苏吴县狮子山四号西晋墓》，《考古》1983年第8期，第707~713、776页。
[3] 同注[2]。
[4] 考古报告定之为"耳室"，但是笔者根据发掘图及其他学者描述，认为将其称为前室一侧平台更

合适。

[5] 金子典正曾提到此件堆塑罐，但是笔者并未找到其出处。〔日〕金子典正：《三国西晋时期神亭壶之上的佛像及其成立背景》，《海外中国艺术史研究（第一辑）》，长沙：湖南美术出版社，2018年，第242页。

[6] 〔日〕长谷川道隆：《吴晋墓出土的神亭壶》，《考古学杂志》1986年第3期，第325～342页；〔日〕冈内三真：《五联罐与装饰付壶》，《古代探从Ⅱ——早稻田大学考古学会创立周年纪念考古学论集》，京都：早稻田大学出版社，1985年，第669～706页。

[7] 谢明良：《六朝谷仓罐综述》，《六朝陶瓷论集》，台北：台湾大学出版中心，2006年，第258～264页。

[8] 仝涛：《长江下游地区汉晋五联罐和魂瓶的考古学综合研究》，四川大学博士学位论文，2006年，第29～53页。

[9] 李刚：《陶瓷窣堵波研究》，《文博》1997年第5期，第50～55、66页。

[10] 林士民：《青瓷与越窑》，上海：上海古籍出版社，1999年。

[11] 同注[7]，第263页。

[12] 巫鸿：《早期中国艺术中的佛教因素（2—3世纪）》，《礼仪中的美术：巫鸿中国古代美术史文编》，北京：生活·读书·新知三联书店，2016年，第329页。

[13] 仝涛：《魂瓶所反映的宇宙观念》，《南方文物》2003年第1期，第30～33、74页。

[14] 仝涛：《从魂瓶看吴晋时期的庄园生活和丧葬礼俗》，《四川大学学报（哲学社会科学版）》2004年第2期，第137～143页。

[15] Steven Lubar, W David Kingery. History from Things: Essays on Material Culture. Washington: Smithsonian Institution Press, 1993.

[16] 同注[7]，第263页。

[17] 同注[14]，第140页。

[18] 据《上虞县地名志》记载：永建四年分上虞县南乡立始宁县，同属会稽郡。从考古材料来看，上虞县上浦乡大善村凤凰山麓青瓷窑址中，确有堆塑罐碎片发现。参看周燕儿、蔡晓黎：《绍兴县出土越窑魂瓶初探》，《东南文化》1992年第5期，第175～179、250页。

[19] 《中国历史大辞典·历史地理》编纂委员会：《中国历史大辞典：历史地理》，上海：上海辞书出版社，1996年，第411页。

[20] 曹允源：《民国吴县志校补二》（影印本），北京：国家图书出版社，2014年。

[21] 同注[7]，第266页。

[22] 同注[14]，第140页。

[23] 仝涛举例"凤凰元年长沙太守□州刺史宜子孙"的碑文内容来说明此问题。具体出土器物参看华国荣：《江苏南京市江宁县下坊村发现东吴青瓷器》，《考古》1998年第8期，第92、93、102～104页。

[24] 尹志红：《浙江嵊县文管会藏古代铜镜》，《南方文物》1994年第3期，第80～85页。

[25] 李军：《浙江宁波出土铜镜》，《南方文物》1996年第3期，第70、115～118页。

[26] 原始考古报告未见，王仲殊及冈村秀典都对铭文有所记录，本文参考冈村秀典的铭文释读，参看a.〔日〕冈村秀典：《东汉镜的淮派及吴派》，《海外中国艺术史研究（第一辑）》，长沙：湖南美术出版社，2018年；b.王仲殊：《吴县、山阴和武昌——从铭文看三国时代吴的铜镜产地》，《考古》1985年第11期。

[27] 同注[26]a，第153～197页。

[28] 同注[26]b，第1025～1031、1062～1064页。

[29] 赵幼强：《试论东汉会稽画像镜的艺术风格及对早期越窑堆塑瓷装饰的影响》，《东南文化》2000年第7期，第88～94页。

[30] M3早年被盗，墓室已被拆毁，故此处未见墓室形制信息。
[31] 同注［8］。
[32] 陈茂同：《中国历代职官沿革史》，北京：昆仑出版社，2013年，第116页。
[33] （唐）李林甫等撰，陈仲夫点校：《唐六典·尚书吏部卷第二》，北京：中华书局，1992年，第37页。
[34] 同注［1］。
[35] 《晋书》所载东明亭侯有两人，一为李炬，二为傅隽。前者明确记载"葬襄阳"，故此处最有可能是傅隽。
[36] 同注［5］。
[37] （唐）房玄龄等：《晋书·四十七·列传第十七·傅玄》，北京：中华书局，2011年，第1330页。
[38] 〔日〕中村圭爾：《南京付近出土六朝墓に関する二三の問題》，《人文研究》1982年第34卷12号，第769~818页。
[39] 根据韦正的研究，将6米以上的墓葬划归为西晋士族墓葬。参看韦正：《简论西晋时期的南北士族墓葬》，《东南文化》1994年第4期，第59~74页。
[40] 同注［8］，第61页。
[41] 谢明良在《从阶级的角度看六朝墓葬器物》分析了冈内三真、小南一郎的文章之后，也持这一观点。谢明良：《从阶级的角度看六朝墓葬器物》，《"国立"台湾大学美术史研究集刊》1998年第5期，第1~39页。
[42] 同注［41］，第46页。
[43] 同注［41］，第1页。
[44] 同注［9］。
[45] 同注［12］，第326~329页。
[46] 林树中：《早期佛像输入中国的路线与民族化民俗化》，《东南文化》1994年第1期，第81~92页；杨泓：《跋鄂州孙吴墓出土陶佛像》，《考古》1996年第11期，第28~30页。
[47] 邹清泉：《吴地魂瓶上的佛像初探》，《美术研究》2001年第3期，第61~66页。
[48] 〔日〕阿部贤次、蒋志芬：《江浙地区汉晋魂瓶上的佛像研究》，《中国美术研究》2014年第1期，第63~76、104页。
[49] 同注［5］。
[50] 〔日〕宫治昭：《涅槃和弥勒的图像学：从印度到中亚》，北京：文物出版社，2009年，第252页。
[51] （唐）房玄龄等：《晋书·五十一·列传第二十一·皇甫谧》，北京：中华书局，2011年，第1416~1417页。
[52] 同注［9］。
[53] 同注［14］。
[54] 参看仝涛：《从魂瓶看吴晋时期的庄园生活和丧葬礼俗》《魂瓶所反映的宇宙观念》二文。
[55] 〔日〕小南一郎：《壶型的宇宙》，《东方学报》1989年第61期，第165~221页。
[56] 阙炎君、蒋远桥：《吴西晋青瓷堆塑罐性质及鸟形象研究》，《文博》2007年第5期，第81~84页。
[57] 〔英〕莫里斯：《宗教人类学》，北京：今日中国出版社，1992年，第311页。
[58] 南京市博物馆：《南京郊县四座吴墓发掘简报》，《文物资料丛刊（8）》，北京：文物出版社，1983年，第1~15页。
[59] 浙江省博物馆：《青色流年：全国出土浙江纪年瓷图集》，北京：文物出版社，2017年，第59页。
[60] 江苏省文物管理委员会：《南京近郊六朝墓的清理》，《考古学报》1957年第1期，第187~191、264~265页。
[61] 同注［50］，第253页。

［62］同注［1］。
［63］齐东方：《中国古代丧葬中的晋制》，《考古学报》2015年第3期，第355页。
［64］同注［63］，第363页。
［65］（唐）杜佑：《通典·卷八十六·礼四十六·凶礼八》，北京：中华书局，1988年，第2325、2326页。
［66］同注［63］，第354～356页。
［67］同注［39］。
［68］同注［63］，第363页。
［69］同注［48］。
［70］〔日〕小南一郎：《神亭壶与东吴的文化》，《东方学报》1993年第六五册，第213页。
［71］同注［65］，第2346页。
［72］同注［5］，第220页。

# 参考书目

## 1. 历史文献

（唐）杜佑：《通典·卷八十六·礼四十六·凶礼八》，北京：中华书局，1988年。
（唐）房玄龄等：《晋书·五十一·列传第二十一·皇甫谧》，北京：中华书局，2011年。
（唐）李林甫等撰，陈仲夫点校：《唐六典·尚书吏部卷第二》，北京：中华书局，1992年。
曹允源：《民国吴县志校补二》（影印本），北京：国家图书出版社，2014年。

## 2. 考古材料

华国荣：《江苏南京市江宁县下坊村发现东吴青瓷器》，《考古》1998年第8期。
金琦：《南京甘家巷和童家山六朝墓》，《考古》1963年第6期。
李军：《浙江宁波出土铜镜》，《南方文物》1996年第3期。
罗宗真：《江苏宜兴晋墓发掘报告——兼论出土的青瓷器》，《考古学报》1957年第4期。
南波：《江苏句容西晋元康四年墓》，《考古》1976年第6期。
南京博物院：《江苏江宁县张家山西晋墓》，《考古》1985年第10期。
南京市博物馆：《南京郊县四座吴墓发掘简报》，《文物资料丛刊（8）》，北京：文物出版社，1983年。
吴县文物管理委员会：《江苏吴县狮子山四号西晋墓》，《考古》1983年第8期。
吴县文物管理委员会：《江苏吴县狮子山西晋墓清理简报》，《文物资料丛刊（3）》，北京：文物出版社，1980年。
胥浦六朝墓发掘队：《扬州胥浦六朝墓》，《考古学报》1988年第2期。
徐定水、金柏东：《浙江平阳发现一座晋墓》，《考古》1988年第10期。
尹志红：《浙江嵊县文管会藏古代铜镜》，《南方文物》1994年第3期。
浙江省博物馆：《青色流年：全国出土浙江纪年瓷图集》，北京：文物出版社，2017年。
朱伯谦：《中国陶瓷全集·4·三国两晋南北朝》，上海：上海人民美术出版社，2000年。

## 3. 研究论著

陈茂同：《中国历代职官沿革史》，北京：昆仑出版社，2013年。
林士民：《青瓷与越窑》，上海：上海古籍出版社，1999年。
巫鸿：《礼仪中的美术：巫鸿中国古代美术史文编》，北京：生活·读书·新知三联书店，2016年。

谢明良：《六朝陶瓷论集》，台北：台湾大学出版中心，2006年。
《中国历史大辞典·历史地理》编纂编委会：《中国历史大辞典：历史地理》，上海：上海辞书出版社，1996年。
中国艺术研究院美术研究所：《海外中国艺术史研究（第一辑）》，长沙：湖南美术出版社，2018年。
〔日〕冈内三真：《五联罐与装饰付壶》，《古代探从Ⅱ——早稻田大学考古学会创立周年纪念考古学论集》，京都：早稻田大学出版社，1985年。
〔日〕宫治昭：《涅槃和弥勒的图像学：从印度到中亚》，北京：文物出版社，2009年。
〔英〕莫里斯：《宗教人类学》，北京：今日中国出版社，1992年。
Steven Lubar, W David Kingery. History from Things: Essays on Material Culture. Washington: Smithsonian Institution Press, 1993.

## 4. 研究期刊

江苏省管理委员会：《南京近郊六朝墓的清理》，《考古学报》1957年第1期。
李刚：《陶瓷窣堵波研究》，《文博》1997年第5期。
林树中：《早期佛像输入中国的路线与民族化民俗化》，《东南文化》1994年第1期。
齐东方：《中国古代丧葬中的晋制》，《考古学报》2015年第3期。
阙炎君、蒋远桥：《吴西晋青瓷堆塑罐性质及鸟形象研究》，《文博》2007年第5期。
仝涛：《从魂瓶看吴晋时期的庄园生活和丧葬礼俗》，《四川大学学报（哲学社会科学版）》2004年第2期。
仝涛：《魂瓶所反映的宇宙观念》，《南方文物》2003年第1期。
仝涛：《长江下游地区汉晋五联罐和魂瓶的考古学综合研究》，四川大学博士学位论文，2006年。
王莲瑛：《从余姚地区出土的随葬品来看西晋时期的厚葬之风》，《东南文化》1998年第3期。
王仲殊：《吴县、山阴和武昌——从铭文看三国时代吴的铜镜产地》，《考古》1985年第11期。
韦正：《简论西晋时期的南北士族墓葬》，《东南文化》1994年第4期。
谢明良：《从阶级的角度看六朝墓葬器物》，"国立"台湾大学美术史研究集刊》1998年第5期。
杨泓：《跋鄂州孙吴墓出土陶佛像》，《考古》1996年第11期。
赵幼强：《试论东汉会稽画像镜的艺术风格及对早期越窑堆塑瓷装饰的影响》，《东南文化》2000年第7期。
周燕儿、蔡晓黎：《绍兴县出土越窑魂瓶初探》，《东南文化》1992年第5期。
邹清泉：《吴地魂瓶上的佛像初探》，《美术研究》2001年第3期。
〔日〕阿部贤次、蒋志芬：《江浙地区汉晋魂瓶上的佛像研究》，《中国美术研究》2014年第1期。
〔日〕长谷川道隆：《吴晋墓出土的神亭壶》，《考古学杂志》1986年第3期。
〔日〕小南一郎：《壶型的宇宙》，《东方学报》1989年第61期。
〔日〕小南一郎：《神亭壶与东吴的文化》，《东方学报》1993年第六五册。
〔日〕中村圭爾：《南京付近出土六朝墓に关する二三の問題》，《人文研究》1982年第34卷12号。

# A Brief Discussion of Figured Jars Unearthed at Shizishan and Their Symbolic Meanings

Dai Ruowei

(2021 PhD Student, Department of Cultural Heritage and Museology, Fudan University)

**Abstract:** This essay focuses on Western Jin figured jars unearthed at Shizishan, Jiangsu Province, exploring their productive and functional implications. We attempt to rethink previous discussions on the symbolic meanings of China's figured jars.

**Key Words:** Figured Jars, Shizishan Tombs, Western Jin Dynasty, Funeral Custom

---

**教师评语：**吴晋时期墓葬出土的堆塑罐，是很多学者都关注并进行过研究的课题。本文以江苏狮子山晋墓出土的材料为切入点，在梳理吴晋时期纪年堆塑罐的基础上，对狮子山晋墓及同时期出土的堆塑罐的制作、等级、功用进行探讨。作者对于前人研究有所审视与反思，并在此基础上提出自己的观点，如对堆塑罐上龟跌碑铭格式的探讨，从堆塑罐的等级象征反思狮子山墓群主人身份，都有一定的新意。作者注意到狮子山 M1 堆塑罐出土的位置，认为报告中所谓的"耳室"其实是三层平砖砌成的平台，推测很可能是西晋出现的祭台，从而把堆塑罐看成墓葬中偏向祭奠性质的器物，认为堆塑罐在西晋时大量出现，很有可能和葬俗趋于礼制化有关，提出了对堆塑罐功能意义的新解释。作者勤于思辨、勇于探索的精神可嘉，但在观点的论证方面尚需坚实的论据基础和证据支持，需要结合相关考古资料和历史文献，做更多细致的考察工作。

（复旦大学文物与博物馆学系教授　刘朝晖）

# 宋代买地券中"鬼母"考

——兼论《太上元始天尊说北帝伏魔神咒妙经》成书年代

丁曼玉

(中山大学社会学与人类学学院2021级博士研究生)

**摘要**：在已公开刊布和发表的宋代买地券文中，有四方记有"地下（老）鬼母"之名。同时，宋代佛道文献、传统文献中，皆有关于"鬼母"的记载。从身份、功能、形象等方面看，宋代买地券中的"地下（老）鬼母"应出自道教经典《太上元始天尊说北帝伏魔神咒妙经》。本文结合记载"地下（老）鬼母"的买地券及相关经典考证指出，该书卷一的成书年代应不晚于唐末五代。此外，载有地下（老）鬼母的买地券，主要见于北宋时的四川地区，应是受到了晚唐五代以来蜀地流行道教北帝派信仰的影响。

**关键词**：买地券；宋代；鬼母；《太上元始天尊说北帝伏魔神咒妙经》

## 一、宋代买地券中的鬼母

宋天圣九年（1031年）刘厶买地券[1]、宋庆历四年（1044年）勾君买地券[2]、宋崇宁二年（1103年）陈安祖买地券[3]、宋政和五年（1115年）刘氏六一娘买地券[4]中均出现"地下（老）鬼母"之名，这在现今考古发现的数百方宋代买地券中极其少见。兹将此四方载"地下（老）鬼母"的买地券录文如下。

宋天圣九年刘厶买地券：

宁州界定安县永安乡定安村人刘厶，当／无钱使，亡人厶乙，用钱万万九千九百／九十九贯文，和保山罡赤松子、地／下老母鬼[5]边，买得□地一所，东接青／龙，西至白虎，南至［朱］雀，北至玄武，／上至青天，下蒿里黄。保证墓田仁（人）戊／坚固；见人李定度。一定以后，千年□□。／千年万岁，为其买□人六厶。今用三月六／日殡还。／天圣九年三月辛（辛）未朔□日刻。

宋庆历四年勾君买地券：

维庆历四年岁次甲申二月甲午朔四日丁／酉，今有大宋国釰（剑）南道成都郫县普安乡殁/亡考勾君之□□□□乙丑□，今将白银钱/财茶果酒脯于黄（皇）天□社稷之处买得冢宅/一处。东至青竜（龙），西至白虎，南至朱雀，北至玄/武，上至青天，下至黄泉，自有四至分明。钱财/茶果酒脯交付天地神明了。证保人张坚固、李定度，知见人东王父、西王母，书契人天上/功曹，读券人地下金主簿，高罡赤松子、地下/鬼母共同证知，百鬼不得妄相侵夺。急急/如律令！/合同

宋崇宁二年陈安祖买地券：

　　大宋国剑南道利州路阆州安德军在城/居住，故华州助教陈安祖，于崇宁二年/岁次癸未六月戊申朔十三日庚申，将银钱九/百九十九贯九十九文，在阆中县甘泉乡金/坦山下兑庚位章光穴□，买得千年墓。其□/□顷，□围计一百二十步，□□四至□界：东/自青龙，南至朱雀，西接白虎，北止玄武，/上彻苍天，下至黄泉。书契人张坚固，/读契人李定度，保人石功曹、金主簿。见人高山赤松子、地下老鬼母、东王父、/西王母。四至界畔分明，上不侵青天，下/不犯黄泉。所墓共并造者，石舍□墓，/一□已上，并是陈安祖永远管系，地下诸/神恶鬼，各无侵夺。急急如律令！

宋政和五年刘氏六一娘买地券：

　　维大宋政和五年，太岁乙未十二月丙申朔二十五日庚申，今有剑南道西川成都府路下简州阳安县龙门乡在郭居住殁故亡人孺人刘氏六一娘，今将钱万万九千九百九十九贯文足，在大乘乡凤溪里西山之下，黄（皇）天父、后土母边，买得千年墓宅一所。东至青龙九夷界，南至朱雀八蛮界，西至白虎六戎界，北至玄武五狄界。上至苍天，下至黄泉，用为亡灵孺人刘氏六一娘所管。立家后，白（百）鬼不得侵夺。保人张坚固，见人李定度。天上石功曹、地下金主簿（簿），高罡赤松子、地下老鬼母，共同证知。书券人天上鸟，读券人水中鱼；书券了，鸟飞上天去；读券了，鱼入神泉海中玄。急急一如太上盟文女青律令！

　　目前最早出现地下（老）鬼母的买地券为后蜀广政二十七年（964年）徐遐买地券[6]，券主属陵州籍县蒙阳乡。宋代最早出现地下（老）鬼母的买地券券主，属时永兴路彭原郡宁州界定安县永安乡，宋代另外三方买地券券主分别属时成都郫县普安乡、剑南道利州路阆州、成都府路下简州阳安县龙门乡，这四方买地券券主身份分别为普通民众、乡绅、下级官僚[7]、孺人。前两方买地券中地下（老）鬼母的身份分别为卖地人和读券人，后两方买地券中地下（老）鬼母身份皆为见人。

　　目前对买地券中的地下（老）鬼母尚无专门考证，现存文献和图像材料中，宋代至

少存在三类鬼母形象：一为佛教中的鬼（子）母，一为道教中的鬼母形象，另民间日常也存在鬼母，也称为九子母。

## 二、宋代佛教与民间日常中的鬼母

宋时佛教中既有"鬼子母"，也有"鬼母"之名，二者对比，故事情节大同小异，"鬼母"即"鬼子母"。只是"鬼母"之名较"鬼子母"少见，此前学界对鬼子母关注较多[8]，似较少注意到佛教经典中有关"鬼母"的记载，宋代佛教中鬼母主要出现在天台宗施食法、诸天和《降魔图》中。

宋宗晓编《施食通览》（1204年）中仁岳所述《施食须知》[9]中的鬼母，即《施食通览》中《佛化鬼子母缘》的鬼子母[10]，应为据唐义净《南海寄归传》中鬼子母故事所著。至宋代《施食通览》鬼母被纳入瑜伽焰口施食仪式，成为佛教施食法中诸鬼之一。《诸天列传》现已失佚，志磐著《佛祖统纪》（1258～1269年）中载神焕《诸天列传》重定诸天位次，鬼母作为罗刹，次序应该在后：

  如鬼子母，罗刹也，岂当与大梵同列？有女名功德，男名散脂，今以功德居上，梵、释次之，后列散脂、鬼母，岂非失序？因检讨大藏，作诸天传，随位释之，盖天有主客，有男女，有本迹，有显晦[11]。

志磐按神焕意叙述，另著《诸天礼赞文》，订十六诸天位次，将鬼母次序置于倒数第二[12]。南宋行霆《重编诸天传》（1173年）也据《诸天列传》编撰，订二十诸天，其中《鬼子母天传》[13]，吸收此前诸经典，讹误较多。

《石溪心月禅师语录》卷下《降魔图序（并引）》（1245年）载：

  佛出世之初，魔外炽然，有千子鬼母，种类甚多，啖人子女，天上人间患之。佛于是取其最爱之子，以琉璃钵覆之。母既失子，啼哭徧（遍）寻，佛呼其来，指儿还之，鬼母役所部诸兵，将尽神力，钵不能动。佛问："汝之爱子，与人之爱子，同耶异耶？"鬼母悔谢礼拜，发愿自今已往，见人之子女，犹我之子女，或有求子女者，我当副彼所祷，才发心已，钵自揭开，抱子而去。

  法高一丈，魔高一丈，但邪正殊途耳。传云微有念生，即阴界所摄，魔宫鬼窟，杂处其中，昏昏长夜，合眼做梦，靡所不至。佛悲怜之，以大智光明，如日悬空，破彼幽暗，悉使开眼见明，舍邪归正。画师笔端三昧，幻出降魔图，有深旨焉。观此图者，倘能顿见善恶邪正之念，未形之前，则孰为佛邪，孰为魔耶。苟或未然，亦宜自警，淳祐乙巳，重阳后十日，虎丘住山老僧，石溪心月，书于致爽[14]。

《石溪心月禅师语录》卷下《降魔图序（并引）》中记载的鬼母故事，源自《杂宝藏经》卷九《鬼子母失子缘》[15]，《石溪心月禅师语录》卷下《降魔图序（并引）》鬼母故事略简，可见当时佛教经典中应有完整的故事，即《降魔图》所据经典。

唐宋时宝鸡扶风法门寺、成都大圣慈寺等寺院中存有鬼（子）母图像[16]，今已不存，据文献所记，其图像似多与祈子护儿有关，与《降魔图》（《鬼子母经变图》）关系不大。现今金代山西繁峙县岩山寺中的《鬼子母经变图》[17]（图一），是唯一保存下来与《降魔图》有关的图像[18]。《石溪心月禅师语录》中所引《降魔图序（并引）》和山西繁峙县岩山寺中《鬼子母经变图》主要描述（绘）鬼母为佛所化的情节（图二）。

图一　山西繁峙县岩山寺文殊殿《鬼子母经变图》
（采自李翎：《鬼子母研究：经典、图像与历史》，上海：上海书店出版社，2018年，第275页，图4.6-4）

图二　山西繁峙县岩山寺僧人以钵做法（局部）
（采自李翎：《鬼子母研究：经典、图像与历史》，上海：上海书店出版社，2018年，第287页，图4.6-24）

民间九子母（鬼子母）信仰的普遍流行是在东晋以后，鬼子母通常为祈子之神[19]。有关"鬼母"的记载非常少，前人也较少关注，宋代为数不多关于"鬼母"的记载分为两种，一为讹传自南朝的鬼母故事，一为佛教中的鬼子母故事。

宋时《类说》[20]《闲窗括异志》[21]引南朝任昉《述异记》[22]：

> 南海小虞山中，有鬼母，能产天地鬼，一产十鬼，朝产之，暮食之，今苍梧有鬼姑神是也。虎头龙足，蟒目蛟眉。今吴越间防风庙，土木作其形，龙首牛耳，连眉一目。

任昉《述异记》可能是在南方地区民间普遍流行鬼子母信仰的背景下[23]，将鬼子母与《山海经》中的人物形象融合，鬼母形象变为虎头龙足、蟒目蛟眉，日生十子。唐宋以后不再见此类鬼母之说，说明此鬼母形象于唐宋时的民间已不再流行。

另有南宋胡寅《崇正辩》[24]中引经云，可见民间流传来自佛教的鬼母之饿鬼形象：

> 昔尊者阁夜多诣德义尸罗城，惨然不悦……弟子怪而问之。尊者曰："我初至城，见一鬼子饥急，语我云：母入城，为我求食。我与母别，经五百岁，饥虚困乏，命将不远，愿与早来。"吾见彼母，具说此意。鬼母答吾："我入城来，经五百岁，未曾得一人涕唾。我新产，气力羸劣，设得少唾，诸鬼夺去。"吾闻鬼语，悲叹生死，受苦长远，是以惨然[25]。

## 三、宋代道教中的鬼母

道教文献中最早有关鬼母的著录见于《太上元始天尊说北帝伏魔神咒妙经》卷一（以下简称《北帝伏魔神咒妙经》），经中载酆都罗山中地狱冥界大洞阴景天国主者太阴水帝北阴天君"下吏九令主者，五岳府君，二十四治阴官，二十四治阳官，河海掾吏，丘陵溪涧主者，下吏无鞅之众。六天异鬼恶神，以为侍卫。左右列三十六狱，周回各五十里"[26]。大洞阴景天国中有六宫，其中第六宫害人男女，能令不成，病死绝灭，如文所载：

> 六天魔王宫，其鬼乘生人迷乱，下降人间。啖食女人怀胎血孕精气，令非梦恶想。或为猫犬之形，令女人惊怪。痿黄色颔（悴），血精断绝，狂病衰患伤，食生人子息。或一岁至十岁，枉遭夭折。下元生人，大限未终。愚迷不能添神益筹（算）延生，请命遭逢魔鬼，枉折天年[27]。
> 北帝曰："下元生世女人，怀孕死损，系嗣十九不成。或怀胎一月二月，或至得生，或于胎中消死，或长成至七岁至十岁，无端夭伤。此皆女人怀此血秽，为六洞天魔女鬼母飞随女人，食女人精气，胎血频遭损伤。令女人痿黄恶瘦，

梦想惊怪。其鬼变形为猫鼠狸狗，梦中食人子息。"[28]

北帝曰："下元生人，有身无子孕。此为洞天魔女鬼母与天狼贪狗食其精华，令绝种裔。若求男女，当于堂房中置北斗灯坛，随师行道，烧香散花，诵吾神咒万遍，朝醮北斗，当降青腰玉女一十二人侍卫子藏，应愿得生，上相聪明，男女寿考。"[29]

《北帝伏魔神咒妙经》为北帝派道经，共十卷，卷一详载六天（宫）鬼魔系统，斩魔伏鬼之法[30]，其中将六宫食女人精气、致人不孕的魔女称为鬼母，其形象化为猫鼠狸狗。

任继愈根据《北帝伏魔神咒妙经》卷一所引陶弘景之语，认为该经成书于梁末至唐初[31]，萧登福据宋人所引该经相关内容认为该经成书于梁末至唐世[32]。张勋燎[33]、吕鹏志[34]、刘未[35]围绕《北帝伏魔神咒妙经》卷六《金箓品》中酆都山真形图，对《北帝伏魔神咒妙经》的成书年代进行讨论，认为该经年代上下限不出两宋，保罗·安德森（Poul Andersen）据此书末提到的四圣之翊圣，认为该经年代不早于10世纪末[36]。

如上所述，既往学者对该经成书年代的讨论均参考了该经不同卷所载内容。该经各卷可能成书于不同时期，以上学者对该经年代的讨论并不冲突，只是应该避免将该书某卷成书年代与该书成书年代等同。正如吕鹏志探讨该经三卷本成书年代时指出，"宋孙夷中编《三洞修道仪》提到北帝太玄道士授《伏魔经》三卷，是三卷本《伏魔经》至迟在五代初已经出现"[37]。

下文仅讨论《北帝伏魔神咒妙经》卷一中有关六洞天魔女鬼母部分的形成年代。

《道门科范大全集》卷五十五《北斗延生清醮仪》记载"鬼母"较简略：

又有女人，分娩艰难，呻吟苦楚，良由鬼母之啖，致令血脏之衰，障闭弥旬，兢惶万状。仰遵北帝，俯建星坛，行道申诚，作法诵咒，则可以感煞童而下降，同玉女以来临，卫草蓐以平安，保女男而爽利[38]。

如上，《北帝伏魔神咒妙经》卷一与《道门科范大全集》卷五十五《北斗延生清醮仪》均记载鬼母啖食人精气，治鬼母方法完全相同，需北帝（斗）置星坛，作法诵咒，携玉女同行。另《北帝伏魔神咒妙经》不仅详细了记载鬼母界域、形象等情况，治鬼母方法也较《北斗延生清醮仪》记载更为详尽。则《北斗延生清醮仪》所载"鬼母"，可能源自《北帝伏魔神咒妙经》，或与其有共同来源。

包括《北斗延生清醮仪》在内，《道门科范大全集》中大部分卷题为杜光庭删订，余部分卷题为南宋陆仲励修[39]，若上述所说成立，则《北帝伏魔神咒妙经》的年代至少不晚于《道门科范大全集》中杜光庭卷题《北斗延生清醮仪》的年代，《北帝伏魔神咒妙经》卷一关于六洞天魔女鬼母的内容最晚也在唐末五代以前，可能存在于《三洞修道仪》中提到的三卷本《伏魔经》中。

北宋以后《太上三洞神咒》《无上玄元三天玉堂大法》中也记载了"鬼母",《太上三洞神咒》中载:"喝云天帅,统领五方雷将,酆岳地只,上张天罗,下布地网,火速罩定,魔鬼母令走漏疾。"[40]《无上玄元三天玉堂大法》中载第六瘟鬼,名诛女[41]。《太上三洞神咒》《无上玄元三天玉堂大法》中的鬼母,与《北帝伏魔神咒妙经》卷一所载鬼母界域相同,也应源自《北帝伏魔神咒妙经》卷一。

另将《北帝伏魔神咒妙经》中提到的六洞天魔女鬼母形象与唐义净《根本说一切有部毗奈耶杂事》卷三十一[景龙四年译(710年)]中所载诃利底药叉女(鬼子母)故事对比:

> (欢喜)我意欲得王舍城中现在人众所生男女皆取食之,答言:"贤首!彼皆是汝家族住处,余来侵害尚欲相遮,宁容汝今辄为酷虐,兴斯恶念勿更再言。"由彼前身所发邪愿熏习力故,作不忍声怀嗔且默,后于异时便生一子,如是次第更生五百。其最小者名曰爱儿,时五百儿咸势成立,母恃豪强欲行非法,夫频劝诲竟不受言,夫知彼心默尔而住。是时欢喜便于王舍城中随来去处,现在人众所生男女为次食之。
>
> 汝等男女咸被欢喜药叉之所食啖……此既取我男女充食,则是恶贼药叉何名欢喜,因此诸人皆唤为诃利底药叉女[42]。

可见《北帝伏魔神咒妙经》与《根本说一切有部毗奈耶杂事》所载鬼(子)母皆为食人子的形象,《北帝伏魔神咒妙经》中的鬼母形象,可能借鉴佛教中的鬼(子)母,其用鬼母之名,也说明《北帝伏魔神咒妙经》的年代可能较早[43],北宋以后,鬼母仅作为一个不太重要的角色出现在《太上三洞神咒》《无上玄元三天玉堂大法》等经咒科仪中。

综上,《北帝伏魔神咒妙经》卷一有关六洞天魔女鬼母内容的形成年代应早于《道门科范大全集》,可能借鉴《根本说一切有部毗奈耶杂事》,或与其有共同来源,年代在唐末五代以前,至于《北帝伏魔神咒妙经》中所载鬼母直接来源于佛教何经已不可考。

## 四、买地券中的鬼母与道教北帝派信仰

宋代佛教和民间常见鬼子母之名,鲜见鬼母。宋代佛教鬼母出现在天台宗施食法、诸天、《降魔图》中。鬼子母在施食法中为一饿鬼,在诸天中位次也被调至末位。《降魔图》所据经典今已不存,唯见《鬼子母经变图》(《降魔图》)一幅,主要描述(绘)为佛所化的过程。

鬼母在宋代佛教记载中行迹寥寥,在佛教中地位不高,也不太重要。同时,宋代佛教经典中也没有强调鬼母夜叉、罗刹的出身和背景,而是着重描述(绘)佛降服鬼母的过程,以彰显佛祖法力。

宋代民间日常鬼母形象，一是源自南朝志怪故事中的"南海鬼母"，至宋代已不再流行；二是源于宋代佛教中的饿鬼形象，应与施食法有关。

宋代佛教和民间的鬼母，虽仍来自地狱，但其身份背景已经不再重要，佛教和民间的鬼母更强调其作为被边缘化的饿鬼，或为佛所降的鬼母，与买地券强调的"地下"鬼母，相去较远，不太可能是买地券中的鬼母。

道教中所载"鬼母"最早见于北帝派《北帝伏魔神咒妙经》，可能源于唐义净所译《根本说一切有部毗奈耶杂事》，或与其有共同来源。《北帝伏魔神咒妙经》卷一年代不晚于唐末五代，北宋以后经咒斋醮科仪中的鬼母应皆源于此。

《北帝伏魔神咒妙经》中鬼母产生于地狱冥界，经典中详细记载了其六宫的地狱背景，鬼母的身份、功能、形象，符合买地券中鬼母所在"地下"的界域，买地券中所载"地下鬼母"应为道教北帝派《北帝伏魔神咒妙经》中的鬼母。

后蜀广政二十七年（964年）徐遐买地券中所载鬼母前未多出"老"字，至宋天圣九年刘厶买地券和崇宁二年陈安祖买地券、宋政和五年刘氏六一娘买地券中，鬼母前多出"老"字，这可能是受道教神祇之名常见"老"字的影响而增加的衍字。增字现象也见于其他买地券，如南朝买地券中"新出老鬼太上老君符敕""太上老鬼律令"[44]；宋嘉定九年（1216年）李念四买地券中"奉太上君老女青敕令"[45]，"老鬼""老"均为衍字。

现据考古所见，仅四方北宋买地券中出现地下（老）鬼母，其中两方为北宋早期，券主分别属时宁州界定安县和成都郫县；两方为北宋末，券主分别属时利州路阆州和成都府路下简州阳安县。南宋以后暂未发现记载地下（老）鬼母的买地券。买地券中鬼母的出现，可能与以《北帝伏魔神咒妙经》为核心的北帝派信仰有关。晚唐五代时期，北帝道法在蜀地十分流行，北帝庙林立，成都玉局化中的北帝院即是此地北帝信仰的中心[46]。北宋早期的蜀地，特别是成都地区，继晚唐五代应仍流行以延寿消灾为核心的北帝信仰，作为北帝道法核心的《北帝伏魔神咒妙经》也流行于世，在此背景下，鬼母随《北帝伏魔神咒妙经》的流行，进入买地券中，成为买地券中新出现的神鬼之一。另据陈安祖买地券、刘氏六一娘买地券中所见鬼母，北宋晚期，北帝派信仰可能在四川地区仍有影响。文献和道教经典中未见北帝派对宁州的影响，北宋早期宁州出土买地券中的鬼母，或能说明时北帝派信仰影响至西北地区。

后代买地券中不见鬼母，可能也与北帝派的信仰发展情况有关。据南宋陈田夫《南岳总胜集》记载："北帝院，在铨德观后半里，修竹长松，前后茂密……宋太平兴国中赐匾额，近废。"[47]南岳衡山北帝院，作为北帝派宫观，在北宋初年经朝廷赐匾额，南宋时期已经荒废，也能说明北帝派在北宋初年受到关注，南宋以后或已不再流行。

与此同时，两宋之际，道门斋醮仪范集《道门定制》[48]、灵宝派《灵宝无量度人上经大法》[49]、天心正法派路时中《无上玄元三天玉堂大法》[50]、东华派林灵真《灵宝领教济度金书》[51]中又新出现九天监生大神、九天送生夫人等监生司神灵，也是吸收借鉴于佛教中的鬼子母。九天监生大神、九天送生夫人等监生司专助妇人生产。而鬼母作为邪魔，致人不孕，最终走向失落，或与其鬼格有关。

## 五、结　　论

综上，宋代买地券中的鬼母，不是宋代佛教天台宗施食法或诸天中的鬼母形象，也与宋代民间中的鬼母无关。买地券中的鬼母直接源于道教北帝派，出自《北帝伏魔神咒妙经》，道教中的鬼母借鉴于佛教中的鬼子母。

现今发现宋代数百方买地券中，共有四方出现地下（老）鬼母之名，这四方买地券均为北宋时期，其中三方买地券出土于四川地区，这三方中又有两方出土于成都地区。这与时北帝派信仰的发展情况和地域影响相合。北宋时的四川地区，特别是成都地区，是北帝派信仰影响的重要地区。另外一方买地券出土于甘肃宁县，或说明时北帝派信仰可能已影响至宁州。

南宋以后买地券中似不再出现地下（老）鬼母，一方面与道教宗派的发展有关，也似与其身份有关。两宋之际灵宝派和东华派新创造的九天监生司与鬼母同源，化为助人生产的形象，成为当时流行的神祇。相较而言，鬼母保持最初啖食人子的形象，自是缺少流行的动力。

## 注　　释

[1] a. 张弛：《宁县境内出土的买地券综述》，《陇右文博》2001年第1期，第63~65页。原报告附有拓本影印，高朋、鲁西奇均有录文。参看b. 高朋：《人神之契：宋代买地券研究》，北京：中国社会科学出版社，2011年，第279页；c. 鲁西奇：《中国古代买地券研究》，厦门：厦门大学出版社，2014年，第301页。

[2] 成都文物考古研究所、成都博物院：《成都出土历代墓铭券文图录综释》，北京：文物出版社，2012年，第124页。

[3] 重庆市博物馆：《中国西南地区历代石刻汇编（第一册）》，天津：天津古籍出版社，1998年，第28页；同注[1]c，第449页。

[4] 徐菲：《镇墓真文的宗教解析》，四川省社会科学院硕士学位论文，2009年，第10页；李明晓：《新见魏晋至元买地券整理与研究》，北京：人民出版社，2020年，第268页。

[5] 此方买地券讹误较多，戌坚固应为张坚固之误，另参后蜀广政二十七年徐遐买地券、宋庆历四年勾君买地券、宋崇宁二年陈安祖买地券、北宋政和五年刘氏六一娘买地券，疑"地下老母鬼"当为"地下老鬼母"。

[6] 成都文物考古研究所、双流县文物管理所：《成都双流籍田竹林村五代后蜀双室合葬墓》，《成都考古发现（2004年）》，北京：科学出版社，2006年，第323~363页。

[7] 宋制诸州助教为从九品。同注[1]c，第449页。

[8] 关于鬼子母的历史与图像的经典研究，参看a. 赵邦彦：《九子母考》，《中央研究院历史语言研究所集刊》第二本第三分册，1931年，第261~273页；b. 谢明良：《鬼子母在中国——从考古资料探索其图像的起源与变迁》，《台湾大学美术史研究集刊》2009年第27期，第107~140页；c. 袁泉：

Praying for Heirs: The Diffusion and Transformation of Hārītī in East and Southeast Asia, 중국사연구, 2011, 74: 117-204; d. 李翎:《鬼子母研究: 经典、图像与历史》, 上海: 上海书店出版社, 2018 年.

[9] 《施食须知》(CBETA, X57, no.961, p.111, c18-c22).

[10] 《施食通览》(CBETA, X57, no.961, p.105, b15-p.106, a13).

[11] (宋) 志磐著, 释道法校注:《佛祖统纪校注上》卷十五《澄觉神焕法师列传》, 上海: 上海古籍出版社, 2012 年, 第 349 页.

[12] (宋) 志磐著, 释道法校注:《佛祖统纪校注中》卷三十四《法门光显志》, 上海: 上海古籍出版社, 2012 年, 第 754 页.

[13] 《重编诸天传》(CBETA, X88, no.1658, p.431, c11-24).

[14] 《石溪心月禅师语录》(CBETA, X71, no.1405, p.70, b05-b20).

[15] 《杂宝藏经》卷 9 (CBETA, T4, no.203, p.492, a12-a29).

[16] a. 同注 [8] a, 第 265~273 页; b. 同注 [8] d, 第 201、202 页.

[17] 常乐主编:《岩山寺详释》, 太原: 三晋出版社, 2013 年, 第 114~138 页.

[18] 此前难以找到《鬼子母经变图》所据经典, 李翎推测此经的文本依据可能是宋代流行的鬼子母因缘的 "变文" 或 "诨经" 之类的演说文本. 将《鬼子母经变图》与《石溪心月禅师语录》所引《降魔图序 (并引)》对比, 二者所载鬼母故事情节相同. 岩山寺的《鬼子母经变图》, 其来源应不是世俗话本, 有其经典依据, 另南宋释宝云译《佛本行经》卷四《广度品第十九》, 偈讼佛化鬼子母故事, 也说明当时存在佛化鬼子母的经典, 即《鬼子母经变图》的经典来源. 同注 [8] d, 第 302 页.

[19] 同注 [16] a, 第 261~273 页.

[20] (宋) 曾慥:《类说》, 台北: 台湾商务印书馆影印文渊阁《四库全书》本, 第 873 册, 第 139 页上.

[21] (宋) 鲁应龙:《闲窗括异志》,《全宋笔记》(第八编), 第 4 册, 郑州: 大象出版社, 2017 年, 第 46 页.

[22] (梁) 任昉:《述异记》, 台北: 台湾商务印书馆影印文渊阁《四库全书》本, 第 1047 册, 第 613 页中.

[23] 据《荆楚岁时记》《佛说鬼子母经》和《冥祥记》《太平寰宇记》的记载, 4 世纪, 来自南海的鬼子母, 已经通过非官方渠道, 在中国南方民间流传甚广. 同注 [8] c; 同注 [8] d, 第 51、63 页.

[24] (宋) 胡寅:《崇正辩 斐然集》卷一, 北京: 中华书局, 1993 年, 第 31 页.

[25] 同注 [24], 第 31 页.

[26] 《道藏》第 34 册, 北京: 文物出版社、上海: 上海书店、天津: 天津古籍出版社, 1988 年, 第 393 页.

[27] 同注 [26], 第 393 页.

[28] 同注 [26], 第 395 页.

[29] 同注 [26], 第 395 页.

[30] 任继愈:《道藏提要》, 北京: 中国社会科学出版社, 1991 年, 第 1121 页.

[31] 同注 [30], 第 1121 页.

[32] 萧登福据宋人所引, 即认为此经当出于宋前唐世, 疑有不妥. 参看萧登福:《北帝源起及其神格的衍变》,《道教神仙信仰研究》(下册), 台北: 中华道统出版社, 2000 年, 第 424 页.

[33] 张勋燎先生结合河图数象材料, 认为其成书于北宋末或南宋初年以后, 参看张勋燎:《江西高安出土南宋淳熙六年徐永墓 "酆都罗山拔苦超生镇鬼真形" 图石刻——兼论欧阳文受〈太上元始天尊说北帝伏魔神咒妙经〉的时代》,《道家文化研究 (第七辑)》, 上海: 上海古籍出版社, 1995 年, 第 300~311 页.

[34] 吕鹏志推断在北宋末之前, 参看吕鹏志:《酆都山真形图新探》,《世界宗教研究》2017 年第 2 期,

第 35~51 页。

[35] 刘未参王孺人墓中所见《酆都山真形图》，认为该经正统《道藏》本有关酆都山真形图的内容之形恐不早于南宋中期，参看刘未：《鸡冠壶：历史考古剳记》，上海：上海古籍出版社，2019 年，第 429~432 页。

[36] Poul Andersen. Taishang Yuanshi Tianzun Shuo Beidi Fumo Shenzhou Miaojing, in The Taoist Canon: A Historical Companion to the Daozang. Chicago: The University of Chicago Press, 2004: 1189, 1190.

[37] 同注 [34]。

[38] 《道藏》第 31 册，北京：文物出版社、上海：上海书店、天津：天津古籍出版社，1988 年，第 886 页。

[39] 丁培仁：《道教文献学》，成都：四川大学出版社，2019 年，第 771 页。

[40] 《道藏》第 2 册，北京：文物出版社、上海：上海书店、天津：天津古籍出版社，1988 年，第 71 页。

[41] 《道藏》第 4 册，北京：文物出版社、上海：上海书店、天津：天津古籍出版社，1988 年，第 40 页。

[42] 《根本说一切有部毗奈耶杂事》（CBETA, T24, no.1451, p.361, b23-c03&c20-c23）。

[43] 唐时或鬼子母与鬼母混用较多，宋代以后，佛教经典多为鬼子母之名，鬼母之称极为少见。

[44] 白彬：《吴晋南朝买地券、名刺和衣物疏的道教考古研究》，《中国道教考古》（第 3 册），北京：线装书局，2006 年，第 893 页。

[45] 刘纯礼：《江西瑞昌县发现七座宋代纪年墓》，《考古》1992 年第 4 期，第 330~334 页；同注 [1] b，第 219、220 页；同注 [1] c，第 398 页。

[46] 关于晚唐五代北帝信仰在蜀地盛行的相关论述，参看萧登福：《北帝源起及其神格的衍变》，《道教神仙信仰研究》（下册），台北：中华道统出版社，2000 年，第 428~432 页。

[47] 《道藏》第 11 册，北京：文物出版社、上海：上海书店、天津：天津古籍出版社，1988 年，第 115 页。

[48] 同注 [38]，第 752 页。

[49] 《道藏》第 3 册，北京：文物出版社、上海：上海书店、天津：天津古籍出版社，1988 年，第 880 页。

[50] 同注 [41]，第 48 页。

[51] 《道藏》第 8 册，北京：文物出版社、上海：上海书店、天津：天津古籍出版社，1988 年，第 683 页。

# A Study of "the Ghost Mother" in the Ground Certificates of the Song Dynasty: Also on the Date of the Book *Taishang Yuanshi Tianzun Shuo Beidi Fumo Shenzhou Miaojing*

Ding Manyu

(2021 PhD Student, School of Sociology and Anthropology, Sun Yat-sen University)

**Abstract:** Four ground certificates of the Song Dynasty that have been published are inscribed with the words "underground (old) ghost mother". At the same time, there are records of "ghost mothers" in Buddhist, Taoist and traditional literature in Song Dynasty. According to the identity, function, and image, the name of "underground (old) ghost mother" in the ground certificates of the Song Dynasty should come from the Taoist literature *Taishang Yuanshi Tianzun Shuo Beidi Fumo Shenzhou Miaojing*. This article, referring to the ground certificates and related literature, suggests that the first volume of that book should be written no later than the late Tang Dynasty and the Five Dynasties.

In addition, the ground certificates which were inscribed with the words "underground (old) ghost mother", were mainly found in Sichuan area during the Northern Song Dynasty, which inflected the influence of the popular Taoist beliefs of Beidi sect in this area since the late Tang Dynasty and the Five Dynasties.

**Key Words:** Ground Certificates, Song Dynasty, Ghost Mother, *Taishang Yuanshi Tianzun Shuo Beidi Fumo Shenzhou Miaojing*

---

**教师评语：** 文献和图像材料中有关鬼母的记载不算少，国内外学者也曾撰文进行过讨论。作者在系统梳理古代买地券材料时注意到，已公开刊布和发表的宋代买地券文中，有4件罕见地提到"地下鬼母"或"地下老鬼母"字样。宋代民间信仰、佛教、道教中，都有关于"鬼母"的说法。作者对上述三种不同文献中的"鬼母"逐一加以分析，提出宋代佛教施食法或诸天中的鬼母形象与宋代买地券中的鬼母关系不大；宋代民间信仰中的"鬼母"亦与宋代买地券中的"鬼母"无涉；从身份、功能、形象等方面看，《北帝伏魔神咒妙经》中的"鬼母"与宋代买地券中的"地下鬼母"较为贴合。而道教的《北帝伏魔神咒妙经》中的"鬼母"可能借鉴了佛教中的鬼子母。

作者认为，4件带"鬼母"的买地券，3件均出自四川地区，与以延寿消灾为核心的北帝道法在蜀地的流行和影响有关。另外，国内外学者对《北帝伏魔神咒妙经》的成书年代提出过若干不同意见，而作者根据买地券材料，结合相关道教经典，提出该书卷一的成书年代约在唐末五代前后。

本文选题具有价值，收集材料较为丰富，结合了考古材料、佛教、道教文献以及传统文献，对"鬼母"及《北帝伏魔神咒妙经》卷一的年代进行了考证，同时结合记载"鬼母"的买地券，探讨了北帝道法在蜀地的流传情况。对前人研究把握较到位，思考较为成熟，方法正确，文章结构合理，写作符合规范。在前人研究基础上，提出了一些新的见解和看法，言之有据，深化了对有关问题的认识，是一篇不错的论文，特予推荐。

（四川大学历史文化学院教授　白　彬）

# 辽代二次葬初探

马晓艳

（中国人民大学考古文博系 2019 级硕士研究生）

**摘要**：二次葬，是对死者尸体和遗骨做二次及二次以上下葬，或对同一墓葬进行二次及二次以上开挖使用的丧葬方式。本文以辽代的 155 座墓葬、11 件骨灰匣和火葬罐中所见的二次葬行为作为研究对象，在搜集、整理、分析资料的基础上，将辽代二次葬分为火葬、迁葬和多次葬三种类型，并梳理各类型墓主身份、墓葬形制、葬具和随葬品的基本特征，然后对各类型所涉及的宗教信仰、人群流动、复层壁画、多元文化融合等问题进行初步研究，从火葬可以窥见辽人信仰佛教的踪影；迁葬是研究社会人群流动的一个重要方面，辽人之所以迁葬，是因为夫妻合葬、政治影响和归葬祖坟；多次葬中出现复层壁画，是出于夫妻合葬、重新修缮的目的，体现墓主的经济实力。辽代各民族的火葬、迁葬和多次葬，各有特征，又有共性，体现了契丹族统治下的汉族、女真族、奚族等民族多元文化的互动、交流与融合，为辽代的历史与文化添加了一抹绚丽的光彩。

**关键词**：火葬；迁葬；多次葬

二次葬，是古今都存在的一种丧葬方式，"二"是虚数，往往不仅限于两次，还包括两次以上，只是在考古学上尚无法确定二次以上的埋葬行为，便用"二"字概括。二次葬多与宗教信仰、人群流动与迁徙、男女地位、等级制度、婚姻形态以及文化交融等相关，因此，二次葬行为常为学界所关注。

## 一、以往研究概况

目前，学界对于二次葬的研究主要集中于史前二次葬[1]和当代少数民族二次葬[2]两个部分。近年来，有关火葬、迁葬、多次葬等二次葬类型的辽墓资料越来越多，其中以火葬最为流行，但尚未见系统的关于辽代二次葬的研究，仅在个别辽墓资料中简单提及了"二次葬"。例如，浩特花 M1 的墓门和墓室墙壁上都刷有两层白灰面，且多绘有双层彩色壁画，罗世平认为该墓"是二次葬的壁画墓"[3]。温家屯 M2 中，女性骨架为人工堆置在一起的，应为二次拣骨迁葬[4]。虽然关于辽代二次葬的系统资料极为匮乏，但对于各类型所反映的辽代各族群的丧葬习俗、宗教信仰、文化交融与碰撞等研究较为丰富。

例如，葬俗方面，陈金梅结合考古材料和文献典籍，对辽代天葬、土葬、归葬、火葬、殉葬、夫妻合葬、崇日等丧葬习俗做了详细的介绍[5]，其中天葬即为树葬加焚骨葬俗，归葬即为迁葬先茔故里。文化融合方面，冯恩学从考古学研究角度出发，在总结辽代契丹墓与汉人墓的一般特征的基础上，从墓葬形制、墓葬装饰、葬具和随葬品四方面分析契丹人的汉化，从汉人穿契丹袍与络缝靴、汉人使用驼车和个别汉人高官葬俗三方面分析汉人的契丹化，探讨民族文化融合的问题[6]。

基于以上研究背景，本文以见诸报道的155座辽代墓葬材料、11件骨灰匣和火葬罐中的二次葬为研究对象，将辽代二次葬进行分类，梳理各类型墓葬墓主身份、墓葬形制、葬具和随葬品的基本特征，并对由此涉及的宗教信仰、人群流动、复层壁画、多元文化融合等问题进行初步研究。

## 二、辽代二次葬的基本类型

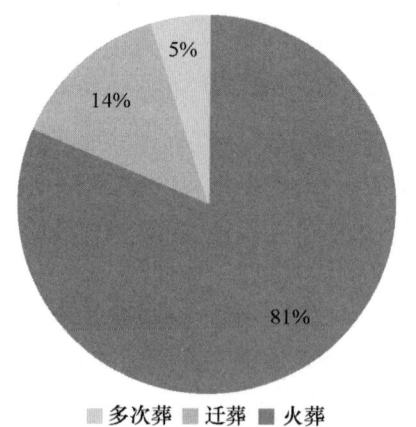

图一 辽代二次葬各类型数量占比图

目前辽代的二次葬资料可见火葬、迁葬和多次葬三类（图一），其中火葬数量最多，这三类二次葬在个别墓葬中会有并存现象，如云岗辽墓07FHM1[7]和白家窝铺辽墓[8]中，火葬和多次葬并存。并存墓中，若火葬和多次葬并存，则归为多次葬，若火葬和迁葬并存，则归为迁葬。通过分析墓葬资料中的墓主人身份、墓葬形制、葬具、随葬品等，可梳理出各类型的基本特征。

（一）火葬

火葬是辽代常见的二次葬方式，广泛分布于辽代各个地区、各个时期、各类人群当中。值得说明的是，火葬行为不仅针对的是墓主的肉体，还针对其骨骼、骨灰等，本文所研究的火葬，并非一次葬，而是二次葬，具体是指第一次对死者的肉体进行火化，第二次将骨灰或火烧骨骼埋入葬具或墓中。

**1. 墓主身份**

火葬墓中，墓主身份多样，族属主要有汉族、契丹、女真、奚族四类，阶级地位有贵族、官员、平民、贫民之分，多为单人葬，数量较少的合葬墓中，墓主关系或为夫妻，或为父子。出土有墓志等纪年性材料的墓中，墓主人大部分为汉族，如赵德钧夫妇墓中，汉族人士赵德钧官至北平王[9]，与其妻并行火葬，墓葬形制复杂，随葬品丰富多样。百万庄M1，墓主人为汉族的丁文道父子，根据墓葬形制、随葬品数量特点可推断，其身份应属于一般贫民[10]。此外，还有不少墓主为僧侣、和尚和佛教信徒，如林东师范学校后山火葬墓，根据骨灰匣上的墨书文字，可知墓主人是一位契丹族女性净土宗信徒[11]。

**2. 墓葬形制**

根据建造时所用材质的不同，可将火葬墓划分为四大类，分别为砖室墓、石室墓、土质墓、砖石混筑墓，其中砖砌圆形单室墓数量最多。

（1）砖室墓

砖室墓数量最多，墓内正室和耳室的数量不一，根据正室及耳室数量的不同，可分为三型。

A 型　单室墓。根据墓室平面形状的不同，可将单室墓分为五亚型。

Aa 型　墓室平面呈方形或长方形，如邓中举夫妇墓（图二）。

Ab 型　墓室平面呈圆形，该类形制的墓葬数量最多，如马直温夫妇墓（图三）。

Ac 型　墓室平面呈六边形或八边形，如姜承义墓（图四）。

Ad 型　墓室平面呈梯形，如柳条湖石棺墓（图五）。

Ae 型　墓室平面呈船形，仅有 1 座，团河农场三号地 M2（图六）。

B 型　双室墓。根据墓室平面形状的不同，可将双室墓分为三亚型。

Ba 型　墓室平面呈方形，如张世卿墓（图七）。

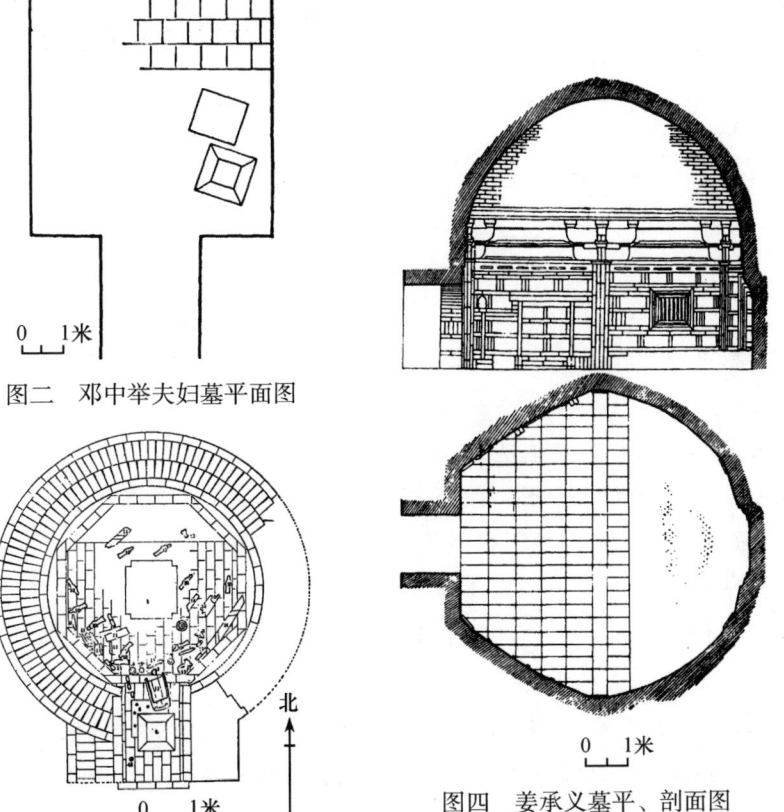

图二　邓中举夫妇墓平面图

图三　马直温夫妇墓平面图

图四　姜承义墓平、剖面图

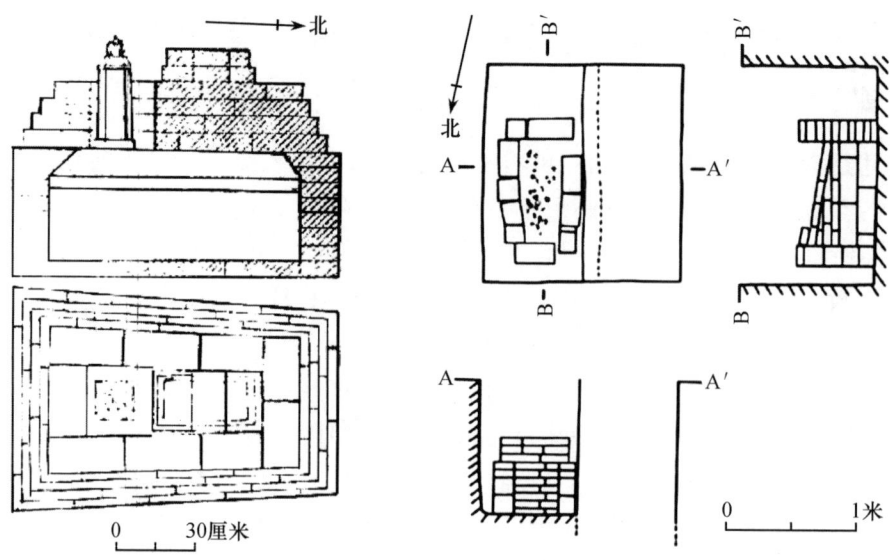

图五 柳条湖石棺墓平、剖面图　　图六 团河农场三号地 M2 平、剖面图

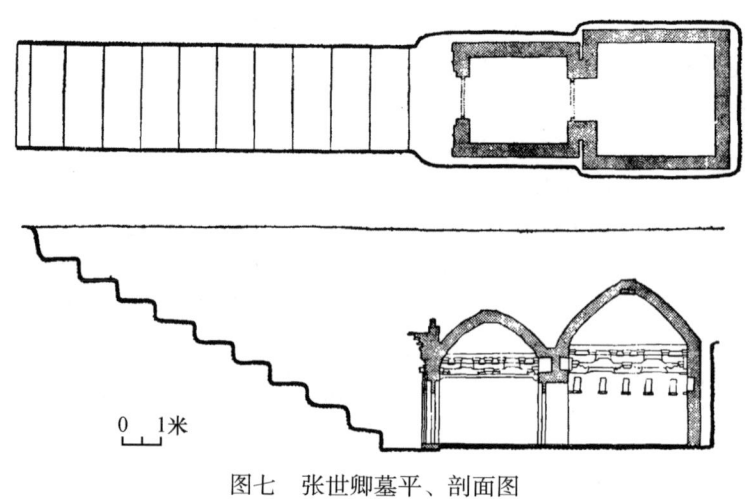

图七 张世卿墓平、剖面图

Bb型　墓室平面呈圆形，如百万庄 M1（图八）。
Bc型　墓室平面形状为六角形，仅有1座，张世古墓（图九）。
C型　多室墓。根据墓室平面形状的不同，可将双室墓分为二亚型。
Ca型　墓室平面呈六边形，仅有1座，龟山一号辽墓（图一〇）。
Cb型　墓室平面呈圆形，仅有1座，赵德钧夫妇墓（图一一）。

（2）石室墓

石室墓数量较少，有6座，均为单室墓，根据墓室平面形状的不同，可分为三型。

A型　墓室平面呈方形或长方形，2座，如轮胎附属厂 M2（图一二）。
B型　墓室平面呈圆形，仅有3座，如轮胎附属厂 M3（图一三）。

C型　墓室平面呈八角形，仅有1座，如豪欠营M4[12]。

（3）土洞或土坑墓

土坑墓数量比石室墓数量多，部分墓葬为长方形竖穴土坑墓，和平社M14（图一四）为圆形土坑墓；和平社M47（图一五）为长方形土坑井穴墓，平面呈长方形；林四家子M8由墓道和梯形墓室组成[13]；其他土坑墓形制不详。

土洞墓数量较少，仅有3座，如和平社M29（图一六）。

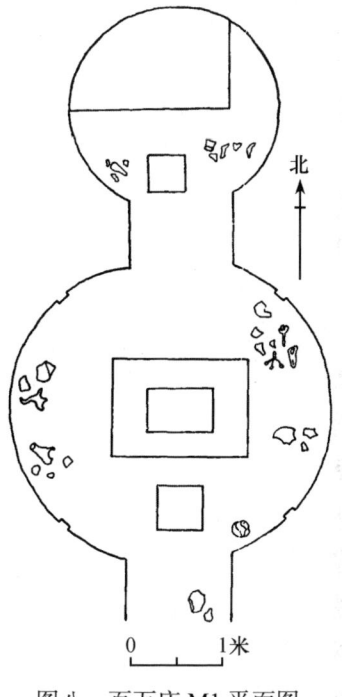

图八　百万庄M1平面图

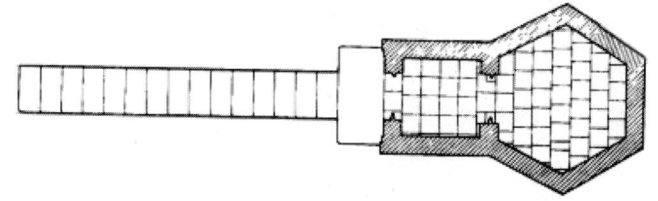

图九　张世古墓平面图

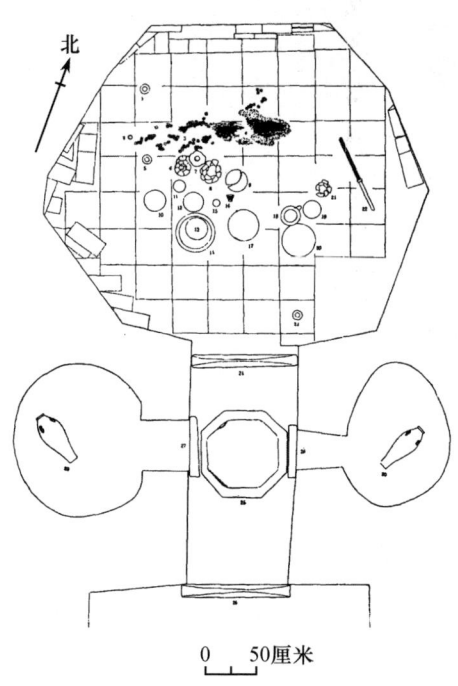

图一〇　龟山一号辽墓平面图

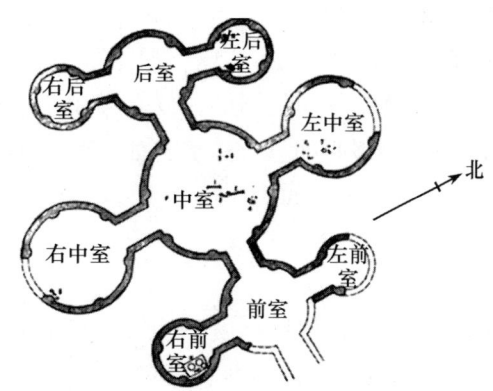

图一一　赵德钧夫妇墓平面图

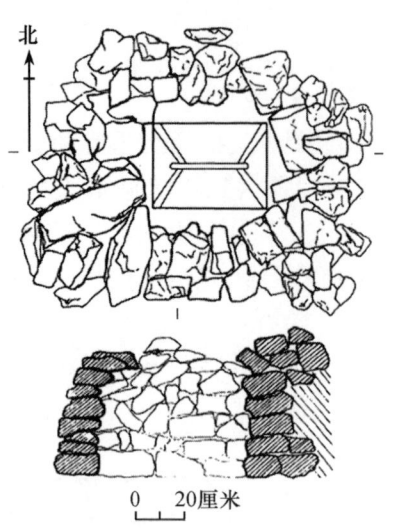 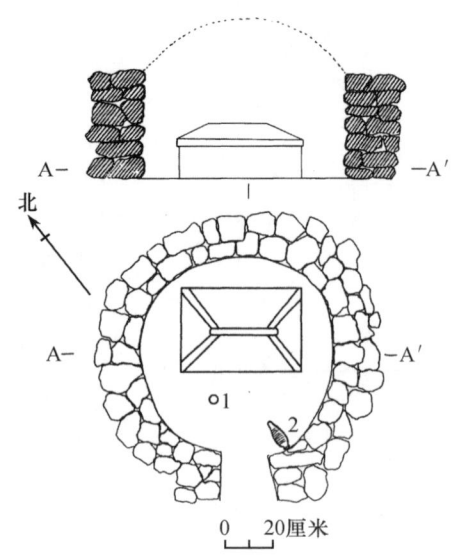

图一二　轮胎附属厂 M2 平、剖面图　　　图一三　轮胎附属厂 M3 平、剖面图

1. 三彩扑满　2. 鸡腿坛

图一四　和平社 M14 平面图　　图一五　和平社 M47 平面图　　图一六　和平社 M29 平面图

（4）砖石混筑墓

数量较少，仅有 4 座，根据正室及耳室数量的不同，可分为二型。

A 型　单室墓，仅有 3 座，根据墓室平面形状的不同，可分为二亚型。

Aa 型　墓室平面呈圆形，仅有 1 座，召都巴辽墓（图一七）。

Ab 型　墓室平面呈八边形，如尚暐符墓（图一八）。

B 型　双室墓，如康庄辽墓（图一九）。

## 3. 葬具

火葬墓出土的葬具材质不一，根据材质的差异，可分为木质、砖质、陶质、石质、瓷质、土质六大类。木质葬具数量最多，尤以木质骨灰盒（匣）最甚。

（1）木质葬具

木质葬具是火葬墓中出土数量最多的。根据木质葬具形制的不同，可分为五型。

A 型　木质骨灰盒，墓主主要为汉族或佛教信徒，部分骨灰盒上写有墓主身份、下

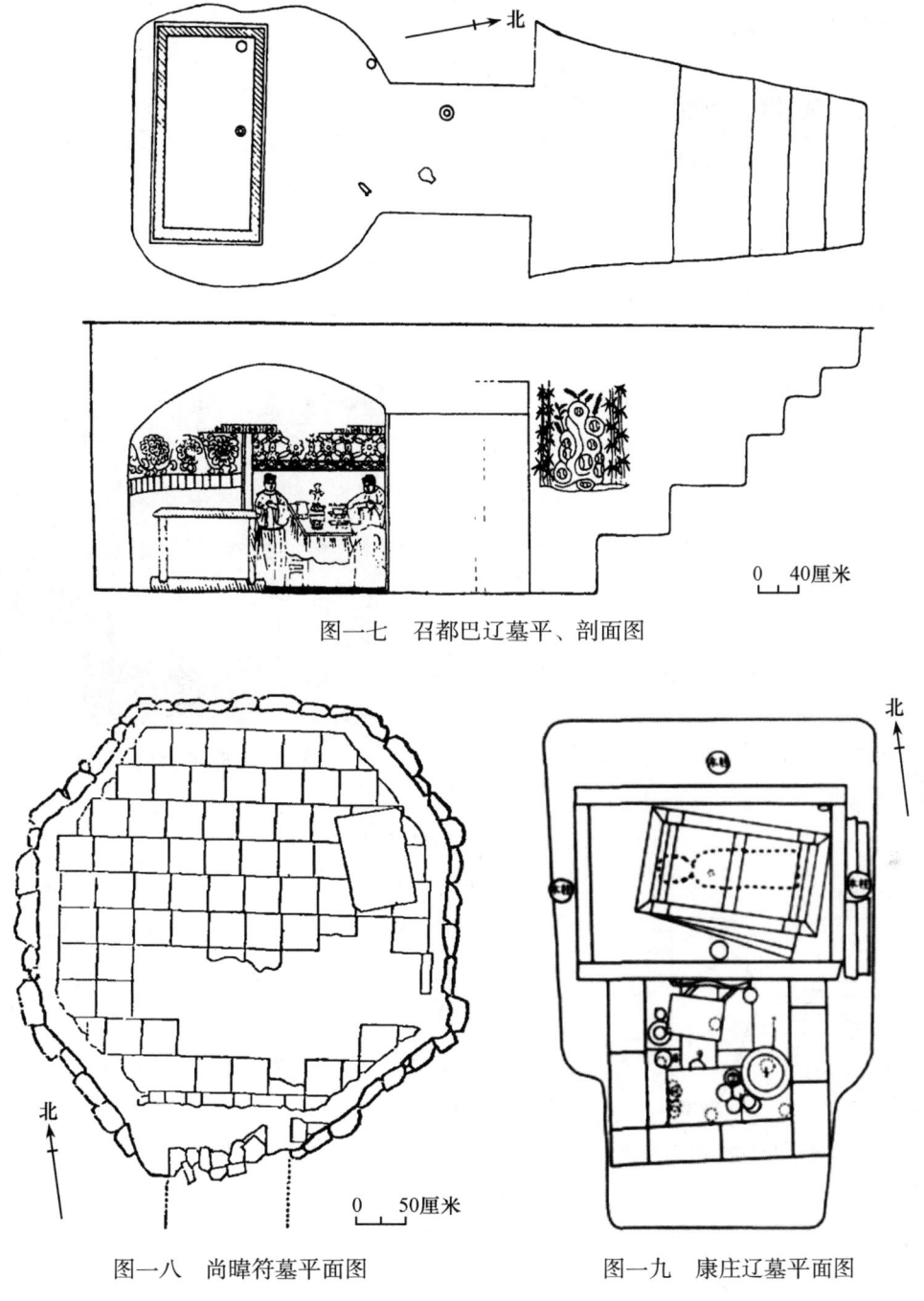

图一七 召都巴辽墓平、剖面图

图一八 尚暐符墓平面图

图一九 康庄辽墓平面图

葬时间、佛教内容的汉字,如百万庄M1[14]、韩佚墓[15]等。

B型 木棺,如赵德钧夫妇墓[16]、张世古墓[17]等。

C型 木偶像,墓主主要为信奉佛教的汉族官员,葬式主要为"西天荼毗礼",即火葬,将墓主骨灰盛放于真容木偶像内,或者将火烧尸骨捆扎于稻草偶像内。马直温夫

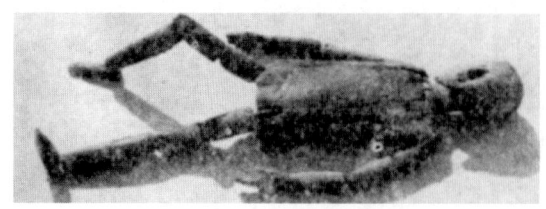

图二〇 马直温真容木偶像

妇墓出土两具木雕真容偶像，女像已残缺，当为马直温妻张绾的真容葬具，男性偶像应为马直温像（图二〇），由十七个部件组合而成，关节处经过拼接后均可活动，木雕偶像的腹中残留骨灰。

D型 木质小帐，墓主为地位显赫的契丹族贵族和汉族高级官员，仅有3座，如十间房辽墓[18]。

E型 木质尸床板，仅在萧孝忠墓[19]中发现。

（2）砖质葬具

根据砖质葬具形制的不同，可分为五型。

A型 砖质棺床，棺床平面形状有半圆形、长方形，个别形状不清，如韩师训墓[20]。

B型 砖质骨灰盒，如北程庄M31[21]。

C型 砖质骨灰台，数量较少，仅有3座，如辽宁大学辽墓[22]。

D型 砖质骨灰槽，仅有1座，百万庄M2[23]，槽呈长方形。

E型 砖质骨灰龛，仅有1座，陈庄M1（图二一），龛呈方形。

图二一 陈庄M1砖质骨灰龛

（3）陶质葬具

根据陶质葬具形制的不同，可分为二型。

A型 陶罐，陶质骨灰罐是陶质葬具中最常见的。出土于土坑墓、砖砌墓和砖石混筑墓中，部分墓葬出土不止一个陶质骨灰罐，为家族之墓。部分罐上饰篦点纹，有打孔，如双井沟火葬墓MA（图二二）。

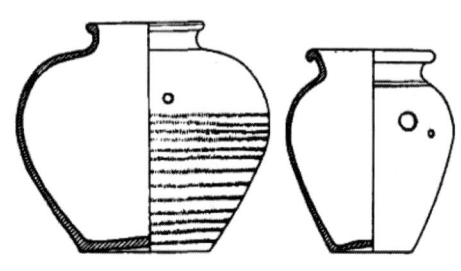

图二二 双井沟火葬墓MA出土陶罐

B型 陶棺，仅有2座，如马家堡辽墓（图二三）。

（4）石质葬具

根据石质葬具形制的不同，可分为二型。

A型 石棺，为辽墓石质葬具中最常见者，部分石棺上刻有四神、莲花、云纹等纹饰，如咸知进墓石棺（图二四）。

B型 石函。数量较少，仅有3座，如杨各庄M2石函（图二五）。

（5）瓷质葬具

瓷质葬具在辽墓中数量较少，均为瓷罐，仅有3座，如十里铺村东M27[24]，瓷罐内

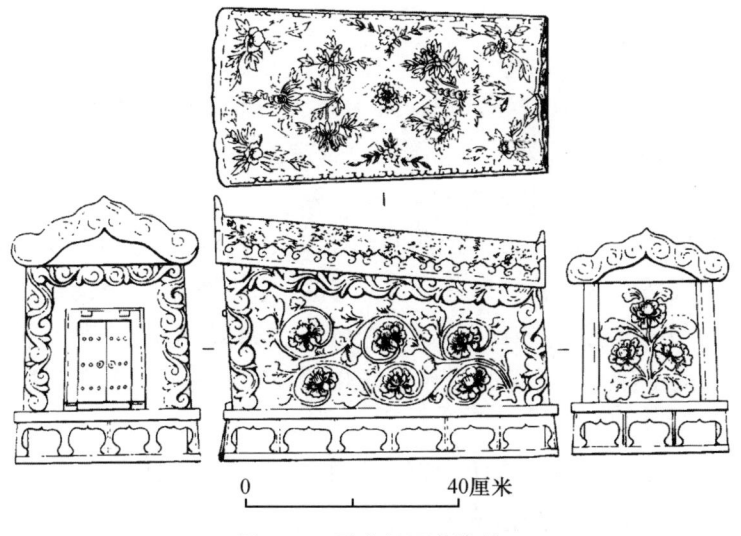

图二三 马家堡辽墓陶棺

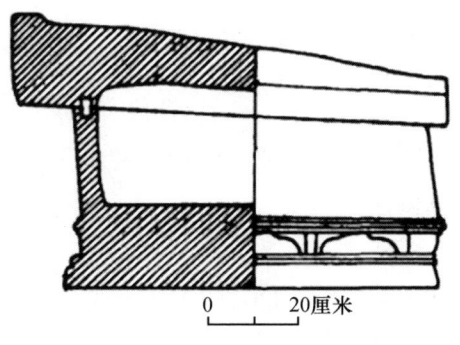

图二四 咸知进墓石棺

图二五 杨各庄 M2 石函

随葬铜钱。

（6）土质葬具

土质葬具仅有 1 座，出土于姜承义墓[25]，为土砌棺台。

### 4. 随葬品

出土的随葬品丰富多样，按照质地可分为陶器、瓷器、铜器、铁器、竹木漆器和砖石器，还有一些金银器、骨器、玉器、琥珀、玛瑙、水晶等，主要作为装饰品之用。此外，还有泥俑、围棋子、骨刷、动物骨骼、食物遗存等其他类型的随葬品，亦有莲花砖、莲花石座、经幢座、佛经石板、铜质迦陵频伽、宝塔式盖陶罐、宝塔式盖三足陶炉、朱绘塔形陶器、香炉、梅瓶等佛教用品。

### （二）迁葬

迁葬是指将死者埋入一地，经若干年以后迁葬，埋入另一墓地当中的行为。

**1. 墓主身份**

迁葬主要出现在夫妻二人合葬墓中，墓主身份一般为地位较高的汉族官员，其次为契丹族贵族，也有数量较少的女真族。例如，张文藻墓[26]、赵匡禹墓[27]的墓主都是汉族，耶律弘本夫妇墓墓主为契丹高级贵族[28]。

迁葬者一般都为女性，偶有男性迁葬的现象。女性迁葬者如温家屯 M2，该墓为夫妻合葬，尸体摆放方式是男左女右，头南足北，女性骨骼呈非正常摆放姿势，为迁葬，男性呈仰身直肢状[29]。男性迁葬者如山西大同许从赟夫妇墓，墓志记载，许从赟逝世后葬于燕京（今北京），十八年后其妻病逝后葬于云州（今大同），许氏迁葬至云中州，夫妻二人合葬于云中县权宝里[30]。

部分辽墓资料显示，死者首次下葬时，一般都要经过火化，此类墓葬中，死者尸骨至少进行三次下葬，如秦德昌墓，墓主秦德昌先火化，再下葬于一地，后行迁葬[31]。部分墓葬的墓主为尸骨葬后拣骨二次迁葬，如辽宁北票扣卜营子墓中，女性骨骼呈非正常姿势，是在别处直接进行尸骨葬，后又迁葬而来的[32]。

**2. 墓葬形制**

根据建造时所用材质的不同，可将迁葬墓划分为三大类，分别为砖室墓、石室墓、土坑墓。砖室墓偏多，砖室墓中的双室、多室墓偏多。

（1）砖室墓

墓内正室和耳室的数量不一，根据正室及耳室数量的不同，可分为三型。

A 型　单室墓。根据墓室平面形状的不同，可分为二亚型。

Aa 型　墓室平面呈圆形，只有 1 座，如扣卜营子 M1，墓向正南，由墓门、甬道和墓室组成，顶为券顶[33]。

Ab 型　墓室平面呈八角形，只有 1 座，如秦德昌墓（图二六）。

B 型　双室墓。根据墓室平面形状的不同，可分为二亚型。

Ba 型　墓室平面呈方形，如耿延毅夫妇墓（图二七）。

Bb 型　墓室平面呈圆形，如张文藻墓（图二八）。

C 型　多室墓，如耶律弘本夫妇墓（图二九）。

（2）石室墓

石室墓均为单室墓，根据墓室平面形状的不同，可分为二型。

A 型　墓室平面呈方形，如恩格尔辽墓（图三○）。

B 型　墓室平面呈圆形，如赵匡禹墓（图三一）。

（3）土坑墓

土坑墓数量较少，部分为长方形竖穴土坑墓，如白塔村 M3（图三二）。

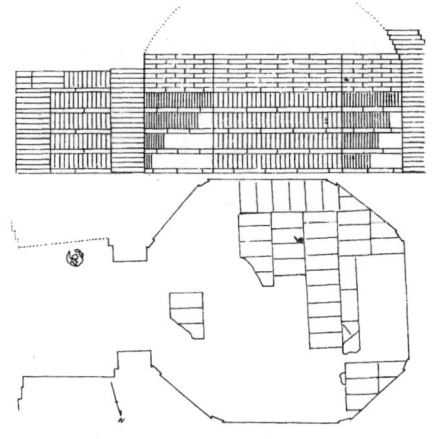

图二六　秦德昌墓平、剖面图

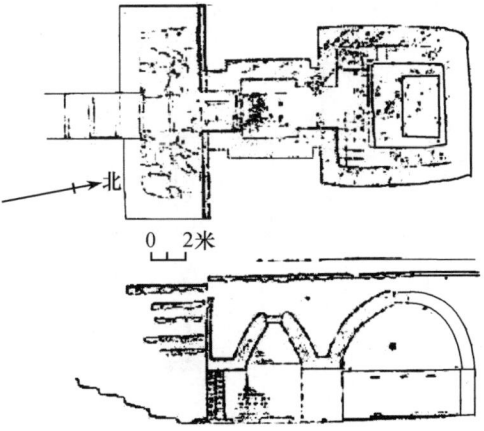

图二七　耿延毅夫妇墓平、剖面图

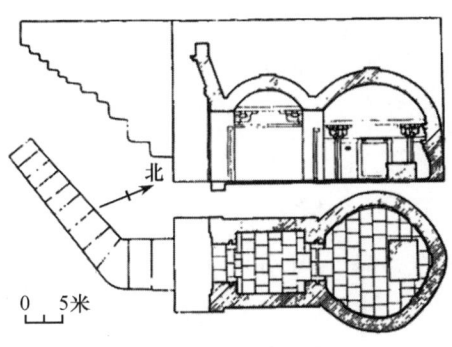

图二八　张文藻墓平、剖面图

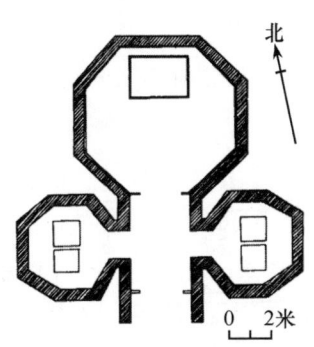

图二九　耶律弘本夫妇墓平面图

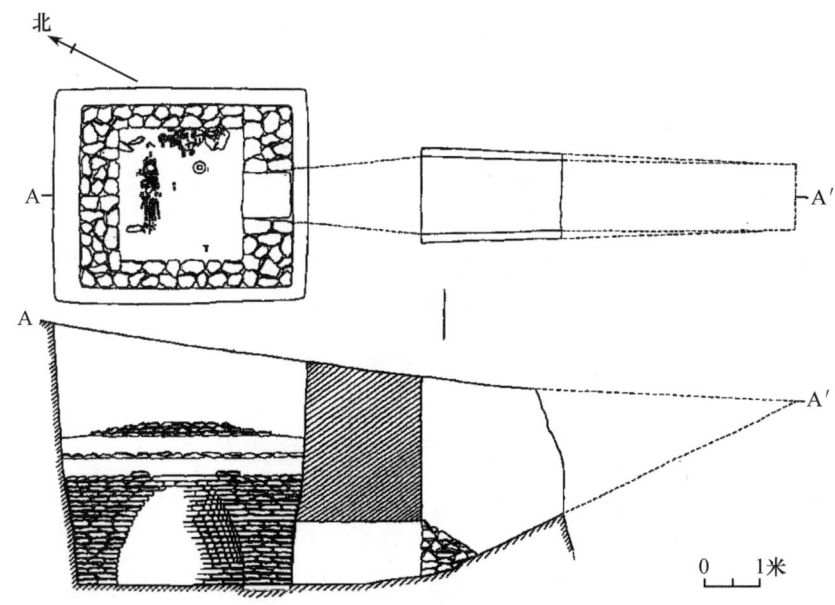

图三〇　恩格尔辽墓平、剖面图

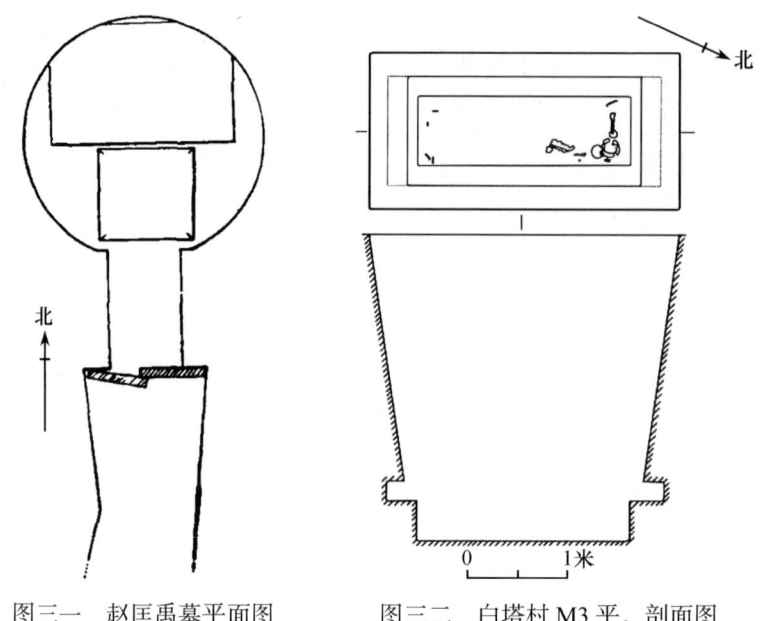

图三一 赵匡禹墓平面图　　图三二 白塔村 M3 平、剖面图

## 3. 葬具

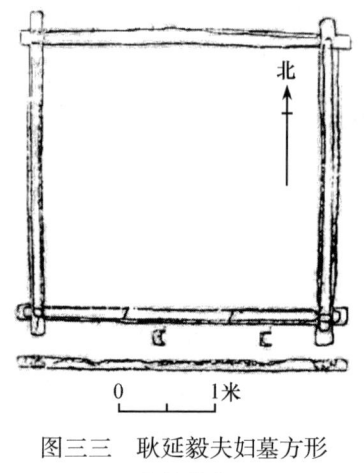

图三三 耿延毅夫妇墓方形
木构棺室

根据材质的差异，可分为木质、石质两大类，棺较多。

（1）木质葬具

根据木质葬具形制的不同，可分为二型。

A型　木棺，以上所述墓葬的直接葬具是木棺，个别墓葬同时还有石椁、木质小帐或稻草，如耿延毅夫妇墓，葬具有方形木构棺室（图三三）、石椁和木棺，均放置于棺床之上。

B型　木质尸床板，迁葬墓中，该类葬具仅出土于温家屯 M2[34] 中。

（2）石质葬具

根据石质葬具形制的不同，可分为二型。

A型　石棺，赵匡禹墓中，石棺上有四神图，石棺下有棺床[35]。

B型　石质尸床，仅出土于隆昌 M1 中，尸床由石板铺成[36]。

## 4. 随葬品

迁葬墓中出土的随葬品较为丰富，新颖独特的随葬品有鸡冠壶、鸡腿瓶、长颈瓶、牛腿瓶、三彩海棠长盘等，总体而言无明显特征。

## （三）多次葬

多次葬是指对同一墓葬进行二次及二次以上开挖使用的方式，此类墓葬的数量较少，仅有 8 座，主要特征是墓主下葬后，墓被多次重新开启，用以埋葬其相继去世的配偶、后代或亲属，壁画墓中的壁画多有重绘、多层现象，个别墓葬并无以上特征，而是在墓志等纪年性材料中有记载。

**1. 墓主身份**

辽代二次葬中，多次葬主要出现于夫妻合葬墓中，墓主族属只有契丹族和汉族，无奚族和女真族。契丹族偏多，为契丹族上层贵族，行一夫一妻葬制，而汉族多行一夫多妻葬制。多次葬中，男性墓主先逝后，墓被重新开启，埋葬其后逝的妻子。例如，耶律弘世夫妇墓，耶律弘世去世后，其妃萧氏守陵 9 年，死后启墓室门，与耶律弘世葬于一起[37]。

**2. 墓葬形制**

根据建造时所用材质的不同，可将多次葬墓划分为砖室墓和砖石混筑墓两类。多为多室墓，新出现等级较高的十边形墓。

（1）砖室墓

多为多室墓，根据墓室平面形状的不同，可分为三型。

A 型　墓室平面呈长方形，如浩特花 M1（图三四）。
B 型　墓室平面呈圆形，如巴图营子辽墓（图三五）。
C 型　墓室平面呈圆十边形，如耶律弘世夫妇墓（图三六）。

（2）砖石混筑墓

仅有 1 座，如萧和墓（图三七）。

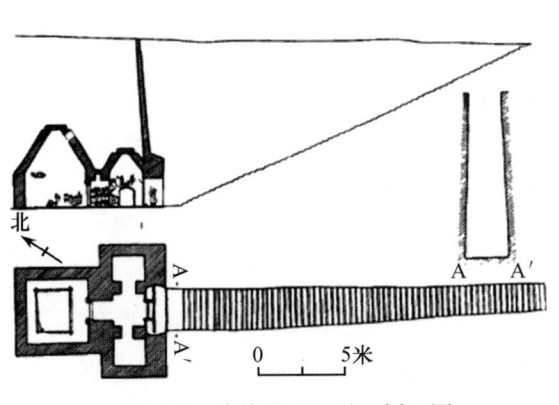

图三四　浩特花 M1 平、剖面图

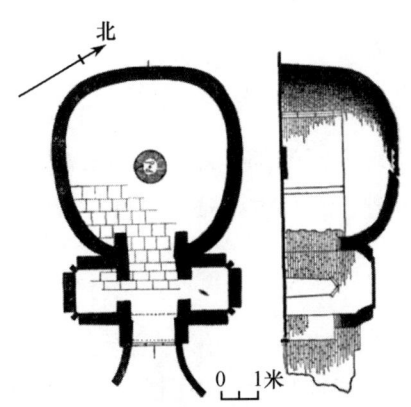

图三五　巴图营子辽墓平、剖面图

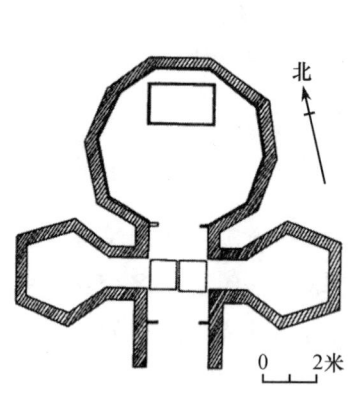

图三六　耶律弘世夫妇墓平面图

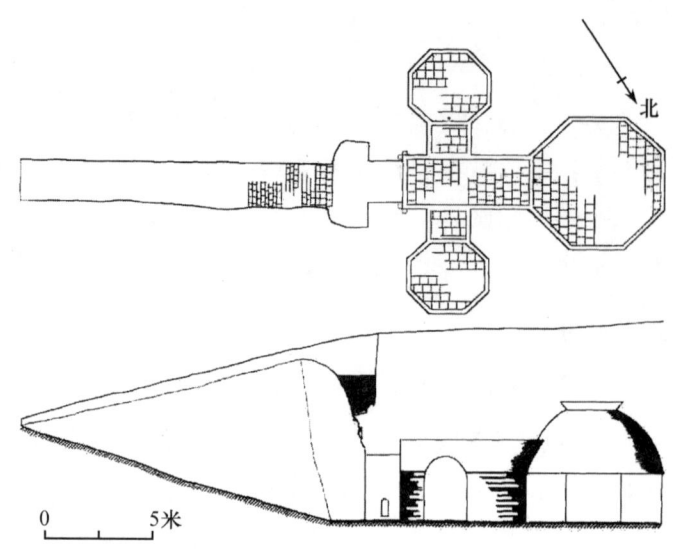

图三七　萧和墓平、剖面图

### 3. 葬具

根据材质的差异，可分为木质、石质两大类。

（1）木质葬具

可分为三型。

A 型　木棺，仅出土于耶律弘世夫妇墓[38]。

B 型　木质尸床板，仅出土于巴图营子辽墓[39]。

C 型　木椁，仅出土于浩特花 M1，木椁外还有木质小帐[40]。

（2）石质葬具

仅有 2 例，均为石棺，新添堡村东北 M29[41]和卧虎湾 M3[42]所出石棺为白砂岩质，长方形带盖。

### 4. 随葬品

多次葬的墓葬数量较少，仅有 8 座，耶律弘世夫妇墓早期被盗，随葬品不清，其余几座均有丰富的随葬品，尤其是巴图营子辽墓，随葬品种类多样，出土绿釉长颈瓶、绿釉鸡冠瓶、三彩印花海棠长盘等契丹人常用物品。

### （四）总结

综上所述，将火葬、迁葬、二次葬在墓主身份、墓葬形制、葬具和随葬品方面的量化、质化特征汇总于以下图片（图三八~图四〇）和表格（表一）中，更显直观明了。

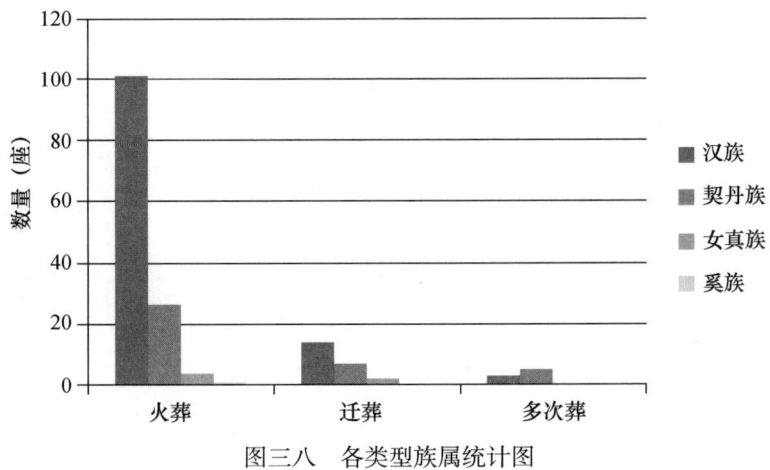

图三八　各类型族属统计图

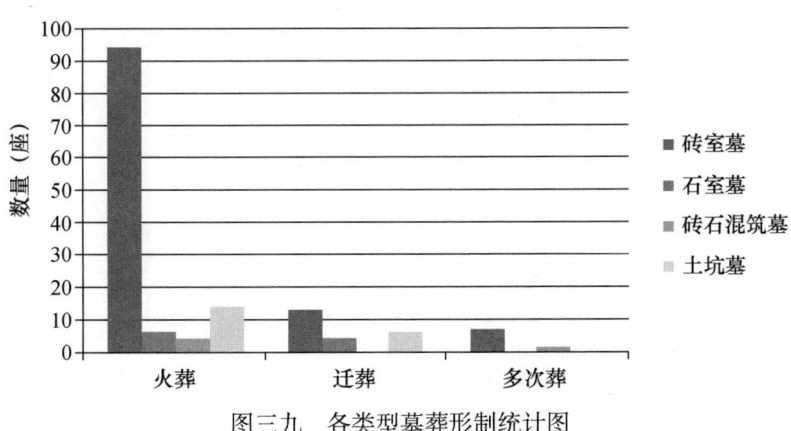

图三九　各类型墓葬形制统计图

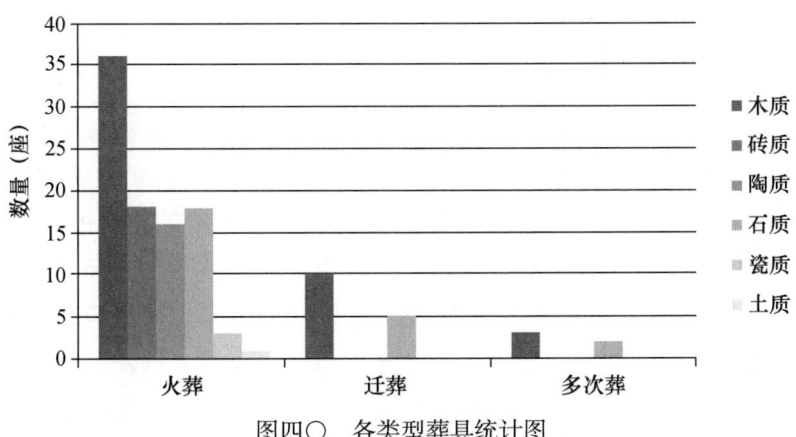

图四〇　各类型葬具统计图

表一　辽代二次葬的类型与基本特征统计表

| 类型 | | 火葬（135座） | 迁葬（23座） | 多次葬（8座） |
|---|---|---|---|---|
| 墓主身份 | 汉族 | 101座，主要为佛教徒、官员，其中佛教徒较多，有14人，官员有9人 | 14座，主要为一夫一妻合葬 | 3座，主要为一夫多妻合葬 |
| | 契丹 | 27座，无墓志 | 7座 | 5座，多为贵族，一夫一妻合葬 |
| | 女真 | 4座 | 2座 | 无 |
| | 奚族 | 1座，贵族萧孝忠 | 无 | 无 |
| 墓葬形制 | 砖室墓 | 94座，圆形单室墓偏多 | 13座，双室偏多 | 7座，多室墓偏多，新出现十边形墓 |
| | 石室墓 | 6座 | 4座 | 无 |
| | 砖石混筑墓 | 4座 | 无 | 1座 |
| | 土坑墓 | 14座 | 6座 | 无 |
| 葬具 | 木质 | 36座，主要是木质骨灰匣 | 10座，主要是木棺 | 3座，有木质小帐 |
| | 砖质 | 18座，骨灰函最多 | 无 | 无 |
| | 陶质 | 16座，陶罐最多 | 无 | 无 |
| | 石质 | 18座，主要为石棺，饰有梵文、四神 | 5座，主要为石棺，无梵文，有四神 | 2座，均为石棺，无梵文和四神 |
| | 土质 | 1座，出于姜承义墓中，为土砌棺台 | 无 | 无 |
| | 瓷质 | 3座 | 无 | 无 |
| 随葬品 | | 丰富多样，佛教用品较为丰富，有莲花砖、莲花石座、经幢座、佛经石板、铜质迦陵频伽、宝塔式盖陶罐、宝塔式盖三足陶炉、朱绘塔形陶器、香炉、梅瓶等 | 11座，墓志数量较多，记载墓主生平 | 长颈瓶、鸡冠瓶、三彩印花海棠长盘、鎏金铜面具等契丹人常用品较丰富 |

注：①火葬墓墓主身份几栏相加为133座，是因为有2座墓的族属实在难以判断；形制几栏相加为118座，是因为还有若干不附属于任何墓葬的骨灰盒和火葬罐；葬具几栏相加为92座，是因为有些墓中无葬具，有些葬具朽甚辨识不清，有些报告中未提葬具。②多次葬葬具栏相加为5座，是因为有3座墓葬无葬具。

总结而言，火葬是二次葬数量最多的一类。墓主身份多样，族属有汉族、契丹、女真、奚族四类，主要是汉族官员或佛教徒，佛教徒偏多，多为单人葬。墓葬形制复杂，有砖室墓、石室墓、土质墓、砖石混筑墓之分；平面形状多样，有单室、双室、多室，砖砌圆形单室墓数量最多；葬具种类多样，可分为木质、砖质、陶质、石质、瓷质、土质六大类，木质葬具数量最多，尤以木质骨灰盒最甚，还有少量真容木偶像和须弥座式砖砌方形龛；随葬品丰富多样，按照质地可分为陶器、瓷器、铜器、铁器、竹木漆器和砖石器，此外，还有一些金银器、骨器、玉器、琥珀、玛瑙、水晶等装饰品。另有莲花砖、莲花石座、经幢座、佛经石板、铜质迦陵频伽、宝塔式盖陶罐、宝塔式盖三足陶炉、朱绘塔形陶器、香炉、梅瓶等佛教用品。

迁葬主要出现于夫妻二人合葬墓中，墓主身份一般为地位较高的汉族官员，其次为契丹族贵族，也有数量较少的女真族。墓葬形制有砖室墓、石室墓、土坑墓之分，砖室墓偏多，砖室墓中的双室、多室墓偏多；葬具只有木质和石质两类，主要为木棺；随葬品中，墓志数量较多，记载墓主的生平。

多次葬主要位于夫妻合葬墓中，墓主族属只有契丹族和汉族，无奚族和女真族。契丹族偏多，为契丹族上层贵族，行一夫一妻葬制，而汉族多行一夫多妻葬制。墓葬有砖室和砖石混筑之分，无石室墓和土坑墓，多为多室墓，新出现十边形墓，等级较高；葬具单一，只有木质和石质两类，无梵文、四神图像，有木质小帐；随葬品中，瓷碗数量较丰富，尤以萧和墓所出最为丰富，有白瓷、青瓷、粗瓷、仿钧窑瓷等。出土长颈瓶、鸡冠瓶、三彩印花海棠长盘、鎏金铜面具等契丹人常用品。

## 三、相关问题研究

关于辽代墓葬的分期，李逸友的主张具有代表性且较为全面，分为三期：早期为太祖至景宗时期（916～983年），中期为圣宗至兴宗时期（983～1055年），晚期为道宗至天祚帝时期（1056～1125年）[43]。参考该分期中葬式、葬具、葬俗的基本特征，再结合有纪年性材料的辽代二次葬，本文对无纪年辽代二次葬的大致年代和族属问题做一推断，并将推断结果贯穿于以下研究中。

（一）火葬与佛教

火葬最早发现于寺洼文化中，陶罐承装骨灰与尸骨葬并存，该葬俗可能与氐羌等少数民族崇拜火有关[44]。《荀子》之《大略篇》载："氐羌之虏也。不忧其系垒也，而忧其不焚也。"[45]民族志中也有关于火葬的记载，《墨子》之《节葬下》载："秦之西有仪渠之国者，其亲戚死，聚柴薪而焚之，熏上，谓之登遐，然后成为孝子。"[46]佛教传入中国以前，中国的主体民族是汉族，汉人崇信儒教，"身体发肤，受之父母，不敢毁伤，孝之始也"[47]，受其影响，汉人盛行土葬，并且视火葬为异端。汉王朝统治期间，推行汉化政策，强令移风易俗，改其他葬制为土葬。佛教传入中国后，才开始慢慢接受火葬的实行。

火葬流行于辽代各个时期，尤其在辽晚期更为盛行。辽代之所以流行火葬，主要和佛教有关系，佛陀死后采用火葬的形式达到圆寂的目的，佛教在辽代传播以后，僧侣、普通信众皆效仿之，采用火葬。901年，"九月，城龙化州于潢河之南，始建开教寺"[48]。这说明在辽代未建国之前，已经开始建寺，当时应该已经有不少人崇信佛教。契丹皇帝、皇后等贵族崇信佛教，重视佛寺的兴建，也推动了平民百姓对于佛教的认可和信仰。北魏时期，平城（今山西大同）的佛教在拓跋鲜卑统治者的支持下得到了空前的发展，隋唐时期发展速度更快。"晋高祖代唐，以契丹有援立功，割山前、代北地为赂，大同来属，因建西京……初为大同军节度,重熙十三年升为西京,府曰大同。"[49]至石敬瑭割让燕云十六州,大同归辽,重熙十三年又升为西京后,佛教影响更大,传播范围更为广泛。辽圣宗以后,大量雕刻经板,校印佛经,建佛塔寺院。上自皇帝、贵族,下至平民百姓,都信仰佛教,僧侣成为重要社会势力,人数以数十万计,兴中府地区(今朝阳)是辽国佛教圣地之一,境内佛寺、佛塔密布,朝阳地区现存于地表的佛塔就有十五处之多,南北二塔仍屹立于老城区之中[50],说明崇信佛教在辽晚期已经达到了鼎盛,这也与二次葬中所见辽晚期火葬数量之多的情况相吻合!

相较于迁葬和多次葬,火葬中所见佛教因素甚为明显,墓主身份主要为佛教徒,葬具以木质骨灰盒最多,间有其他两种二次葬类型所少见的真容木偶像,随葬品有莲花砖、莲花石座、经幢座、佛经石板、香炉、梅瓶等佛教用品。考古发现的僧侣、和尚、佛教信徒的火葬墓较多,辽上京城址附近也发现了很多火葬墓,出土了许多墨书铭文骨灰匣,铭文很多都是关于佛教教徒或者佛寺的内容,如12号匣上墨书"弘法寺前管内都僧弘觉大师赐沙紫门释大康二年三月三十日乙时掩闭记"[51]。朝阳西上台发现的辽墓是辽僧侣墓中为数不多等级较高的一个,上层墓内出土文物极为丰富,除若干经幢座、柱础石及莲花座外,仅佛经石板就有14块,出土瓷器中,黑釉斗笠碗在国内也很少见,墓主应该与名僧大院有关,或为地位较高的高僧[52]。值得注意的是,西上台辽墓墓室分上、下两层使用,从墓葬形制、随葬品等来看,上、下层墓主并非一人。这种同一墓室上、下两层葬的现象,在白家窝铺辽墓中也出现,推断上层不是正常的安葬方式,当是对下层死者即原墓主人的侵占葬,后又迁葬到别处[53]。西上台辽墓上层墓室未经扰动,而墓道被毁、门楼檐椽坍塌、封门石被移动、封门砖被拆除以及甬道内木门被毁坏,均为人力所为,"两位被葬者之间可能具有一定特殊关系,后者或亦信奉佛教甚至同出一寺院,或为前者之后嗣或继承者"[54]的推测显而易见不成立,倘若二者之间具有这样亲密的关系,一人也不至于将另一人的墓穴和葬具占为己有,更何况他们是向善的佛教徒。西上台辽墓存在上、下两层葬的现象,原因最有可能与白家窝铺辽墓一样,是上层墓主对下层墓主的侵占葬。

辽晚期的火葬墓中,开始出现真容偶像葬俗,偶像似墓主之真容,骨灰盛放于葬具——真容木偶像内,或者将火烧尸骨捆扎于稻草偶像内。此种葬俗在辽代二次葬中共6例,分别为马直温夫妇墓、张世卿墓、张文藻墓、张匡正墓、林四家子M1和康庄辽墓。这6座墓葬的墓主皆为信奉佛教的汉人,死后火化,并用佛教葬仪下葬。马直温夫妇墓中出土两具木雕真容偶像,女像已残缺,当为马直温妻张缙的真容葬具;男性偶像应为马直温像,由十七个部件组合而成,关节处经过拼接后均可活动,木雕偶像的腹中残留骨灰[55]。张世卿墓与马直温夫妇墓相似,棺内葬木雕偶像,偶像内置骨灰。康庄辽墓所出雕像免冠,无发,眉目清秀,大耳垂轮,身着长袍,双手于胸前拢于袖内,背后有函,内存骨灰[56]。林四家子M1石棺内出土了一件木质真容偶像残件,包括两只手和部分手臂,大、小臂及手掌之间用榫卯连接,活动自如;两只手掌保存较完整,形状写实,掌纹、指甲等细节皆如实刻画，右手表面残留织物痕迹。保存完整的木雕真容偶像均在胸腹部开槽，内置骨灰[57]。与木雕偶像不同的是，张文藻墓和张匡正墓中发现了用稻草捆制的模拟人体，死者火化后的骨骼填充在稻草中。河北宣化辽墓出土的墓志皆有关于墓主崇佛的内容，张文藻墓志载："积功累行，崇敬三宝为业。"[58] 张匡正墓载："以不食荤茹心（辛），不乐歌酒，好读法花、金刚经。"[59] 张世卿墓志明确记载火葬源自印度的佛教葬仪："敬佛睦族，悟是知非……遗命依西天荼毗礼，毕，得头骨与舌。宛然不灭，盖一生积善之感也。"[60] 西天意为印度，所谓"荼毗"，又称"荼毗"，是梵文的音译，意为"焚烧""火葬"。佛教高僧圆寂后所形成的舍利，正是通过西天荼毗礼得到的。辽代火葬墓中发现的真容偶像或稻草偶像内的骨灰或烧骨，可视为另一种形式的"舍利"，墓主死后采用西天荼毗礼，习以成俗。

除佛教因素外，真容偶像亦受到道教因素的影响，张世卿墓、马直温夫妇墓等出土偶人的制作材料皆为柏木，这与古文献中所记载的用柏人替代生人以逃避灾难的故事相趋同[61]。仅凭文献记载并不能实证真容偶像受道教因素之影响，可于考古实例中发现踪影，由张世卿墓志铭和出土写有经文的木棺板可知，张世卿是一位虔敬的佛教徒，在其后室东壁壁画《备经图》中的长方桌上不仅放置佛教经典《金刚般若经》，还有道家经典《常清静经》[62]，由此可见张世卿也在一定程度上尊崇道教，这与道家所倡导的柏木替人以避灾的丧礼不谋而合，故可将真容偶像看作传统道教文化影响下产生的丧葬礼仪。

### （二）迁葬与人群流动

迁葬是原始社会普遍存在过的一种葬俗，在世族观念的影响下产生，它是指将死者埋入一地，经若干年以后迁葬，埋入另一墓地当中，形式有妻从夫葬、后代从祖先葬、功臣从皇帝葬等。民族志资料中不乏关于迁葬的实例，《墨子》之《节葬下》载："楚之南有炎人国者，其亲戚死，朽其肉而弃之，然后埋其骨，乃成为孝子。"[63] 纳西族人死后先行火葬，若干年后要举行迁葬，将早先安葬的骨灰袋及散乱的骨头迁移到合葬坑内[64]。湖南醴陵东乡居民在死者安葬三年后，将棺材挖出来进行验尸，如果尸骨完好，就继续葬在原处；如果尸骨腐烂，则盛入瓮棺内，再行迁葬[65]。据调查所知，云南元谋彝族未满60岁的非正常死亡者，刚去世时只能葬在离祖坟一两千米远的地方，直到60岁后才能将其骨头、骨灰迁葬至祖坟，其中短命者要等到家里有年满60岁的老人去世，才可迁葬至祖坟，原葬地则成为一座空坟[66]。

相较于火葬和多次葬，迁葬也有自身独有的特征，墓主主要为汉族高官，多为夫妻二人合葬，墓葬形制以双室墓偏多，葬具主要为棺，其上多饰汉人习用的四神图案。辽代二次葬资料中所见迁葬有两种类型：一种是迁入葬，死者或先行土葬，若干年后将尸骨易地安葬，或先行火葬，若干年后将火烧尸骨或骨灰易地安葬；另一种是迁出葬，死者尸骨迁出后留下空墓。迁入葬最为普遍，迁出葬仅见于高力戈辽墓M4和M8、白塔村M3、新香坊墓地M1中，这4座墓葬均未出土文字资料，由上述彝族材料可得启示，如考古发掘的墓地中发现有空墓，其原因之一有可能与迁葬有关，迁葬可能是因为死者为非正常死亡，如凶死、自杀、短命等，不能与祖坟葬在一起，且死者迁葬年龄有一定的限制。由此推测，上述4座空墓极有可能是因为墓主非正常死亡，若干年后迁葬所致。

迁葬是研究社会人群流动的一个重要方面，能在一定程度上反映男女地位、政治变动状况、社会风俗习惯等。辽人为什么会选择迁葬呢？原因可归纳为以下几点。

**1. 夫妻合葬**

辽代二次葬中，迁葬主要出现于夫妻二人合葬墓中，夫妻合葬皆为同穴合葬，即夫妻尸骨同处于一个墓室。或者是夫先死，妻后死，妻迁葬至夫墓中；或者是妻先死，夫后死，夫迁葬至妻墓中，其中妻从夫葬为主要形式。温家屯 M2 中，女性骨架由人工堆置在一起，应为二次拣骨迁葬[67]。有意思的一个现象是，迁葬墓中墓葬形制多为双室墓，这或许与夫妻双人合葬有联系。夫妻合葬当是在社会生产力有较大发展，私有制产生，特别是一夫一妻制家庭出现以后才逐渐兴起的，其时代大约相当于父系氏族社会的中晚期[68]。父系氏族社会中，男女性别等级差异明显，男性居于主导地位，女性居于从属地位，男尊女卑，故夫妻合葬墓为妻从夫葬。至辽代，男女性别等级仍旧是男尊女卑，虽妻从夫葬为主要形式，但也不乏夫从妻葬，如许从赟夫妇墓[69]、隆昌 M1[70]、张文藻墓[71]、张匡正墓[72]等。由夫从妻葬略可窥见当时女性社会地位的提高。以许从赟夫妇墓为例，许氏墓志记载："应历八年九月六日薨于燕京肃慎坊之私弟，享年五十七……夫人长沙康氏，故云州都指挥使敬习之女也。姿容端丽，词气柔顺，在室以女德传芳，故备六仪而归于我……以保宁八年三月五日薨于云州丰稔坊之私弟……以乾亨四年十月二十七日取公之神榇于燕，与夫人灵柩合葬于云中县权宝里。"[73] 由志文可知，许氏于958年逝于燕京（今北京），其妻于976年逝于云州（今大同），982年，许氏迁葬，与妻合葬于云中县权宝里。志文中"姿容端丽，词气柔顺，在室以女德传芳，故备六仪而归于我"是对许氏妻康氏的赞美之词，由夫从妻葬和志文内容可见，此时男女社会地位并非完全等同男性氏族社会时期，女性的社会地位有所提高，这也从侧面说明了当时社会文明开放、相对宽松的风气。

**2. 政治原因**

政治亦是影响迁葬的一个因素，这在早先时期有所发现，如唐乾陵陪葬墓章怀太子墓、懿德太子墓和永泰公主墓。章怀太子李贤是唐高宗李治与武则天的儿子，曾因反对武则天被贬为庶人，中宗李显复位后，将其墓迁于乾陵，睿宗李旦复位后，又追封李贤为章怀太子。懿德太子和永泰公主曾被祖母武则天赐死，中宗李显复位以后，也将二人墓迁于乾陵以陪葬。在辽迁葬墓中，耶律弘本夫妇墓即为政治因素影响下的一个实例，据墓志记载，耶律弘本妃萧氏为"宗天皇太后之犹女"，十五岁嫁给耶律弘本，但"道庙纂历仁御寰区，至清宁末，元恶启衅，祸连戚里。妃以亲累，昭归于舅氏"，大安六年逝于保州，"权瘗于彩云山"，后平反昭雪，被追谥为太叔祖妃，并"迎妃之神柩，附于玄殿"。[74] 许从赟夫妇合葬墓也较为典型地反映出政治变动影响下的人群流动与迁徙。关于许氏的身份，《辽史》中仅有一处记载："冬十一月，彰国军节度使萧敌烈，太保许从赟奏忻、代二州捷。"[75] 而许氏墓志铭详细记载了其生平以及身份，许氏曾在后唐于云州任官，至石敬瑭割让燕云十六州，大同归辽时，许氏归附契丹，迁于燕京任官，官至大同军节度使、检校司徒等。也正是由于这一政治因素的影响，许氏死后才会迁葬。

### 3. 归葬祖坟

儒家主张"亲亲故尊祖，尊祖故敬宗，敬宗故收族，收族故宗庙严"[76]，按中国儒家丧葬礼俗，同一家族的人与祖先有着血肉关系，生于一处，死后也要共处，故人死后一般都要将灵柩迁至祖坟安葬，回归故里。辽代二次葬资料所见迁葬，原因出于归葬祖坟仅见康贵墓和赵匡禹墓。康贵墓志载："迁神柩来于先祖茔坟，至燕京宛平县矾村。"[77] 赵匡禹墓志载："薨于建州之私第，葬于州之南白杨口，从先茔，礼也。"[78]

（三）多次葬与复层壁画

多次葬是指对同一墓葬进行二次及二次以上开挖使用的方式，多次葬主要位于夫妻合葬墓中，墓主族属只有契丹族和汉族，契丹贵族偏多，行一夫一妻葬制，而汉族多行一夫多妻葬制。

多次葬数量较少，仅有8座，这几座墓中的壁画多有重绘、多层现象。萧和墓，夫妻合葬，天井上绘双层壁画，萧和妻耶律氏墓志记载其死后"归于懿州西南之黑山……启先王之茔合祔"[79]。耶律弘世夫妇墓，耶律弘世妻萧氏墓志记载其死后"启王之玄寝而合附"[80]。云岗辽墓07FHM1墓主为刘六符及四位夫人，该墓有早晚两期墓道，部分壁画下有早期壁画痕迹，据墓志记载，刘六符于清宁三年（1057年）归葬，第四位夫人最晚去世，寿昌四年（1098年）合葬[81]。浩特花M1的墓门和墓室墙壁上都刷有两层白灰面，且多绘有双层彩色壁画，罗世平认为该墓"是二次葬的壁画墓"[82]。此墓未出土文字资料，发现两具人骨，应为夫妻合葬墓。巴图营子墓，夫妻合葬，该墓墓门处堵门砖经过一次拆动[83]。新添堡村东北M29，墓主为刘公，内外两层壁画，恐经过重修[84]。卧虎湾M3，夫妻合葬墓，壁画分内外两层，恐经重修[85]。羊山M2，夫妻合葬墓，该墓壁画画面经三次作画，三次作画相隔很长的时间，内容相似但画风相差很大，不是出自一个画家之手[86]。萧和墓、耶律弘世夫妇墓和云岗辽墓07FHM1均为夫妻合葬墓，且出土墓志，由志文内容可知，男性墓主去世后，墓门被多次开启使用，是因为要埋葬其后来去世的妻子，壁画墓中的壁画多有重绘、多层现象，最内层是男性墓主下葬时所画，最外层是最后一位死者下葬时所画。有关墓内绘多层壁画的现象在考古资料中时有发现，唐章怀太子李贤墓墓室壁画多处为双层壁画，说明是追封其为"章怀太子"之后又重新绘画的[87]；敦煌莫高窟发现了复层壁画，现有的壁画作品下覆盖着早期壁画，这些壁画是前朝艺术家绘制而成的[88]。前述墓内出现复层壁画，说明壁画不是在同一时间绘制而成的，而是墓被多次开启，壁画被重新绘制，这有力地说明了复层壁画现象与多次葬的必然联系。浩特花M1、巴图营子墓、羊山M2、卧虎湾M3也是夫妻合葬墓，羊山M2墓主为刘祜及其妻耿氏，墓志记载"已故夫人耿氏祔"[89]，推测或者是刘祜死后耿氏从别处迁葬而来，或者是刘祜死后打开已筑好的耿氏墓进行合葬。由多层壁画和拆动后的堵门砖可知，这4座墓也经过多次开挖使用，虽其中2座未出土文字资料，但由上述3座纪年墓可推测，这4座墓多次开挖使用也是因为要埋葬后来去世的配偶。新添堡村东北M29为单人墓，该墓多次开挖、两次作画肯定不是因为埋葬后逝的配偶，由"此墓因室顶部分塌毁，内积淤土"[90]可推测，该墓早先因故坍塌，使壁画受损，后来墓门被重新开启，墓室重修，再次作画，当然也不能排除上述章怀太子墓所述政治因素的影响。

多次葬中壁画多有重绘、多层现象，从侧面可推测出墓主人或其后人有一定的经济实力，请工匠作画。反映在墓主身份方面，与材料所见契丹贵族偏多有一定的联系，既是贵族，就会有相当的财富用以修缮壁画。也与汉族多行一夫多妻葬制有关联，墓葬所体现的一夫多妻现象，相应也反映出汉族墓主有相当的抚养能力，经济条件上一定不会太差，也会有能力修缮壁画。反映在墓葬形制方面，多次葬的墓葬形制等级较高，主要为砖室多室墓，新出现规格宏大的十边形墓，无形制简陋的土坑墓，这些都体现了墓主身份之高贵，经济之富裕。反映在葬具方面，葬具只有木质和石质两类，无梵文、四神图像的现象说明此时佛教徒、汉族较少，葬具中有木质小帐的现象反映了契丹贵族之风格。反映在随葬品方面，出土有长颈瓶、鸡冠瓶、三彩印花海棠长盘、鎏金铜面具等契丹人常用品。也正是因此，多次葬中壁画多有重绘、多层现象。

（四）多元文化融合

《辽史·百官志》载："以国制治契丹，以汉制待汉人……因俗而治，得其宜矣。"[91]由此可知，辽代实行分俗而治的"一国两制"政策。辽萧和墓中墓道壁画一侧绘契丹人，另一侧绘汉人，契丹人大多骑马，汉人则全为步行[92]，这在辽墓壁画中为首次发现，是辽代分俗而治政策的直接体现。虽然辽代实行分俗而治的政策，但由于商贸往来、军事冲突、政治互通、通婚、文化交流等，民族之间的融合仍然得到一定发展。辽太宗时期，就已允许契丹族与汉族通婚，《辽史·太宗纪》载："契丹人授汉官者从汉仪，听与汉人婚姻。"[93]这在辽代二次葬尤其是火葬实例中也得到佐证，马直温妻张绾墓志载："枢哥适殿中少监、大理寺知正耶律筠……省哥续适姊夫鸿胪少卿、北面主事耶律筠。"[94]马直温与张绾的大女儿枢哥嫁给耶律筠，枢哥死后，其妹省哥又嫁给耶律筠。这反映了汉族与契丹族通婚的事实，同时也表明在辽代存在着姊亡妹续的婚配形式，虽然早在辽太宗时期已"除姊亡妹续之法"[95]，但这样的婚配形式并未贯彻实行。张世卿墓志载："有男一人，恭谦，曾肄北枢密院勒留承应……孙男二人：长曰伸，妻耶律氏。"[96]张世卿的一个儿子在朝廷任官，长孙娶契丹族耶律氏为妻。以上文献资料和考古发现说明，在辽代，契丹族可以与汉族通婚，这在一定程度上体现了辽代契丹族与汉族之间的文化融合。

民族文化融合在契丹族与汉族之间表现为契丹族汉化和汉族契丹化。以往的考古发现显示，契丹人多有火葬习俗，汉族多土葬传统，二者的融合使各自的葬俗逐渐演变为火葬加土葬的形式，这在辽代二次葬中有比较明显的例子。契丹墓中发现有木质小帐，可能来源于唐代汉文化，木质小帐外形似房屋，帐内放棺或尸体。死者下葬之前，用木质小屋暂时安置灵柩是汉族自古以来的传统。在唐代，这种木质小帐被称为"下帐"，唐代的章怀太子墓、懿德太子墓、永泰公主墓、韦洞墓等，棺外均设仿木石造小建筑的石椁，这表明唐代以前或许已有一种类似辽墓那样的小帐[97]。汉族的习俗是将木质小帐放于墓外而不埋入墓中，直到辽代，契丹人才将木质小帐置于墓中。契丹墓中的木质小帐可能源于唐代汉文化，且有可能先把死者尸骨放置于小帐中，下葬时再将其置于葬具中，并把小帐也埋入墓中。迁葬实例中，耿延毅墓中发现方形木构棺室和银丝手套，殉葬羊牲，墓门两侧的壁画绘有契丹装束的守卫武士，还出土2件绿釉贴花鸡冠壶[98]，这些都说明汉族高官耿延毅在葬俗方面的契丹化倾向。

辽代是多元文化融合的朝代，除契丹族、汉族外，还有奚、女真等少数民族，在历史发展的过程中，他们之间也发生过不同程度的互动、交流与融合。女真族在隋唐时期称为黑水靺鞨，葬俗有"死者埋之，无棺椁，杀所乘马以殉"[99]。"其祭祀饮食之物尽焚之，谓之烧饭。"[100]根据史料，女真葬俗有土葬、无棺椁、烧饭等，黑龙江省龙江县合山乡西甸子火葬墓，墓主土葬而无棺椁；细泥陶罐中有干颗粒食品，可能是因为烧饭之俗，储存于罐内的食物经高温焚烧变成干颗粒，因此能保存下来；该墓还出土有砺石、铁削等工具，砺石和铁削是女真族常用的工具，由此推测这是一座辽代女真族墓葬。该墓墓葬形制为石砌方形单室穹隆顶墓，契丹族"居穹庐中，有事则出，退复隐入穹庐如故"[101]。辽代二次葬中，多发现契丹族墓顶呈穹隆状，如耶律弘世墓、萧和墓等，西甸子墓呈穹庐状，正是受到契丹族的影响。

墓主族属为奚族在辽二次葬中仅有的一例，虽仅有此一例，也体现了浓郁的多元文化交融的色彩。锦西西孤山辽萧孝忠墓，萧孝忠为奚族，《辽史》记载，辽圣宗之三女耶律槊古，"下嫁萧孝忠。资质秀丽，礼法自将，以疾薨"[102]。萧孝忠墓志记载："第四嫔束刺史位女漆水郡夫人并无儿女……第五汉儿小娘子苏哥所生一女名石婆。"[103]史料和志文显示，萧孝忠有包括奚族、契丹族和汉族的五位妻子，由此可知，在辽代奚族可以与契丹族、汉族通婚。萧孝忠墓内出土铜丝套、鎏金冠残片、绿釉凤首长颈瓶、黄釉鸡冠壶、三彩游鱼海棠盘等具有契丹风格的随葬品[104]，体现了奚族在一定程度上受契丹族文化的影响，也表现出民族文化的交流与融合。

## 四、结　　论

　　二次葬是对死者尸体和遗骨做二次及二次以上下葬，或对同一墓葬进行二次及二次以上开挖使用的丧葬方式。辽代二次葬可分为火葬、迁葬和多次葬三种类型，三类在墓主身份、墓葬形制、葬具、随葬品方面各有特征。火葬是二次葬数量最多的一类，墓主身份主要是汉族佛教徒，葬具主要是木质骨灰匣，随葬品主要是佛教用品；迁葬主要出现于夫妻二人合葬墓中，墓主身份多为汉族高官，墓葬形制以砖室双室墓偏多，随葬品中墓志较多；多次葬的墓主身份以契丹贵族偏多，墓葬形制主要是砖室多室墓，新出现十边形墓，无土坑墓，葬具有木质小帐，随葬品中有契丹贵族常用物品。辽代火葬墓的墓主身份、葬具和随葬品多与佛教有关系，从火葬可以窥见辽人信仰佛教的踪影。辽人之所以迁葬，是出于夫妻合葬、政治影响和归葬祖坟的原因，这于随葬品中的墓志可窥见一斑，在辽代，女性社会地位有所提高，政治历史事件和传统儒家思想会影响社会人群的流动与迁徙。多次葬中的复层壁画与墓主身份、墓葬形制、葬具和随葬品所体现的墓主身份之高贵有联系，体现墓主的经济实力之强盛。辽代各民族可以通婚，又有同化现象，体现了契丹族统治下的汉族、女真族、奚族等民族多元文化的互动、交流与融合，为辽代的历史与文化添加了一抹绚丽的光彩。

　　本文日后的重点应集中于类型学方面的研究，获得可靠的分期结果，也应关注壁画内容方面，以期获得更深入的研究。

　　附记：本文是在笔者本科毕业论文《辽墓二次葬的分期研究》的基础上反复修改而成的，在此过程中，笔者的本科导师朱萍和研究生导师王晓琨给予了悉心、具体的指导，在此向我的老师们致谢！本文所存在的不足及疏漏之处请诸位读者指正。

### 注　释

[1] 代表性论文主要有：张锴生：《我国古代氏族社会二次葬》，《中原文物》1999年第1期；朱忠华：《仰韶文化二次合葬及相关问题研究》，西北大学硕士学位论文，2009年；宋兆麟：《民族志中的二次葬》，《中国史前考古学研究——祝贺石兴邦先生考古半世纪暨八秩华诞文集》，西安：三秦出版社，2004年；尚民杰：《二次葬式流变》，《史前研究》，西安：三秦出版社，2000年。
[2] 代表性论文主要有：巫达：《变异中的延续：凉山彝族丧葬文化的变迁及其动因》，《民族研究》2017年第2期；杨学祥：《彝族火葬习俗探讨》，《考古学研究》，北京：科学出版社，2013年；朱世学：《土家族地区的"二次葬"及文化解读》，《三峡大学学报（人文社会科学版）》2012年第2期；刘锋、张敏波：《"蒙萨"苗族"烧灵"：二次葬的仪式化传承与变迁》，《民族研究》2011年第1期；钟巧玲：《广西桂中壮族二次葬及其心理初探》，《新世纪论丛》2006年第3期。
[3] 罗世平：《辽墓壁画的发现与研究》，《艺术史研究（第六辑）》，广州：中山大学出版社，2004年，第364页。

[ 4 ] 冯永谦:《东北亚研究——东北考古研究（1）》，郑州：中州古籍出版社，1994年，第151页。
[ 5 ] 陈金梅:《浅谈辽代丧葬习俗》，《辽宁省博物馆馆刊（2）》，沈阳：辽海出版社，2007年。
[ 6 ] 冯恩学:《辽墓反映的契丹人汉化与汉人契丹化》，《吉林大学社会科学学报》2011年第3期。
[ 7 ] 北京市文物研究所:《北京考古（第一辑）》，北京：燕山出版社，2008年，第191～197页。
[ 8 ] 辽西博物馆、北票市博物馆:《辽宁北票白家窝铺辽代墓葬》，《北方文物》2008年第4期。
[ 9 ] 北京市文物工作队:《北京南郊辽赵德钧墓》，《考古》1962年第5期。
[ 10 ] 北京市文物工作队:《北京西郊百万庄辽墓发掘简报》，《考古》1963年第3期。
[ 11 ] 金永田:《辽上京城址附近佛寺遗址及火葬墓》，《内蒙古文物考古》1984年第3期。
[ 12 ] 杜承武、郭志忠:《察右前旗豪欠营发现的辽代契丹人墓葬》，《辽金契丹女真史研究动态》1984年第3、4期。
[ 13 ] 辽宁省文物考古研究所:《朝阳市林四家子辽墓发掘简报》，《北方文物》2012年第2期。
[ 14 ] 同注［10］。
[ 15 ] 北京市文物工作队:《辽韩佚墓发掘报告》，《考古学报》1984年第3期。
[ 16 ] 同注［9］。
[ 17 ] 河北省文物研究所、张家口市文物管理处、宣化区文物管理所:《宣化辽代壁画墓群》，《文物春秋》1995年第2期。
[ 18 ] 项春松:《赤峰市郊区发现的辽墓》，《北方文物》1991年第3期。
[ 19 ] 雁羽:《锦西西孤山辽萧孝忠墓清理简报》，《考古》1960年第2期。
[ 20 ] 张家口市宣化区文物保管所:《河北宣化下八里辽韩师训墓》，《文物》1992年第6期。
[ 21 ] 北京市文物研究所:《大兴北程庄墓地：北魏、唐、辽、金、清代墓葬发掘报告》，北京：科学出版社，2010年，第72页。
[ 22 ] 沈阳市文物考古研究所:《辽宁大学院内辽墓的发掘》，《边疆考古研究（第5辑）》，北京：科学出版社，2006年，第339～343页。
[ 23 ] 同注［10］。
[ 24 ] 山西省文物管理委员会:《山西大同郊区五座辽壁画墓》，《考古》1960年第10期。
[ 25 ] 张家口市文管所、宣化县文管所:《河北宣化辽姜承义墓》，《北方文物》1991年第4期。
[ 26 ] 河北省文物研究所、张家口市文物管理处、宣化区文物管理所:《河北宣化辽张文藻壁画墓发掘简报》，《文物》1996年第9期。
[ 27 ] 邓宝学、孙国平、李宇峰:《辽宁朝阳辽赵氏族墓》，《文物》1983年第9期。
[ 28 ] 巴林右旗博物馆:《辽庆陵又有重要发现》，《内蒙古文物考古》2000年第2期。
[ 29 ] 同注［4］。
[ 30 ] 王银田、解廷琦、周雪松:《山西大同市辽代军节度使许从赟夫妇壁画墓》，《考古》2005年第8期。
[ 31 ] 李波:《建平三家乡辽秦德昌墓清理简报》，《辽海文物学刊》1995年第2期。
[ 32 ] 辽宁朝阳地区文物组:《北票扣卜营子辽墓发掘简报》，《文物资料丛刊（2）》，北京：文物出版社，1978年，第129页。
[ 33 ] 同注［32］。
[ 34 ] 同注［4］。
[ 35 ] 同注［27］。
[ 36 ] 李庆发:《辽阳隆昌两座辽金墓》，《辽海文物学刊》1986年第2期。
[ 37 ] 同注［28］。
[ 38 ] 同注［28］。
[ 39 ] 冯永谦:《辽宁省建平、新民的三座辽墓》，《考古》1960年第2期。
[ 40 ] 中国社会科学院考古研究所内蒙古工作队、内蒙古文物考古研究所:《内蒙古扎鲁特旗浩特花辽代

壁画墓》,《考古》2003年第1期。
[41] 同注[24]。
[42] 大同市文物陈列馆:《山西大同卧虎湾四座辽代壁画墓》,《考古》1963年第8期。
[43] 李逸友:《略论辽代契丹与汉人墓葬的特征与分期》,《中国考古学会第六次年会论文集》,北京:文物出版社,1990年,第187~197页;李逸友:《辽代契丹人墓葬制度概说》,《内蒙古东部区考古学文化研究文集》,北京:海洋出版社,1991年。
[44] 夏鼐:《临洮寺洼山发掘记》,《考古学报》1949年第4期。
[45] (战国)荀况著,(唐)杨倞注,耿芸标校:《荀子》,上海:上海古籍出版社,2014年,第334页。
[46] (战国)墨翟撰,(清)毕沅校注:《墨子》,上海:上海古籍出版社,2014年,第102页。
[47] (春秋)孔子,(唐)李隆基注:《孝经》,上海:上海古籍出版社,2014年,第5页。
[48] (元)脱脱等:《辽史》,北京:中华书局,2017年,第2页。
[49] 同[48],第578页。
[50] 朝阳市博物馆、龙城区博物馆:《辽宁轮胎附属厂古墓清理简报》,《边疆考古研究(第2辑)》,北京:科学出版社,2004年。
[51] 王未想:《辽上京城址周围出土的墨书铭文骨灰匣》,《北方文物》2002年第1期。
[52] 韩国祥:《朝阳西上台辽墓》,《文物》2000年第7期。
[53] 同注[8]。
[54] 同注[52]。
[55] 北京市文物工作队:《北京市大兴县辽代马直温夫妻合葬墓》,《文物》1980年第12期。
[56] 北京市文物研究所:《北京大兴康庄辽墓》,《文物春秋》2012年第5期。
[57] 同注[13]。
[58] 河北省文物研究所:《宣化辽墓1974—1993年考古发掘报告(上册)》,北京:文物出版社,2001年,第123页。
[59] 同注[58],第63页。
[60] 同注[58],第237、238页。
[61] 巫鸿:《黄泉下的美术:宏观中国古代墓碑》,北京:生活·读书·新知三联书店,2010年,第152页。
[62] 河北省文物管理处、河北省博物院:《河北宣化辽壁画墓发掘简报》,《文物》1975年第8期。
[63] 同注[46]。
[64] 宋兆麟:《云南永宁纳西族的葬俗——兼谈对仰韶文化葬俗的看法》,《考古》1964年第4期。
[65] 王建章:《中国南楚民俗学》,长沙:岳麓书社,1995年,第262、263页。
[66] 此为笔者于2018年在云南元谋县进行针对彝族的民族考古学调查时所知。
[67] 同注[4]。
[68] 李如森:《从汉墓合葬习俗看汉代社会变化轨迹》,《史林》1996年第2期。
[69] 同注[30]。
[70] 同注[36]。
[71] 同注[26]。
[72] 同注[17]。
[73] 曹彦玲、王银田:《辽许从赟墓志略考》,《文物世界》2009年第6期。
[74] 同注[28]。
[75] 同注[48],第81页。
[76] 王文锦:《礼记译解》,北京:中华书局,2016年,第503、504页。
[77] 北京市文物研究所:《海淀中国工运学院辽墓及其墓志》,《北京文物与考古(第6辑)》,北京:民族出版社,2004年。

[78] 同注 [27]。
[79] 向南、张国庆、李宇峰辑注：《辽代石刻文续编》，沈阳：辽宁人民出版社，2010 年，第 90 页。
[80] 同注 [28]。
[81] 同注 [7]，第 191~197 页。
[82] 同注 [3]。
[83] 同注 [39]。
[84] 同注 [24]。
[85] 同注 [42]。
[86] 邵国田：《敖汉旗羊山 1—3 号辽墓清理简报》，《内蒙古文物考古》1999 年第 1 期。
[87] 楚启恩：《中国壁画史（修订版）》，北京：北京工艺美术出版社，2012 年，第 127 页。
[88] 《读者参考》编辑部：《读者参考丛书（2）》，上海：学林出版社，1995 年，第 153 页。
[89] 盖之庸：《内蒙古辽代石刻文研究》，呼和浩特：内蒙古大学出版社，2002 年，第 305 页。
[90] 同注 [24]。
[91] 同注 [48]，第 773 页。
[92] 辽宁省文物考古研究所：《阜新辽萧和墓发掘简报》，《文物》2005 年第 1 期。
[93] 同注 [48]，第 53 页。
[94] 同注 [55]。
[95] 同注 [48]，第 53 页。
[96] 同注 [58]。
[97] 曹汛：《叶茂台辽墓中的棺床小帐》，《文物》1975 年第 12 期。
[98] 朝阳地区博物馆：《辽宁朝阳姑营子辽耿氏墓发掘报告》，《考古学集刊（3）》，北京：中国社会科学出版社，1983 年。
[99] （宋）欧阳修、宋祁：《新唐书》，北京：中华书局，1975 年，第 6178 页。
[100] 孙进己、张璇如、蒋秀松等：《女真史》，长春：吉林文史出版社，1987 年，第 122 页。
[101] （宋）叶隆礼撰，贾敬颜、林荣贵点校：《契丹国志》，北京：中华书局，2014 年，第 4 页。
[102] 同注 [48]，第 1110 页。
[103] 王晶辰：《辽宁碑志》，沈阳：辽宁人民出版社，2002 年，第 136 页。
[104] 同注 [19]。

# 参 考 书 目

## 1. 历史文献

（春秋）孔子，（唐）李隆基注：《孝经》，上海：上海古籍出版社，2014 年。
（战国）墨翟撰，（清）毕沅校注：《墨子》，上海：上海古籍出版社，2014 年。
（战国）荀况著，（唐）杨倞注，耿芸标校：《荀子》，上海：上海古籍出版社，2014 年。
（宋）欧阳修、宋祁：《新唐书》，北京：中华书局，1975 年。
（宋）叶隆礼撰，贾敬颜、林荣贵点校：《契丹国志》，北京：中华书局，2014 年。
（元）脱脱等：《辽史》，北京：中华书局，2017 年。

## 2. 考古资料

巴林右旗博物馆：《辽庆陵又有重要发现》，《内蒙古文物考古》2000 年第 2 期。

北京市文物工作队：《北京南郊辽赵德钧墓》，《考古》1962年第5期。
北京市文物工作队：《北京市大兴县辽代马直温夫妻合葬墓》，《文物》1980年第12期。
北京市文物工作队：《北京西郊百万庄辽墓发掘简报》，《考古》1963年第3期。
北京市文物工作队：《辽韩佚墓发掘报告》，《考古学报》1984年第3期。
北京市文物研究所：《北京大兴康庄辽墓》，《文物春秋》2012年第5期。
北京市文物研究所：《海淀中国工运学院辽墓及其墓志》，《北京文物与考古（第6辑）》，北京：民族出版社，2004年。
曹汛：《叶茂台辽墓中的棺床小帐》，《文物》1975年第12期。
曹彦玲、王银田：《辽许从赟墓志略考》，《文物世界》2009年第6期。
朝阳地区博物馆：《辽宁朝阳姑营子辽耿氏墓发掘报告》，《考古学集刊（3）》，北京：中国社会科学出版社，1983年。
朝阳市博物馆、龙城区博物馆：《辽宁轮胎附属厂古墓清理简报》，《边疆考古研究（第2辑）》，北京：科学出版社，2004年。
陈金梅：《浅谈辽代丧葬习俗》，《辽宁省博物馆馆刊（2）》，沈阳：辽海出版社，2007年。
大同市文物陈列馆：《山西大同卧虎湾四座辽代壁画墓》，《考古》1963年第8期。
邓宝学、孙国平、李宇峰：《辽宁朝阳辽赵氏族墓》，《文物》1983年第9期。
杜承武、郭志忠：《察右前旗豪欠营发现的辽代契丹人墓葬》，《辽金契丹女真史研究动态》1984年第3、4期。
冯恩学：《辽墓反映的契丹人汉化与汉人契丹化》，《吉林大学社会科学学报》2011年第3期。
冯永谦：《辽宁省建平、新民的三座辽墓》，《考古》1960年第2期。
韩国祥：《朝阳西上台辽墓》，《文物》2000年第7期。
河北省文物管理处、河北省博物馆：《河北宣化辽壁画墓发掘简报》，《文物》1975年第8期。
河北省文物研究所、张家口市文物管理处、宣化区文物管理所：《河北宣化辽张文藻壁画墓发掘简报》，《文物》1996年第9期。
河北省文物研究所、张家口市文物管理处、宣化区文物管理所：《宣化辽代壁画墓群》，《文物春秋》1995年第2期。
金永田：《辽上京城址附近佛寺遗址及火葬墓》，《内蒙古文物考古》1984年第3期。
李波：《建平三家乡辽秦德昌墓清理简报》，《辽海文物学刊》1995年第2期。
李庆发：《辽阳隆昌两座辽金墓》，《辽海文物学刊》1986年第2期。
李如森：《从汉墓合葬习俗看汉代社会变化轨迹》，《史林》1996年第2期。
李逸友：《辽代契丹人墓葬制度概说》，《内蒙古东部区考古学文化研究文集》，北京：海洋出版社，1991年。
李逸友：《略论辽代契丹与汉人墓葬的特征与分期》，《中国考古学会第六次年会论文集》，北京：文物出版社，1990年。
辽宁朝阳地区文物组：《北票扣卜营子辽墓发掘简报》，《文物资料丛刊（2）》，北京：文物出版社，1978年。
辽宁省文物考古研究所：《朝阳市林四家子辽墓发掘简报》，《北方文物》2012年第2期。
辽宁省文物考古研究所：《阜新辽萧和墓发掘简报》，《文物》2005年第1期。
辽西博物馆、北票市博物馆：《辽宁北票白家窝铺辽代墓葬》，《北方文物》2008年第4期。
刘锋、张敏波：《"蒙萨"苗族"烧灵"：二次葬的仪式化传承与变迁》，《民族研究》2011年第1期。
罗世平：《辽墓壁画的发现与研究》，《艺术史研究（第六辑）》，广州：中山大学出版社，2004年。
山西省文物管理委员会：《山西大同郊区五座辽壁画墓》，《考古》1960年第10期。
尚民杰：《二次葬式流变》，《史前研究》，西安：三秦出版社，2000年。
邵国田：《敖汉旗羊山1—3号辽墓清理简报》，《内蒙古文物考古》1999年第1期。
沈阳市文物考古研究所：《辽宁大学院内辽墓的发掘》，《边疆考古研究（第5辑）》，北京：科学出版社，

2006年。
宋兆麟：《民族志中的二次葬》，《中国史前考古学研究——祝贺石兴邦先生考古半世纪暨八秩华诞文集》，西安：三秦出版社，2004年。
宋兆麟：《云南永宁纳西族的葬俗——兼谈对仰韶文化葬俗的看法》，《考古》1964年第4期。
王未想：《辽上京城址周围出土的墨书铭文骨灰匣》，《北方文物》2002年第1期。
王银田、解廷琦、周雪松：《山西大同市辽代军节度使许从赟夫妇壁画墓》，《考古》2005年第8期。
巫达：《变异中的延续：凉山彝族丧葬文化的变迁及其动因》，《民族研究》2017年第2期。
夏鼐：《临洮寺洼山发掘记》，《考古学报》1949年第4期。
项春松：《赤峰市郊区发现的辽墓》，《北方文物》1991年第3期。
雁羽：《锦西西孤山辽萧孝忠墓清理简报》，《考古》1960年第2期。
杨学祥：《彝族火葬习俗探讨》，《考古学研究》，北京：科学出版社，2013年。
张家口市文管所、宣化县文管所：《河北宣化辽姜承义墓》，《北方文物》1991年第4期。
张家口市宣化区文物保管所：《河北宣化下八里辽韩师训墓》，《文物》1992年第6期。
张锴生：《我国古代氏族社会二次葬》，《中原文物》1999年第1期。
中国社会科学院考古研究所内蒙古工作队、内蒙古文物考古研究所：《内蒙古扎鲁特旗浩特花辽代壁画墓》，《考古》2003年第1期。
钟巧玲：《广西桂中壮族二次葬及其心理初探》，《新世纪论丛》2006年第3期。
朱世学：《土家族地区的"二次葬"及文化解读》，《三峡大学学报（人文社会科学版）》2012年第2期。
朱忠华：《仰韶文化二次合葬及相关问题研究》，西北大学硕士学位论文，2009年。

## 3. 研究论著

北京市文物研究所：《北京考古（第一辑）》，北京：燕山出版社，2008年。
北京市文物研究所：《大兴北程庄墓地：北魏、唐、辽、金、清代墓葬发掘报告》，北京：科学出版社，2010年。
楚启恩：《中国壁画史（修订版）》，北京：北京工艺美术出版社，2012年。
《读者参考》编辑部：《读者参考丛书（2）》，上海：学林出版社，1995年。
冯永谦：《东北亚研究——东北考古研究（1）》，郑州：中州古籍出版社，1994年。
盖之庸：《内蒙古辽代石刻文研究》，呼和浩特：内蒙古大学出版社，2002年。
河北省文物研究所：《宣化辽墓1974—1993年考古发掘报告（上册）》，北京：文物出版社，2001年。
孙进己主编：《中国考古集成·东北卷·辽1—3》，北京：北京出版社，1997年。
孙进已、张璇如、蒋秀松等：《女真史》，长春：吉林文史出版社，1987年。
王建章：《中国南楚民俗学》，长沙：岳麓书社，1995年。
王晶辰：《辽宁碑志》，沈阳：辽宁人民出版社，2002年。
王文锦：《礼记译解》，北京：中华书局，2016年。
巫鸿：《黄泉下的美术：宏观中国古代墓碑》，北京：生活·读书·新知三联书店，2010年。
向南、张国庆、李宇峰辑注：《辽代石刻文续编》，沈阳：辽宁人民出版社，2010年。
中山大学艺术史研究中心：《艺术史研究（第六辑）》，广州：中山大学出版社，2004年。
朱泓主编：《边疆考古研究（第5辑）》，北京：科学出版社，2006年。

# A Preliminary Study on the Secondary Burial in Liao Dynasty

Ma Xiaoyan

(2019 Graduate Student, Renmin University of China)

**Abstract:** Secondary burial refers to the burial of the deceased's body and remains for two or more times, or the excavation of the same tomb for two or more times. This paper takes the secondary burial behavior of the 155 tombs, 11 urns and cremation pots of Liao Dynasty as the research object. On the basis of collecting, sorting and analyzing the data, secondary burial in Liao Dynasty is divided into three types: cremation, relocation and multiple burial, and sort out the basic characteristics of the tomb owner's identity, the tomb shape, the funerary utensil and the funeral objects of each type. Then, it makes a preliminary study on the religious belief, crowd flow, multi-layer murals and multicultural integration involved in each type. We can see the trace of Liao people's belief in Buddhism from cremation. Relocation is an important aspect of the study on the flow of social groups, which is caused by the joint burial of couples, political influence and returning to the ancestral graves. The multi-layer murals appeared in multiple burials for the purpose of burying couples together and repairing them, reflecting the economic power of the tomb owners. The cremation, relocation and multiple burials of nationalities in Liao Dynasty have their own characteristics and similarities, reflecting the interaction, communication and integration of diverse cultures of Han, Jurchen, Xi and other ethnic groups under the rule of the Khitan, which adds a brilliant luster to the history and culture of Liao Dynasty.

**Key Words:** Cremation, Relocation, Multiple Burial

---

**教师评语**：墓葬是考古学最重要的研究对象之一，透过墓葬可以看到旧时人们的思想、社会、风俗等多方面的内容，因此历来为学界所重视。本文以辽代的墓葬习俗为出发点，颇有新意。吕思勉先生有言："在历史上，最威胁中国的是北族。"日本著名学者宫崎市定在评价中国史时则说："民族的自觉最盛、曾为东洋历史开一新纪元的，是五代时崛起于北方的契丹民族。"的确，处在唐宋时代中国文化转变重要节点上的辽代，确实不仅给我们留下了大量精美的器物，而且留下了二次葬这种特殊的葬俗，其中原因耐人寻味，亦引人思索。马晓艳同学的这篇文章，底稿是她在朱萍老师指导下完成的本科毕业论文。我于偶然的机会看到，有感于其收集资料的全面，于是建议她删减文字，锤炼

观点。马晓艳同学认真务实,不辞辛苦,每当我看完,把意见发给她,她总是很快就有回音,如此反复五六次,论文遂成了现在之骨架。"宝剑锋从磨砺出",不久前,晓艳以此文参加在北京大学举办的研究生论坛,斩获优秀论文奖,可喜可贺。虽然文稿在墓葬形制和二次葬俗本身的对应规律方面有待进一步的完善提炼,但其他如对宗教信仰、人群流动、多元文化融合等问题的讨论,可备一说。"暖吹入春园,新芽竞粲然",马晓艳同学的考古之路,已经启程,希望她能继续求索,有更多新知。

(中国人民大学历史学院副教授　王晓琨)

> 科技文保

# 洪江古建筑群石质文物现状调查及保护修复研究

何 静[1] 胡东波[2]

(1.北京大学考古文博学院2019级博士研究生 2.北京大学考古文博学院教授)

**摘要：** 洪江古建筑群作为明、清、民国时期的商业重镇，有着厚重的历史价值，为研究中国封建社会的商品经济和资本主义萌芽历史提供了重要的实物资料，系第六批全国重点文物保护单位。由于洪江市气候潮湿，雨量较大，加之历年来从未对石质文物进行保护、修复、养护，洪江古建筑群石质文物病害积重颇深，严重威胁着石质文物的安全。经过前期调查、分析检测、实验研究，针对洪江古建筑群石质文物的病变情况及病变诱因进行分析，有针对性展开表面污染物物理清洗、无机灰浆修复及其承水部位憎水封护等有效保护技术，针对不同类型病害采取相应保护修复措施，得到了良好的保护效果，并可为类似南方石质文物的保护修复提供相关借鉴与支撑。

**关键词：** 洪江古建筑群；石质文物；病害；保护修复

## 一、引　言

　　洪江古建筑群位于湖南省西南部的雪峰山区，地处洪江市中心位置，为明、清、民国时期的古建筑群（图一）。现完好地保存会馆、商号等各类建筑380余栋，总面积近20万平方米，其建筑形态似一颗印，俗称"窨子屋"，一般为两进两层，或两进三层，大多雕梁画栋，飞檐翘角，古风古韵，气势恢宏。建筑群内名人墨宝、商讯警言、石雕石刻随处可见，青石板路、石级码头曲折迥深、高低错落，犹如"迷宫"状布局[1]（图二）。2006年5月，洪江古建筑群被公布为第六批全国重点文物保护单位。

　　由于洪江市气候潮湿，且位于两水之间，雨量较大，加之历年来从未对石质文物进行保护、修复、养护，目前洪江古建筑群中太平缸、雕刻和碑刻等石质文物病害积重颇深，主要表现为粉状风化、片状风化、断裂、残缺、表面污染、生物病害、石质彩绘层表面起甲、酥碱，部分石质文物存在空鼓和大型结构性裂隙。随着时间推移，这些病害

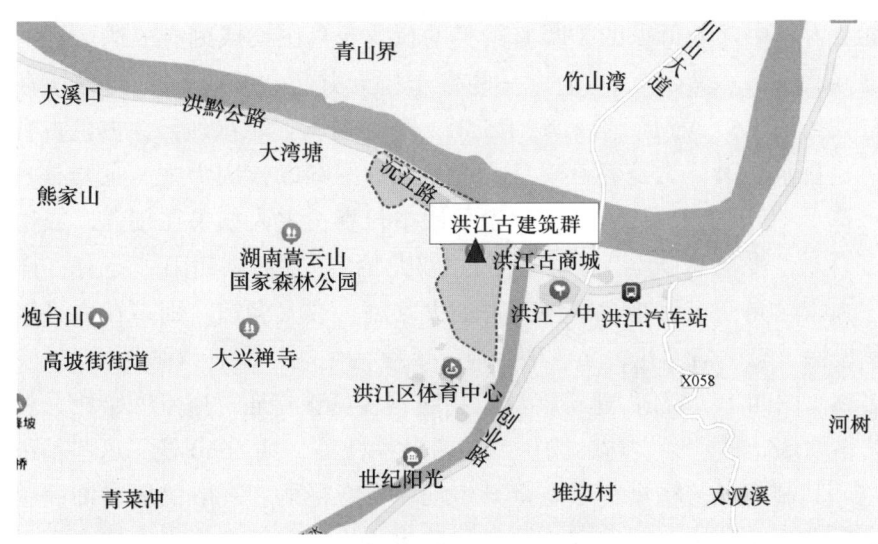

图一　洪江古建筑群位置示意图

图二　洪江古建筑群石质文物

活动性增强，发展趋势明显，病害呈愈演愈烈之势，严重威胁着历经数百年形成的洪江古建筑群石质文物的安全。

## 二、洪江古建筑群石质文物现状

### （一）洪江古建筑群石质文物类型

洪江古商城石质文物众多，约609.17平方米，大体可分为太平缸、石质雕刻和碑刻三类。

太平缸。古巷中随处可见的是雕有精美的鱼龙花鸟图案或刻有书法诗词的青石板组成的太平缸（图三），现存有24个，一些窨子屋天井里也有此缸，同时还存有3口古井。太平缸大约长1.5、宽1、高1.2～1.5米，雕龙画凤、雕花刻云、古色古香。太平缸的作用，一是蓄水防火，二是养鱼观赏。太平缸的图案以吉庆为主，主要是自然的"梅（花）、兰（草）、菊（花）、竹（翠）"，表示四季长春；主人如果在创业，或生意正是红火时，则多喜欢"龙腾鱼跃""鱼龙变化""双龙抢宝""双凤朝阳"等有吉祥之意的图案；如果主人家已是商家巨富，腰缠万贯的大家庭，或大会馆，则多在太平缸上雕有字诗，以"孝、悌、忠、信、礼、义、廉、耻"八字为主题，附有诗画等。

石质雕刻（图四）。洪江古建筑群建筑物雕刻多见于寺庙、庵堂、会馆、祠堂及豪华门第，工艺多取墙、柱、梁、坊、檐口、门窗及栏杆等，共约60处。这些精细的石雕颇具地方特色。其制作工艺精湛，形态奇异生动，色彩艳丽。一般民房装饰简单，只有正面挑檐、金瓜和门窗装饰，并用桐油涂敷；砖房结构，一般砌清水素墙，不做外饰，墙体用混合砂浆打底，外刷白粉。在洪江古建筑群窨子屋的高墙上可以看到嵌进墙壁内的会馆或主屋的墙垣标志刻字，如"苏州馆""江浙洞庭社""杨三凤堂墙垣""朱四志堂墙垣"之类的嵌印。此外，太平宫等处雕刻精致美观，具有极高的艺术价值。

图三　洪江古建筑群太平缸　　　　　　图四　洪江古建筑群石雕

碑刻。洪江古建筑群内，题记碑刻遍布，共约37处。这些碑刻字迹苍劲优雅，体例各异，一方面反映了洪江尊师敬儒的传统，另一方面也充分反映了洪江古建筑群昔日商旅接踵，繁华富足的商业中心景象。根据内容区分，这些碑刻大致可分为告示碑、记事碑、合约（约定）碑、怀旧碑、纪念碑和墓志铭等几类。

（二）洪江古建筑群石质文物价值评估

洪江古建筑群有着厚重的历史价值，是中国近代商业发展的一个标本，为研究中国封建社会的商品经济和资本主义萌芽历史提供了重要的实物资料。洪江古建筑群从建筑装修到基本元素无不充满人文气息、艺术魅力和商业氛围，处处显示了洪江古建筑群无人不商、无处不商的特点，显示了洪江古建筑群人的文化品位和思想情感，极具感染力。洪江古建筑群作为明、清、民国时期的商业重镇，其形成、发展过程对研究我国基层组织的管理模式和经济发展模式具有很高的价值。整个洪江古建筑群的建筑造型、雕塑木刻、装饰构件、彩绘壁画，以及洪江古建筑群人的文化生活、宗教信仰等，无不体现出多元化特点，无一不是多民族艺术和民俗的典型化反应。而遍布古商城内的形式各异的石质文物和古建筑一样，都是其历史价值的物质载体，有着高度的历史研究价值[2]。

## 三、洪江古建筑群石质文物本体分析

为了明确洪江古商城内石质文物本体的特性，我们现场采集不同区域的石质文物碎片岩石样品进行检测。利用现代表征手段对石材样品进行分析，了解其材料及风化状况。为了得到所采样品成分、结构、性能等方面的信息，采用了扫描电镜能谱仪（SEM-EDX）、X射线荧光光谱仪（XRF）、X射线衍射仪（XRD）、偏光显微镜等分析仪器，分析了石质样品的岩相、成分、微观结构，以及风化产物的主要化学成分。具体分析测试方法包括：SEM-EDX观察试样的微观结构并进行化学成分的初步分析；XRD结合XRF对试样的物相组成及其化学成分进行定性分析及半定量分析；偏光显微镜分析鉴定石质样品的矿物组成及微观结构，并鉴定石质的种类。

（一）岩石本体检测分析

洪江古建筑群石质文物多采用青色岩石，只有一处采用了红色岩石。采用偏光显微镜对岩石薄片的光性特征进行鉴定，按照GB/T17412.2-1998《岩石分类和命名方案 沉积岩岩石分类和命名方案》对岩石进行了分类和命名。分析检测显示，洪江古商城内石质文物所用青色石材岩石均属于泥质板岩（图五）。岩石主要由绢云母（含量50%）、泥质物（含量28%）、石英（含量16%）、碳质物（含量5%）、白云石（微量）、斜长石（微量）及不透明矿物（含量1%）等组成。总体来说岩石硬度较大（莫氏硬度8左右），较为密实，孔隙度与吸水率不高。

图五　岩石显微形貌

红色岩石 XRD 结果显示,岩石主体主要有石英和长石,长石以钠长石为主,还含有碳酸盐(方解石)等矿物。结合表面颜色,判断该石材为红砂岩(图六)。青色岩石 XRD 结果显示,岩石主体主要由石英、斜绿泥石、钠长石、云母和方解石组成(图七)。绿泥石等黏土矿物的存在,使石质文物在干湿循环作用下容易出现层状、片状剥落,极易粉化,不利于文物的长期保存[3]。而其中方解石作为钙质胶结物,其胶结强度较弱,在弱酸性降雨条件下会加速其溶解过程[4]。

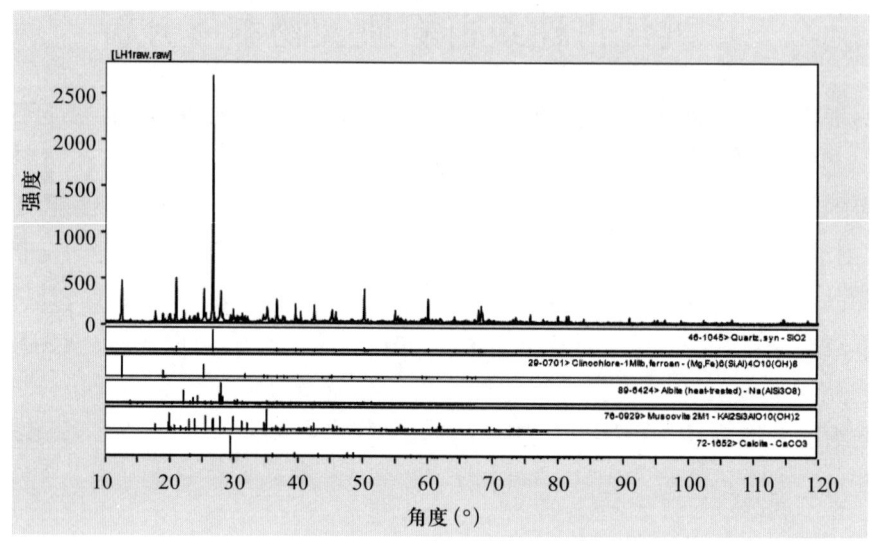

图六 红色岩石 X 射线衍射分析图谱

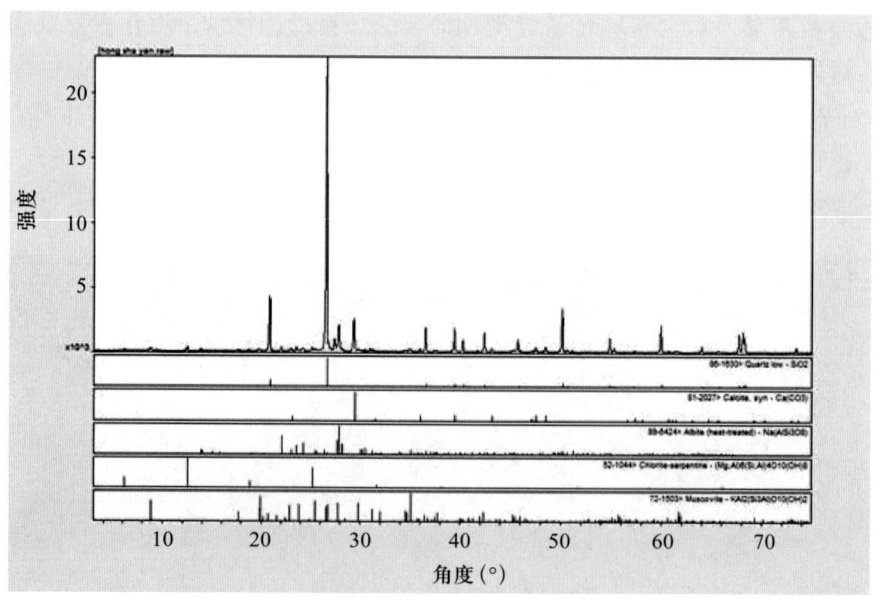

图七 青色岩石 X 射线衍射分析图谱

## （二）灰浆分析

洪江古建筑群内共有太平缸 24 个。四方形的太平缸周围四面由雕刻精美图样的青石板组成，底面青石板无花纹。在青石板的接缝处除了有金属固定件锚固以外，缝隙的黏结主要依靠灰浆。XRD 结果见图八、图九，灰浆主体主要由方解石、氢氧钙石、球霰石为主，还含有少量石英矿物。因此，判断该灰浆为我国传统的石灰灰浆。

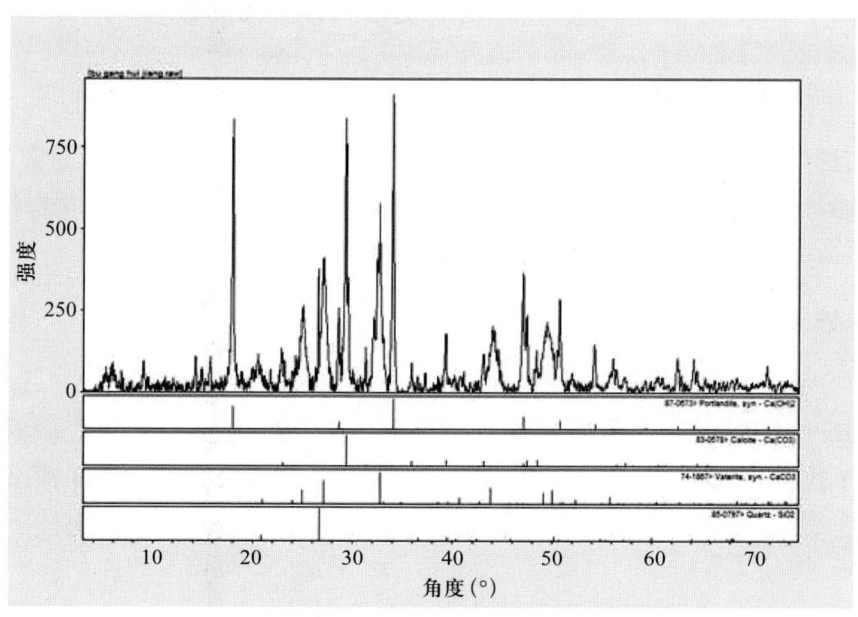

图八　灰浆 XRD 分析图谱

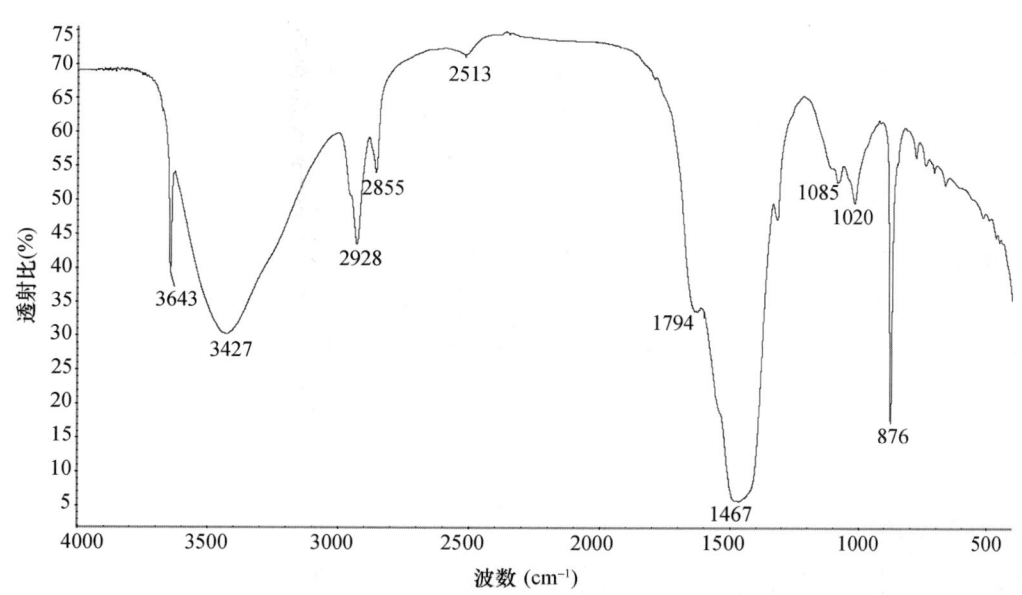

图九　灰浆红外光谱图谱

红外光谱分析结果显示，波数在876cm$^{-1}$、1467cm$^{-1}$、1794cm$^{-1}$及2513cm$^{-1}$的吸收峰为方解石的特征吸收峰，从中可以推测灰浆样品中所含的碳酸钙主要是方解石晶型，这与XRD的结果是一致的；波数在3427cm$^{-1}$的吸收峰为有机物或水中羟基的特征峰；1020cm$^{-1}$和1085cm$^{-1}$的吸收峰为糯米存在的证据。据此判断，太平缸上所使用的是我国传统的糯米灰浆[5]。

## 四、洪江古建筑群石质文物保护修复研究

### （一）保护修复原则

洪江古建筑群石质文物总的保护修复原则是：在实施过程中，严格按照"不改变文物原貌""最小介入、最大兼容"，采用的保护材料与方法必须具有可重复操作性的基本原则，对石质文物从病变因素入手，展开抢救性保护。

**1. 抢救性保护原则**

本次保护的重点对象为洪江古建筑群石质文物出现断裂、表面粉化剥落、浅表性裂隙等严重劣化的石材本体及有粉化脱落现象的石质文物表面彩绘，保护过程中要坚持科学与工程实际相结合的原则。通过采取应急的综合保护修复措施，实现文物保存状态的稳定和持续。

**2. 针对性原则**

洪江古建筑群石质文物的主要病害为石质文物露天保存表面彩绘粉化脱落严重、石质文物表面生物病害严重、部分石质文物存在大的结构裂隙影响石刻的稳定性，石质文物表面污染严重影响石质文物的可观瞻性。针对洪江古建筑群石质文物的病变情况及病变诱因，针对不同类型病害采取相应的保护管理措施，加强石材本体保护，并改善其保存环境条件[6]。

**3. 最小干预原则**

针对洪江古建筑群石质文物的防风化及疏水处理，以消除表面重点病害、实现后期日常保养为目的，所采取的保护修复措施应尽量减少对文物本体的干预。治理工程应注意与自然景观和文物本体保护相协调，坚持不改变文物原状和环境风貌的原则。充分考虑文物保护的重要性，不得因施工对文物带来人为损坏。

### （二）保护修复过程

**1. 处理前资料留取**

拍摄各个面的高清整体照片及局部病害照片，对需保护修复的文物逐一登记造册、

照相、留取保护修复前的原始资料,并做好整个保护修复工作过程和资料的收集准备。针对每件文物制定科学详细的方案。

**2. 表面清洗**

使用软毛刷、电吹风等对石质文物表面的灰尘、浮土进行清理;使用纯净水结合软毛刷对石质文物表面泥污、苔藓地衣等进行刷洗;使用脱脂棉蘸取少量乙醇、丙酮等有机溶剂对表面的胶痕、墨迹等人为污染物在常温下擦拭清洗[7](图一〇)。

图一〇　表面清洗

石质文物表面多有植被及微生物残留痕迹,除微生物自身酸性会腐蚀灰岩外,它的存在严重影响了石质文物的展陈效果,应予以清除。使用高温蒸汽机喷射蒸汽到石刻表面,利用高温回软的办法将石质表面生物附着物进行软化,再用海绵、硬毛刷等进行擦洗。整体清洗后,使用硬毛刷沾配制好的2A溶液刷洗表面,将擦洗不干净的位置清洗干净。

操作时应小心谨慎,轻微多次,防止在表面产生任何新的严重划痕。

**3. 松动灰浆的去除**

采用小型榔头等轻轻敲击灰浆松动处,去除已松动的灰浆(图一一)。对于与石质文物本体结合较为紧密的灰浆,不予强行去除,以免对石质文物造成损伤。

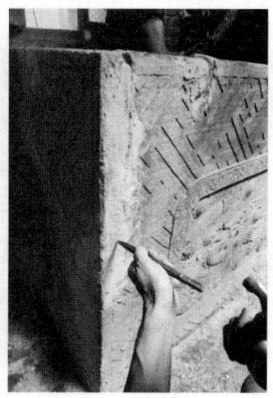

图一一　灰浆去除

### 4. 裂隙灌浆锚固及局部溶蚀处理

对于已经碎裂的石刻，考察其碎裂走向与体量，进行力学稳定性计算，选定处理范围与锚固点分布位置，进行锚固黏结处理，保证本体的稳定性与安全性。

已经开展的实验室研究显示，环氧树脂与硅酮类材料均可达到黏合效果，但由于环氧树脂在文物保护工程中已经大量使用取得了很多实际工作经验，所以本次施工采用文物保护工作中常用的环氧树脂加当地岩石粉（150目）调和成砂浆进行裂缝灌浆材料[8]。另外，可在浆料中添加一定比例的纤维丝减少收缩、增加柔韧性，配合机械锚固的方法对碎裂石刻进行处理。考虑到环氧树脂的抗紫外老化能力较差，可以在环氧树脂固化结束之后，在其表面采用天然水硬石灰进行调色封护。

值得注意的是，处理前必须进行隔离保护处理，以免浆料污染石刻。锚杆采用非预应力锚杆，锚杆视其大小与承力情况，分别采用不锈钢制成。所有裂隙的处理表面遵循可辨识原则，处理面统一低于石刻表面0.2厘米，并为后续石刻表面修复提供操作空间。

对于石质文物本体表面坑洼部分及存在的水分可以进入石质文物内部的"V"字形溶蚀裂缝，修补材料选取天然水硬性石灰砂浆，这种砂浆操作简便，无收缩，不变形，易于调色，强度小于题刻原岩，不会对石刻构成二次破坏，且耐候性较好，已在花山岩画修复保护中成功应用5年以上，效果良好，是非常优良的文物修复材料。

修补时使用水硬性石灰加石粉材料，用纯净水搅拌充分，添加少量丙烯酸胶粉调和成与石材表面颜色接近的修复材料，填补在缺失处，直到修补材料固化为止。在修复时，小裂缝的表面修复主要是阻止水分进入裂隙，促使其进一步发育，对于没有延伸入碑刻内部的闭合裂隙，不进行大面积勾补，以免影响石质文物表面感观（图一二）。

### 5. 表面热蒸汽处理

采用热蒸汽设备对整个文物表面进行吹洗，清洗的同时有一定的生物抑制作用（图一三）。

图一二　勾补　　　　　　　　　图一三　热蒸汽处理

### 6. 生物病害抑制处理

采用广东白云科技有限公司生产的高效无毒环保型复合杀藻剂 BY-401 杀藻剂，进行涂刷处理，反复涂刷 2 次。BY-401 杀藻抗藻剂具有复合防腐杀菌剂的各种优点，杀菌广谱、长效而且有利于环保，能有效杀死孢子类生物病害，彻底根除孢子类种子。其主要成分为羟基地衣氨基酸，是植物提取素，不会对题刻造成新的污染，该类植物（微生物）提取制剂在日本及世界教科文组织在印度、柬埔寨开展的石刻保护工作中已经成功使用。

### 7. 憎水处理

石材表面风化及生物病害与水体入侵有着直接的关系，怀化地区降水充沛，常年平均降水量 1450.8 毫米，洪江古商城中大部分石质文物都是露天保存，岩石表面极易发生风化与生物病变，所以有必要对直接经受雨水冲淋的碑刻表面选取憎水、阻水效果好，不改变文物原貌色泽质感，具有透气性，耐候性好的材料，对题刻表面进行封护处理，以阻止或减缓题刻表面溶蚀与地衣苔藓的生长，同时阻止水分进入岩石纹理层中，避免裂隙的进一步发育。

氟硅类材料（BYB1002）对于石灰岩憎水封护具有非常好的效果，而且实施前后，石刻色泽基本无变化，本次施工采用氟硅类材料对石刻进行憎水封护，在石刻表面涂刷两三遍，采用塑料薄膜覆盖养护两到三天即可，一般渗透深度超过 2 毫米就可以取得良好的憎水封护效果。

### 8. 太平缸锚固

洪江古商城内的太平缸多为石板黏合而成，太平缸附近原有金属件应为对相邻的石板进行固定时所用，可以增加石板的稳定性，但是由于年代久远，只有少数固定件完好，大多数固定件都已经断裂或者遗失。考虑到目前太平缸的主要用途是展示，基本内部不再储水，受力较小，修补时仅在稳定性较差的必要部位按照现存的太平缸固定件样式采用不锈钢材料订做后，在表面进行磨砂喷涂做旧处理，然后进行安装。

### 9. 建立修复档案

保护修复过程中需严格遵守操作要求，及时记录工作中的数据与信息，书写保护修复日志，整理好档案资料。

保护修复前后对比节选见表一。

表一　修复前后对比表（节选）

| 编号 | 名称 | 修复前 | 修复后 |
| --- | --- | --- | --- |
| 1 | 一鹭莲科缸 | | |
| 2 | 太平宫门枋 | | |
| 3 | 福字 | | |

# 五、结　　语

洪江古建筑群位于湖南省西南部的雪峰山区，地处洪江市中心位置，是一座历经500年风雨的古城，自古以来就是湘西南最重要的驿站和繁华的商埠，其赋存的大量石质文物，如石质雕刻、碑刻、太平缸及其建筑附件均体现出浓郁的传统文化气息和当地商人对美好生活的向往。对其进行广泛调查和研究有利于促进我国传统文物的传承和利用。洪江古商城石质文物的制作工艺精良，尤其是当地砂岩采用镂空雕刻工艺与传统糯米灰浆填缝相结合的手法制作的部分太平缸仍在正常使用，起着装点和防火蓄水的功能，彰显着我国民间优秀传统工艺的特点。但由于历史久远及南方高湿环境的影响，部分石刻出现开裂、粉化、松动及表面微生物侵蚀污染变色等现象。

本文尝试在前期材质特性分析、古代制作工艺研究的基础上，从病害特征入手，提出的石刻表面污染蒸汽物理清洗、无机灰浆勾补及对于直接经受雨水冲淋部位进行防水处理的工艺体现了"不改变文物原貌""最小介入、最大兼容"、采用的保护材料与方法必须具有可重复操作性的现代基本保护原则和理念。洪江古镇石刻保护取得的良好保护效果和成果经验有利于该批石质文物的稳定存在和长期保留，并为南方高湿地区同类文物的保护实施提供支持与借鉴。

## 注 释

［1］刘姜桦：《洪江古商城景观特质与保护研究》，西安建筑科技大学硕士学位论文，2019年。

［2］邓良才：《洪江古商城建筑装饰艺术的研究与启示》，湖南师范大学硕士学位论文，2017年；梁愿：《论洪江古商城的价值、现状及申遗可行性》，《中央民族大学学报（哲学社会科学版）》2015年增刊，第23~27页。

［3］Makoto Matsuzawa. Masahiro Chigira: Weathering Mechanism of Arenite Sandstone with Sparse Calcite Cement Content, Catena, 2020: 187。

［4］翁履谦、杨海峰、王逢睿等：《云冈石窟砂岩微观风化特征研究》，《材料导报》2011年第25卷，第425~428页。

［5］四川省文物考古研究院：《洪江古建筑群石质文物抢险加固工程设计方案》，内部资料。

［6］宗世强、石东岳、名贺等：《泰山经石峪大字石刻病害成因及石质文物本体检测研究》，《石窟寺研究（第9辑）》，北京：科学出版社，2019年，第307~328页。

［7］周伟强：《石质文物表面污染物微粒子喷射清洗技术研究》，中国地质大学（武汉）博士学位论文，2015年；石美风、陈刚、张秉坚：《石质文物保护中的化学清洗技术》，《文物保护与考古科学》2011年第1期，第89~96页。

［8］叶良、李强强、孙平平：《石质文物科技保护研究进展》，《浙江科技学院学报》2016年第5期，第394~400页。

# A Study of Status Investigation and Protection of Stone Cultural Relics in Ancient Architectural Complex in Hongjiang

He Jing[1]  Hu Dongbo[2]

(1. 2019 PhD Student, School of Archaeology and Museology, Peking University
2. Professor at School of Archaeology and Museology, Peking University)

**Abstract:** Ancient architectural complex in Hongjiang, as an important commercial town in the Ming, Qing and Republican periods, has profound historical value and provides important materials for the study of the history of commodity economy and capitalism in the feudal society of China. It is the sixth batch of important heritage site under state protection. Due to the humid climate and large rainfall in Hongjiang, and the fact that the stone cultural relics have never been protected and restored over the years, the stone cultural relics of ancient building group have accumulated serious diseases, which seriously threaten the safety of stone cultural relics. Through preliminary investigation, analysis, detection and experimental research, corresponding protection and restoration measures were taken for different types of diseases in accordance with the conditions and causes of stone cultural relics, which had a significant protective effect, in order to provide some reference for the protection and restoration of similar stone cultural relics in south China.

**Key Words:** Ancient Architectural Complex in Hongjiang, Stone Cultural Relics, Status Investigation, Protection and Restoration

---

**教师评语：**《洪江古建筑群石质文物现状调查及保护修复研究》一文，是在查阅大量文献并通过实际调查、亲自参与洪江古建筑群石质文物保护修复的基础上撰写的，论文资料收集真实可靠、研究方法正确、所得数据翔实、结论可靠，对类似南方石质文物的保护修复有一定的参考价值。

洪江古建筑群作为明、清、民国时期的商业重镇，有着厚重的历史价值，是中国近代商业发展的一个标本，为研究中国封建社会的商品经济和资本主义萌芽历史提供了重要的实物资料，系第六批全国重点文物保护单位。由于洪江市气候潮湿，雨量较大，加之历年来从未对石质文物进行保护、修复、养护，洪江古建筑群石质文物病害积重颇深，严重威胁着石质文物的安全，主要表现为粉状风化、片状风化、断裂、残缺、表面污染、生物病害，石质彩绘层表面起甲、酥碱，部分石质文物存在空鼓和大型结构性裂隙。经过前期调查、分析检测、实验研究，针对洪江古建筑群石质文物的病变情况及病变诱因进行分析，针对不同类型病害采取相应保护修复措施，起到了显著的保护效果。

洪江古建筑群位于湖南省西南部的雪峰山区，地处洪江市中心位置，是一座历经500年风雨的古城，自古以来就是湘西南最重要的驿站和繁华的商埠，其形成、发展过程对研究我国基层组织的管理模式和经济发展模式具有很高的价值，由于所在区域属亚热带季风性湿润气候，雨量较大，加之历年来未对相关石质文物开展系统的保护工作，导致目前洪江古建筑群中太平缸、雕刻和碑刻等石质文物病害情况较为严重，根据洪江古建筑群石质文物现状调查、科学分析检测、实验研究，按照"不改变文物原貌""最小介入、最大兼容"、采用的保护材料与方法必须具有可重复操作性的基本原则，对石质文物从病变因素入手，展开抢救性保护，通过对洪江古建筑群石质文物进行表面污染物清洗、松动灰浆去除、黏接加固、裂缝及局部破损修补、生物抑制、憎水处理等工作，对洪江古建筑群石质文物进行科学的保护修复，加强石材本体保护，并改善其保存环境条件，实现了文物保存状态的稳定和持续，为洪江古建筑群石质文物日常养护提供了一系列科学的指导方法，以利于类似南方石质文物的长期保护及管理。

《洪江古建筑群石质文物现状调查及保护修复研究》一文写作规范符合要求、文章结构逻辑性强，特此推荐本文投稿。

（北京大学考古文博学院教授　胡东波）

# 博物珍藏

## 博物馆内儿童分区的北欧模式探析

李奕周

（首都师范大学历史学院2018级硕士研究生）

**摘要**：笔者依据位于北欧地区的九座博物馆，整理分析得出四种在北欧地区博物馆内存在的"儿童分区"方式，即儿童展览分区、儿童活动分区、（成人）展览内的儿童活动分区和儿童活动分区中的儿童展览分区。此外，笔者将北欧地区的儿童博物馆与博物馆内的儿童展览分区进行横向比较。在此基础上，分析这四种儿童分区的设计理念和产生原因。

**关键词**：博物馆儿童教育；北欧地区；儿童展览与活动设计

博物馆内的"儿童分区"是指在博物馆内建立一个专门为儿童设计的区域，可分为儿童展览分区和儿童活动分区两部分。儿童展览分区是博物馆内的一个专门为儿童设计的展览区域（含有藏品展示空间）。儿童活动分区是指在博物馆内建立非展览主导的、基于儿童动手活动的区域。

笔者于2019年1~8月在北欧交流期间，集中探访了挪威、瑞典、丹麦和芬兰四国位于首都的博物馆。发现"儿童分区"模式在北欧四国博物馆中颇具特色[1]。理想的博物馆内儿童分区可分为以下六种形式（图一）。

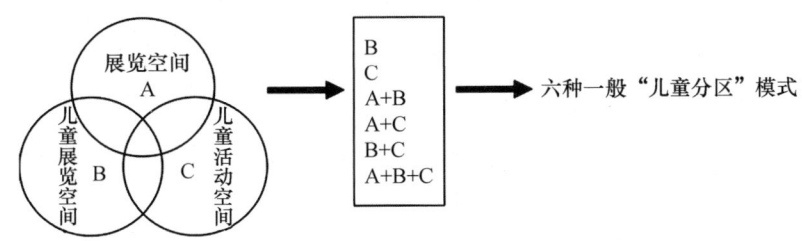

图一　理想"儿童分区"模式[2]

（自绘）

A.展览空间　B.儿童展览空间　C.儿童活动空间　A+B.展览空间中有儿童展览空间　A+C.展览空间中有儿童活动空间　B+C.儿童活动空间中有儿童展览空间/儿童展览空间中有儿童活动空间　A+B+C.展览空间中包含儿童展览空间和儿童活动空间

笔者的研究思路是在以上六种儿童分区的理想模式基础上，探讨北欧地区是否存在这六种形式，其分别是怎样设计的，为什么这样设计以及产生的原因和效果。从而得出北欧地区博物馆内儿童分区的特点与模式（图二）。

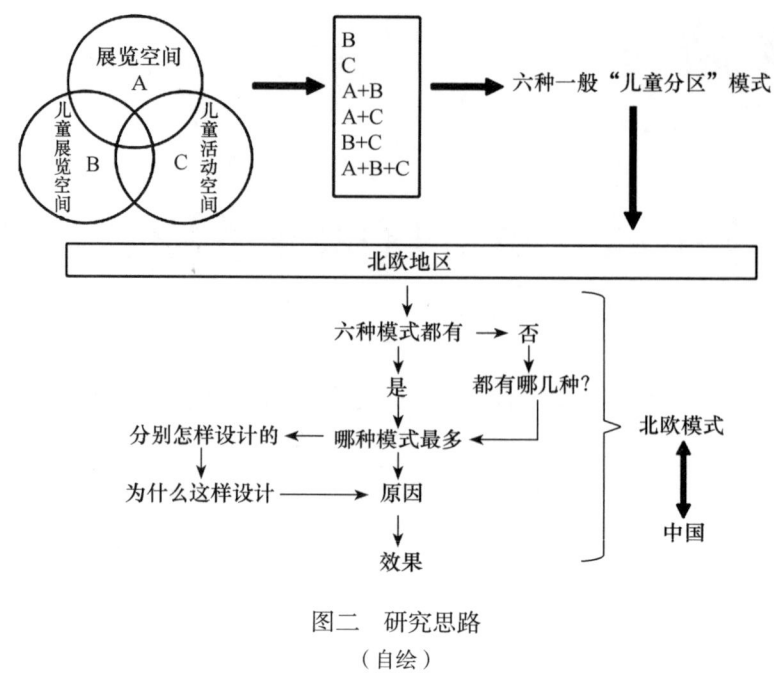

图二　研究思路
（自绘）

笔者选取了位于瑞典斯德哥尔摩的瓦萨博物馆（Vasa Museet）、北欧博物馆（Nordiska Museet）、瑞典历史博物馆（Historiska）、瑞典国立博物馆（Nationalmuseum）和六月坡儿童主题博物馆（Junibacken），位于丹麦哥本哈根的丹麦国家博物馆（Nationalmuseet）和丹麦国家美术馆（Statens Museum for Kunst），位于芬兰赫尔辛基的芬兰设计博物馆（Designmuseo）和位于挪威奥斯陆的国际儿童艺术博物馆（Det Internasjonale Barnekunstmuseet），作为典型案例进行研究（图三）。

| 国家地区 | 瑞典德哥尔摩 | 丹麦哥本哈根 | 芬兰赫尔辛基 | 挪威奥斯陆 |
|---|---|---|---|---|
| 儿童展览分区 | | 丹麦国家博物馆 | | |
| 儿童活动分区 | 瑞典瓦萨博物馆 | 丹麦国家博物馆 | 芬兰设计博物馆 | |
| | | 丹麦国家美术馆 | | |
| （成人）展览内的儿童活动分区 | 北欧博物馆 | 丹麦国家博物馆 | | |
| | 瑞典历史博物馆 | | | |
| 儿童活动分区中的儿童展览分区 | 北欧博物馆 | 丹麦国家博物馆 | | |
| | 瑞典历史博物馆 | | | |
| | 瑞典国家博物馆 | | | |
| 儿童博物馆 | 六月坡儿童主题博物馆 | | | 国际儿童艺术博物馆 |

图三　博物馆案例

# 一、北欧地区博物馆内"儿童分区"的四种模式

## （一）儿童展览分区

丹麦国家博物馆中建有儿童博物馆（Børnenes Museum）。在这个儿童博物馆中有一个展区是"国王的珍奇屋"（Kongens Kunstkammer）。它是以距今四百年前的丹麦国王（Frederik the Third）储存收藏品的珍奇屋为原型，在儿童博物馆内专门为儿童设计的展览分区（图四）。

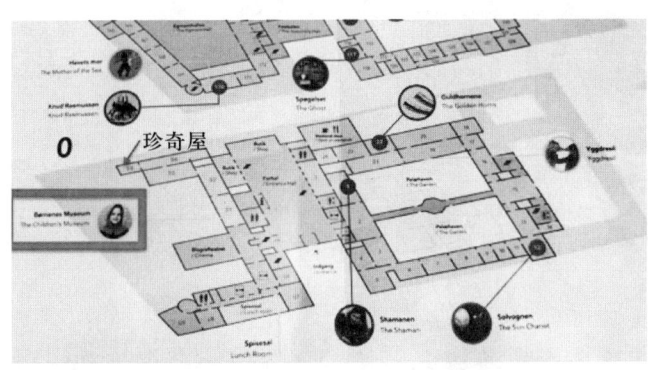

图四　儿童博物馆及珍奇屋位于丹麦国家博物馆的
位置示意图（儿童导览地图）

儿童珍奇屋模仿成人展览的展陈形式，在空间的正中间放有一个展柜，以其为中心对称分布（图五）。在展品的位置处设有说明牌，整个区域留有让儿童自由参观的空间（以观看方式为主），但是几乎无活动空间。值得注意的是，在这个为儿童设计的空间中，有两面相对的镜子，用镜面的形式扩展了原本的狭小空间（图六）。

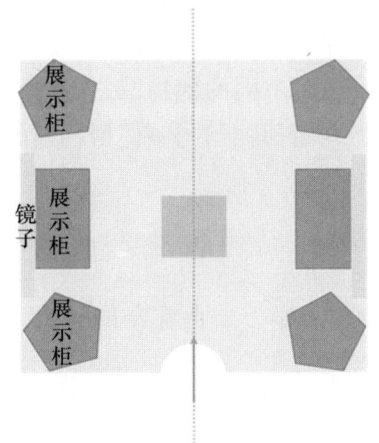 

图五　珍奇屋展览示意图　　　　图六　用镜面拓展空间
　　　　（自绘）　　　　　　　　　　　（自摄）

此珍奇屋在模仿成人展览进行展陈设计的基础上，结合儿童的特点，将展品与说明牌进行了儿童导向的转换。在中心区域的展品是一粒豌豆，并配有"至于这粒豌豆，他们把它放进博物馆里"的说明[3]（图七）。

此外，在展示柜处还有"请设计你自己的展览"的说明牌[4]（图八），以及在展览进口处简介部分有引导信息（图九）："你喜欢收藏东西吗？美丽的石头、明信片或者其他不同的东西？"

图七　中心展柜的"豌豆"藏品　　　图八　展览说明牌　　　图九　简介的引导信息
　　　　与说明牌　　　　　　　　　　　（自摄）　　　　　　　　（自摄）
　　　　（自摄）

通过以上三种方式，即放置儿童熟悉的物品（一粒豌豆）、引导儿童设计自己的展览和用提问的方式启发儿童思考关于博物馆学中的"收藏品"问题，有效地让儿童在观看和欣赏藏品的同时，关联自身生活，引发共鸣。

另外，在介绍词的部分，也向儿童埋下伏笔（因为珍奇屋是儿童博物馆的最后一个区域），使其在参观完儿童博物馆后，带着好奇心和寻找的想法去观看成人展区的藏品。在介绍词中写道："今天，这些国王的收藏品被分散到不同的博物馆之中。在国家博物馆里你也许能够找到来自珍奇屋的藏品。"[5]从而将儿童博物馆与整体博物馆的主展区联系在一起。

### （二）儿童活动分区

笔者主要选取了丹麦国家博物馆、丹麦国家美术馆、瑞典瓦萨博物馆、瑞典历史博物馆和芬兰设计博物馆作为儿童活动分区的典型案例。

**1. 丹麦国家博物馆**

在丹麦国家博物馆的儿童博物馆中，存在一个独立的儿童活动分区。在此空间内，设有对称分布的创作台面、展示区以及阅读书架（图一〇）。其中，阅读书架分别放置关于巴基斯坦、中世纪、丹麦现代史、维京时代等内容的绘本与读物，这些书籍的内容与儿童博物馆其他区域的主题相关联。

此区域位于儿童博物馆的倒数第二个参观空间，连接国王的珍奇屋与前面的维京时代主题区域。可以说是前面主题的总结区，以及游客休息区，也是儿童博物馆内动区与静区的过渡空间（图一一）。

 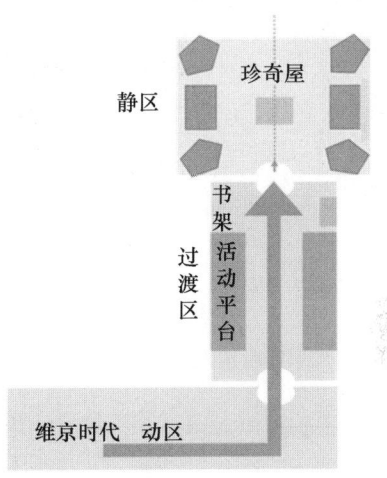

图一〇　儿童活动区域
（自摄）

图一一　作为动静区过渡空间的儿童活动区域
（自绘）

## 2. 丹麦国家美术馆

在丹麦国家美术馆有一个儿童工作坊（图一二），这个工作坊主要分为两个区域，前室是手工制作区，后室类似一个画室（图一三）。位于丹麦国家美术馆的儿童工作坊是哥本哈根最大的儿童工作坊，每个月，工作坊都将根据博物馆的收藏品与相关特展开展不同主题的活动，在儿童工作坊内会有驻地艺术家辅导儿童进行创作[6]。

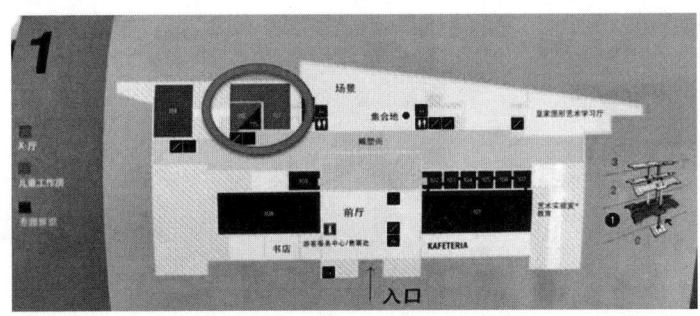 

图一二　儿童工作坊位于丹麦国家博物馆的位置（导览地图）

图一三　儿童工作坊画室区[7]

关于工作坊的教育理念，负责人迈克尔·汉森（Michael Hansen）说："在丹麦国家美术馆里会发生什么？我们点燃内心的火焰，这是在想象力的激发下创造的乐趣。我们将不仅仅去展示那些实用的活动。这里也是想象力至上的乐园。"[8]

### 3. 瑞典瓦萨博物馆

在瑞典瓦萨博物馆的三层有一个专门为儿童播放影片的儿童角落（the children's corner）。播放的影片是依据 Björn Bergenholtz 的书《瓦萨小猪》（The Vasa Piglet）改编而成的[9]（图一四）。

在观看影片后，博物馆免费提供配合电影的场馆导览手册《瓦萨小猪的足迹》（The tracks of the Vasa Piglet），3岁以上的儿童可以和家长根据导览手册，去展馆内寻找电影中相应的文物（图一五、图一六）。

图一四　儿童电影放映室
（自摄）

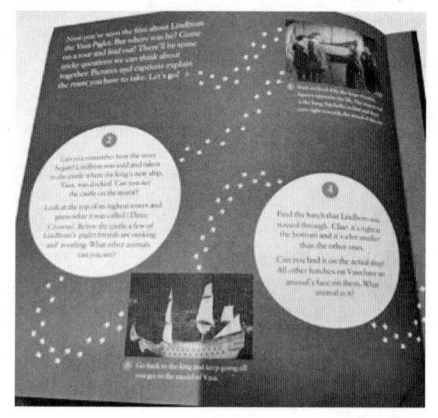

图一五　《瓦萨小猪的足迹》导览手册封面

图一六　导览手册内页（以展馆内场景或文物照片为位置标点，文字介绍相应活动）

瓦萨博物馆的儿童活动空间是以电影为主线，通过配套的导览手册，引导儿童通过电影里的内容去寻找展厅中的文物，也就是将儿童从儿童活动空间引导到主要展区之中（图一七）。

### 4. 瑞典历史博物馆

瑞典历史博物馆于 2019 年 6 月 17 日至 8 月 25 日，在露天的中央庭院为儿童及家庭

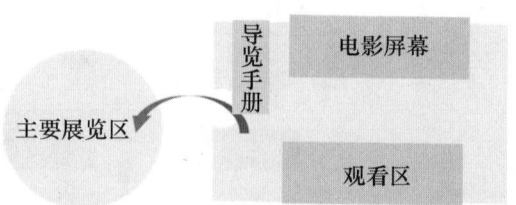

图一七　儿童使用儿童活动空间与主展区的顺序图
（自绘）

设计维京时代的手工与游戏活动（try Viking crafts and games）（图一八）。

在庭院内儿童可以尝试穿维京时代的衣服、烤面包以及制作手工艺品，也可以尝试射箭、拔河以及体验用维京符文预测未来等活动（图一九）。

瑞典历史博物馆将露天庭院空间作为举办短时性（暑期）儿童活动专区，是将博物馆空间转换成儿童活动空间的实例。

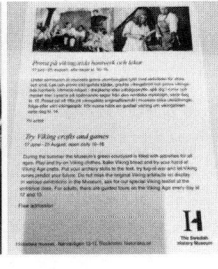

图一八　活动宣传单页（正反面）　　　图一九　在露天庭院内的维京时代的活动
（自摄）

## 5. 芬兰设计博物馆

芬兰设计博物馆的儿童活动分区类似于手工教室，并辅以儿童制作的艺术品，以小型临时展览的形式呈现（图二〇）。而在冬季学期，手工教室将成为设计课程的教室[10]。

在手工教室中，有为儿童及家长免费提供的绘画工具和纸张（图二一），以及墙面展示的儿童制作品（图二二）。手工教室主要由用于绘画和制作的手工区、展示区、儿童活动区以及储物区组成（图二三）。

图二〇　儿童活动分区
（自摄）

图二一　免费提供的绘画纸张　　　图二二　儿童设计的作品被
（自摄）　　　　　　　　展示在墙面上
（自摄）

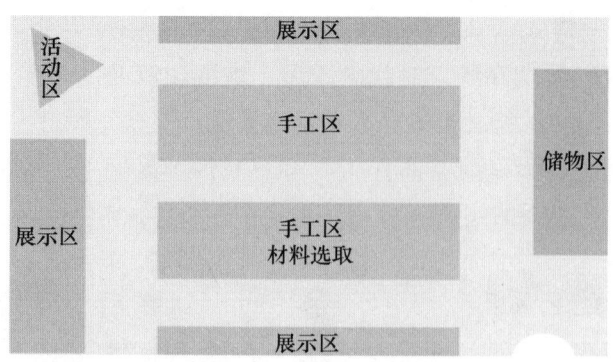

图二三　手工教室功能区示意图
（自绘）

### 6. 北欧地区儿童活动分区的特点

从儿童参观博物馆的路径分析，可以将儿童活动分区归为三类，第一类是儿童先进行主展区的参观，然后进入儿童活动分区，即通过手工教室（芬兰设计博物馆）或者儿童工作坊（丹麦国家美术馆）进行参观结束后的反馈活动。第二类是儿童先进入儿童活动分区，然后通过活动进行一定的知识储备后，再进入主要展览区，如儿童通过观看电影（瑞典瓦萨博物馆）或者参与露天庭院活动（瑞典历史博物馆）的形式，对主展区展览内容进行了解之后，从儿童活动分区出发引导儿童参观主展区展览。第三类是作为儿童博物馆内儿童参观动区和儿童参观静区的过渡区域（丹麦国家博物馆），即主要作用是连接儿童博物馆内的不同主题区域（图二四）。

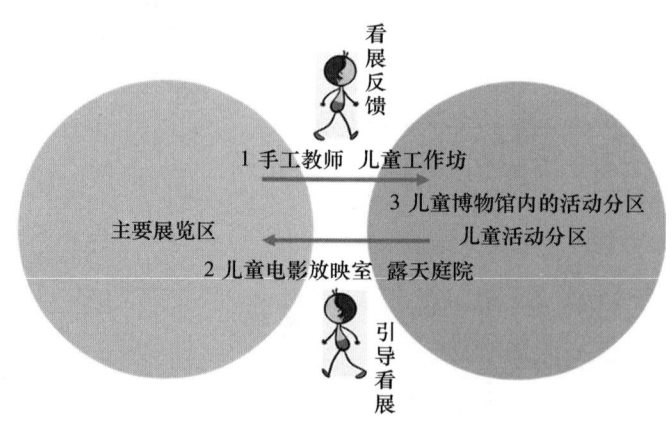

图二四　儿童参观路径
（自绘）

从儿童活动分区提供的非工作人员必要引导的活动形式来分析，可分为两类：第一类是采用儿童绘本（丹麦国家博物馆）、影片（瑞典瓦萨博物馆）、民俗体验（瑞典历史博物馆）的方式，使儿童理解展品与历史文化，让这些知识和感受融入儿童的内心之中，是帮助儿童内化理解展品的过程。第二类是采用素材创作的方式（丹麦国家美术馆、芬兰设计博物馆），让儿童通过展品，激发其自主创作，是将儿童内心中的想法向外表达的过程（图二五）。

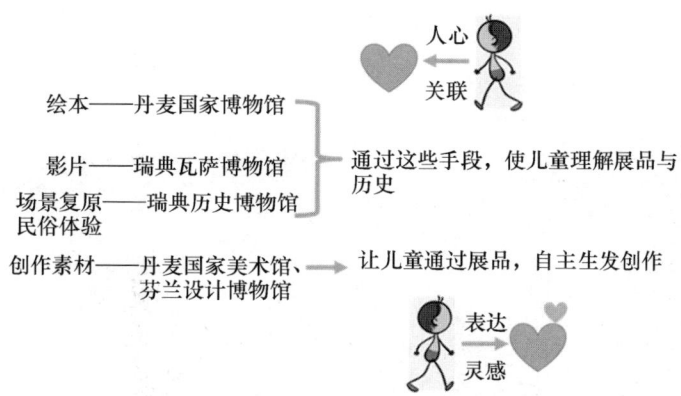

图二五　儿童参与活动形式

## （三）（成人）展览内的儿童活动分区

### 1. 北欧博物馆

北欧博物馆设有一个适合 5～12 岁儿童参与的时间侦探（time detectives）活动（图二六）。在开馆时间内，儿童根据导览手册上的提示去第二、三层的相关主要展览区域寻找线索箱（图二七），然后根据线索箱的提示去展厅中寻找相关文物。

图二六　导览手册上的展厅活动提示　　图二七　位于展厅前方的线索箱
（自摄）

具体的活动介绍是："在夜晚，博物馆里的一切都活了起来。一天早晨，一个糖玩偶藏品消失了。找到线索箱去解决这个谜团吧！适合 5～12 岁的儿童。"[11] 儿童依据导览册的介绍找到线索箱，打开之后会看到有瑞典语和英语的提示说明信息和相关辅助道具（图二八）。

这之中的提示说明主要分为三部分,第一部分是提示儿童已经找到了几个线索,现在要找的线索是什么。第二部分是这个线索的具体说明,以信件的形式呈现。第三部分是和展厅内容与线索箱的辅助道具有关,以及下一个任务的提示(图二九)。

图二八　线索箱内的提示说明与辅助道具　　　图二九　对于活动说明信息牌的解析
　　　　　　（自摄）

北欧博物馆利用时间侦探活动,把主要展览区的空间扩展为适合儿童的活动空间,即利用六个作为迷你儿童活动空间的线索箱,把博物馆的主要展览串联起来,引导儿童去找寻线索。同时,儿童也会不自觉地参观完主要展览(图三〇)。另外,在儿童参与活动的时候,陪同者成人也可以参观展览,这是一种对家庭友好的参观展览的方式,打通了成人观众与儿童观众利用博物馆空间的界限。

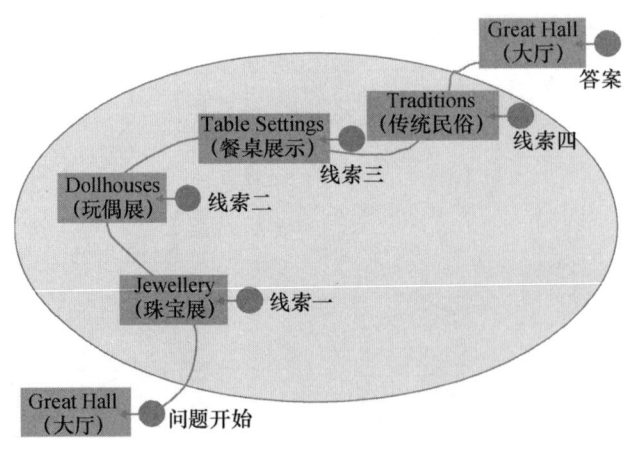

图三〇　展览空间扩展为儿童活动空间
（自绘）

## 2. 瑞典历史博物馆

在瑞典历史博物馆的常设展览"瑞典历史"(Sveriges Historia)中,有一部分是讲述1700年代的瑞典历史。这部分还原成住家的样貌,儿童和成人可以在展览中闻茶、巧克力的味道（图三一），也能够通过换装的方式感受当时人们的穿着审美习惯（图三二）。

这种以场景复原的方式在常设展览内穿插的儿童活动空间，没有明显的成人与儿童展览的区分界限，但是有许多为家庭准备的互动装置和互动区域（图三三）。

  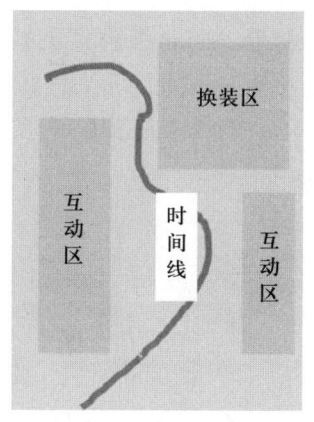

图三一　可以闻的　　　图三二　换装区　　　图三三　展览空间模型
　　　巧克力样品　　　　　　（自摄）　　　　　　　（自绘）
　　　（自摄）

## 3. 丹麦国家博物馆

在丹麦国家博物馆中有一个"无聊按钮"（kedsomhedsknappen）活动（图三四）[12]。

因为大多数儿童去博物馆都会容易感到无聊，因此，丹麦国家博物馆推出了"无聊按钮"活动。如果儿童在展厅发现这枚按钮并且按下去，任何事情都有可能发生！无聊按钮不在儿童博物馆里，而有可能在国家博物馆这座大房子里的任何地方。

在主要展览区中，专门设置一个为儿童设计的按钮，当儿童按下按钮时会与博物馆工作人员取得联系，然后由工作人员带领其进行互动活动（图三五）。

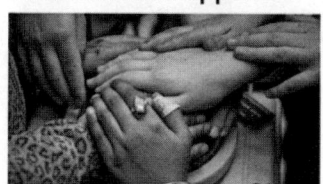 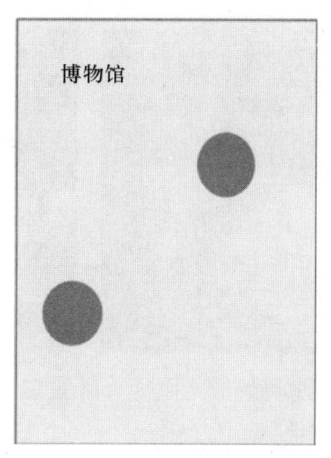

图三四　"无聊按钮"活动介绍　　　图三五　活动分布区域模型图
　　（采自丹麦国家博物馆官网）　　　　　　　（自绘）

## 4. 小结：（成人）展览内的儿童活动分区

从活动的完成角度分析，学前龄儿童需要在家长的陪同下进行展览内的互动（瑞典国家博物馆），小学及以上的儿童在场馆进行"无聊按钮"（丹麦国家博物馆）活动时，需要教育员引导。而联系教育员的环节则需要家长进行。时间侦探活动（北欧博物馆）需要家长或者教育员的引导来进行。所以，家长能力的不同直接影响儿童在展览区的活动效果。

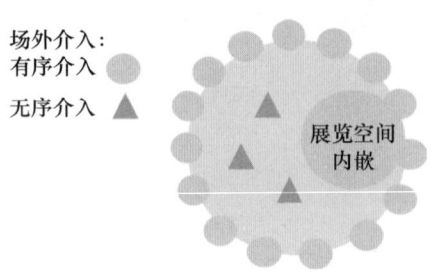

图三六　活动在展览内的设计形式模型
（自绘）

从活动设置的形式来分析，则可分为场外介入和展览空间内嵌两大类。其中，场外介入可以采用有序的方式介入，如北欧博物馆的时间侦探活动是按照主展区的参观顺序进行的。同时，也可以采取活动无序介入场馆中的方式进行，如丹麦国家博物馆设计的"无聊按钮"活动。展览空间的内嵌则是把活动设计在常设展览之中（图三六），如瑞典历史博物馆的"瑞典历史"展览。

### （四）儿童活动分区中的儿童展览分区

**1. 北欧博物馆**

北欧博物馆设有一个专门的儿童游戏屋（lekstugan），是对19世纪90年代瑞典的乡村生活的场景复原。在这个儿童活动空间内，有以实物和图片展示为主的儿童展览空间（图三七、图三八），也有培养儿童动手能力和社交情感的儿童活动空间。这就相当于把儿童展览空间内置于儿童活动空间之中（图三九）。

图三七　实物展示
（自摄）

图三八　图片展示
（自摄）

图三九　活动空间
（自摄）

以一家人（一个村庄）的微缩视角，进行日常生活场景的复原，直接让儿童在活动中体验 19 世纪 90 年代的儿童是怎样生活的。也就是博物馆为儿童提供社交环境，即为两个相互不认识的儿童提供在儿童游戏屋因玩耍而相识的机会，并且与展现北欧地区的历史与文化密切关联（图四〇）。

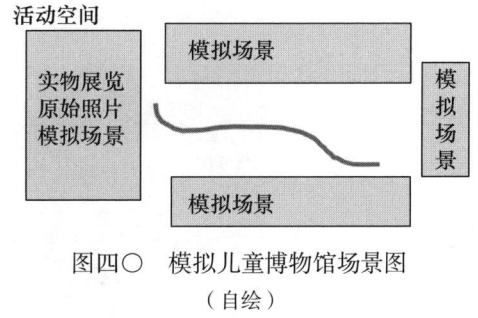

图四〇　模拟儿童博物馆场景图
（自绘）

### 2. 丹麦国家博物馆

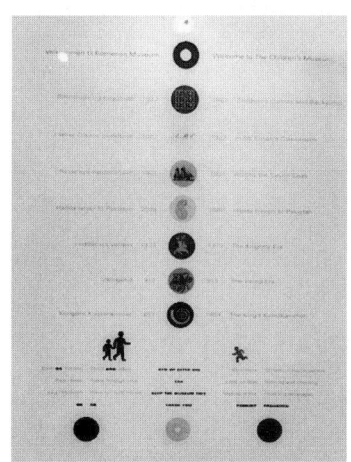

图四一　七类主题活动
（自摄）

丹麦国家博物馆中同样有一个专门为 5~10 岁儿童设计的儿童博物馆（Børnenes Museum）。以模拟场景的方式分为七个专题：1927 年——儿童的游戏与后院、1922 年——在奥尔森老师的教室里、1907 年——穿越七大洋、2009 年——Hadda 去巴基斯坦旅行、1373 年——骑士时代、913 年——维京时代和 1657 年——国王的珍奇屋（图四一）。

儿童博物馆的整体是一个儿童活动空间，在不同的主题空间内会进行儿童展览空间的设置。例如，在第一部分的换装区域内展出同时代着装的娃娃（图四二），在换好装的儿童走近下一个场景前，设计一个儿童能够看到的儿童版考古地层（图四三），即把展览穿插在儿童活动的路径之中。这个考古地层展示的设计围绕时间进行，以加深儿童从现代社会进入古代的体验。

在进行展览叙事的时候，以第一人称的口吻介绍。例如，在"穿越七大洋"主题区域内，以 20 世纪的水手男孩为例，展品介绍说明以第三人称的方式进行（图四四）。

图四二　展柜里的娃娃　　　　图四三　儿童版考古地层
　　（自摄）　　　　　　　　　　（自摄）

图四四 展览介绍
（自摄、自译）

图四五 展出巴基斯坦传统服饰
（自摄）

这种设计方式就如 Sophia Psarra 所提出的空间一体化的叙事逻辑，将内容之间的互动形成一个协调而持续的整体[13]。同时，儿童博物馆也对社会现象做出了回应，如帮助出生在丹麦的巴基斯坦裔儿童找到身份认同（图四五）。

由此可见，丹麦国家博物馆在设计儿童博物馆时，把儿童当作一种特殊观众去对待，而不是一群可以"应付"的对象。运用以小观大的方式，以一个人物为依托，采用叙事手法，表达历史文化记忆。在儿童博物馆内设置的儿童展览不是单纯以娱乐为导向，而是通过较多的实物展示，让儿童更加了解自身的文化背景以及自己国家的历史。同时，与博物馆主展区的"成人"展览相关联。

（五）小结

通过对以上七座位于北欧的博物馆进行分析（表一），发现儿童展览主要涉及北欧地区的历史（维京时期、20世纪的生活）、社会（移民问题）、艺术（美术作品）等话题。儿童活动分区的特点是尽管存在儿童展览分区，但也要尽可能地充分利用博物馆的其他空间，打破博物馆儿童教育中的空间局限性。针对不同年龄段的儿童，在同一空间内，运用不同的教育活动方式。从儿童的视角出发，设计带有叙事性和启发性的博物馆"儿童分区"。同时，以尊重儿童为原则，把儿童当成有思想的人来看待，尽量避免为儿童设计"幼稚"的空间和活动。

**表一　四种博物馆内儿童分区的形式**

| 对比内容 | 博物馆 | | | | | | |
| --- | --- | --- | --- | --- | --- | --- | --- |
| 名称 | 北欧博物馆 | 丹麦国家博物馆 | 瑞典历史博物馆 | 瑞典国家博物馆 | 瑞典瓦萨博物馆 | 丹麦国家美术馆 | 芬兰设计博物馆 |
| 办馆性质 | 国家主办 | | | | | | |
| B（展览） | | 珍奇屋（儿童博物馆内） | | | | | |
| C（活动） | | 珍奇屋（儿童博物馆内） | 庭院维京活动 | | 儿童电影放映室 | 艺术创作教室 | 活动室 |
| A+B | | | | | | | |
| A+C | 时间侦探 | 无聊按钮 | 瑞典历史展（互动装置与区域） | | | | |
| B+C | 儿童游戏屋 | 儿童博物馆 | | 好奇别墅 | | | |
| A+B+C | | | | | | | |
| 主要收藏 | 历史文物 | | | | | 美术、艺术作品 | |

注：A 为展览空间，B 为儿童展览空间，C 为儿童活动空间

## 二、博物馆内"儿童分区"的设计理念分析

笔者将从设计思路、使命与愿景（mission and vision）和博物馆教育三方面分析北欧地区"儿童分区"的设计理念。

首先，博物馆的设计思路遵循从宏观历史到微观历史的转变，注重情感（emotions）、语境（contexts）和每日生活主题（everyday themes）的表达。同时，也会从多元文化（multi-cultural）、注重儿童公民道德（civil virtues）的培养和强调身份认同（identities）的角度切入[14]。

其次，分析博物馆遵循的使命与愿景，以丹麦国家美术馆为例，其愿景是用艺术和创造让儿童的生活充满新机。构想更多艺术与文化的可能，越多越好，这将会增加儿童感受世界和一切的可能性（图四六）。在此基础上，丹麦国家美术馆创办了儿童和青少年部门（The Children and Youth Department），该部门遵从交互学习（mutual learning）、用户第一（users directly）和广泛合作（close collaboration）的原则，以期使艺术与创造成为所有儿童与少年生活当中的一部分，并使此部门成为丹麦国家美术馆致力于教育的缩影（图四七）。

最后，以丹麦为例，在博物馆儿童教育中，遵循"民主的教育"（democratic pedagogy）、"角色扮演/困境教学法"（dilemma/role-play based teaching）、"有效对话"

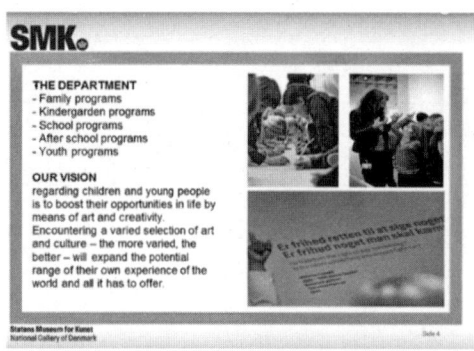

图四六　丹麦国家美术馆的愿景　　　　图四七　儿童教育部门工作目标

（dialogue-based teaching）、"历史工坊"（historical workshops）和"以物为教"（object-based teaching）[15]的方法。其中，"有效对话"是北欧地区颇具特色的教学方法。挪威的学者Bae提出了spacious pattern和narrow pattern模式，即老师与儿童交流的过程中应该专注（focused attention）、给儿童表达的空间（make room for the child's contribution）、肯定儿童（confirms the child）、共情回应（sensitive response）和分享疑惑与喜悦（share wonder and joy）[16]。Palludan也提出了教学中的两种语调（two tones）模式，即灌输语调（teaching tone）和交流语调（exchange tone）[17]。

## 三、北欧地区独立儿童博物馆与"儿童分区"的异同

以位于挪威奥斯陆的国际儿童艺术博物馆和位于瑞典斯德哥尔摩的六月坡儿童主题博物馆为例，国际儿童艺术博物馆（图四八）是由苏联移民到挪威的电影制片人建立的，主要收藏品是世界上180多个国家的儿童艺术作品，博物馆整栋建筑全部由收藏品填充，存在多个儿童展览空间（图四九），并且在馆内设计有从出生后到成人的不同活动（图五〇）。

瑞典的六月坡儿童主题博物馆以瑞典童话作家林格伦（Astrid Lindgren）的故事为原型来设计活动场景。在博物馆内设置了一个观光体验轨道，让儿童身临其境地感受童话故事（图五一）。

图四八　国际儿童艺术博物馆
（自摄）

图四九　内部空间
（采自网络）

图五〇　为 0~3 岁的儿童举办木偶剧活动
（采自官网）

图五一　故事列车活动
（采自官网）[18]

博物馆的儿童分区展览内容主要围绕北欧的历史与文化进行。儿童博物馆的展览内容多与儿童本身相关，如儿童的画作和童话故事。博物馆的儿童展览分区可分为三部分：单独的展览分区（B）、展览与活动空间结合分区（B+C），以及在普通展览中的儿童活动分区（A+C）（因为是对于展览的儿童化解读而形成的活动空间，所以也归类于儿童展览分区）。从展陈形式上，儿童博物馆与博物馆内的儿童展览分区中的 B 和 B+C 模式比较接近（表二）。

表二　儿童博物馆与"儿童分区"比较（自绘）

| 对比内容 | 博物馆 | | | | 儿童博物馆 | |
| --- | --- | --- | --- | --- | --- | --- |
| 名称 | 北欧博物馆 | 丹麦国家博物馆 | 瑞典历史博物馆 | 瑞典国家博物馆 | 国际儿童艺术博物馆 | 六月坡儿童主题博物馆 |
| 办馆性质 | 国家主办 | | | | 私人 | |
| B（展览） | | 活动室（儿童博物馆内） | | | | |
| C（活动） | | 珍奇屋（儿童博物馆内） | 庭院维京活动 | | | |
| A+B | | | | | | |
| A+C | 时间侦探 | 无聊按钮 | 瑞典历史（互动装置与区域） | | | |
| B+C | 儿童游戏屋 | 儿童博物馆 | | 好奇别墅 | | |
| A+B+C | | | | | | |
| 收藏品 | 历史文物 | | | | 儿童艺术作品 | 现代藏品 |

# 四、博物馆内"儿童分区"的产生原因分析

从世界范围内来说，自 20 世纪之后，美国社会对于儿童的重视程度越来越高，与之相对应的是博物馆服务儿童的年龄段呈现逐渐降低的趋势，包容从出生起直至 18 岁的全年龄段的孩子。教育理论层面的发展便是出现了以杜威为代表的教育家所倡导的感官

体验学习，以及蒙台梭利提出的以儿童为中心的观念。这些使得社会对于儿童的学习方式有了全新的认识。在20世纪，博物馆越来越重视儿童的教育，以1992年美国博物馆协会（AAM）发表的《卓越与平等：博物馆教育与公众认识》（Excellence and Equity: Education and Public Dimension of Museums）为重要的转折点，它强调了博物馆的教育功能[19]。加之脑科学的研究成果，使得从20世纪开始，博物馆教育活动呈现出新浪潮。

进入21世纪之后，博物馆专家学者和从业者不单单只关注如何去制作教育项目，而是更多地开始跨学科深入开展理论研究工作，如2000年美国国家艺术教育协会（NAEA）下的特别兴趣小组——儿童早期艺术家教育项目组（ECAE），起草了儿童早期艺术实践的专业意见书（ECAE 2000）。2013年，美国博物馆和图书馆服务学会（IMLS）发表了《培养儿童思维》（Growing Young Minds）[20]。

在此基础上，北欧地区特别着重对于《儿童权利公约》的遵循，主要的观点是把儿童当作一个"人"的群体，以丹麦国家博物馆为例，他们为从未进入过博物馆的儿童设计了一个如何参观博物馆的先导视频，以儿童为视频的主人公和旁白，用风趣幽默的方式给更小的儿童介绍博物馆[21]。

同时，北欧博物馆的建立是以收藏建立民众生活的诠释与对所在地社会知识的提升为基础的，运作的主体与客体内容是对自己居住地区所拥有的，不同于他人的原因、发生与成果呈现出来，即博物馆的建立是对社会需求的回应[22]。

## 五、试论博物馆内"儿童分区"的北欧模式

随着工业化的发展，北欧地区的民众出于对自己民族文化和国家的热爱，由平民发起了对文物的保护与追思。因北欧国家在现代化的进程中，民众的权利普遍平等，因而在博物馆的发展上也体现出普及化和为全民服务的趋势。又因为北欧地区对于儿童权利的重视程度很高，且相关教育领域的研究也普遍着眼于儿童权利与儿童参与方面，因而产生了适应于不同年龄段儿童的四种博物馆"儿童分区"模式。

### 注　释

［1］ 本文为首都师范大学历史学院研究生科研立项"博物馆学前龄儿童教育活动的案例设计与研究"（项目编号：2019LS04）的阶段性成果。
［2］ 注：博物馆内的展览空间（A）不是针对儿童受众而设计的，故不属于"儿童分区"形式。
［3］ 说明牌原文：og ærten kom på Kunstkammer/…As for the pea, they put it in the museum.
［4］ 说明牌原文：Lav din egen udstilling/ Make your own exhibition.
［5］ 介绍牌原文：Today the king's large collection is split up between several museums. Around the National Museum you may find objects from the Kunstkammer.
［6］ 资料来源于丹麦国家美术馆官网：https://www.smk.dk/en/article/boernenes-vaerksted/，2019年10月29日检索。

[ 7 ] 图片来源：https://dejligedays.com/2016/09/20/childrens-birthdays-at-smk/，2019年10月29日检索。
[ 8 ] 原文来自丹麦国家美术馆官网：https://www.smk.dk/en/article/boernenes-vaerksted/，2019年10月29日检索。原文如下：So what happens at the workshop at SMK? We fuel the flames burning inside of us, the fire that is all about the joy of working creatively, with the imagination. We would like to show that not all activities need to be utilitarian. Here, the imagination is allowed to beat out reason for a change.
[ 9 ] 资料来源于瓦萨博物馆官网：https://www.vasamuseet.se/en/visit/calendar/the-vasa-piglet/film-about-the-vasa-piglet/，2019年10月29日检索。
[ 10 ] 资料来源于芬兰设计博物馆官网：https://www.designmuseum.fi/en/learn-and-experience/，2019年10月29日检索。
[ 11 ] 导览册原文：During the night, everything comes to life in the museum. One morning a marzipan figure has disappeared. Look for the clue cabinets to solve the mystery! Suitable for children aged 5-12. Start on level 2.
[ 12 ] 图片来源：https://natmus.dk/museer-og-slotte/nationalmuseet/udstillinger/boernenes-museum/.
[ 13 ] 〔英〕苏珊·麦克劳主编，王晓蕊译：《重塑博物馆空间——建筑、设计、展览》，北京：北京燕山出版社，2012年，第89页。
[ 14 ] Insulander E, Lindstrand F. Past and Present: Multimodal Constructions of Identity in Two Exhibitions. In NaMu I V, Linköping University, Norrköping, Sweden 18-20 February, Linköping: Linköping University Electronic Press. 2008: 83-97.
[ 15 ] 资料来源于丹麦国家学校服务官网：https://www.skoletjenesten.dk/metoder/，2019年10月31日检索。
[ 16 ] Bae B. Qualitative Aspects of Dialogue Between Children and Adults in Pre - school Institutions. the 23rd World Congress of OMEP, Santiago, Chile, 2001: 29.7-4.8.
[ 17 ] Palludan C. Two Tones: The Core of Inequality in Kindergarten? International Journal of Early Childhood, 2007, 39 (1): 75-91.
[ 18 ] 图片来源于官网：https://www.junibacken.se/en/.
[ 19 ] 郑奕：《博物馆教育活动研究》，上海：复旦大学出版社，2018年，第35页。
[ 20 ] 本节内容主要参考〔美〕Sharon E Shaffer（莎伦 E 谢弗）著，于雯、刘鑫译：《让孩子爱上博物馆》，南京：译林出版社，2018年。
[ 21 ] 资料来源自官网：https://natmus.dk/museer-og-slotte/nationalmuseet/undervisning-paa-nationalmuseet/undervisningsforloeb/boernehaver-0-og-1-klasser/.
[ 22 ] 徐纯：《文化载具：博物馆的演进脚步》，台北：台湾博物馆学会，2008年，第177~188页。

# Explore the Children's Section in the Museum Through the Nordic Model

## Li Yizhou

### (2018 Graduate Student, School of History, Capital Normal University)

**Abstract:** Based on nine museums located in the Nordic region, the author sorted out and analyzed four "children's zones" in the Nordic region museums, namely, children's exhibition zones, children's activities zones, children's activities zones within the exhibition zones and children's exhibitions zones within the children's activities zones. In addition, the author selected the children's museums in Nordic and the children's exhibition zones in the museums for a horizontal comparison. On this basis, the design concept and causes of the four children's zones are analyzed.

**Key Words:** Museum Children's Education, Nordic Region, Children's Exhibition and Activity Design

---

**教师评语：** 在中国博物馆的陈列设计中，"儿童分区"几乎是一个盲点，而社会公众对博物馆的期待中"儿童需求"占比较大，博物馆方面与公众需求之间形成了严重的不对称状况。李奕周通过对关注儿童教育最为用心的北欧地区博物馆的实地调查研究，总结了北欧地区博物馆的"儿童分区"模式，细致分析了这些"儿童分区"的设计和运作特点，为在中国数量庞大的博物馆中推动"儿童分区"的设立提供了非常重要的参考依据和范本。运用博物馆资源开展系统的儿童爱国主义和审美教育，是中国文博界面临的紧迫挑战。这篇《博物馆内儿童分区的北欧模式探析》不仅是一篇严谨的学术论文，而且对中国文博事业的发展和公众文化需求的满足，都有所助益。

（首都师范大学教授　宁　强）

# 台湾祭孔释奠礼器研究
## ——以台南孔庙为核心

王政皓

(台南艺术大学艺术史评与古物研究 2014 级硕士研究生)

**摘要**："释奠"是古代祭祀仪礼之一，今专门指祭孔仪式。在台湾，每年的 9 月 28 日，都会在官方孔庙举行释奠礼的秋祭。它是每年重要的仪式之一，由地方的行政首长主祭。除了秋祭，台南的孔庙也举行春祭。台湾的一些孔庙经历了日本殖民时期的拆迁、占用，其后被修复。许多孔庙至今仍保存完好。例如，台南孔庙，其更拥有从清代沿袭之礼器，具正统性及传承脉络。目前，对祭孔释奠仪节的制度、服仪、乐器等方面多有前人进行研究，惟释奠礼器仍罕有形制源流乃至工艺等不同面向的讨论，更不曾建立台湾官修孔庙礼器的整体研究。本文拟自台南孔庙资料搜罗、田野调查所获得之释奠礼器实物资料，结合过往历史典籍、图书谱录等文献数据，厘清现有使用的释奠礼器种类、形制与摆设方式。以此为基础，探讨过去台湾官员对于祭孔释奠礼器的具体影响是否导致其在台湾的发展变化，呈现释奠礼器在承继与变异中所反映的文化现象。

**关键词**：礼器；释奠礼；祭孔；官修孔庙

## 一、绪　　论

释奠礼，最早见于周代，是周天子于出征前后、诸侯会盟、狩猎前后等时机，在庙社或学校等场所举行的祭祀山川、先祖、先圣、先师的礼仪，后历经演变，至今日多专指祭祀孔子之礼。《礼记·文王世子》记载："凡学，春官释奠于其先师，秋冬亦如之。凡始立学者，必释奠于先圣先师。"[1] 可视为现今祭孔释奠礼的滥觞。释奠礼最初仅在统治中央和孔子故里举行，此后历朝历代伴随着帝王统治的需要、道统承继的正当性，从唐代渐趋成熟，到宋代基本完备，元代伴随统治者的重视而更加深入地方，逐渐演变为一套具备礼、乐、舞完整规范的仪礼，除被纳入国家官方祀典之中外，在民间亦产生了深刻的影响。明清时期，皇帝亲临国学致祭，政治意涵更加凸显，目的在于"借助孔子之道，厉行教化，以'君君、臣臣、父父、子子'的礼制秩序，彰显其政权的合法性"[2]。

台湾于清代便有于儒学、孔庙等举行释奠的文献记载，见诸台湾府志与地方县志当中，如《台湾县志》载："释奠，祭先师也，庙在县治之南，岁二祭，以春秋二仲上丁之日。"[3]《诸罗县志》载:"诸罗自康熙二十五年设学,乃有释奠之祭,时庙在善化里西保(即目加溜湾),春、秋为篷厂以祭,弗克成礼。"[4]《凤山县志》载:"凤山二十五年设学,乃有释奠之祭,庙在县治之兴隆庄。"[5]时至今日,台湾每逢九月二十八日由政府于各地孔庙举办释奠礼,并由行政首长主祭,是重要的礼俗之一。

孔庙在历史上最初作为方便统治者祭孔的场所而存在[6],至唐代演变成"庙学合一",承载了传播儒家文化的功能,到了明清时期,凡是州县以上的行政区域皆有孔庙,建筑亦有固定样式,"儒学在有明一代趋于完善、成熟,带动了孔庙的发展,孔庙祭祀礼仪被逐步规范"[7]。中国大陆至清末,据统计约有一千五百余所孔庙[8],然而历经战乱、社会动荡等因素,许多孔庙被夷平或毁坏,现存较具有代表性的约有二十所[9]。而台湾各地孔庙虽历经战乱,并于1895～1945年间,部分遭到拆迁、占用[10],但多半仍基本完好,或经复建、迁建而留存至今,如台南孔庙每年依旧举行释奠仪节,几未受波及导致中断。现今台湾共十三间官修孔庙,自北向南分别为台北孔庙、桃园孔庙、宜兰孔庙、新竹孔庙、台中孔庙、彰化孔庙、嘉义孔庙、台南孔庙、高雄左营孔庙、高雄旧城孔庙、高雄旗山孔庙、屏东孔庙及离岛的澎湖孔庙,观察台湾部分官修孔庙,仍可从建筑形制一窥过去学校功能与祭祀孔子场所合一所具的"庙学"性质。

目前对孔庙的起源、发展、性质、称谓、建筑形式和布局等不同面向的研究已基本完备。而对祭孔仪节的制度、服仪、乐器等方面亦多有前人进行研究,唯祭孔释奠礼中的礼器,除2010～2011年,业师黄翠梅受托对台南市包含台南孔庙在内的四处宗教性古迹进行普查建档与后续研究工作外[11],仍较少有形制源流乃至工艺等不同面向的讨论。有鉴于此,笔者拟以藏有保存完好、从清代沿袭之礼器的台南孔庙为核心,加之同样系属地方孔庙的宁波孔庙、泉州孔庙留存的祭孔释奠礼器,结合过往历史典籍、图书谱录等文献数据,进行器类、形制方面的探讨与比较,借以了解台南孔庙释奠礼器在承继与变异中所反映的文化现象。

孔庙,又有圣庙、文庙、夫子庙、至圣庙、先师庙、先圣庙、文宣王庙、庙学等不同称呼,这些称呼多由中国历代帝王追谥。由于文化、历史背景等因素,目前中国大陆及台湾学界对于孔庙的研究成果已十分丰硕,当中又以祭孔释奠礼的相关研究和本文关系密切。下文将分成大陆与台湾地区相关研究两部分,略述当前两岸学界研究之发展。

(一)大陆相关研究

2009年,孔德平等编纂的《祭孔礼乐研究》[12],梳理祭孔仪典演变,并涉及讨论礼器、乐器、佾舞等内容,搭配明清相关礼书作为参考。虽有个别礼器进行了简单的源流梳理,但未能与其所附礼书中的图版互相参照,以及做进一步综合探讨。

2011年,董喜宁《孔庙祭祀研究》[13],全面梳理和探讨了中国历代孔庙祭祀的各方课题。第五章专章探讨祭品与礼器,对于祭品的制备与内涵有深刻的理解。其缺失在于仅对各朝礼器数量与内容对应进行了简单的整理,受限于专业,未能从器物角度进行讨论。然而此文献仍具重要参考价值。

除以上两个代表性综合研究外，亦有许多针对各朝代释奠仪礼演变的研究，由汉至清，建构出一个释奠礼的清晰架构。相关讨论以2007年盖金伟《汉唐官学学礼研究》为起点[14]，后续如夏志刚《南北朝释奠推行模式比较》（2013年）[15]、王洪军和李淑芳《唐代尊祀孔子研究——祭孔祀奠礼乐研究》（2007年）[16]、王美华《庙学体制的构建、推行与唐宋地方的释奠礼仪》（2014年）[17]、张宏斌《建国重道，莫先于学——安史乱后学校的堕败与地方庙学的兴起》（2015年）[18]、赵强《宋代文宣王庙考》（2015年）[19]、徐洁《金朝孔庙释奠礼初探》（2015年）[20]、申万里《元代文庙祭祀初探》（2004年）[21]、丰宗国《明清孔庙释奠礼仪及其特征比对》（2015年）[22]、童千芬《明清释奠礼研究》[23]诸文，而此类型的文章多有述及礼制的变化情况，可作为笔者的参考，部分研究甚至论及地方礼器的铸造情况，但均缺乏针对礼器的直接讨论。

（二）台湾地区相关研究

台湾地区对释奠礼的综合性研究成果以台北孔庙之出版品最为丰富，虽基本为探讨该孔庙之历史演变，未深入讨论礼器，但仍具参考价值。例如，《台北市纪念大成至圣先师孔子二五四〇周年诞辰释奠特刊》（1991年）[24]、《台北市庆祝孔庙落成七十周年暨纪念大成至圣先师孔子二五五〇周年释奠特刊》（2000年）[25]、《台北孔子庙2003年释奠典礼成果特刊》（2003年）[26]、《台北孔子庙2005年释奠典礼成果特刊》（2005年）[27]、《2010年春日祭孔"世界的孔子：孔庙与祀典"国际学术研讨会论文集》（2010年）[28]。

除了台北孔庙的相关研究著录外，1963年，黄文陶《中国历代及东南各国祀孔礼仪考》一书[29]之"礼器"一章仅附上礼书内所附之图，属于纪录与介绍性质，然该书对于台湾各地的祭孔状况有所纪录，是必须参考的著录。2013年，何祖诚《台南孔庙释奠仪节之研究》则分三个角度——冠服、音乐、佾舞——进一步叙述[30]，却对礼器只字未提。

释奠礼器与祭品研究部分，无论大陆还是台湾均罕有专文讨论，多半依附于前述类型的文章当中，以极小篇幅做概略性的简单介绍。现有台湾的释奠器物代表性研究有黄翠梅、李建纬所著《俎豆千古·礼陶乐淑：台南孔庙释奠礼与礼乐文物》[31]，该书除初步梳理释奠礼内涵、源流外，将台南孔庙所藏之石质、铜质、木质、木竹混合材质、陶质器物进行清点后，进行形制源流的梳理与制作工艺的探讨，是本文研究得以开展的重要基础之一。

综观以上相关研究，可发现其多聚焦于文献对于各代释奠礼沿革或变化的相关研究，提及礼器时亦仅附上礼书图版，少有论述。直接针对礼器的讨论，除黄翠梅师等进行的相关研究外，基本乏善可陈，所见者几乎都是陪衬性质的小篇幅介绍，这是上述若干文献最为不足之处，礼器作为仪式中重要一环的角色消隐，所受瞩目远不及其他如音乐、冠服、佾舞等专项研究，使得世人至今对祭孔释奠礼器的认识多仅止于其名称而已。

笔者推测释奠礼器研究的不足肇因于孔庙相关研究者多侧重文献，未能和实物结合，且对于释奠礼断代研究者众,又未能和历代录有礼器形象者结合比较,因此,未能更清楚地对于释奠礼器的发展与演变有所掌握。

## 二、祭孔释奠礼器与释奠仪节

本文所称释奠礼器,乃是以释奠礼时摆放于桌上的礼容器为主体(图一)。由于礼器为释奠礼中的一环,有必要先行就释奠仪节进行概述。

图一　台南孔庙释奠礼秋祭于崇圣祠摆放的释奠礼器
（笔者摄）

礼器作为祭祀的重要媒介,与礼情(礼意)、礼文(礼仪),共同作为"礼"的三要素[32]。《礼记·乐记》记载:"簠簋俎豆、制度文章,礼之器也;升降上下、周还裼袭,礼之文也。"[33]前三句是有关礼器和其用度的叙述,后三句则是对于礼仪行使的描写。可知精神性的"礼"实是需透过具象的礼器,结合具体的祭祀礼仪,才能于现实世界呈现。若从字源字形溯源,"礼"的本义正是祭祀的器物,用以"事神致福"[34]。自儒家的理论而言,礼的内涵在于人从强化自身的修养、伦理道德开始,知人伦、辨长幼、明尊卑,进而延伸扩展至夫妻、家庭乃至社会,使国家整体达到和谐,在这样的过程中逐渐形成规范性的、具等差的制度与理论体系,亦使统治者通过礼的施行,维持社会稳定的同时,强化自身的权威性。因此,礼仪的举行,用意正是让礼义深入人心,最终使不同群体、身份的人均能谨守不同场合的礼仪规范[35]。

关于释奠礼中之"礼器",笔者认为装载祭品的礼容器、乐生的乐器、佾生的舞器和用以迎神的仪仗如铁钺伞扇均可称为"礼器",因为借由这些器物的引导,可以触动人的感官[36],使空间内的献祭者、礼乐佾生、观礼者等,进入仪式营造出的神圣空间,借以传达虔敬之情。而本文指称之礼器,系指装载祭品、陈设于桌案的礼容器,为求讨论时的完整性，下文会将各桌案上所见容器包括烛台、花瓶等均予罗列。

礼器是仪式中借以和享祭者达成精神交通的重要媒介，因此各礼器与祭品的制备，是释奠礼中极重要的工作。无论是礼器的制作、器类、大小、材质，抑或是装盛祭品内容物的种类、制作方式，均有严格的规范，并配合享祭者的位阶，有陈设器类、数量方面的差别。而礼器陈设之桌案可视为一凝缩之礼制空间。

礼器属释奠礼的重要一环，而释奠礼于孔庙举行，孔庙建筑空间即礼制空间。大成殿坐北朝南而立，作为孔庙建筑群的核心建筑，以其为中轴线，正后方为崇圣祠，左右两侧则是对应的东庑、西庑、东厢、西厢等，部分孔庙设有礼器库、乐器库，亦是左右对称。建筑高度方面，大成殿是最高者，其余崇圣祠、东西两庑、东西厢等，建筑高度均较大成殿低，这样的空间安排，凸显了以孔子为尊的阶级关系。

这种层层递进、凸显差异的关系，亦反映在享祭者、献祭者方面。透过释奠仪节，可发现释奠礼是享祭者（孔子、四配、十二哲与历代诸先贤、先儒）与献祭者（正献官、分献官、陪祭官、执事礼生、乐生、佾生）之间建立精神联系的一种仪式。现今所见享祭者，无论其名号、位阶，甚至该人得以被纳入祭祀，皆是在过去历代统治者的追封与统治阶层基于不同原因进行调整所渐变形成的，以大成殿中的孔子为尊，继而为两侧的四配、十二哲，再到东、西庑的诸先贤、先儒，位阶逐渐降低。而在大成殿后，崇圣祠的创建与确立虽较晚，但祭祀基于"父先于子食"的观念，故先于孔子等而祭。这样长幼有序的观念，使得阶级、规范严明的释奠礼更进一步强化，也使具家祭性质的祭崇圣祠五代先祖，与祭孔子、各配享合而成为今日所见台湾释奠礼的面貌。

献祭者同样可见位阶之分，现今正献官为当地最高行政首长或其代表，分献官则为民意代表、教育、民政、文化等单位的官员与人士，依初献、亚献、终献的顺序进献，与乐生、佾生和执事礼生共同完成仪式。以台南孔庙为例，首先为乐生、佾生由以大成殿为中轴线延伸至棂星门的通道进场，进而为纠仪官、分献官，最后才是正献官，谨守先后次第，井井有条。进场后的站位依建筑空间分布，同样呈现左右对称，意即献祭者在这样具有阶层的空间中，也自然形成了具备次序等第的关系（图二）。

透过释奠礼与礼器于礼制空间中的严谨规范，可一窥释奠礼仪，除现今所赋予庆祝教师节勉励教师辛劳、学子祈求考试顺利的新意涵，背后的根本精神，即以孔子为全场核心，传达尊师重道精神外，还借由严格的规范，一丝不苟地执行，所揭示出的"礼之等级"[37]，即上下尊卑的观念。这样的观念，在仪式与其所在的空间中处处体现，使仪式整体显得庄严肃穆。

由于释奠礼器与仪节息息相关，相辅相成，故掌握释奠仪节方能更全面地对礼器进行探讨。现行台湾各地官修孔庙释奠礼，在整体祭祀程序上大体维持一致，但仪节内容并不完全相同。

以台南孔庙为例，现行释奠仪节可分述如下[38]。

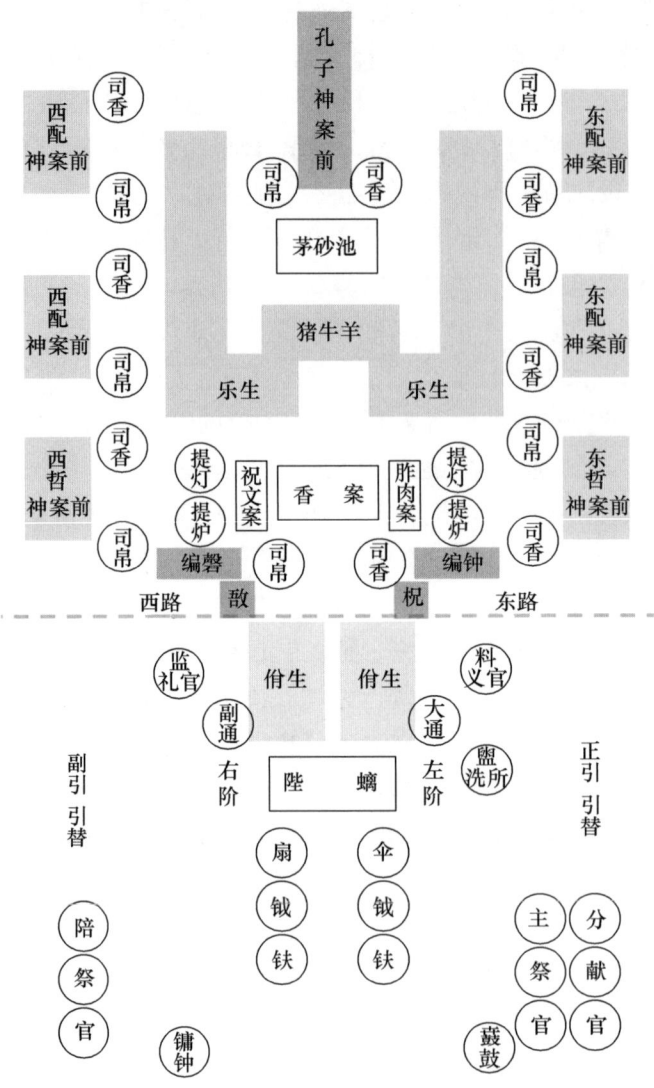

图二　台南孔庙释奠礼赞班位置示意图

（改绘自林海寿：《圣庙释奠仪节》，台南：以成书院，1933年，第63页）

## 1. 释奠礼开始

（1）蓺鼓

未上祭前先发头鼓、二鼓、三鼓，每鼓一百零八声。

（2）走班

乐佾生为整列，齐集棂星门外阶下，执事分列于大成殿外左右阶与各桌案，各案烛火已点亮。

（3）典礼开始

司仪通唱典礼开始。

（4）启扉

打开棂星门。

（5）排班

乐佾生、执事整理行列，齐整后通唱"班齐"。

（6）执事者各执其事

各执事人员为仪式做好准备。

（7）就位

乐佾生、纠仪官、陪祭官、分献官、正献官，依序后各就其位。

## 2. 行迎神礼

（1）瘗毛血

执事手捧毛血埋于棂星门外。

（2）迎神

乐奏昭平之章，正献官、分献官、陪祭官面向棂星门，铁钺伞扇由棂星门入，正献官、分献官、陪祭官复位。

（3）全体行三鞠躬礼

向孔子神位三鞠躬。

（4）上香

正献官盥手后于祝案前就位，鞠躬、上香。

## 3. 行初献礼

乐奏宣平之章、舞以宣平之舞。

（1）初献

正献官至孔子牌位前桌案就位，鞠躬、上香、献帛、奠爵、三鞠躬后复位。

（2）读祝文

正献官至祝案前就位，鞠躬，司祝者读祝文，正献官三鞠躬复位。

（3）分献

分献官各就四配、十二哲、东西庑、名宦祠与乡贤祠、节孝祠与孝子祠就位，鞠躬、上香、献帛、奠爵、三鞠躬后复位。

## 4. 行亚献礼

乐奏秩平之章，舞以秩平之舞。

（1）亚献

正献官就位，鞠躬、奠爵、三鞠躬后复位。

（2）分献

分献官就位，鞠躬、奠爵、三鞠躬后复位。

5. 行终献礼

乐奏叙平之章，舞以叙平之舞。

（1）终献

同亚献礼。

（2）分献

同亚献礼。

6. 饮福受胙

正献官祝案前就位，鞠躬、饮福酒、受福胙、三鞠躬。

7. 行彻馔礼

乐奏懿平之章。

彻馔：执事手捧黑白饼出棂星门。

8. 行送神礼

乐奏德平之章。

（1）全体行三鞠躬礼

向孔子神位三鞠躬。

（2）送神

铁钺伞扇于三鞠躬时开始依序移动，正献官、分献官、陪祭官面向棂星门，铁钺伞扇由棂星门出后复位。

（3）望燎

司祝者捧祝、司帛者捧帛列队依序由棂星门出。

（4）焚燎

焚烧祝、帛，正献官、分献官列队至燎所亲视，复位。

9. 礼成

（1）乐佾生退班

礼乐佾生依序退班，出棂星门。

（2）礼成

观察释奠礼仪节，可发现内容核心是由初献、亚献、终献三礼的仪节所组成，又合称"三献礼"。而观察台湾其余孔庙,仪式大致相同,唯启扉、迎神等仪节,随不同孔庙而有不同的次第顺序。

## 三、台湾祭孔释奠礼器——以台南孔庙为例

目前台湾共有官修十三间孔庙,最早为 1665 年建立的台南孔庙。最晚为 1989 年落成的桃园孔庙,年代跨度极大。其中,台南孔庙、嘉义孔庙、彰化孔庙、屏东孔庙、新竹孔庙、台北孔庙、台中孔庙、高雄左营孔庙、桃园孔庙,共九间官修孔庙现今仍使用释奠礼器,释奠礼以秋祭为主。由于台南孔庙源远流长,且藏有自清代以来的释奠礼器,故本文以其为例进行讨论(表一)。

**表一 台湾官修孔庙创建年份统计表**[39]

| 孔庙名称 | 创建年代 |
| --- | --- |
| 台南孔庙 | 1665 年 |
| 嘉义孔庙 | 清康熙四十五年(1706 年),1961 年异地重建 |
| 彰化孔庙 | 清雍正四年(1726 年) |
| 屏东孔庙 | 清嘉庆二十年(1815 年),昭和十三年(1938 年)迁建现址 |
| 新竹孔庙 | 清嘉庆二十二年(1817 年),1958 年迁建 |
| 台北孔庙 | 清光绪五年(1879 年),1925 年异地重建 |
| 台中孔庙 | 清光绪十五年(1889 年),1974 年异地重建 |
| 高雄左营孔庙 | 1974 年 |
| 桃园孔庙 | 1989 年 |

### (一)台南孔庙释奠源流与释奠礼器

台南孔庙于 1665 年由陈永华创建,称为"先师圣庙"。康熙二十二年(1683 年)台湾纳入清版图之后,台湾隶属福建省下辖台厦道,设有一府三县的行政区划,首任台湾知府蒋毓英编纂的《台湾府志》记载:

> 台湾府学在府治西南宁南坊,因伪时文庙而修改焉,前后三层、两庑,矮屋二十四间,先师殿设至圣先师孔子神位及四配……伪时草创,实非兴朝郡学之观瞻也[40]。

由文献可知,清领初期统治当局沿用既有的明郑时期孔庙建筑作为台湾府学所在,并于孔庙举行春、秋二祭释奠礼,且明郑时期孔庙建筑较不完备,不符合台湾府应有的规制,需要拓建。其余台湾县、凤山县、诸罗县虽春秋祭孔,但尚缺乏专属建造的孔庙建筑,均是暂

时挪用其他建筑进行祭祀，"台、凤、诸三邑文庙，文治攸关，亟宜建造"[41]。此后台南孔庙在清代历经十余次整建、增建，今日所见样貌基本为大正六年（1917年）修建后的格局。

明郑时期的台南孔庙，缺乏礼乐器使用的相关记载。清康熙五十四年（1715年），《重修台湾孔子庙碑》记载："台湾，荒岛也，夫子庙在焉。圣人之教与皇化并驰，固无海内外之隔……启圣一祠，翼然起大成殿后，祠左右列六德斋。祠下名宦祠居左，乡贤祠居右……东庑下有献官斋宿房，西庑下有藏器库、有庖湢所。"[42]此时的台南孔庙释奠礼乐器藏于西庑，但具体种类、数量均不明。乾隆十四年（1749年），《福建通志·台湾府》载："（乾隆）十四年，郡诸生侯世辉等捐赀大修，于是改六德斋为典籍库，改六行斋为礼器库、乐器库，崇圣殿下统为廊，达于东西庑，又新建泮宫坊，铸祭器、乐器。"[43]在禀生侯世辉等的捐助下，台南孔庙不但新铸祭器，且已不若康熙朝时置于西庑，而是有由旧有建筑改建、专门放置的礼器库。现存于孔庙大成门内壁东侧的《重修府学碑记》记载："乾隆己巳夏，余衔命巡方兼视学兹土，至则恭谒文庙，环视殿庑堂宇渐就倾圮、祭器乐器因陋就简，窃恻然忧之……至笾豆、簠簋之陈于庭者，铸以铜而备其数；柷敔、笙镛、干羽之属，悉仿成式而更新之。"[44]可知上文《福建通志》提及之新铸祭器为巡台御史杨开鼎所造，并以铜铸造足够数量的"笾、豆、簠、簋"，具体数量不明。

清乾隆四十二年（1777年），时任台湾府知府的蒋元枢见台南孔庙建筑颓倾、礼乐不备，因此进行整修，并添购礼器，乾隆四十二年《重修台湾府孔子庙学碑记》对此次修整始末有清楚的记载："……夫既设学，必立庙……罍洗、觥斝、爵鹿、俎豆、笾旅、禁壶之有其器……余来守是郡，每谒庙，辄叹其栋宇摧颓、丹粉陈暗，若或剥之！……值春秋上丁，举行释奠，礼飨、乐侑，器用缺如，将何以肃观听？……复远求吴市，制造彝器，一名一物，必泽于古。"[45]可知其时孔庙的礼乐器已不完备，因此，蒋元枢远至苏州制作器名、样式均依循古制的礼器，此批礼器具体制作数量、类别、材质均未于碑文中提及，但器形在蒋元枢《重修台郡各建筑图说》中有清楚的描绘（图三）。

在蒋元枢之后，依据《台湾府学重修夫子庙并祭器乐器记》（1835年）所提："翱复与府首谋乐器，员外郎吴尚新、生员刘衣绍、六品职员蔡植楠请任修，牺尊、象尊、木豆、竹笾、悉尊古式……钟、镛、鞄、鼓、琴、瑟、箫、管、磬、柷、敔皆具……春秋上丁两祀，肃清雅穆。"可知道光十五年对台南孔庙的礼乐器修整完备，均是依照古制，但具体数量不明，而这次修整礼乐器是由于时任巡台澎兵备道兼提督学政刘鸿翱察觉台南文庙礼乐器多散佚损毁，而请士绅协力进行的。

1918年，现存台南孔庙"纪念碑"碑亭的《修造捐寄置台南圣庙礼器乐器记》载："台南圣庙，久缺修葺，栋宇颓倾，礼乐诸器或毁损，或遗失……企图礼乐器之整肃，凡尊爵俎豆及管钥钟鼓节麾之类所必要者，各员负担捐赀，新改造之，悉其数。"可知台南厅长枝德二对于礼乐器进行了修整添补，依照碑文记录，此次增补簠十件、簋六件、编钟十件，以及牺尊、登、毛血盘、爵、磬、笙、琴瑟等礼乐器（图四）。

据上述的文献与碑碣记载，可知台南孔庙使用的礼器有爵、笾（木豆）、豆、簠、

图三 蒋元枢《重修台郡各建筑图说》礼器图
（笔者摄）

图四 《修造捐寄置台南圣庙礼器乐器记》
（笔者摄）

簠、登、牺尊、象尊、毛血盘等。除了明郑时期释奠礼器的使用已不可考外，清代乾隆朝时已设有专门放置礼器的礼器库，诸释奠礼器亦十分完备，后续则历经数次增添修补。在明清两代，台南孔庙均属官方管辖，至迟于道光时期设有乐局负责；光绪十七年（1891年），经工部郎中陈鸣锵出资，以许南英为董事长成立"以成书院"，之后一度改称"以成社"，1975年后隶属台南文庙管理委员会（现为财团法人台南市孔庙文化基金会），以成书院现负责传承、培训礼乐生等祭孔释奠相关事宜[46]。

清代台南孔庙释奠礼于二月（仲春）、八月（仲秋）上丁日举行，"每岁春秋二仲，以上丁日致祭先师孔子"[47]，现今则于春分与秋季（九月二十八日孔子诞辰）[48]举行春、秋二祭。春、秋二祭释奠礼基本一致，仅春祭晚一个小时，于清晨六时开始。笔者研究调查所见台南孔庙礼器，共有爵、牺尊、象尊、雷尊、着尊、太尊、豆、笾、簠、簋、登、铏、盥盆、毛血盘、香炉、烛台、筐、馔盘，共十八类。

目前台南孔庙祭孔释奠礼所使用的释奠礼器材质可分为铜质、木质、木竹混合质与陶质，其中又以铜质器为大宗。据笔者观察，铜质礼器多为1988年铸造，包含爵、豆、簠、簋、铏与烛台。业师黄翠梅曾依据器身铭文，对台南孔庙的礼乐器制作年代进行梳理[49]，除了解台南孔庙礼器均流传有序，并补足文献未记载的礼器增补情况外，将铜质礼器依制作年代分为十一批（图五），1988年即是第十一批，也是铸造年代最近、数量最多的一批。

| 序号 | 制作年代 | 捐造者 | 礼器（件） | | | | | | | | | | | | 乐器（件） | | 总数（件） |
|---|---|---|---|---|---|---|---|---|---|---|---|---|---|---|---|---|---|
| | | | 鼎 | 豆 | 簠 | 簋 | 爵 | 铏 | 登 | 烛台 | 香炉 | 毛血盘 | 尊 | 盥 | 编钟 | 镛锺 | |
| 1 | 乾隆十四年（1749年） | 巡台御史杨开鼎 | — | — | — | — | — | — | — | — | — | — | — | — | — | — | 0 |
| 2 | 乾隆四十一年（1776年） | 台湾知府蒋元枢 | 2 | 54 | 5 | 6 | 36 | — | 22 | 8 | — | — | — | — | 2 | 1 | 136 |
| 3 | 道光十五年（1835年） | 台湾道刘鸿翔 | — | — | — | — | — | — | — | — | — | — | — | — | — | — | 0 |
| 4 | 道光二十九（1849年） | 乐局 | — | — | — | — | — | — | — | — | — | — | — | — | — | 1 | 1 |
| 5 | 大正七年（1918年） | 台南乐局 | — | — | 2 | 4 | 20 | — | — | 1 | — | — | — | — | 3 | — | 30 |
| 6 | 昭和九年（1934年） | 董事许廷光等人 | — | 50 | — | — | — | — | — | — | — | — | — | — | — | — | 50 |
| 7 | 中华民国三十七年（1948年） | 台南市交庙修建委员会 | — | — | — | — | 4 | — | 5 | — | 1 | — | — | — | — | — | 10 |
| 8 | 1952年 | 台南市交庙管理委员会 | — | — | — | — | — | — | — | — | — | — | — | — | 11 | — | 11 |
| 9 | 1981年 | 孔庙以成书院 | — | — | — | 1 | — | — | — | — | — | — | — | — | — | — | 1 |
| 10 | 1982年 | 台南市长兼主任委员苏南成 | — | — | — | — | — | — | — | — | — | — | — | — | 16 | — | 16 |
| 11 | 1988年 | 台南市长兼主任委员林文雄 | — | 66 | 27 | 29 | 84 | 27 | — | 54 | 27 | — | — | — | — | — | 314 |
| 12 | 无纪年铭 | | — | 7（盖） | 7 | 4 | 0 | 13 | 3 | 0 | 0 | 1 | 8 | 2 | — | — | 45 |
| 总数 | | | 2 | 177 | 41 | 43 | 141 | 44 | 3 | 81 | 35 | 3 | 8 | 2 | 32 | 2 | 614 |

图五　台南孔庙所藏各年代铜礼器与乐器之数量分布
（改绘自黄翠梅、李建纬：《俎豆千古·礼陶乐淑：台南孔庙释奠礼与礼乐文物》，台南：台南艺术大学，2011年，第48页）

木质礼器中木簋、木簠、木铏形制皆与铜礼器相似,系属铜礼器数量不足的代用器[50]。2016年、2017年释奠礼中所见台南孔庙礼器罗列如表二。

表二　台南孔庙2016年秋祭、2017年春祭释奠礼所见释奠礼器

| 类别 | 礼器 | 图片 | 尺寸（厘米） | 材质 | 备注 |
| --- | --- | --- | --- | --- | --- |
| 酒器 | 爵 | | 左：通长：19<br>通宽：12<br>通高：25.5<br>右：未测量 | 左：青铜<br>右：陶瓷 | 左爵为释奠礼中三献使用；<br>右爵为正献官饮福受胙时饮用 |
| | 牺尊 | | 通长：24.4<br>通宽：7.2<br>通高：16.7 | 青铜 | |
| | 象尊 | | 通长：23.9<br>通宽：7.4<br>通高：17.1 | 青铜 | |
| | 太尊 | | 原件尺寸<br>口径：6.2<br>通宽：20.9<br>通高：23.5 | 陶 | 2017年春祭调查时已采用复制品替代，释奠礼中覆幂遮盖，上覆亚克力屏蔽 |
| | 着尊 | | 口径：14.5<br>通宽：32.4<br>通高：43.7 | 青铜 | 释奠礼中覆幂遮盖 |
| | 雷尊 | | 口径：17.3<br>通宽：21.7<br>通高：44.4 | 青铜 | 释奠礼中覆幂遮盖 |

续表

| 类别 | 礼器 | 图片 | 尺寸（厘米） | 材质 | 备注 |
| --- | --- | --- | --- | --- | --- |
| 食器 | 豆 | | 口径：16<br>通高：18.5 | 青铜 | |
| | 笾 | | 未测量 | 木 | 近年新制 |
| | 簠 | | 通长：29<br>通宽：20<br>通高：23 | 青铜 | |
| | | | 未记录 | 木 | |
| | 簋 | | 通长：30.5<br>通宽：18.5<br>通高：24 | 青铜 | |
| | | | 通长：33<br>通宽：20<br>通高：28 | 木 | |
| | 铏 | | 通长：22<br>通宽：17<br>通高：24 | 青铜 | |
| | | | 通长：22<br>通宽：18<br>通高：27 | 木 | |
| | 登 | | 口径：14<br>通高：25.5 | 青铜 | 摄于礼器库 |
| | 馔盘 | | 通长：23.5<br>通高：3.5 | 木 | |

续表

| 类别 | 礼器 | 图片 | 尺寸（厘米） | 材质 | 备注 |
|---|---|---|---|---|---|
| 水器 | 盥盆 | | 通长：36.5<br>通高：9 | 青铜 | |
| 其他 | 毛血盆 | | 通长：22.5<br>通高：6.5 | 青铜 | |
| | 篚 | | 通长：49<br>通宽：10<br>通高：6 | 木竹混合 | |
| | 香炉 | | 通长：37<br>通宽：24<br>通高：42 | 青铜 | |
| | 烛台 | | 左：大烛台<br>通长：27.5<br>通高：79<br>右：小烛台<br>通长：20<br>通高：65 | 青铜 | 大烛台用于崇圣祠五圣王前、大成殿孔子神位前；小烛台用于诸从祀 |
| | | | 未测量 | 木 | |

注：① 木质簠、簋、铏于释奠礼调查当日未能拍摄纪录，故图像引自《台南市孔庙文物清查报告》；② 文物尺寸引自黄翠梅（计划主持人）：《台南市国定（第一级）宗教性古迹内古物普查计划结案报告》，台南：台南市立文化资产管理处委托，台南艺术大学艺术史学系执行，2011 年；傅朝卿、孔庙委员：《台南市孔庙文物清查报告》，台南：成功大学建筑所，2005 年

释奠礼于台南孔庙崇圣祠、大成殿、东西庑、名宦祠与乡贤祠及节孝祠与孝子祠举行（图六）。

2016 年秋祭、2017 年春祭释奠礼调查所见，在礼器的陈设方式方面，释奠礼先祭崇圣祠，祠内中央为孔子五代先祖五圣王（启圣王叔梁纥公、肇圣王金父公、裕圣王祈父公、诒圣王防叔公、昌圣王伯夏公），左右则为东西配先贤、东西从先儒（东配先贤为孔孟皮、颜无繇、孔鲤，东从先儒为周辅成、程珦、蔡元定，西配先贤为曾点、孟激，西从先儒为张迪、朱松）。五圣王前礼器摆放三爵、十笾、十豆、一簠、一簋、一铏、一

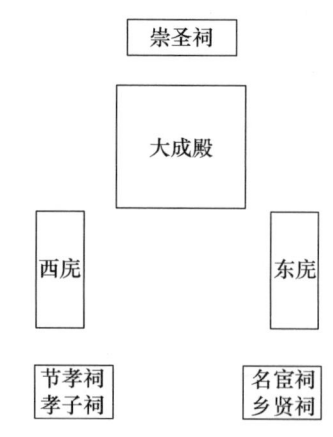

图六 台南孔庙释奠礼空间示意图

登、两馔盘、两毛血盆、一筐（图七）。

崇圣祠东西先贤、先儒前各摆放三爵、四笾、四豆、一簠、一簋、一铏、一筐、一香炉与一对烛台（图八）。

崇圣祠入口处中央，孔子等五代先祖牌位前设一祝案，上置一爵、一馔盘、一香炉与一对烛台（图九）。

大成殿祭祀孔子及四配（颜回、曾子、子思、孟子）、十二哲（闵子骞、冉伯牛、仲弓、子我、子贡、子有、子路、子游、子夏、子张、子有、朱熹）。孔子牌位前桌案摆放三爵、十笾、十豆、一簠、一簋、一铏、一登、两馔盘、两毛血盆、一筐、一香炉、一对烛台（图一〇）。原平时摆放之陶瓷香炉则暂移他处。

图七 台南孔庙崇圣祠孔子五代先祖牌位前礼器陈设

图八 台南孔庙崇圣祠东西先贤、先儒牌位前礼器陈设

图九 台南孔庙崇圣祠入口祝案礼器陈设

图一〇 台南孔庙大成殿孔子牌位前礼器陈设

大成殿四配一人为一案，各摆放三爵、四笾、四豆、一簠、一簋、一铏、一篚、一香炉与一对烛台（图一一）。

大成殿十二哲六人一案，各摆放三爵、六笾、六豆、一簠、一簋、一铏、一篚、一香炉与一对烛台（图一二）。

大成殿入口处、孔子牌位前方置一祝案，上置牺尊、象尊、太尊、着尊、雷尊、二尊、一香炉与一对烛台（图一三）。

大成殿外，面向大成殿右侧阶梯处，设有盥洗位，有一盥盆立于架上供洗手之用（图一四）。

东、西庑历代先贤、先儒（东庑周敦颐、程颢、顾炎武等共八十位先贤、先儒，西庑张载、邵雍、诸葛亮等共七十八位先贤、先儒），十余人一案，摆放三爵、六笾、六豆、一簠、一簋、一铏、一篚、一香炉与一对烛台（图一五）。

图一一　台南孔庙大成殿四配牌位前礼器陈设

图一二　台南孔庙大成殿十二哲牌位前礼器陈设

图一三　台南孔庙大成殿入口祝案礼器陈设
（太尊为复制品，上罩透明盖；烛台在香炉两侧）

面向大成殿、大成门左侧之节孝祠、孝子祠与右侧之名宦祠、乡贤祠，各案摆放三爵、四笾、四豆、一簠、一簋、一铏、一篚、一香炉与一对烛台（图一六）。

由于释奠礼调查时所见太尊为复制品，上覆幂与亚克力屏蔽，着尊、雷尊亦覆幂遮盖，均难以完整呈现，故太尊原件和着尊、雷尊之完整器物图像参照《台南市国定（第一级）宗教性古迹内古物普查计划结案报告》（图一七）。

图一四　台南孔庙大成殿外盥洗位

图一五　台南孔庙东西庑历代先贤、先儒牌位前礼器陈设

图一六　台南孔庙节孝祠、孝子祠与名宦祠、乡贤祠牌位前礼器陈设

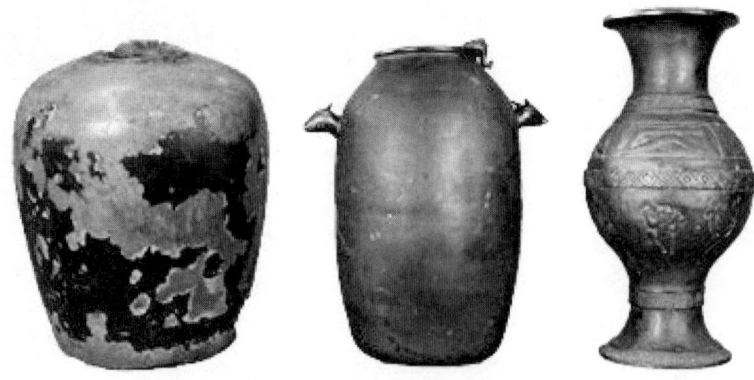

图一七　台南孔庙释奠礼器太尊、着尊、雷尊

[采自黄翠梅（计划主持人）：《台南市国定（第一级）宗教性古迹内古物普查计划结案报告》，台南市立文化资产管理处委托，台南艺术大学艺术史学系执行，台南：国立台南艺术大学，2011年，器物类调查表序号189、191、297]

图一八　释奠礼中所使用的茅砂池

释奠礼中除桌案上所摆放者，崇圣祠孔子五代先祖牌位、大成殿孔子牌位前桌案下皆有一木质茅砂池（图一八），为仪礼中三献毕将酒倒入时所用。

台南孔庙另藏有一批木笾与木三足香炉，该类木笾2010年释奠礼时仍见使用（图一九），但笔者在调查时，其已被近年新制之笾替换，不见于释奠礼当中。木三足香炉于笔者调查释奠礼时未见使用。

图一九　台南孔庙2010年释奠礼所用木笾

## （二）释奠礼器器类源流与台南孔庙礼器之用途

承前文调查结果，目前台南孔庙释奠礼使用之礼器分为酒器、食器、水器和其他类，酒器类为爵、尊（牺尊、象尊、太尊、著尊、雷尊），食器类为笾、豆、簠、簋、铏、登、馔盘，水器类为盥盆，其他类为毛血盆、筐、烛台、香炉、花瓶。就现有的释奠礼器组合进行观察，可说十分完整、成熟，背后必有一历经发展形成之释奠礼器体系。因此，笔者将先行就历代文献之记载，回顾不同类别的各式礼器是何时被纳入，以及用途大致为何。

考察释奠礼器器类的历史源流，可发现其是在中国释奠礼发展过程中逐渐确立的，并与内盛装之祭品相辅相成，形成一个完整的体系。目前由文献所见，最早于周代便已有释奠礼的举行，但无论场所、内涵都与今日之释奠礼不尽相同，较接近一种祭祀仪式，或可能有一套规范，但因为没有更详尽的仪注记录，故今日已无从得知。汉代，透过《史记·孔子世家》的文字记录，可知已有固定祭祀孔子的活动，此时期最知名的释奠记录莫过于汉高祖刘邦路过曲阜孔庙，以"太牢"释奠孔子一事[51]，但未有更详尽的相关仪式和程序说明，亦无从得知所留下之"太尊、牺尊、象尊、山尊、雷尊、明水瓶"有无实际使用的情况。此时祭孔活动究竟有无礼器的使用？或许可以透过曲阜孔庙的《礼器碑》（又称《鲁相韩敕造孔庙礼器碑》《韩明府孔子庙碑》等）得知一点线索。《礼器碑》记载："念圣历世，礼乐凌迟，背道叛德……君于是造立礼器，乐之音符，钟磬瑟鼓，罍洗觞觚，爵鹿俎豆，笾柉禁壶，修饰宅庙，更作二舆。"[52]文中提及的"罍、洗、觞、觚、爵、俎、豆、笾、禁、壶"推测便是用于祭孔的礼器，这也是历史上关于祭孔活动中所用礼器的最早纪录，亦可视为释奠礼器的滥觞。

魏晋南北朝时期，此时的释奠礼是统治阶级上层使用的一种学礼[53]。潘尼于《晋书》中记载："三年春闰月，将有事于上庠，释奠于先师，礼也……舆驾次于太学。太傅在前，少傅在后……乃扫坛为殿，悬幕为宫。夫子位于西序……宗伯掌礼，司仪辩位。二学儒官，缙绅先生之徒，垂缨佩玉，规行矩步者，皆端委而陪于堂下，以待执事之命。设樽篚于两楹之间，陈罍洗于阼阶之左。几筵既布，钟悬既列。"[54]此段文字对于释奠礼有完整的描述，包含献祭空间与布置、献祭者、执事者和礼乐器陈设等，更重要的是提及"设樽篚于两楹之间，陈罍洗于阼阶之左"。可知使用的礼器"樽、篚、罍、洗"与陈设位置，首次展露了较为具体的释奠规范。

唐代时，释奠礼的发展进入新的阶段，孔祥林指出，唐代是孔庙的大发展时期，也是释奠礼的定型期[55]。太宗贞观四年（630年）诏"州、县学皆作孔子庙"。玄宗时则将孔子封为文宣王，并于开元二十年（732年）颁布了官修礼制专著《大唐开元礼》，规范中央的祭孔释奠位列中祀，地方州县释奠属小祀，释奠礼正式成为国家祭礼明文规范的一环，释奠礼器之器类与陈设规范等相关仪轨，也基本奠定于此时。《大唐开元礼》中以孔子为先圣、颜回为先师[56]，并有春秋二祭[57]。凡例中说明：

春秋释奠于孔宣父，九十五坐，先圣、先师各笾十、豆十、簋二、簠二、登三、铏三、俎三。从祀诸坐各笾二、豆二、簋一、簠一、俎一……用太牢；州县祭社稷先圣释奠于先师，每座各笾八、豆八、簋二、簠二、俎三……用少牢[58]。

并于后面篇章录有《皇太子释奠于孔宣父》《国子释奠于孔宣父》《诸州释奠于孔宣父》《诸县释奠于孔宣父》，分别规范释奠时的礼器陈设。

通过《大唐开元礼》对于释奠详尽的记载，除了可以得知空间环境、献祭步骤（包含望燎与瘗毛血）、献祭者身份、执事者工作内容与所站位置、祝文内容、乐器种类与陈设、酒品种类、祭品内容与部位外，亦可知所使用的礼器为"爵、豆、登、铏、笾、簠、簋、俎、牺尊、象尊、山罍、罍、洗、篚"，并有"勺、幂、坫、巾"配合礼器的使用与摆放，"罍、洗、篚"的摆放方位也清楚说明，整体仪式可操作性非常强。此外，中央与地方释奠、先师先圣与从祀间已出现阶级划分的情形，借由"牺尊、象尊、山罍"的摆设与"笾、豆"数量的差异得以凸显。

宋代使用之礼器，器类大抵与唐代相同，仅略有增加，使用"爵、笾、豆、登、铏、簠、簋、俎、牺尊、象尊、太尊、山尊、着尊、壶尊、罍、洗（盥洗、爵洗）、篚、毛血盘"[59]，并于神位前设"烛"，"勺、幂、坫、巾"配合礼器的使用与摆放，然与唐代最大的差异，在于此时释奠礼除了用于三献中以酌外，还增设仅单纯陈设的"不酌之尊"，"不酌之尊"分别为殿上二太尊、二山尊，殿下二着尊、二牺尊、二象尊、六壶尊。此外，在宋代《政和五礼新仪》中，对于盛装祭品的内容规范更加清楚，包含使用酒类、牲礼部位、烹调方式等。

宋代之后，随着释奠礼在地方施行已久，释奠仪制除了中央颁行的礼制规范有所提及外，也传抄至地方，刊录在地方志或地方官员的著录当中。这些方志或著录亦成为地方施行释奠礼时的重要参考，如明代崇祯年间《新官到任仪注》即录有关于释奠礼日期、人员职责、陈设、祭品、乐器图、舞器图、佾舞图和祝文等的内容[60]，省去过往中央礼书包含的释奠历史、享祭者考证、人名等与准备、执行释奠礼仪较无直接关联的部分，具有相当强的操作性质。此外，还出现专述祭孔释奠礼乐的书籍，并多附有礼器图绘、陈设以供参照。

明代释奠礼器，参照具代表性的礼书《頖宫礼乐疏》可知，使用"爵、笾、豆、登、铏、簠、簋、篚、馔盘、酒尊、罍洗、盥盆、毛血盘"[61]，并有"幂巾、帨巾"配合礼器使用与摆放，此外，将"香炉、烛台"列于礼器陈设中，并开始有祝案的设置。清代礼器陈设初沿明制，后据《文庙丁祭谱》记载使用"爵、笾、豆、登、铏、簠、簋、香盘、尊、太尊、山尊、牺尊、象尊、雷尊、篚、俎、炉、镫、罍、洗、毛血盘"[62]，"勺、幂、坫、巾"配合礼器的使用与摆放，"太尊、山尊、牺尊、象尊、雷尊"注明"陈设五尊，不具勺幂、不实酒"[63]，显示是作为"不酌之尊"使用。此外，文末附有

"香鼎、香盒"等器之图像，参照光绪年间编纂的《圣门礼志》所记"司香生跪举香盒，正献官取香焚于鼎"[64]，可知此二器的使用方式。

民国时期，袁世凯颁布的《民国礼制七种》，其中一种为《祀孔典礼》，《祀孔典礼》开章说明民国祭孔照清末的大祀规定，时间为春秋二丁日，中央由大总统主祭，地方则由地方行政首长主祭[65]。规范中既清楚说明孔子神位前、四配、十二哲以及东西庑先儒、先贤前的桌案配置、名目和对应的数量，包含笾豆案、香案、祝案、尊桌、福胙桌、接桌，也叙明礼器器类与材质[66]，礼器包含"爵、爵垫、尊、登、铏、簠、簋、笾、豆、俎、洗、篚、炉和烛台"，材质部分"登、铏、簠、簋均用铜、笾用竹、豆用木、篚用竹、俎用木、正位前的三个爵用玉之外，其他皆用铜"[67]。

综上所述，通过文献记载，可发现释奠礼器器类在中国历代发展过程中的大致情况，各朝承袭前代，规范逐渐完整，器类数量也随之增加，至宋代时，释奠礼器之器类已和今日所见差异不大，明清两代仅伴随仪节细节的调整，略有增添损益而已。而礼器中酒尊可分为酌尊、不酌之尊使用，较值得注意。至民国时期，祭孔规范和使用之释奠礼器亦未和清代有显著区别，但已没有不酌之尊的记载。

有关这些释奠礼器的用途，可发现基本分为盛放供奉予享祭者的祭品、配合释奠仪节环节和祭祀活动所需三类。第一类又可分为盛币帛、酒醴、牲牢、粢盛、羹、庶品[68]。币帛为献礼时所必备，以篚盛放；酒醴盛放五齐三酒，五齐为泛齐、醴齐、盎齐、醍齐、沉齐，三酒为事酒、昔酒、清酒，据董喜宁之研究[69]，五齐三酒具体差别在于酿造时间的长短，仅三酒能饮用。五齐三酒盛放于太尊、山尊、牺尊、象尊、雷尊等器，并于释奠时以爵盛之。明、清时已无确切记载使用酒类为何，极可能均为清酒；牲牢则是释奠礼中献祭的牛、猪、羊，盛放于俎，另取猪肉一块作为饮福受胙时的胙肉，盛放于馔盘；粢盛为黍、粟、稻、粱四种谷物，两两依序分盛于簠、簋当中；羹分为太羹与和羹，太羹为不经调味的肉汁，和羹则经调味，分盛于登与铏中；庶品则种类繁多，以清代《文庙礼乐考》记载为例[70]，有形盐、藁鱼、鹿脯、枣、栗、榛、菱、芡、黑饼、白饼，盛装于笾；韭菹、芹菹、菁菹、笋菹、醓醢、兔醢、鱼醢、脾析、豚胉，盛装于豆。笾、豆所盛装庶品对照光绪朝重纂的《圣门礼志》亦未有所改变。第二类配合释奠仪节，则有瘗毛血时盛装牛血的毛血盆、盥洗酒爵和手的罍洗、盥洗、献祭完倒入酒的茅砂池。第三类祭祀活动所需的则有香炉、烛台。另有勺、坫、幂等配合礼器使用。

台南孔庙使用之释奠礼器，在盛放供奉予享祭者的祭品方面，以篚盛币帛；以爵装盛米酒于献祭时奠爵使用，其余牺尊、象尊、太尊、着尊、雷尊诸尊陈而不用，有不酌之尊的功能（图二〇）；牲牢未使用俎，而是将整个的牛、猪、羊分置于牲架上（图二一），胙肉盛于馔盘，饮福受胙时由正献官举起示意。

粢盛方面，簠盛放一分为二的白米饭，一半染成红色，代表两种谷物，簋则盛西谷米（图二二、图二三）。

羹类部分，登、铏未盛羹类，均盛白菜（图二四）。

图二〇　牺尊、象尊、太尊、着尊、雷尊陈设而不用
（笔者摄）

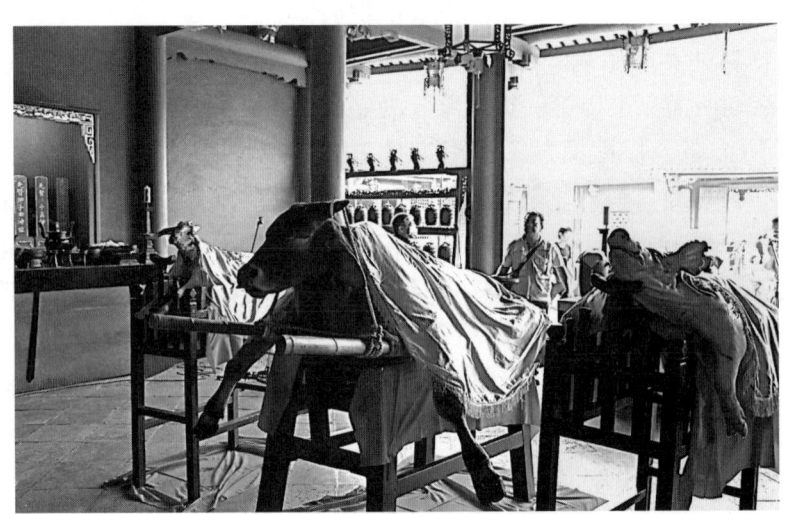

图二一　牛、猪、羊依序置于牲架
（笔者摄）

图二二　簠盛白米与染成红色的米　　　图二三　簋盛西谷米
　　　（笔者摄）　　　　　　　　　　　（笔者摄）

庶品方面，台南孔庙笾盛放红豆、绿豆、黄豆、花豆、花生、栗子、红枣、龙眼、饼干、盐十种（图二五）。豆盛放鸡肉、猪肚、鱿鱼、鱼干、萝卜、笋、葱、姜、芹菜、皇帝豆（图二六）。另将黑白饼盛放于馔盘，同置于桌案（图二七）。

图二四　登、铏均盛装白菜
（笔者摄，左框为登、右框为铏）

图二五　笾盛放之庶品
（笔者摄）

图二六　豆盛放之庶品
（笔者摄）

图二七　馔盘盛装黑白饼
（笔者摄）

对比业师黄翠梅于2010年所进行的调查（图二八），除了笾、豆陈设排列方式略有不同外，该年笾所盛之黑白饼、豆盛放之菱角，于笔者2016年调查时已替换为黄豆、皇帝豆。其余礼器基本一致，显见在祭品的置备上年年沿袭。

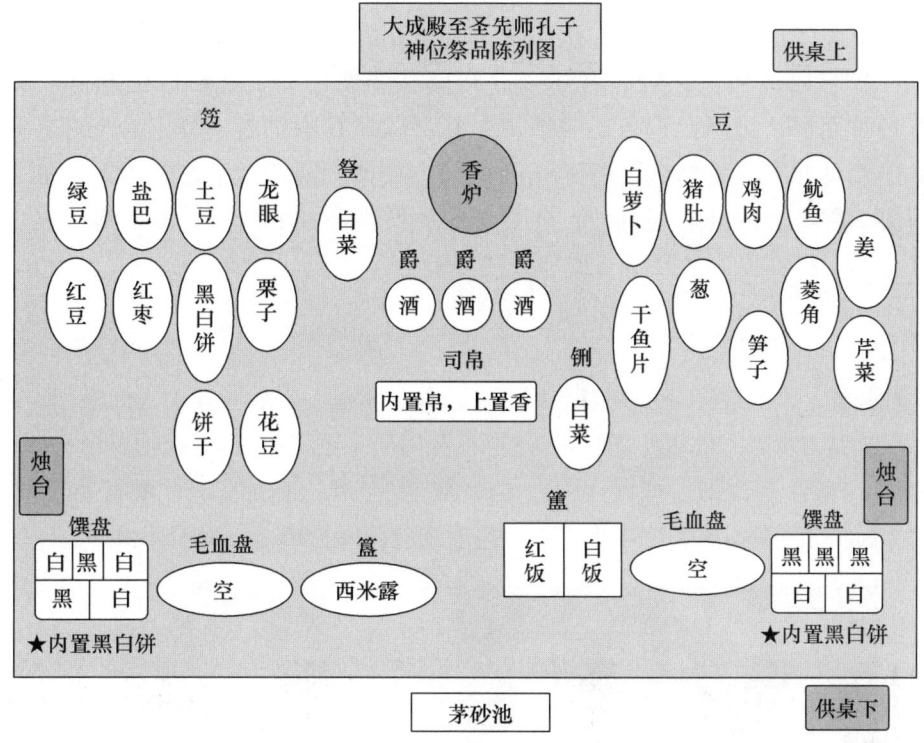

图二八　2010年孔子神位前祭品陈列图
（改绘自黄翠梅、李建纬：《俎豆千古·礼陶乐淑：台南孔庙释奠礼与礼乐文物》台南：台南艺术大学，2011年，第83页）

配合释奠仪节环节和祭祀活动方面，台南孔庙目前仍保有瘗毛血的环节，故有毛血盘的使用，以盛装牛血（图二九）。由于释奠礼器会在释奠礼前事先清洗毕，故典礼上无作为洗爵用途的罍洗，仅有盥盆供正献官献祭前盥手之用。祭祀活动部分则有香炉、花瓶、烛台，香炉供献官献祭时上香之用。综上所述，清代台南孔庙所使用之祭品究竟为何已不可考，然检视清代文献记载，可以发现目前台南孔庙所使用礼器之器类和其用途，大体和文献记载相同，不过仍有部分略有出

图二九　毛血盘盛装牛血
（笔者摄）

入，豆、笾所盛之庶品极可能因地制宜而有所更替，簠、簋或为受器数减损影响而减少种类，唯应盛装肉羹类的登、铏却改装盛白菜，是较大的变化。

## （三）台南孔庙释奠礼器形制与纹饰

前文曾提及，有关释奠礼的前人研究多专注于各代释奠礼沿革或变化，释奠礼器的讨论较少，甚至仅具介绍性质，笔者推测极可能尽管有历代的释奠礼仪注等文字纪录、礼器图与陈设图，但缺乏实物能加以印证，甚至连礼器图绘是否真存有实物都颇启人疑窦。台南孔庙最难能可贵之处，在于现今台南孔庙使用中之礼器以形制和纹饰进行观察，存有和蒋元枢《重修台郡各建筑图说》礼器图显具联系者，分别为太尊、簠、豆和香炉，除了使蒋元枢《重修台郡各建筑图说》中礼器图说和所绘之礼器图，能自文献角度证明历史上曾发生的礼器增补外，还能证实此图中所描绘释奠礼器的真实性。

太尊、簠、豆、香炉之形制与纹饰分述如下。

### 1. 太尊

据笔者调查，太尊现于释奠礼时与牺尊、象尊、雷尊、着尊共置于大成殿门口桌案，采复制品上覆亚克力罩方式陈设（图三〇）。原件为陶质（图三一），据业师黄翠梅调查结果："器为平缩口，宽肩，矮圈足，胎色黑褐，器表施有红、黑、白加彩，严重剥落。"[71]器身素面无纹，在其底部则刻有"乾隆四十一年台湾府知府蒋元枢捐造 贡生蒋得皋监制"铭文。

图三〇　太尊复制品
（笔者摄）

图三一　乾隆四十一年太尊
[采自黄翠梅（计划主持人）：《台南市国定（第一级）宗教性古迹内古物普查计划结案报告》，台南：台南市立文化资产管理处委托，台南艺术大学艺术史学系执行，2011年，器物类调查表序号297]

通过《重修台郡各建筑图说》礼器图可发现（图三二），太尊原为唇口，但口缘处现已毁损严重，下置有铜坫。而蒋元枢于《孔庙礼器图说》中述明："陈设之器，曰泰尊、牺尊、象尊、山尊、雷尊；盛酒醴之器曰着尊、曰壶尊——皆有幂、有案。"[72]泰尊，《文庙礼乐考》记载："太尊，大记从泰，即瓦尊，贵本尚直也。"[73]可知泰尊即太尊。现今太尊除已无铜坫的使用外，其摆设组合形式与两百多年前并无二致。

## 2. 簠

簠为铜质，依铭文可知确切铸器年代者共有三批[74]，分别为乾隆四十一年、大正七年、1988年（图三三、图三四）。现今释奠礼所使用者为1988年款（图三五）。

铜簠分为器盖与器身两部分。乾隆四十一年款器盖上书"乾隆四十一年台湾府知府蒋元枢捐造　贡生蒋得皋监制"，器盖整体呈梯形，平顶，下宽上窄，上接一波曲形之冠，盖口为长方形，盖身两侧各有一环形纽索状提耳。器身呈倒梯形，上宽下窄，自口缘处等比例下收，器身窄边各饰一兽头状錾，器身下接底座，底座四周中

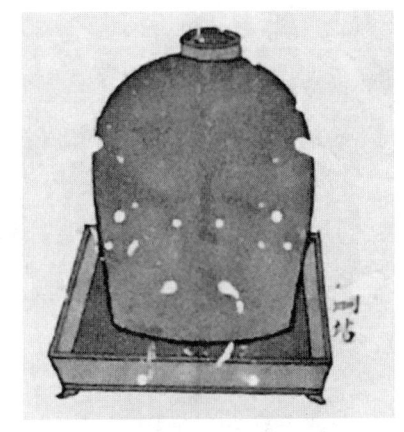

图三二　蒋元枢《重修台郡各建筑图说》礼器图局部
（笔者摄）

图三三　乾隆四十一年铜簠
[采自黄翠梅（计划主持人）：《台南市国定（第一级）宗教性古迹内古物普查计划结案报告》，台南：台南市立文化资产管理处委托，台南艺术大学艺术史学系执行，2011年，器物类调查表序号017]

图三四　大正七年铜簠
[采自黄翠梅（计划主持人）：《台南市国定（第一级）宗教性古迹内古物普查计划结案报告》，台南：台南市立文化资产管理处委托，台南艺术大学艺术史学系执行，2011年，器物类调查表序号025]

图三五　1988年铜簠
（笔者摄）

央处均有半弧形缺口。器盖波曲形冠外侧、器盖、器身和底座均饰以波曲纹。大正七年款器盖上书"大正七年　戊午春月重修孔子庙添制　台南乐局"；1988年款器盖则书"中华民国七十七年孔庙整修添置　市长兼主任委员　林文雄　监制"，二者形制基本与乾隆四十一年款相同，唯大正七年款口缘处在比例上长边较长，而1988年款之器盖已不见环形纽索状提耳。

图三六 蒋元枢《重修台郡各建筑图说》
礼器图局部
（笔者摄）

观察《重修台郡各建筑图说》礼器图（图三六），可发现无论形制、比例抑或纹饰表现，除器身底座上纹饰与实物略有差异之外，实物已真实地还原图绘的表现。

### 3. 豆

豆为铜质，依铭文可知确切铸器年代者共有三批[75]，分别为乾隆四十一年、昭和九年、1988年（图三七、图三八）。现今释奠礼所使用者为1988年款（图三九）。

图三七 乾隆四十一年铜豆
[采自黄翠梅（计划主持人）：《台南市国定（第一级）宗教性古迹内古物普查计划结案报告》，台南：台南市立文化资产管理处委托，台南艺术大学艺术史学系执行，2011年，器物类调查表序号 031]

图三八 昭和九年铜豆
[采自黄翠梅（计划主持人）：《台南市国定（第一级）宗教性古迹内古物普查计划结案报告》，台南：台南市立文化资产管理处委托，台南艺术大学艺术史学系执行，2011年，器物类调查表序号 086]

图三九 1988年铜豆
（笔者摄）

铜豆分器身和圈足两部分。器身为浅腹，呈碗盆状，下接高圈足。除器身与圈足交界处一环素面无纹外，全器均饰垂麟纹。乾隆四十一年款于圈足壁上书"乾隆四十一年台湾府知府蒋元枢捐造 贡生蒋得皋监制"；昭和九年款则书"昭和九年甲戌 董事许廷光陈鸿鸣黄欣赵钟麒石秀芳添造 元廪生邱珊洲监制"；1988年款铭文为"中华民国七十七年孔庙整修添置 市长兼主任委员 林文雄 监制"。三者形制相同，昭和九年款之器腹略深于其余二者。目前所见铜豆均无盖，而《重修台郡各建筑图说》礼器图之豆（图四〇）则

图四〇 蒋元枢《重修台郡各建筑图说》礼器图局部
（笔者摄）

以器身满布垂麟纹表现为最易辨识之特征。

### 4. 三足香炉

香炉为铜质，依铭文可知确切铸器年代者共有两批[76]，分别为乾隆四十一年与1988年（图四一、图四二）。另有同形制的木质香炉，制作年代未知，可能是铜香炉数量不足下的代用器。目前使用于释奠礼之三足香炉为1988年款铜质香炉与木质香炉。

图四一　乾隆四十一年三足香炉
[采自黄翠梅（计划主持人）：《台南市国定（第一级）宗教性古迹内古物普查计划结案报告》，台南：台南市立文化资产管理处委托，台南艺术大学艺术史学系执行，2011年，器物类调查表序号031]

图四二　1988年三足香炉
（笔者摄）

香炉之形制为唇口，束颈，鼓腹，于束颈处接有两朝上折耳，折耳上各有一长方形孔洞，位置约略对齐唇口。器足为三足，器腹外部下方与三足交界处刻有铭文，乾隆四十一年款为"乾隆四十一年台湾府知府蒋元枢捐造　贡生蒋得皋监制"；1988年款铭文为"中华民国七十七年孔庙整修添置　市长兼主任委员　林文雄　监制"。器身鼓腹处无纹饰，束颈处饰虺龙纹（图四三）。

图四三　1988年三足香炉束颈处饰虺龙纹
（笔者摄）

台南孔庙藏三足香炉形制基本和《重修台郡各建筑图说》一致，但台南孔庙者器腹处没有纹饰。另，《重修台郡各建筑图说》中所绘两折耳亦未见长方形孔洞（图四四）。

通过以上分析可以发现，台南孔庙同类释奠礼器虽铸器年代上至清代，下至近代仍有铸造更替，年代跨度极大，但形制基本保持一致，显见在进行礼器的添补工作时，会以前

图四四 蒋元枢《重修台郡各建筑图说》礼器图局部（笔者摄）

人之礼器为样本进行铸造。此外，尽管形制相同，但检视纹饰表现，仍能据以判别礼器的年代先后。

以同样有乾隆四十一年纪年器的铜爵为例，该形制铜爵铸器年代分别为乾隆四十一年、大正七年、1981年和1988年（图四五～图四八）[77]。铜爵流口两侧上方分接两柱，柱末为双环形。器身上流口一端宽，另一端窄，器腹直壁，圆腹渐收，腹部铸鋬。爵为三足，器足逐渐外扩成锥状。器身饰虺龙纹，鋬则略作兽首形。

将乾隆四十一年款的铜爵器身虺龙纹与1988年款进行对比，即可发现前者纹饰线条清晰（图四九），转折处亦显得自然、生动，而后者不仅线条十分软弱（图五〇），疲软的线条也压缩了空间，使布局显得紧迫，故整体纹饰相较而言表现呆板许多。

台南孔庙释奠礼器之形制源流，除了上述源自蒋元枢《重修台郡各建筑图说》的记年礼器之外，许多《重修台郡各建筑图说》中著录的礼器形象与现今台南孔庙所使用的明显不同，如登、铏二器（图五一）。

登均无纪年[78]，分器盖与器身两部分，器盖有一圆珠状提纽，器盖饰涡纹，间以一圈乳钉纹。器身侈口，圆腹渐收，下连高圈足，圈足以三环分为四个区块，中间两区饰勾连雷纹，其余部位饰涡纹。

图四五 乾隆四十一年铜爵
［采自黄翠梅（计划主持人）：《台南市国定（第一级）宗教性古迹内古物普查计划结案报告》，台南：台南市立文化资产管理处委托，台南艺术大学艺术史学系执行，2011年，器物类调查表序号135］

图四六 大正七年铜爵
［采自黄翠梅（计划主持人）：《台南市国定（第一级）宗教性古迹内古物普查计划结案报告》，台南：台南市立文化资产管理处委托，台南艺术大学艺术史学系执行，2011年，器物类调查表序号171］

图四七　1981年铜爵
（采自黄翠梅、李建纬：《俎豆千古·礼陶乐淑：台南孔庙释奠礼与礼乐文物》，台南：台南艺术大学，2011年，第61页）

图四八　1988年铜爵
（笔者摄）

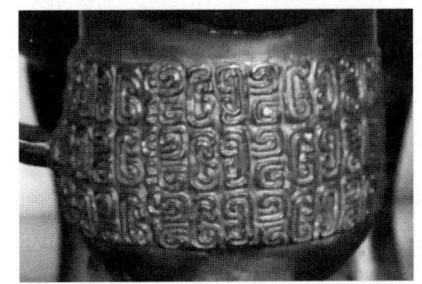

图四九　乾隆四十一年铜爵
［采自黄翠梅（计划主持人）：《台南市国定（第一级）宗教性古迹内古物普查计划结案报告》，台南：台南市立文化资产管理处委托，台南艺术大学艺术史学系执行，2011年，器物类调查表序号135］

图五〇　1988年铜爵
（笔者摄）

铏为铜质，依铭文可知确切铸器年代者共有两批，分别为民国三十七年（1948年）与1988年（图五二、图五三）。

铜铏分为器盖与器身两部分。器盖上有三片山形冠，冠上饰花草纹，器盖盖顶以花草为饰，盖身为菱纹，菱纹下有两道弦纹分成两区，依序为一圈勾连雷纹和一圈卷草纹。器身为圆口，腹微下收，连接三片三角形器足，器足形制与器盖之冠相同。器身以弦纹分成三部分，最上沿为卷草纹，中为

图五一　登（左）、铏二器（右）
（笔者摄）

图五二　民国三十七年铜铏
[采自黄翠梅（计划主持人）：《台南市国定（第一级）宗教性古迹内古物普查计划结案报告》，台南：台南市立文化资产管理处委托，台南艺术大学艺术史学系执行，2011年，器物类调查表序号028]

图五三　1988年铜铏
（笔者摄）

勾连云纹，器腹为六角方格纹，器足同样以花卉为饰。器腹近口沿处有双耳，呈兽首状。民国三十七年款器底刻有"中华民国卅七年秋　台南市文庙修建委员会监制"，1988年款则为"中华民国七十七年孔庙整修添置　市长兼主任委员　林文雄　监制"。

乾隆二十四年（1759年），清代最具代表性的器物图录《皇朝礼器图式》刊成，此书属记载典章制度类的政书，乾隆于序中写道："夫笾豆簠簋所以事神明也，前代以碗盘充数，朕则依古改之。"[79]书中对于国家祀典中的各级祭祀进行了礼器方面的规范，并附有礼器图和尺寸、纹饰、陈设位等信息，影响终清一代，意义深远。而当中对于孔庙释奠礼器，规范有爵、登、铏、簠、簋、筐、尊等类[80]，其中，登、铏两类形象即和台南孔庙释奠礼器相仿（图五四~图五七）。

图五四　《皇朝礼器图式》文庙正位登
[采自（清）允禄等：《皇朝礼器图式》，《景印文渊阁四库全书（第656册）》，台北：台湾商务印书馆，1986年，第147页]

图五五　台南孔庙未纪年铜登
（笔者摄）

图五六 《皇朝礼器图式》文庙正位铏
[采自（清）允禄等：《皇朝礼器图式》,《景印文渊阁四库全书（第656册）》,台北：台湾商务印书馆,1986年,第147页]

图五七 1988年铜铏
（笔者摄）

业师黄翠梅《俎豆千古·礼陶乐淑：台南孔庙释奠礼与礼乐文物》一书中指出："孔庙的祭祀（释奠礼）具有强烈的官方色彩，祭祀所使用的礼乐器也具有浓厚的正统性，特别是孔庙内的礼乐器多由朝廷或地方官员所铸造，其制作目的与政治之关系密切，故经常模仿古代礼器的形制进行制作。"[81]并以台南孔庙所藏方鼎为例，说明该器极可能"望图铸器"，以《宣和博古图》《西清古鉴》为范本制作[82]。观察台南孔庙之铏和登，虽形制基本与《皇朝礼器图式》差异不大，但在纹饰表现方面，尤其是登，有着极大的不同。笔者推测，现台南孔庙使用之登、铏，极可能在清代时有依《皇朝礼器图式》"望图铸器"的原型器存在，现有礼器乃依原型器形象翻铸而成。由于释奠礼器的添补多半肇因于礼器的佚失，故原型器的铸造时间极可能在道光十五年（1835年）或道光二十九年（1849年）[83]，此二文献或实物发现有添补礼器纪录的时间，此时蒋元枢所铸之铏、登可能已经毁坏，故新铸器增补，也因此导致现今所见台南孔庙之铏、登形制与蒋元枢《重修台郡各建筑图说》中所绘礼器形象不符。

（四）台南孔庙释奠礼器与泉州孔庙、宁波孔庙既存释奠礼器之比较

蒋元枢在《重修台郡各建筑图说》开篇明言："明禋崇圣，典为至巨。庙廷礼、乐诸器自宜美备，庶足以昭崇敬而肃享祀。查台郡孔庙礼器皆用铅锡，已属质陋；而豆、笾、簠、簋既非合度，且多未备。"[84]也因感于释奠礼器的不完备，故由中国大陆制作礼器后运送来台。由上节可知，现今台南孔庙使用的祭孔释奠礼器可视为清代遗绪，礼器的置备除了来自清代地方官员的努力之外，也受到清代官方《皇朝礼器图式》的影响。

台湾地处清代帝国的边陲，然而如此地缘关系之下尚能具备完整、配合官方仪节举行典礼的释奠礼器，则其余同样位处地方的孔庙，释奠礼器又是何种面貌呢？通过文献，笔者得知泉州孔庙、宁波孔庙藏有释奠礼器若干，同样作为地方文庙，其拥有的释奠礼器现今虽因已无释奠礼地而不再使用，无法探讨祭品、数量、组合形式等问题，但仍可于其形制方面进行比较。

就现有观察而言，泉州孔庙和宁波孔庙展现出截然不同的形制源流。泉州孔庙藏有由施世骠所捐置的纪年器，包含牺尊、象尊、壶尊、山尊，铭文上刻有"康熙五十二年 仲秋　郡人　施世骠"[85]。以山尊为例，可以看到其和《重修台郡各建筑图说》礼器图中的山尊形象颇为相似（图五八、图五九）。

图五八　《重修台郡各建筑图说》中的山尊（笔者摄）

图五九　泉州孔庙康熙五十二年款山尊（采自陈国珠：《祭孔礼器的青铜器》，《收藏界》2014年第4期，第107页）

此外，泉州孔庙藏有刻"乾隆四十一年台湾府知府蒋元枢捐造　贡生蒋得皋监制"的簋与豆（图六〇、图六一），形制与台南孔庙所藏器完全一致，经比对，豆的尺寸亦完全相同，显示此两件礼器应是和台南孔庙蒋元枢捐造之礼器一同铸造的。铜豆上有盖，得以弥补台南孔庙铜豆器盖佚失的不足，印证了《重修台郡各建筑图说》礼器图所绘带器盖之豆的真实性。

与和台南孔庙《重修台郡各建筑图说》形制礼器来源较接近的泉州孔庙不同，宁波孔庙既存之礼器，明显有受《皇朝礼器图式》影响的色彩[86]。以铜登和铜簠（图六二~图六五）为例，无论是形制还是纹饰表现，均与《皇朝礼器图式》描绘的形象十分相近。

此外，宁波孔庙中部分释奠礼器与《皇朝礼器图式》无涉，其中罍在《宁波孔庙藏祭祀礼乐器》文中被记为云雷尊（图六六）。笔者透过其器身的纹饰表现（图六七），发现其与《文庙丁祭谱》中的罍高度相符，推测是"望图铸器"而生的礼器。

图六〇　泉州孔庙乾隆四十一年款簋
（采自陈国珠：《祭孔礼器中的青铜器》，《收藏界》
2014年第4期，第105页）

图六一　泉州孔庙乾隆四十一年款豆
（采自陈国珠：《祭孔礼器中的青铜器》，《收藏界》
2014年第4期，第106页）

图六二　《皇朝礼器图式》文庙正位登
［采自（清）允禄等：《皇朝礼器图式》，《景印文
渊阁四库全书（第656册）》，台北：台湾商务印
书馆，1986年，第147页］

图六三　宁波孔庙铜登
（采自鲍亦程：《宁波孔庙藏祭祀礼乐器》，《收藏界》
2013年第9期，第67页）

图六四　《皇朝礼器图式》文庙正位簠
［采自（清）允禄等：《皇朝礼器图式》，《景
印文渊阁四库全书（第656册）》，台北：台
湾商务印书馆，1986年，第148页］

图六五　宁波孔庙铜簠
（采自鲍亦程：《宁波孔庙藏祭祀礼乐器》，《收藏界》
2013年第9期，第67页）

图六六 宁波孔庙铜罍
（采自鲍亦程：《宁波孔庙藏祭祀礼乐器》，《收藏界》
2013年第9期，第67页）

图六七 《文庙丁祭谱》罍
［采自（清）蓝钟瑞：《文庙丁祭谱》，《历代文庙
研究资料汇编》，北京：图书馆出版社，2012年，
第570页］

## 四、结语：台南孔庙释奠礼器反映的文化现象

礼器的重要性，清代地方官员有清楚的认识，李廷璧便曾言："礼乐之兴也，生于情；而礼乐之行也，存乎器。"[87]而通过对台南孔庙释奠礼器的梳理，可以了解主掌台南政事的历任官员非常重视台南孔庙。故由清至民国时期，孔庙释奠礼器历经多次增补，这些礼器借由释奠礼的持续举行，至今依旧发挥着承载对于先师感念之情的作用。

借由分析可发现，台南虽孤悬于外，释奠礼器的发展却未因此而独立，不但举行释奠礼时的陈设、祭品内容均依循清代的规范，而且礼器的形制与纹饰除了历经百年仍传承着由蒋元枢所订的形式外，也渗透进清帝国《皇朝礼器图式》的影响，使得台南的释奠礼器源流变得多元。

此外，通过与同为地方文庙的泉州、宁波孔庙进行比较，发现在形制源流上与前者关系较为密切，后者则可作为《皇朝礼器图式》确实流传至地方的证明。泉州孔庙藏有蒋元枢捐造的簠、豆，更让其与台南的联结显得更加密切。由于蒋元枢不仅到过台南、泉州，还曾于其他地方州县当官，是否还有其他类似于泉州文庙的表现则有待更深入的研究。

## 注　释

［1］（汉）郑玄：《礼记》，《景印文渊阁四库全书》（第155册），台北：台湾商务印书馆，1986年，第423页。

［2］丰宗国：《明清孔庙释奠礼仪及其特征比对》，《济宁学院学报》2015年第1期，第18页。

［3］陈文达：《台湾县志》，台北：台湾银行经济研究室，1961年，第152～157页。引自"中央研究院"台湾史研究所台湾文献丛刊数据库，http://tcss.ith.sinica.edu.tw/cgi-bin/gs32/gsweb.cgi/ccd=vY0KPD/record?r1=6&h1=1（点阅时间：2017年10月24日）。

［4］周钟瑄：《诸罗县志》，台北：台湾银行经济研究室，1962年，第55页。引自"中央研究院"台湾史研究所台湾文献丛刊数据库，http://tcss.ith.sinica.edu.tw/cgi-bin/gs32/gsweb.cgi/ccd=vY0KPD/

record?r1=5&h1=1（点阅时间：2017年10月24日）。
［5］陈文达：《凤山县志》，台北：台湾银行经济研究室，1961年，第35～40页。引自"中央研究院"台湾史研究所台湾文献丛刊数据库，http://tcss.ith.sinica.edu.tw/cgi-bin/gs32/gsweb.cgi/ccd=vY0KPD/record?r1=7&h1=1（点阅时间：2017年10月24日）。
［6］姚秉正：《中国孔庙历史发展情况》，《孔庙国子监丛刊》，北京：燕山出版社，2009年，第24页。
［7］张蒙：《河南省部分孔庙调查报告》，复旦大学硕士学位论文，2013年，第7页。
［8］刘袖瑕：《甘肃省孔庙遗存状况研究》，兰州大学硕士学位论文，2010年，第1页。
［9］江西省文物考古研究所：《中国历史上有影响的孔庙》，《南方文物》中国孔庙研究专辑，2002年第4期，第10页。
［10］何祖诚：《台南孔庙释奠仪节之研究》，佛光大学硕士学位论文，2013年，第77、78页。
［11］a.黄翠梅（计划主持人）、李建纬、林素幸、黄猷钦（协同主持人）：《台南市国定（第一级）宗教性古迹内古物普查计划结案报告》，台南：台南市立文化资产管理处委托，台南艺术大学艺术史学系执行，2011年；b.黄翠梅、李建纬：《俎豆千古·礼陶乐淑：台南孔庙释奠礼与礼乐文物》，台南：台南艺术大学，2011年；c.黄翠梅：《玉振金声·流泽无疆：2010年台南孔庙秋季释奠礼全纪录》DVD激光视盘与说明文稿，台南：台南艺术大学，2014年。
［12］孔德平、孟庆涛、孟继新：《祭孔礼乐研究》，北京：文物出版社，2009年。
［13］董喜宁：《孔庙祭祀研究》，湖南大学博士学位论文，2011年。
［14］盖金伟：《汉唐官学学礼研究》，华东师范大学博士学位论文，2007年。
［15］夏志刚：《南北朝释奠推行模式比较》，《阅江学刊》2013年第3期，第65～70页。
［16］王洪军、李淑芳：《唐代尊祀孔子研究——祭孔祀奠礼乐研究》，《齐鲁文化研究（第6辑）》，济南：山东文艺出版社，2007年，第219～229页。
［17］王美华：《庙学体制的构建、推行与唐宋地方的释奠礼仪》，《社会科学》2014年第4期，第155～164页。
［18］张宏斌：《建国重道，莫先于学——安史乱后学校的堕败与地方庙学的兴起》，《世界宗教研究》2015年第6期，第40～54页。
［19］赵强：《宋代文宣王庙考》，《文博》2015年第4期，第60～67页。
［20］徐洁：《金朝孔庙释奠礼初探》，《学习与探索》2015年第11期，第155～160页。
［21］申万里：《元代文庙祭祀初探》，《暨南史学（第3辑）》，广东：暨南大学出版社，2004年，第283～304页。
［22］同注［2］，第17～21页。
［23］童千芬：《明清释奠礼研究》，"国立"中兴大学硕士学位论文，2008年。
［24］庄芳荣：《台北市纪念大成至圣先师孔子二五四〇周年诞辰释奠特刊》，台北：台北市孔庙管理委员会，1991年。
［25］杜美芬、李朝麟：《台北市庆祝孔庙落成七十周年暨纪念大成至圣先师孔子二五五〇周年释奠特刊》，台北：台北市孔庙管理委员会，2000年。
［26］杜美芬：《台北孔子庙2003年释奠典礼成果特刊》，台北：台北市孔庙管理委员会，2003年。
［27］杜美芬：《台北孔子庙2005年释奠典礼成果特刊》，台北：台北市孔庙管理委员会，2005年。
［28］施淑梨：《2010年春日祭孔"世界的孔子：孔庙与祀典"国际学术研讨会论文集》，台北：台北市孔庙管理委员会，2010年。
［29］黄文陶：《中国历代及东南各国祀孔礼仪考》，嘉义：嘉义文献委员会，1965年。
［30］同注［10］。
［31］同注［11］b。
［32］关长龙：《礼器略说》，《浙江大学学报（人文社会科学版）》2014年第2期，第16页。

[33]（汉）郑玄：《礼记注疏》，《景印文渊阁四库全书》（第116册），台北：台湾商务印书馆，1986年，第104页。

[34] 李宜蓬：《从礼器到礼教：礼乐文化推衍的内在逻辑》，《孔子研究》2014年第4期，第91页。

[35] 同注［34］，第94页。

[36] 同注［32］，第20页。

[37] 同注［11］b，第21页。

[38] 参照黄翠梅《玉振金声·流泽无疆：2010年台南孔庙秋季释奠礼全纪录》释奠礼流程，第5页，并依笔者于现场观礼时所见稍加调整。

[39] 创建年代为笔者参酌文化部文化资产局国家文化资产网（https://nchdb.boch.gov.tw/）、内政部全国宗教信息网—台湾宗教文化地图（https://www.taiwangods.com/html/cultural/3_001.aspx）与文化部孔庙文化信息网（http://confucius.culture.tw/index01.htm）整理而成。

[40] 蒋毓英：《台湾府志》，台北：台湾银行经济研究室，1977年，第115~117页。引自"中央研究院"台湾史研究所台湾文献丛刊数据库，http://tcss.ith.sinica.edu.tw/cgi-bin/gs32/gsweb.cgi/ccd=jio4QB/record?r1=4&h1=1（点阅时间：2018年7月24日）。

[41] 同注［40］。

[42]《重修台湾孔子庙碑》，台湾大学深化台湾研究核心典藏数字化计划，http://www.darc.ntu.edu.tw/handle/1918/243815?forwardTo=/newdarc/darc-item-window.jsp&query=%28%28subject%3A%22%E7%A5%80%E5%84%80%22%29+AND+%28subject%3A%22%E8%A1%8C%E6%94%BF%22%29%29（点阅日期：2019年10月12日）。

[43] 陈寿祺：《福建通志·台湾府》，台北：台湾银行经济研究室，1960年，第239页。引自"中央研究院"台湾史研究所台湾文献丛刊数据库，http://tcss.ith.sinica.edu.tw/cgi-bin/gs32/gsweb.cgi/ccd=VmA5WM/record?r1=10&h1=1（点阅时间：2018年7月24日）。

[44] 余文仪：《续修台湾府志》，台北：台湾银行经济研究室，1962年，第805~807页。引自"中央研究院"台湾史研究所台湾文献丛刊数据库，http://tcss.ith.sinica.edu.tw/cgi-bin/gs32/gsweb.cgi/ccd=VmA5WM/record?r1=5&h1=2（点阅时间：2018年7月24日）。

[45] 台湾银行经济研究室：《重修台湾府孔子庙学碑记》，《台湾历史文献丛刊：台湾南部碑文集成》，台湾：台湾省文献委员会，1994年，第108、109页。

[46] 台南市中西区公所：《以成书院传承孔庙的祭祀礼制，获省府表扬为年度绩优书院》，2010年，http://www.tnwcdo.gov.tw/news01.asp?ID=%7B21776B94-F54E-4E33-8A77-2B929029EBA7%7D（点阅时间：2018年10月9日）。

[47] 高拱干：《台湾府志·典秩志》，台北：台湾银行经济研究室，1960年，第302页。引自"中央研究院"台湾史研究所台湾文献丛刊数据库，http://tcss.ith.sinica.edu.tw/cgi-bin/gs32/gsweb.cgi/ccd=bQ72rO/ebookviewer?dbid=EB0000000065&db=ebook#（点阅时间：2018年8月22日）。

[48] 1952年，《庆祝孔子诞辰及教师节办法》定孔子诞辰与教师节为国历九月二十八日。参看周俊宇：《塑造党国之民——中华民国国定节日的历史考察》，"国立"政治大学台湾史研究所硕士学位论文，2008年，第187页。

[49] 同注［11］b，第47~66页。

[50] 同注［11］b，第67页。

[51] 同注［12］，第41页。

[52] 高文：《汉碑集释》，河南：河南大学出版社，1997年，第182页。特别说明，因原文中多假借字，已转换为今日用法。

[53] 同注［15］，第65页。

[54]（唐）房玄龄：《晋书》，《景印文渊阁四库全书》（第255册），台北：台湾商务印书馆，1986年，

[55] 孔祥林：《释奠礼的发展》，《孔庙国子监论丛》，北京：中国社会科学出版社，2014年，第12页。
[56] 唐代立国最初以周公为先圣、孔子为先师，至太宗则以孔子为先圣、颜回为先师，终唐一代基本均从此制。虽高宗朝一度又将周公定为先圣、孔子为先师，但不久即改回。
[57]（唐）萧嵩等：《大唐开元礼》，《景印文渊阁四库全书》（第646册），台北：台湾商务印书馆，1986年，页45。
[58] 同注[57]，第47页。
[59]（宋）郑居中等：《政和五礼新仪》，《景印文渊阁四库全书》（第647册），台北：台湾商务印书馆，1986年，第614、615页。
[60]（明）不着撰人：《新官到任仪注》，《官箴书集成》，安徽：黄山书社，1997年，第713、720页。
[61]（明）李之藻：《頖宫礼乐疏》，《景印文渊阁四库全书》（第651册），台北：台湾商务印书馆，1986年，第82、83页。
[62]（清）蓝钟瑞：《文庙丁祭谱》，《历代文庙研究资料汇编》（第三册），北京：图书馆出版社，2012年，第203～207页。
[63]（清）蓝钟瑞：《文庙丁祭谱》，《历代文庙研究资料汇编》（第四册），北京：图书馆出版社，2012年，第250页。
[64]（清）孔令贻：《圣门礼志》，《圣门礼志、圣门乐志、文庙礼乐考》，台北：新文丰，1991年，第41、42页。
[65] 政事堂礼制馆：《祀孔典礼》，《民国礼制七种》，北京：财政部印刷局，1914年，第1、2页。
[66] 同注[65]，第4、5页。
[67] 同注[65]，第5页。
[68] 同注[13]，第204～213页。
[69] 同注[13]，第206、207页。
[70]（清）金之植：《文庙礼乐考》，《圣门礼志、圣门乐志、文庙礼乐考》，台北：新文丰，1991年，第385～387页。
[71] 同注[11]a，器物类调查表序号297。
[72] 蒋元枢：《重修台湾各建筑图说》，台北：台湾银行经济研究室，1970年，第15～17页。引自"中央研究院"台湾史研究所台湾文献丛刊数据库，http://tcss.ith.sinica.edu.tw/cgi-bin/gs32/gsweb.cgi/ccd=EsW9rc/record?r1=33&h1=0（点阅时间：2018年7月24日）。
[73] 同注[70]，第392页。
[74] 同注[11]b，第48页。
[75] 同注[11]b，第48页。
[76] 同注[11]b，第48页。
[77] 同注[11]b，第48页。
[78] 同注[11]b，第48页。
[79]（清）允禄等：《皇朝礼器图式》，《景印文渊阁四库全书》（第656册），台北：台湾商务印书馆，1986年，第2页。
[80] 同注[79]，第146～150页。
[81] 同注[31]b，第84页。
[82] 同注[31]b，第85页。
[83] 同注[31]b，第48页。
[84] 蒋元枢：《重修台湾各建筑图说》，台北：台湾银行经济研究室，1970年，第15页。引自"中央研究院"台湾史研究所台湾文献丛刊数据库，http://tcss.ith.sinica.edu.tw/cgi-bin/gs32/gsweb.cgi/

ccd=EsW9rc/record?r1=33&h1=0（点阅时间：2018年7月24日）。

[85] 陈国珠：《祭孔礼器中的青铜器》，《收藏界》2014年第4期，第105～109页。
[86] 鲍亦程：《宁波孔庙藏祭祀礼乐器》，《收藏家》2013年第9期，第65～69页。
[87] 周玺：《彰化县志》，《台湾文献史料丛刊（第1辑）》，台北：大通书局，1984年，第421页。

# 参 考 书 目

## 1. 历史文献

（唐）房玄龄：《晋书》，《景印文渊阁四库全书》（第255册），台北：台湾商务印书馆，1986年。
（唐）萧嵩等：《大唐开元礼》，《景印文渊阁四库全书》（第646册），台北：台湾商务印书馆，1986年。
（宋）郑居中等：《政和五礼新仪》，《景印文渊阁四库全书》（第647册），台北：台湾商务印书馆，1986年。
（明）不着撰人：《新官到任仪注》，《官箴书集成》，安徽：黄山书社，1997年。
（明）李之藻：《頖宫礼乐疏》，《景印文渊阁四库全书》（第651册），台北：台湾商务印书馆，1986年。
（清）金之植：《文庙礼乐考》，《圣门礼志、圣门乐志、文庙礼乐考》，台北：新文丰，1991年。
（清）孔令贻：《圣门礼志》，《圣门礼志、圣门乐志、文庙礼乐考》，台北：新文丰，1991年。
（清）蓝钟瑞：《文庙丁祭谱》，《历代文庙研究资料汇编》（第三册），北京：图书馆出版社，2012年。
（清）蓝钟瑞：《文庙丁祭谱》，《历代文庙研究资料汇编》（第四册），北京：图书馆出版社，2012年。
（清）允禄等：《皇朝礼器图式》，《景印文渊阁四库全书》（第656册），台北：台湾商务印书馆，1986年。

## 2. 研究专著

陈国珠：《祭孔礼器中的青铜器》，《收藏界》2014年第4期。
杜美芬、李朝麟：《台北市庆祝孔庙落成七十周年暨纪念大成至圣先师孔子二五五〇周年释奠特刊》，台北：台北市孔庙管理委员会，2000年。
杜美芬：《台北孔子庙2003年释奠典礼成果特刊》，台北：台北市孔庙管理委员会，2003年。
杜美芬：《台北孔子庙2005年释奠典礼成果特刊》，台北：台北市孔庙管理委员会，2005年。
丰宗国：《明清孔庙释奠礼仪及其特征对比》，《济宁学院学报》2015年第1期。
盖金伟：《汉唐官学学礼研究》，华东师范大学博士学位论文，2007年。
高文：《汉碑集释》，河南：河南大学出版社，1997年。
关长龙：《礼器略说》，《浙江大学学报（人文社会科学版）》2014年第2期。
何祖诚：《台南孔庙释奠仪节之研究》，佛光大学硕士学位论文，2013年。
黄翠梅（计划主持人）、李建纬、林素幸、黄猷钦（协同主持人）：《台南市国定（第一级）宗教性古迹内古物普查计划结案报告》，台南：台南市立文化资产管理处委托，台南艺术大学艺术史学系执行，2011年。
黄翠梅、李建纬：《俎豆千古·礼陶乐淑：台南孔庙释奠礼与礼乐文物》，台南：台南艺术大学，2011年。
黄文陶：《中国历代及东南各国祀孔礼仪考》，嘉义：嘉义文献委员会，1965年。
江西省文物考古研究所：《中国历史上有影响的孔庙》，《南方文物》中国孔庙研究专辑，2002年第4期，第10页。
孔德平、孟庆涛、孟继新：《祭孔礼乐研究》，北京：文物出版社，2009年。
孔祥林：《释奠礼的发展》，《孔庙国子监论丛》，北京：中国社会科学出版社，2014年。
李宜蓬：《从礼器到礼教：礼乐文化推衍的内在逻辑》，《孔子研究》2014年第4期。
刘袖瑕：《甘肃省孔庙遗存状况研究》，兰州大学硕士学位论文，2010年。

申万里：《元代文庙祭祀初探》，《暨南史学（第3辑）》，广东：暨南大学出版社，2004年。
施淑梨：《2010年春日祭孔"世界的孔子：孔庙与祀典"国际学术研讨会论文集》，台北：台北市孔庙管理委员会，2010年。
台湾银行经济研究室：《重修台湾府孔子庙学碑记》，《台湾历史文献丛刊·台湾南部碑文集成》，台湾：台湾省文献委员会，1994年。
童千芬：《明清释奠礼研究》，"国立"中兴大学硕士学位论文，2008年。
王洪军、李淑芳：《唐代尊祀孔子研究——祭孔祀奠礼乐研究》，《齐鲁文化研究（第6辑）》，济南：山东文艺出版社，2007年。
王美华：《庙学体制的构建、推行与唐宋地方的释奠礼仪》，《社会科学》2014年第4期。
夏志刚：《南北朝释奠推行模式比较》，《阅江学刊》2013年第3期。
徐洁：《金朝孔庙释奠礼初探》，《学习与探索》2015年第11期。
姚秉正：《中国孔庙历史发展情况》，《孔庙国子监丛刊》，北京：燕山出版社，2009年。
张宏斌：《建国重道，莫先于学——安史乱后学校的堕败与地方庙学的兴起》，《世界宗教研究》2015年第6期。
张蒙：《河南省部分孔庙调查报告》，复旦大学硕士学位论文，2013年。
赵强：《宋代文宣王庙考》，《文博》2015年第4期。
政事堂礼制馆：《祀孔典礼》，《民国礼制七种》，北京：财政部印刷局，1914年。
周俊宇：《塑造党国之民——中华民国国定节日的历史考察》，"国立"政治大学台湾史研究所硕士学位论文，2008年。
庄芳荣：《台北市纪念大成至圣先师孔子二五四〇周年诞辰释奠特刊》，台北：台北市孔庙管理委员会，1991年。

## 3. 网络资源

《重修台湾孔子庙碑》，台湾大学深化台湾研究核心典藏数字化计划，http://www.darc.ntu.edu.tw/handle/1918/243815?forwardTo=/newdarc/darc-item-window.jsp&query=%28%28subject%3A%22%E7%A5%80%E5%84%80%22%29+AND+%28subject%3A%22%E8%A1%8C%E6%94%BF%22%29%29（点阅日期：2019年10月12日）。
陈寿祺：《福建通志·台湾府》，台北：台湾银行经济研究室，1960年，第239页。引自"中央研究院"台湾史研究所台湾文献丛刊数据库，http://tcss.ith.sinica.edu.tw/cgi-bin/gs32/gsweb.cgi/ccd=VmA5WM/record?r1=10&h1=1（点阅时间：2018年7月24日）。
高拱干：《台湾府志·典秩志》，台北：台湾银行经济研究室，1960年，第302页。引自"中央研究院"台湾史研究所台湾文献丛刊数据库，http://tcss.ith.sinica.edu.tw/cgi-bin/gs32/gsweb.cgi/ccd=bQ72rO/ebookviewer?dbid=EB0000000065&db=ebook#（点阅时间：2018年8月22日）。
蒋毓英：《台湾府志》，台北：台湾银行经济研究室，1977年。引自"中央研究院"台湾史研究所台湾文献丛刊数据库，http://tcss.ith.sinica.edu.tw/cgi-bin/gs32/gsweb.cgi/ccd=jio4Q（点阅时间：2018年7月24日）。
蒋元枢：《重修台湾各建筑图说》，台北：台湾银行经济研究室，1970年，第15~17页。引自"中央研究院"台湾史研究所台湾文献丛刊数据库，http://tcss.ith.sinica.edu.tw/cgi-bin/gs32/gsweb.cgi/ccd=EsW9rc/record?r1=33&h1=0（点阅时间：2018年7月24日）。
台南市中西区公所：《以成书院传承孔庙的祭祀礼制，获省府表扬为年度绩优书院》，2010年，http://www.tnwcdo.gov.tw/news01.asp?ID=%7B21776B94-F54E-4E33-8A77-2B929029EBA7%7D（点阅时间：2018年10月9日）。
余文仪：《续修台湾府志》，台北：台湾银行经济研究室，1962年。引自"中央研究院"台湾史研究所台湾文献丛刊数据库，http://tcss.ith.sinica.edu.tw/cgi-bin/gs32/gsweb.cgi/ccd=VmA5WM/record?r1=5&h1=2（点阅时间：2018年7月24日）。

# Taiwan Study of Ritual Vessels of the Confucius Worship Ceremony: the Cases of the Official Confucian Temples in Tainan

Wang Zhenghao

(2014 Graduate Student, Art Criticism and Antiquities Research, Tainan University of the Arts)

**Abstract:** "Shìh diàn", one of the rituals of ancient worship, now basically refers to the Confucious worship ceremony.

In Taiwan, every year on the 28th of September, the government holds autumn Confusious worship ceremony at Official Confucian Temples. It is regarded as one of the most important yearly ceremonies in which the executive chief of the local government serves as the master of ceremony. In addition to autumn ceremony, Confucius Temples in Tainan also conducted spring worship ceremony. Some confucius temples in Taiwan went through Japanese colonial period and later received renovation after Taiwan restoration. Many of them are well preserved till today. For instance, Tainan confucius temple is kept in good physical condition and is orthodox with traditional ritual vessels from Qing Dynasty in place.

Many predecessors are researching the system, clothing and other instruments of the Confucius worship ceremony. Only the ritual vessels of the confucius worship ceremony have rarely discussed in the aspect of source and shaping process. Thus, no overall study on the ritual vessels used during the official ceremony of Confucian temple were established.

In light of this, this article intends to combine material extracted from Tainan confucius temple and field investigations with historical documents and book catalogs. With all these data, the type, style and furnishing of the ceremonial ritual vessels can be clarified.

Based on this, whether or not the Taiwanese officials had specific impact and influence on the development of the ritual vessels used during ceremony of Confucius worship can be explored. The cultural phenomena reflected on the inheritance and variation of the ritual vessels can be concluded.

**Key Words:** Ritual Vessels, Shìh Diàn, Confucius Worship, Official Confucian Temples

---

**教师评语：**台南孔庙创建于1665年，是台湾地区最早的官修孔庙，被誉为"台湾首学"，其释奠仪节的发展迄今仍依循清代的规范，并且藏有自清乾隆时期以来的释奠礼

器。王政皓《台湾祭孔释奠礼器研究——以台南孔庙为核心》一文将传统礼器之研究课题加以拓展，不局限于三代彝器与金石学之考证，而将研究视角投射于当代台湾地区释奠礼器之使用，首先自中国历史文献进行溯源，再以台南孔庙田野调查所获的资料为基础，探讨释奠礼器之用途、祭品陈设、形制、纹饰、数量与组合形式等诸课题。此外，通过与福建泉州孔庙现存蒋元枢捐造之簋、豆进行对比，进而指出台南孔庙释奠礼器与泉州孔庙关系密切。整体而言，本文研究视角宽广，对于台南孔庙释奠礼器发展源流之分析深入翔实，相当值得肯定。

（台南艺术大学艺术史学系特聘教授兼任副校长　黄翠梅）

# 读书札记

## 再评李碧妍《危机与重构
——唐帝国及其地方诸侯》

何 康

（北京大学考古文博学院 2018 级博士研究生）

**摘要：** 该书以空间和动态的视角审视中晚唐时期中央与藩镇之间的政治博弈，并从地缘政治角度对藩镇时代意义与"唐宋变革"内因做出新的阐释，时空与性格是阐释中晚唐中央与地方政治关系变化的关键线索。基于近年来中晚唐史学研究的火热，文献材料研究已建立了较为稳固的形象基调，中晚唐考古不仅为史学研究提供实物佐证，还对史家推论提出挑战，更延展了同一方法下对古代政治与社会的探究。

**关键词：** 地缘政治；藩镇性格；政治表达；群体身份

中晚唐是唐宋史学研究上的一个难点，也是一个重点，关注中央与地方的关系以及藩镇内部的变化是此前和当下研究的主要着眼点，而过去大量的藩镇个例研究，以及史家对诸藩镇文臣将吏资料的整理，为后辈学者提供了充分的条件去进一步寻求研究方法和视角的突破。安史之乱后，唐朝形成了内部多元的复杂政治体，此前在盛世太平粉饰下的诸多矛盾被搬到台面上，内忧外患可以说是最恰当的形容词了，吐蕃、回鹘、南诏虎视眈眈，关中以外的藩镇节度又多意图谋求裂土分封的自治权，尤其玄宗时，在东北军团起家的武将群体更是如此。江淮作为帝国粮仓，也时常暴露朝廷鞭长莫及的焦虑和无力。面对纷争迭起的局面，唐朝依然能够维持其百余年的统治，其中的权术纠葛与王道谋略，既是昔日君臣日夜思筹之事，也是如今学者剖析、理解中晚唐时无法避免的问题。不置可否的是，多条主线盘绕在中晚唐帝国的命脉之上，抽丝剥茧的工作仍在继续，高屋建瓴的努力亦不可少，新史料的出现也为研究的突破提供了新契机。李碧妍女士即在此背景下，试图对唐王朝在危机面前所做出的反映与重构政治权威的努力，给予一个合理的历史解释（第 2 页）。

李碧妍《危机与重构——唐帝国及其地方诸侯》（以下简称"李书"）一书以安史之乱为起点，分别从中央和各系军阀的视角去理解由最初的边镇胡将叛乱引发的危机所造成的一系列政治和社会变化，以及如何在动态的博弈过程中成功延续唐廷的政治权威与统治力，最终形成内地普设藩镇这一行为背后的政治动因。陈烨轩[1]和胡耀飞[2]分别从历史学的角度进行了评论，肯定该书的独到之处，指出不足，并对这一理论体系下研究的延展提出见解。显然，该书所关注的中晚唐帝国内部的"分解与重构"议题，不仅仅是政治史和社会史层面上的重要内容，王朝命运转折点所暴露的后续一系列统治秩序的危机，以及应对于此的变革与重塑，考古发现的遗迹、遗物理应能够对此有所增补和回应。

# 一、内容概述

李书的撰写思绪与整体结构，已在陈烨轩、胡耀飞二文及作者本人的一次沙龙讲座[3]中有过详细充分的论述，"地缘政治学"应为行文考虑的初衷，问题的出发点在于"藩镇的权力构造"，细分之下可视为"唐朝与藩镇的关系"以及"藩镇内部的权力构造"两点（第7页）。书中分"绪论"、主体四章、"代结语"和附文《李怀让之死》等部分展开讨论。

"绪论"交代了该书撰写的研究动机、路径、手段和内容简介，就上述两点问题进行学术史的讨论，并提高至对"唐宋变革"问题的关注。

主体章节分别对河南、关中、河北和江淮四个地域的外在格局变化与内在权力纠葛进行叙述。

第一章"河南：对峙开始的地方"，作为多重矛盾交汇点的河南，在朝叛伊始便因为玄、肃二帝的权力争夺，地方的阳奉阴违以及势力之间的内卷，最终导致了睢阳之战的悲剧。不论是节度使还是元帅，朝廷的制度始终未能卓有成效地应对战争局势，最终形成了河南地方军将势力逐渐退出，平卢系河朔军阀入驻当地的局面。这种局面并未维持多久，滑亳节度令狐彰上表请代，朝廷于其地置永平军，并顺利解决汴宋李灵曜叛乱，与淄青、淮西在河南形成三足鼎立之势，改变了河南属地的状况。但此后德宗急于求成而爆发"四镇之乱"，淄青领头、淮西趁机扩大势力，并阻断了关中与江淮之间重要的运河路线，这让朝廷迫切需要改变处理河南藩镇关系的政治理念。随着内乱告落，重整河南藩镇格局的"去平卢化"在德宗和宪宗两朝开展，分割瓦解此地藩镇的图版和军力，磨灭河朔因子，从而使河南重新接受王朝的控制（第99页），河南的"顺地化"得以在元和年间实现。此后，以文官为主的节度使被派往河南各军镇，早期虽然加强了唐廷对于河南的控制，但军将的中央化与士卒的土著化使得双方的关系愈加疏远。军镇武装力量的秉持实现了由上到下的转换，世袭的职业地方军人集团追求经济利益，"骄兵"问题成为中央需要面对的下一个河南危机。

第二章"关中：有关空间的命题"，"危机与重构"的命题以及军镇内部的权力结构在此章表现得最为明显，而关中军镇的空间问题亦是此前关注较为薄弱的环节，京西北八镇和京东三镇格局并非一蹴而就或系统规划过的空间,而是一个在原有基础上逐渐裂变而形成的格局(第113页)。最初受党项入侵的影响,三镇在肃代之际形成扇形的空间分布,随后西进的吐蕃更是关中的致命威胁,关中三镇增加为四镇、六镇,并在贞元十二年(796年)加入防御回鹘的天德军,构成京西北八镇的整个体系。异族是造成关中地缘政治重组的关键因素,而内部的推力——关中政治实体与唐廷间的角逐亦不可忽视(第135页)。京畿西北诸军镇格局在形成之初,便纠葛了包括泽潞兵、朔方军、四镇北庭军、幽州兵、神策禁军等多方势力,尤以凤翔为最。以外系三大军阀为主导的防御体系并不被德宗所信任,对这一群体的重新洗牌成为"泾原兵变"的导火索之一,但派系混杂的危机亦随着"奉天之难"的告终而结束,神策军作为嫡系部队崛起,新的边防体系就此重构[4]。构造京畿西部边防空间的同时,关中东部作为两京之间的"中轴线"(第189页),在战时与战后的布局重组与身份转变上,同样表现了唐主对于藩镇功能分类与区域定位的新思考。这种地缘政治空间的建构还有一条线索,即作为唐廷嫡系的神策军,其从扩张到衰亡的军镇屯驻空间变迁,以及背后隐藏的政治动因,亦是过去研究中所忽略的。代宗时期,神策驻地便经系统规划形成三条由北向南互相平行的分布线,与凤翔至京师的三条通路一致,以保障"国之西门"的安全;德宗至宪宗初期,这种积极而普遍的发展态势令神策军镇规模扩大至畿外十三镇,这也昭示着京西北边镇的式微;德、宪以后,关中的强力藩镇与异族势力已不再构成对帝国心脏的威胁,神策军镇又回缩至京畿周围的八镇,加强对京城的统御。这一动态变化过程中也隐藏了不利于神策军发展的因素,如遥隶神策、三辅豪强托名神策等,最终在黄巢大军挺进长安时土崩瓦解。

第三章"河北:'化外之地'的异同",本章以河北集团内部矛盾的演变为线索展开论述,引入"差异"与"变易"的观念,呈现河朔藩镇的另一种面貌,重新审视安史之乱的性质、河朔藩镇的性格,以及河北与帝国的关系(第245页)。过去对河朔藩镇的研究强调它们内部的共性及与外部的差异,导致了对内部差异及个性、与其他藩镇共通特点的忽略(第291页),而作者所揭示的,正是自安史之乱前便已存在的地域特征所产生的河北中、南、北部的差异。这种具有地域差异的军事构造由安禄山集团继承,燕北为安氏同族的蕃人和当地边军士卒,燕南为唐廷所设的团结兵,后者起义不断也正源于此。而以蕃族将领及其部落为主体的反叛军,在安禄山死后,是缺乏威望与统治力的后继者遇到的最大难题,特别是史思明甚至利用礼仪手段努力整合河北各路离心离德的叛军。但内部矛盾最终导致了安史叛军的失败,新型的河朔藩镇在本质上也仍是安史集团的后身(第289页),未来藩镇性格的基调延续自前者,三镇内部的矛盾才是主导它们各自历史进程的决定性力量(第348页)。在日本学者研究的基础上,河朔藩镇性格的细化研究进一步深入,成德是具有"家镇"模式的"安史旧部型藩镇",魏博是以具有嗜利性、地域依附性的"牙军"为主导的"新兴的地域型藩镇",而幽州又是兵农及军政合一、属州及外镇势力强大的个性化边镇。面对河朔地区这种纷繁复杂的情况,唐廷从纵容到打压再到默许"河朔旧事"传统,主动放弃经营河朔这一政治心态和理念的变化,实际上是士大夫群体对该区域的共识——河朔已不再是威胁,其存在与否无伤帝国之大雅。身份上的差异进一步影响了唐廷对河朔各个藩镇价值的判断,地缘最偏远、人群结构最复杂的幽州,政治文化理念对立,最终成为化外之地。

第四章"江淮:新旧交替的舞台",讨论的是江淮地区在唐代后半期的军政领域面相。在安史之乱期间,虽然北方的战火并未绵延至南方,但江淮地区的动乱也随着永王东行而展开,第一次新旧交替即发生在此时。"永王之乱"的实质是玄、肃二帝之间的权力矛盾,作者运用新出的墓志资料,结合传统史料,对这一矛盾随永王东行而调整和发展的过程进行细致分析,包括卷入其中的士大夫内心抉择的思量,以及玄宗、永王和肃宗在军政层面的斗法。永王身死,昭示着玄宗彻底失势,肃宗取得了河南战场外中枢矛盾斗争的胜利。对江淮的重视,抑或是打压玄宗以稳固帝位的强烈愿望,致使肃宗在此投注了充分的心力,甚至调整了河南前线上的部署,睢阳之败也不能不归咎于此。为了避免江淮地区再次出现永王式人物或"永王之乱",保证中央对江淮富庶之地的控制,肃宗随后增加了江淮都统这一职务(第437页)。然而,出于中央对地方军将的不信任而部署的这一职务,在遏制地方军事力量发展的过程中,最终引发了"刘展之乱"和"李藏用之叛"等荼毒江淮的战争。此后,江淮在德宗初年迎来崛起,镇海军新立以及韩滉出镇两浙,是德宗对过往保守的江东政策的主动调整。凭借强大的经济实力以及不容小觑的军事力量,镇海军成为唐廷在削藩战争中得以生存并获得胜利的支柱,但镇海军的强大又影响了中央对江东的掌控,德宗对韩滉的妥协以及韩滉形象在历史中的转变正体现了这种朝藩矛盾,也是新兴的使职体系代替旧有的省部职能这一制度变革的体现(第475页)。韩滉死后,德宗旋即削弱江东藩镇的势力,但盐铁使职仍委于藩镇的状况并未改变,这也是李锜能够积攒力量以及最终叛乱的原因所在。李锜叛乱迅速平息,与其武力核心全系张子良一身有关,后者的倒戈瞬时抽空了李锜的军事部署,这也是长久以来江淮危机的常态——北来将校在其中发挥着至关重要的作用(第521页)。第三次新旧更替即发生在此后宪宗对江淮地区财政的改革,进一步奠定了江淮作为帝国财富来源地的地位,任职于此的朝命藩帅以向中央进奉更多财富为要。显然,这与地方军士的经济诉求相违背,但江淮"骄兵"带来的危机远不如河南那么严重,一方面是受人数限制与北方将校群体消逝的影响;另一方面则是土豪成为地方权力结构中的主角,以他们为核心形成的地域集团成为唐末五代江淮舞台的新主人,以及宋以后那种新社会的原型[5]。

代结语"藩镇时代的意义",首先总结了安史之乱后,唐帝国所面对的三重危机,即玄宗与肃宗的中枢矛盾、新兴的地方军将、西部的异族,而导火索在于"安史之乱"这一唐廷面对的最主要的危机。但追根溯源,边境大军团的制度痼疾才是帝国险象的缔造者,"安史之乱"提供了问题解决的契机,从其爆发到宪宗元和时期的朝藩冲突和空间、权力重构的过程,最终以藩镇空间版图的基本稳定而真正延续唐帝国的统治,并开辟为此后赵宋王朝所继承的"中央本位"的政治图景——各个地域相互依赖,没有主次之分、只有功能差异的地缘结构形态,藩镇时代在历史洪流中的卓绝贡献即在于此。藩镇时代的变革不仅重构了区域政治上的独立性,也为地方基层势力的崛起提供了契机,这是另一种意义上的重构,奠定了之后宋代君主专制与地方平民社会的发展方向(第536页)。此即唐宋变革的"中心"[6]。

附文《李怀让之死》则是从李怀让墓志所记述其人的升迁与死亡,通过宦官与同安节度使任免的关系,点明关中藩镇空间建设过程中的权益斗争,以及权宦在这一秩序重构中的作用,补充作者在第二章中对京东节镇重要战略地位的判断。

## 二、评介与反思

时间的宏观把控,空间的细致划分,以及问题的深入剖析是李碧妍女士在该书中呈现的关键研究方法,在藩镇问题的浩瀚云烟中找出一条璀璨星路。危机频发与秩序重构两个命题,恰当地概括了安史之乱到元和中兴期间,唐王朝一系列政治和军事行为的整体逻辑、意图的揭示,令读者通览之余对此时中央与地方关系的纠葛豁然开朗,不仅为史料阐释的客观重组提供新契机,还为个体人物性格与行为逻辑的琢磨觅得新思路。作者对史料的整体把握和输出再现足见其功底,统合大趋势与小格局,如政策导向、藩镇朝叛、军队流动和人群构成等内容,将看似分散的四处空间还原为环环相扣的政治共同体,多个人物的连锁反应以及关键人物的效能亦得到精湛的记叙。

"空间"概念贯穿全文,地缘关系从最初便是埋下安史之乱恶果的因素之一,不同空间下的藩镇均有环境、人群和文化的区别,加之施政上的区别对待,"空间"更可以理解为"性格"——每个节镇拥有专属特性,来源于自然环境,并受人文因素和政治策略的影响而更为特异,作者副标题中以"地方诸侯"称之的原因即在此。李书中分析河朔藩镇时即提到藩镇性格的问题,实际上这一认识可以拓展到各藩镇的研究中,从而理解五代十国诸侯纵横割据的政治和文化状态。虽然,对比东周至西汉时期诸侯国,中晚唐藩镇中唯有河朔型能达到如此高度自治,但实际上最符合地方诸侯的特征在于两点——"以藩屏周"[7]和功能分区。从玄宗十节度到中晚唐藩镇林立,其成型之迅速令唐廷只能在可控范围内不断微调,核心区域和效能从一开始便已固化,大部分原因与地域空间限定有关。而空间下的人群与文化属性既成长于该地域的影响下,又逐渐累积加深地域性格。解读性格而定位效能,是唐廷无法破解藩镇格局转而采取的新策略,以维持安史之乱后政权的平稳。重构的基调是适应新环境下的格局变动,"性格"签下的藩镇不再是每年供奉特产的郡县而已,如何操纵与运作同诸侯间的关系,维持来自中央的权威,便是重构中君臣反复思考的问题。久而久之,性格弊端也逐渐浮现,唐廷的神策军与政治权威在藩镇的政治生态印象中逐渐消逝,晚唐中下层军校、职业军人和土豪等地方新兴势力一步步把持藩镇权力,正是诸侯地方化、平民化的显著标志。随着农民起义一步步击溃人们心中唐廷的权威形象,臣服的枷锁便也解开,藩镇真正成为逐鹿中原的政治代表。然而,"性格"在战火中并未被消磨,朝代更替的频繁愈发激起诸侯的雄心,五代宋初无法消除地方特性的影响,便转而着力加强中央集权,保证政、军、财三权完全收归中央,君主专制与地方平民社会两极分化的特点逐渐形成,作为下一阶段王朝性格而登场。

另外,历史动态性在本书中显露无遗,危机并非一日形成,重构无法即时见效,重视过程演绎是该书层层铺垫和剖析的精华所在。不仅是关中防线构筑与多次江淮危机的不同境况,动态的目光更见于藩镇性格的塑造,笔者认为这是隐藏在地缘政治学叙事逻辑下,以空间为书写布局背后的另一条线索。藩镇性格既来自地域民风,又取决于节度使在朝叛之间的态度,以及与中央的利益博弈,晚期随着地方底层群体的兴起又受此影响颇深。"河朔故事"是性格塑造过程的一个节点,身负"河朔"标签的军人在各地征战,互有差异的同时又构建起广泛区域内的共性,该群体兴盛与消逝正联结起"四镇之乱"与"元和中兴"。河南"去平卢化"、河北藩镇性格差异的处置方法、江淮重归中央控制,这一系列政策导向都是在琢磨藩镇性格的基础上提出的,最终在"元和中兴"时转换中央与藩镇的权力比对。中央有选择地针对各个藩镇布局,虽然平稳的局面短促,但却实现了几代皇帝日夜所想的政由己出。但随着军队属地化和职业化,以及南方地区土豪层浮现,藩镇性格进一步特异化,诚然,李书限于篇幅并未对后元和时期政局进一步详述,但书中已提及相关线索,对这些线索的追索将更好地剥离出由唐入宋的皇权文化和地方文化脉络。

总而言之,时空和性格概念在李书中颇为重要,也是进一步探索中晚唐社会的重要线索。如果进一步解释二者,时空代表多种维度上因素划分与联结的考量,性格则可以识别为拥有文化属性和身份认知,以及对中央权威的反应,而文化和身份又是值得深入推敲的概念。在中晚唐史研究的方法探究上,陆扬提出"清流文化"和"话语权"等概念[8],仇鹿鸣则强调政治表达与政治默契[9],张天虹则延伸拓展了陈寅恪的"社会流动"观点[10]。综合各家之见,多方视角下的动态研究是当下热点,中央与藩镇的互动方式探索成为破解中晚唐历史的有效途径,在此基础上提出着眼于政治权威、藩镇文化、群体识别、身份认同及秩序重构等方面的命题,重新引发学界对中晚唐政治文化的关注。李书也未跳脱出这一理论框架,细致梳理了安史之乱后至元和中兴期间帝国四地的历史走向,部分地区甚至囊括了五代宋初,在如平卢军迁转、关中军镇布局、藩镇性格、骄兵与地方新兴阶层等问题的论述上发人深省,既广泛结合历史与考古材料详细论述,又抛砖引玉地留下许多值得深入追寻的线索。当然,李书中也存在贻误和值得再探讨的论断,这些内容的历史学评判见于已见刊的书评著述中,此不赘述。需进一步深入探讨的则是,在中晚唐史研究取得进展时,中晚唐考古又该如何有选择地借鉴学习,或是检验和补充史学观点的内容。

## 三、考古材料视角的历史问题

时空关系在考古学研究中是不可缺少的基础概念,地缘关系思维早已为学者所熟练掌握,《汉代郡国分治的考古学观察——以关东地区汉代墓葬为中心》[11]一书即以郡国分治为基础探讨不同政体下的物质文化分别,唐五代考古学研究论著中亦不乏关注地缘关系,如《唐代河东道地区隋唐墓葬研究》[12]《唐代长江流域丧葬习俗问题研究》[13]等。但中晚唐五代考古材料的局限性,令区域性和时限性研究难以在传统方法上取得重大突破,个案分析及共性研究都需要汲取营养来充实它们的结构和内涵。运用史学领域的研究范式和结论,对考古材料和观点进行重新梳理,既是检验前者,也是寻找串联后者的体例与方法。

以李书为例,作者最为关切的中央与藩镇关系和藩镇内部权力结构,可以转换为对政治表达与群体身份两个概念的认识。政治表达,即藩镇或节臣在忠顺、悖逆和中立等立场下做出的政治反应,抑或是中央对藩镇与节臣态度的反馈。群体身份则是关于所属群体身份的认知,关于其人在政治生态中的立场倾向以及营丧过程中的因素选择。上述二者并非相互孤立,政治表达中往往蕴含着群体身份的认知,兼顾群体身份时又要彰显政治表达的准确性。这种相互关系在唐廷内部已有明确表现,营造李怀让葬礼故事即是一例。作为功臣群体的代表性人物,李怀让冤死加深了皇帝与功臣之间的猜忌,以至于无人愿意营救出奔陕州的代宗,而为了挽救这一局面,同时避免给皇帝本人抹黑,又利用宦官与在藩将领之间的矛盾,将程元振削官归田。同时,代宗不得已又命常衮撰写《李怀让墓志》以歌颂李氏之功绩,真正给予功臣死后的礼遇,以宽慰在世的统兵功臣节度使。类似情况还见于郭子仪和李晟等功臣家族,郭氏后人由武转文,代代与皇室结为儿女亲家,在目前所见的郭氏家族后人墓葬[14]中已完全不可见功勋武将的因素;而李晟则惧怕文人,自制西平礼法,甘心居于文臣之后。武将群体在中晚唐的政治身份序列中居于弱势,安史之乱后两大武勋家族的转型也正说明武将在政治表达与群体身份认知中的一种倾向,这种倾向性最终也进入死后营丧的环节中。宦官墓葬则较为特殊,在期盼形成独有的丧葬文化体系的意志中,又不得不吸收文官丧葬的内涵物,拼凑的特点较为明显。

关中之外,中央与藩镇之间的政治表达,同样缔造了多样化的政治遗物。除了诏书颁敕和树德政碑[15]外,中晚唐藩镇节度使墓葬规格,往往同其政治立场以及朝廷关注与否相关。从史思明墓开始,"丧葬政治"即是观察此类墓葬的一个重要视角,安禄山利用星象与德运更替宣扬己方正统性,史思明为截取大燕成果而煞费苦心地进行了礼制建设,营建其死后坟冢也被史朝义集团视为积累政治资本的行为。这些行为将安、史二人的伟岸形象深深烙印在一般军民心中,张弘靖长庆元年(821年)到任时,其"俗谓禄山、思明为'二圣',弘靖惩始乱,欲变其俗,乃发墓毁棺,众滋不悦"[16],其社会根基深厚如此,奠定了安史叛军大后方的稳固,礼制表演不可或缺的原因即在于此。在藩镇时代,节度使的政治表达取决于他的权力是否能从中得到保障,起初"河朔故事"的维持是唐廷与河朔相安无事的政治默契,因而在政治利益未受侵犯时,二者间相安无事且呈现出河朔藩镇作为帝国西北屏障的作用。随着骄兵、中下级军将对节帅的威胁增加,节帅初登高位时便开始选择获取朝廷赐予的政治认可,抑或是在受威胁时依附于中央,这一类节度使死后或从藩镇逃亡时，将会获得朝廷给予的嘉赏，从而在丧葬规制上呈现不同的状态，如齐国太夫人墓[17]。萦绕此间的还有"忠"的问题，朝廷对于藩镇节臣忠诚与否的判断，实际影响了节臣丧礼规格，以及最终归葬地与墓葬形制的选择。这种政治表达背后还附带着身份认知，也就是节度使本身看重的是他究竟从属于地方派系还是中央官僚，又或者是基于种族情感的联系，这三者中的哪一环。由中央派遣往地方的文臣节度使自然没有这样的忧虑，最终会选择于两京地区营葬的他们，归根到底是中央规制下的政治附属，如崔元略夫妇墓[18]。而何弘敬墓，则是以粟特人的种族信仰为墓葬营建的理念[19]，这与他魏博节度使之位受粟特人支持有关。但何氏最终放弃了继续以粟特人为联姻对象的政策，而是为其子娶当地贵胄之女为妇，以进一步笼络魏博当地的势力（第318页），这种舍本逐末的方式最终导致了粟特节帅的终结。

群体身份认知亦可见于中下层将校和军士。李书中提到平卢军受安史之乱的影响而在河南和江淮地区迁转，宪宗时河南东部藩镇又经历"去平卢化"的过程，取而代之的是军队地方化，即"骄兵"问题。其中包含了平卢军身份和地方军士身份两种认知。又如，河朔三镇与河南之间的差异，自然导致二者所属人群身份认知的差别，河朔三镇之间又各有"性格"——成德的"家镇"模式，魏博的牙军，以及幽州"兵农合一"特色。显著的群体身份认知差异反映到墓葬上，必然是治丧理念上的分歧。可惜的是，河南东部和南部地区中晚唐墓葬出土较少，形制单一，以中小型墓葬为主，随葬器物较少，无法还原整体的面貌。但是，除上述两个地区外，靠近关中的河南西部，大致以郑州为界，西部地区的偃师、洛阳和三门峡等地，墓葬内容受两京规制影响较大。偃师杏园唐墓经过系统发掘，中晚唐墓葬有较为清晰的面貌，各墓葬之间差异较小，遵循相似的丧葬信仰和等级规范，在群体身份上大致有共同的认知。郑州以北的新乡、安阳等地原属魏博节度使治下，在丧葬形制上与河北相近，较早出现圆形墓和仿木结构砖室墓，其至五代时洛阳近郊也开始出现。河北和北京地区的中、大型墓葬则多见圆形或近圆形砖室墓，最早的仿木结构砖室墓也见于此。河朔与河南藩镇有明确的丧葬规制之别，这显然与不同群体身份有关，而不仅仅是地域风俗差异所致。以河阳兵马副使宋华为例，他出身河北邺郡的武举，至魏博却未受重用，最终落脚于河阳充任兵马副使，主管营田，死后依中央规制入葬，墓室南北长2.7、东西宽1.98~2.1、高约2米，棺木置于墓室西侧，随葬简单的陶瓷器和铁片[20]。显然，宋华对自己身份的判定是从属于唐廷的藩镇武将，并依照"试太常卿"的文官官衔而论级定葬。但倘若要进一步划分河朔三镇之间的葬俗差异，现在的墓葬材料还需仔细甄辨。

身份表达在江淮地区的表现亦是如此。江淮地区虽经历三次地方危机以及河南军队南下，但从墓葬内容看，平卢军到徐州军的进驻都未曾改变江淮地区长久以来的特点，即便是中央完全掌握江淮经济命脉后，这种趋势也未能扭转。李德裕任浙西观察使的长庆三年（823年），仍在力图禁止本地丧葬"以金银锦绣为饰及陈设音乐""以风俗之弊，诚宜改张，缘人心习于僭越，莫肯循守，才知变革，寻则隳违"[21]，还需特请中央委派郎官、御史察访。李碧妍认为，中晚唐江淮地区"平静期"构成社会发展主流的是"土豪层"，并占据着官、吏、军、商、民等多重身份的一个地方势力集团（第516、518页）。实际上，从丧葬惯例的延续，以及墓志内容所记述的族代居住史出发，江淮土豪应是自隋代便取代从此处迁走的南国旧贵，成为地方性群体的根基。虽然北人南下不断冲击南方土豪集团，但是受归葬邙山之愿及财力限制，目前发现的南方北人墓葬多以简单的长方形砖室墓或土坑墓呈现，河朔地区流行的仿木结构砖室墓则直到五代北宋才在南方地区出现，铁器亦较少见于北方。正如李书中所言，晚唐五代的杨吴、吴越和南唐延续了土豪阶层铺垫的传统，在这一时期发现的从帝王至平民墓葬中都仍保存着诸如船形墓、腰坑、买地券以及盘口壶、多系罐等随葬品。更广泛而言，土豪群体甚至不限于江淮，而是在南方地区普遍存在，即便是外出任官如陈元通之辈，死后认同的亦是本人作为乡党豪族的身份而采取葬礼[22]。由此可见，南方土豪群体在地域传统及身份认同上具有较强的一致性，丧葬规制大体相类，差异仅见于随葬陶瓷器的产地，尤其是富裕平民的墓葬表现出与北方同类墓葬较大的差异。此外，曾现江提出淮蔡军人集团与五代南方政权的建立有密切关系，而淮蔡军人的来源主要是河朔人群[23]，可以对应崔世平谈及的河朔因素传播问题[24]的人群要素，但真正构成五代各国墓葬，尤其是高等级墓葬内容的因素来源，还是应从墓主本身希冀的政治表达与群体身份上解读，而非笼统地以河朔因素的迁转为解释。

综上所述，引入政治表达与群体身份两个概念对考古材料进行重新解读，将有助于我们更好地理解丧葬内容所讲述的故事。李碧妍女士对河南、关中、河北和江淮四域历史发展，提出与藩镇结构、社会变革有关的结论与线索，仍值得从考古学角度深入探讨。当然，李书尚未完全概括中晚唐的所有面貌，仍需要新材料、新方法和新视角来复原处于礼制与社会变革关键时期的中晚唐五代史。

## 注　释

[1] 陈烨轩：《读〈危机与重构——唐帝国及其地方诸侯〉》，《理论与史学》（第2辑），北京：中国社会科学出版社，2016年，第228～238页。
[2] 胡耀飞：《李碧妍〈危机与重构——唐帝国及其地方诸侯〉》，《唐宋历史评论》，北京：社会科学文献出版社，2017年，第350～365页。
[3] 李碧妍、仇鹿鸣座谈，王子恺整理：《安史之乱为何没有导致唐朝灭亡》，澎湃新闻"私家历史"栏目，网址：http://www.thepaper.cn/newsDetail_forward_1397122，2015年11月21日。
[4] 李鸿宾：《唐朝朔方军研究——兼论唐廷与西北诸族的关系及其演变》，长春：吉林人民出版社，2000年，第256页。
[5] 〔日〕谷川道雄著，马彪译：《中国中世社会与共同体》，北京：中华书局，2002年，第110页。
[6] 于鹤年：《唐五代藩镇解说》，《大公报·史地周刊》1935年第25期。
[7] （清）阮元：《十三经注疏》清嘉庆刊本《春秋左传正义》卷五十四《定公四年》，北京：中华书局，2009年，第4635页。

[8] 陆扬：《清流文化与唐帝国》，北京：北京大学出版社，2016年，第213~263页。
[9] 仇鹿鸣：《长安与河北之间：中晚唐的政治与文化》，北京：北京师范大学出版社，2018年，页339；王炳文：《唐史的另一种表达——〈长安与河北之间——中晚唐的政治与文化〉读后》，《光明日报》2019年2月23日第12版。
[10] 张天虹：《唐代藩镇研究模式的总结和再思考——以河朔藩镇为中心》，《清华大学学报（哲学社会科学版）》2011年第6期，第55~65、157页。
[11] 宋蓉：《汉代郡国分治的考古学观察——以关东地区汉代墓葬为中心》，上海：上海古籍出版社，2016年。
[12] 付江凤：《唐代河东道地区隋唐墓葬研究》，郑州大学硕士学位论文，2016年。
[13] 陆晗昱：《唐代长江流域丧葬习俗问题研究》，武汉大学博士学位论文，2019年。
[14] 陕西省考古研究院、西安市文物保护考古所：《西安凤栖原唐郭仲文墓发掘简报》，《文物》2012年第10期，第43~57页；西安市文物保护考古研究院：《唐郭仲恭及夫人金堂长公主墓发掘简报》，《文博》2013年第4期，第13~18、97页。
[15] 同注[9]，第124~218、261~303页。
[16] （宋）欧阳修等：《新唐书》卷一二七《张弘靖传》，北京：中华书局，1975年，第4448页。
[17] 洛阳市第二文物工作队：《伊川鸦岭唐齐国太夫人墓》，《文物》1995年第11期，第24~44、97页。
[18] 洛阳市第二文物工作队：《唐崔元略夫妇合葬墓》，《文物》2005年第2期，第52~61页。
[19] 郁华良：《下礼藩邻，上奉朝旨——唐五代节度使墓葬的考古学研究》，2015年，第73页；沈睿文《安禄山服散考》，上海：上海古籍出版社，2016年，第292、293页。
[20] 河南省文物局南水北调文物保护办公室、河南省文物考古研究所、荥阳市文物保护管理所：《河南荥阳市薛村遗址唐代纪年墓》，《考古》2010年第11期，第52~57页；刘安志、楚小龙：《河南荥阳新出〈唐宋华墓志〉考释》，《魏晋南北朝隋唐史资料》，武汉：武汉大学文科学报编辑部，2009年，第208~219页。
[21] （宋）王溥著，牛继清校证：《唐会要校证》卷三八"葬"条，西安：三秦出版社，2012年，第599页。
[22] 厦门文化遗产保护中心：《唐陈元通夫妇墓》，北京：文物出版社，2016年。
[23] 曾现江：《唐后期、五代之淮蔡军人集团研究》，四川大学硕士学位论文，2002年，第49~70页。
[24] 崔世平：《唐宋变革视野下的五代十国墓葬》，南京大学硕士学位论文，2008年，第143~151页。

# Review: *Crisis and Reconstruction: The Tang Empire and its Vassal States* by Li Biyan

## He Kang

(2018 PhD Student, School of Archaeology and Museology, Peking University)

**Abstract:** The book examines the political game between the central government and the vassal sataes in the middle and late Tang Dynasty from the perspective of space and dynamics, and makes a new interpretation of the significance of this period and the internal causes of "the Tang-Song Transformation" from geopolitical perspective. The space-time and character are the key clues to explain the changes of the political relations between the central and local governments in the middle and late Tang Dynasty. Based on the prosperity of research on the historiography of the middle and late Tang Dynasty in recent years, the literature research has established a relatively accurate criterion of this period. While the archaeology of the middle and late Tang Dynasty, which also has accumulated abundant contents, is not only limited to support the physical evidence, but also challenging the historian's inference, and extending the depth for a full exploration of ancient politics and society under the same methods.

**Key Words:** Geopolitics, Characters of Military Governor, Expression of Political Identity, Group Identification

---

**教师评语：** 李碧妍所著《危机与重构——唐帝国及其地方诸侯》（下文简称"李著"）是近年来讨论中晚唐政治与社会变革的重要著作，是研究该时段考古无法回避的研究。何康首先概述了全书内容，提炼李著的核心观点。与此前同书书评者行文思路不同，他主要聚焦各区域所呈现的社会内部人群变迁，以及作者在阐释过程中的方法逻辑。同时，深入解读时空变迁下藩镇性格的塑造，利用已刊考古学资料对该书的一些推论或者中晚唐史学中业已形成的观点或检验，或证伪，并进一步探讨考古遗物背后与文本材料的不同面向，这也是该书评的核心出发点。

中晚唐考古的研究相对较为空白，一方面是材料较为零散，另一方面则是缺少研究深入的视角和手段。近年来史学界对该时段中程理论的思考，大多基于政治话语基调下的身份、文化与人群等视角，李著的不同之处在于结合多年以来的个案分析与新出土碑志材料，更细致地展现了宏观史料掩盖下的微观脉络，开辟了研究分支的新视角，细致刻画了中央与藩镇关系和藩镇内部权力结构的动态变化。何康从李著中提炼出政治表达与群体身份两大概念，由此出发重新审视墓葬材料，发现了一些有趣的现象。例如，政治表达关切于一些具有复杂政治背景的中、高等级官员墓葬中，河北地区墓葬展现政治相悖的端倪已见于史思明墓中，而与文献表述相同的是，位于两京地区以及各地由中央任命的官员，他们的墓葬中极少出现规制以外的物品，武将后代则表现为"渐慕文风"，宦官墓葬则属于特例。节度使群体中更是凸显了有关"忠"的问题，朝廷所认定的忠诚与否甚至影响了此类人群的丧葬内容。在政治身份之外，如何弘敬这样的粟特人群体支持下的胡人节度使，还需要考虑墓葬中种族文化的表达。类似的群体身份认知更表现在地方中下层将校、官吏和军士的墓葬中，但在这一群体的考古资料中，则表现出与文献分析所不同的表征，尤其是河朔地区人群以及江东豪族，这种差异进而影响了对于五代两宋时期丧葬文化延续与变迁的探讨。同时，何康也敏锐地意识到，基于此类新理论，或者说是政治社会学研究视角与概念下的细致研究，将有助于推动对中晚唐丧葬材料的进一步整合和分析，这对当前如何就零散考古材料进一步解读也具有一定的方法论意义。

李碧妍此书由其博士论文修订而成，其博士论文当时便引起历史学者的关注。正式出版之后，在短时间内便出现了不少评述和相关学术活动。遗憾的是，考古学者对李著的正式评述则不见。因此，何康此评在一定程度上可以弥补此憾，对考古学研究如何及时回应史学成果也有一定的现实意义。

（北京大学考古文博学院教授　沈睿文）

# 往期回顾

## 《青年考古学家·昌平园专刊》目录

考古学系近年成就回顾……………………………………………………陈馨整理 36
考古学系列讲座回顾展……………………………………………………陈馨整理 21

### 菁菁校园
辩论记事……………………………………………………………………李焰 7
勇者无惧——94级考古系篮球队小记…………………………………王干 22
定陵行………………………………………………………………………李振 27
学舞小记……………………………………………………………………刘小雄 28

### 青年考古学家
浅谈传统文化的"天人合一"说…………………………………………孙翔 31
浅谈西汉政治思想的转变及其原因（摘要）……………………………钟晗 29
浅议秦灭亡（摘要）………………………………………………………陈祥伟 17
夷夏东西说的考古学观察（摘要）………………………………………孙翔 4
玉器漫谈……………………………………………………………………邓启江 12
龙与凤………………………………………………………………………李焰 15
摩尼教浅介…………………………………………………………………刘小雄 8

### 赏介亭
陶源——浅介史前陶器艺术………………………………………………陈馨 5
读玉——评介汉代玉舞人…………………………………………………李焰 23
方寸里的生命——试谈几方印章的得失…………………………………秦岭 10
诗词赏析……………………………………………………………………侯晓阳 20

### 博物馆巡礼
北京大学赛克勒考古与艺术博物馆………………………………………13

### 生命的木马
家……………………………………………………………………………陈林 30
月光…………………………………………………………………………鲍海军 11
少年心绪……………………………………………………………………王干 9

寂寞是一种美································陈林 32
无题····································李焰 19
自剖····································秦岭 25

**今日印象**
师兄们说································黄申等 33
考古学之印象·····························迟宇宙 18
有家如彼································李朝晖 26
初缘····································李哲 3

**友情赞助**
关于肖斯塔科维奇的《列宁格勒》交响乐··········孙柏 16
捧起这泥土——献给年青的考古学家············孙柏 18
浅介日本早期影作——《罗生门》···············撒贝宁 24
考古学系九四级大事记·······················34

**序言**
浅谈考古学和思想史·························王守常 1
编后琐记···································37

# 征 稿 启 事

《青年考古学家》是北京大学文物爱好者协会会刊，自1988年创刊以来，本刊坚持"青年"与"学术"两个核心，长期紧跟考古动态、关注学术前沿，集学术性、综合性、前瞻性于一体，刊载了大量优秀的学生论文。2019年，本刊总第31期更名为《青年考古学家（第1辑）》，交由科学出版社正式出版。新版《青年考古学家》将继续秉承严谨求实之学风，弘扬探索求真之精神，以期为业内青年学者提供一个发布新思路、开展学术交流的平台。

投稿须知：

（1）本刊征稿对象仅为各大高校和研究机构考古文博相关专业的在读学生。

（2）本刊征稿一般勿超过15000字，尤其欢迎10000字左右的文章。

（3）本刊暂拟栏目包括但不限于：①考古研究；②学理学史；③博物藏珍（博物馆学、文物研究）；④遗产传承（文化遗产学）；⑤营造之艺（文物建筑）；⑥科技文保；⑦读书札记。各期栏目视收稿内容增删，凡文章内容涉及上述栏目范围皆可投稿。

（4）文章应符合一般学术规范。稿件请注释齐备，引文准确，用图规范。来稿请以word文档的形式提交，注明作者姓名、单位和联系方式，并附上英文标题、摘要及关键词。图片分辨率不小于600dpi，尽量使用黑白图片。

（5）来稿须附一段不少于600字的教师推荐意见。稿件一经采用，该意见全文亦将刊于文后。

（6）投稿邮箱地址：qnkgxj@sina.com。

《青年考古学家》编辑部

《青年考古学家》(第1辑)勘误

（1）第5期目录中作者的名字"李敏举"改为"李民举"；"林建业"改为"韩建业"；"辛羊"改为"辛革"。

（2）第10期目录中作者的名字"傅振伦"改为"傅振伦"。

（3）第11期目录"元明文中记载的哥窑及相关问题"改为"元明文献中记载的哥窑及相关问题"。

（4）第12、14、18、19期编辑、目录中作者的名字"阎志"改为"闫志"。

（5）第13期指导教师"吴晓红"改为"吴小红"；目录"浅述唐代巩汉县窑"改为"浅述唐代巩县窑"。

（6）第16期目录中作者的名字"游福祥"改为"游富祥"。

（7）第19期目录"蔚氏元代壁画墓札记"改为"尉氏元代壁画墓札记"。

（8）第22期主编"王静姝"改为"王姝婧"，"周扬"改为"周杨"；目录"宋元时期德五音地理书"改为"宋元时期的五音地理书"；目录"晋侯墓地出土陶大口尊德文化属性和渊源试析……陆国权"中，"德"改为"的"，"陆国权"改为"路国权"；目录"带钩的起源及相关问题德初步研究"改为"带钩的起源及相关问题的初步研究"。

（9）第23期编辑中删除重复的"萧洁铭""李婉玉"。

（10）第29期目录中作者的名字"周扬"改为"周杨"。